नाचता अध्यात्म

नाचता अध्यात्म

हृदयनारायण दीक्षित

वाणी प्रकाशन

वाणी प्रकाशन

4695, 21-ए, दरियागंज, नयी दिल्ली 110 002

फ़ोन : +91 11 23273167 फ़ैक्स : +91 11 23275710

शाखाएँ

अशोक राजपथ, पटना 800 004, बिहार

कॉफ़ी हाउस कैम्पस, महात्मा गांधी मार्ग, इलाहाबाद 211 001, उत्तर प्रदेश

महात्मा गांधी अन्तरराष्ट्रीय हिन्दी विश्वविद्यालय, वर्धा 442 001, महाराष्ट्र

सुल्तानिया रोड, मोतिया पार्क, भोपाल 462 001, मध्य प्रदेश

www.vaniprakashan.com
marketing@vaniprakashan.in
sales@vaniprakashan.in

Nachta Adhyatm
by Hridaynarayan Dikshit

ISBN : 978-93-5518-009-4
Religion/Culture

प्रथम संस्करण 2021

मूल्य : ₹ 595

आर. टेक ऑफ़सेट प्रिंटर्स, दिल्ली-110032 में मुद्रित

वाणी प्रकाशन का लोगो मक़बूल फ़िदा हुसेन की कूची से

लेखकीय

हृदयनारायण दीक्षित

स्वानुभूति

भारत का मन आनन्द-अभीप्सु है और सत्य-अभीप्सु भी। प्रत्यक्ष भौतिक जगत का ज्ञान सारी दुनिया में प्रेय रहा है। प्रत्यक्ष भौतिक प्रपंचों का ज्ञान हमारे भारत का भी प्रेय रहा है। भौतिक प्रपंचों के रहस्य प्राचीन भारत-वासियों की जिज्ञासा रहे हैं। इन प्रपंचों के कारण को जानने की अतिरिक्त जिज्ञासा भी भारत के मन को सदैव मथती रही है। यूनानी दार्शनिक सृष्टि के आदि-तत्व के प्रति खूब जिज्ञासु रहे हैं। ऐसी ही जिज्ञासा यूनानी दर्शन के सहस्त्रों वर्ष पहले वैदिककाल के पूर्वजों में थी।

भारत में परमतत्व, परम-चेतन और सृष्टि के संचालक-प्रेरक की जिज्ञासा सर्वोपरि रही है। यह तत्व अदृश्य है। अभिलाषा के चलते यहाँ परमतत्व की खोज के तमाम प्रयास चलते रहे हैं। उपनिषदों में उसे अणु से छोटा और 'महत' बड़े से बड़ा बताया गया है। यहाँ प्रकृति और मनुष्य के सम्बंधों पर भी गहन परिश्रम होता रहा है। इस तरह जीवन में प्रेय के साथ श्रेय का भी विवेचन चलता रहा है। प्रेय, स्वाभाविक ही प्रिय रहा है और श्रेय, लोकमंगल का उपकरण।

आषाढ़स्य प्रथम दिवसे
2021

5, मॉल एवेन्यू
लखनऊ, उत्तर प्रदेश

मनुष्य का अंत:करण प्रत्यक्ष नहीं है। अंत:करण स्वभाव है। स्व हमारा अंत:क्षेत्र है। इसका भाव भी भीतर है। स्वभाव बाह्य व्यवहार या आचरण नहीं है। यह भीतर बैठे स्वभाव का प्रभाव है। स्वभाव से लेकर सृष्टि-रहस्यों तक का बोध-अध्ययन अध्यात्म है। अध्यात्म मनुष्य-जीवन की केन्द्रित जिज्ञासा है। इस यात्रा में आनंद का अतिरेक है। गीत-नृत्य आनंद के अतिरेक का परिणाम होते हैं। इसलिए इस पुस्तक का नाम 'नाचता अध्यात्म' है। 'लोकमंगल का ध्येय' प्रेरणा और 'लोकरस का संवर्द्धन' प्रयोजन है।

मैंने 30 से अधिक पुस्तकें लिखी हैं लेकिन स्वयं के उल्लेख से बचता रहा हूँ। अध्यात्म में स्वानुभूति की महत्ता है। इसलिए इस पुस्तक में बहुधा 'मैं, मेरा और हम' का उल्लेख है। इस पुस्तक में 'मैं' विशेष रूप से उपस्थित हूँ। इस प्रकृति की मेरी यह पहली पुस्तक है।

मेरी दृष्टि में भारतीय अध्यात्म, नृत्य-मगन प्रतीत होता है। यह पूरे जगत को भीतर से प्रेरित करता है और बाहर से आच्छादित करता है। पुस्तक में 18 अध्याय हैं। सभी अध्याय अध्यात्म-आनंद से सम्बन्धित हैं।

पुस्तक की तैयारी में वरिष्ठ पत्रकार एल. उमाशंकर सिंह, ज्योतिष और दर्शन के विद्वान डॉ. विपिन पाण्डेय व त्रिवेणी मिश्र ने हमारी सहायता की है। उनका आभार।

हमारे आत्मीय अजय प्रताप सिंह ने इसके लेखन में प्रतिपल सहायता दी। विशेष कार्याधिकारी पंकज मिश्र ने बार-बार टाइप किया। यह शुभ है कि इस पुस्तक के लेखन-समय में पत्नी माधुरी भी साथ रहीं। तीनो पुत्रों अरुण, दिलीप व सुशील ने अपना अहस्तक्षेपी कर्तव्य निभाया। इस अवधि में मैं अपने पाँचो पौत्रों से नहीं मिल पाया। इसका खेद स्वाभाविक है। पुस्तक की सारी गलतियाँ मेरे भाषा-ज्ञान की सीमा हैं।

तदर्थ

एल. उमाशंकर

अन्तःराग

'लोक' और 'शास्त्र' को एकसाथ साधना अत्यन्त कठिन कार्य है। तमाम स्वनामधन्य शास्त्रीय विशेषज्ञों या गायकों में लोकबोध की कमी रही, यही कारण रहा कि उनकी ख्याति आमलोगों में कम फैली। हृदयनारायण दीक्षित, जितना 'शास्त्रों' में रमते हैं; उतना ही 'लोक' में भी। सिर्फ लेखन की शैली ही नहीं; गूढ़ व जटिल शास्त्रीय तथ्यों को सहज व सरल तरीके से 'लोक' तक पहुँचाने का विशेषण उन्हें, आम पाठकों की सांस्कृतिक रुचि को प्रशान्त करने में, प्रथमप्रिय सिद्ध करता है। सामाजिक कार्यकर्ता के रूप में लोकसेवा करते हुए दीक्षित जी उनलोगों के मध्य ज्यादा समय बिताये, जो भाषा के सौष्ठव या लालित्य से प्रायः अपरिचित रहे। अनपढ़ों, कमपढ़ों व गरीबों के बीच संवाद स्थापित करने का अभ्यास, उनको ऐसी भाषा का उपहार दिया; जो आम-से-आम और विद्वानों को भी पानी की तरह अघोर लगी; व स्वीकार्य हुई।

हृदयनारायण दीक्षित के मनक्षेत्र में, कर्मक्षेत्र के विपरीत, शास्त्रीय अभिरुचि का

पत्रकार, लेखक व चित्रकार

वाराणसी, उत्तर प्रदेश
मो० : 9415270006

पौध पनप रहा था। वह पौधा आज बड़ा वृक्ष बन चुका है, लेकिन वह विशाल वृक्ष आज लाखों जिज्ञासुओं को 'शान्ति की छाया' दे रहा है। 'लोक' में 'शास्त्र' का इतना शीतल प्रवाह इससे पहले शायद ही कोई लेखक दे पाया हो। शायद शास्त्रों में 'लोक' की पड़ताल के कारण ही वे यह कौशल विकसित कर पाये। दीक्षित जी ने 'लोक' में 'शास्त्र' गूँथने का कार्य किया। सभी वेद, उपनिषद, पुराण व स्मृतिग्रन्थों के अतिरिक्त विश्व-दर्शन, इतिहास, वैधानिकी, अर्थशास्त्र, समाजशास्त्र व सामयिक विज्ञान सहित अन्यान्य विषयों की हजारों पुस्तकों को पढ़े ही नहीं; सोख चुके हैं। भारतीय स्वाभिमान को नयी ऊँचाई देने वाले दीक्षित जी, किसी भी विचार-परिवार की निन्दा नहीं करते। हाँ; समीक्षा अवश्य करते हैं। अपनी भी आलोचना करने में नहीं लजाते। हमेशा लोगों से घिरे रहते हैं, और अध्ययन व अनुभव की पोटली कभी नहीं बाँधते। एकान्त में ग्रहण किया हुआ ज्ञान 'लोक' में बाँट देते हैं।

तीन दर्जन से अधिक पुस्तकें लिख चुके हृदयनारायण दीक्षित के लेखन में 'मैं' का प्रयोग नहीं होता। 'हम' में 'लोक' को देखते-मानते हैं। अठारह अध्यायों वाली यह पहली पुस्तक है, जिसमें 'मैं' के रूप में दीक्षित जी उपस्थित हैं। इस पुस्तक में भी उनका संचित ज्ञान ही भरा पड़ा है, लेकिन जीवन के संघर्षों, संस्मरणों, जिज्ञासाओं, यात्राओं और आंचलिक लगाव के प्रसंगों में वे स्वयं हैं। दीक्षित जी के कृतित्व को जानने वाले लोक की 'व्यक्तिगत जिज्ञासा' को यह पुस्तक कुछ हद तक शान्त करेगी। दीक्षित जी के 'मन' और 'जीवन' को समझने के लिए तो इसे पढ़ा ही जाएगा; आम व्यक्ति की तमाम उत्कण्ठाओं को संतुष्टि भी मिलेगी।

क्रम

उक्ति

नामवर सिंह

आर्य-संस्कृति के आदिकाल की मुख्य-प्रवृत्तियाँ ॠग्वेद में दिखाई पड़ती हैं। भारत में संस्कृति की जीवन्त भाव-धारा का विकास उस समय तक हो चुका था। आर्यभाषा के सबसे महत्वपूर्ण ग्रंथ 'ॠग्वेद' में हमारे सामाजिक विकास का चित्रण मिलता है। 'शिल्पायन' से हाल ही में प्रकाशित हृदयनारायण दीक्षित की पुस्तक 'सांस्कृतिक राष्ट्रदर्शन', कुछ विषय व शीर्षक छोड़कर, आकर्षक लगी। मजेदार बात है कि तमाम पश्चिमी व भारतीय प्रगतिशील विचारकों को उद्धृत करते हुए लेखक हृदयनारायण, अपने पक्ष के प्रति लगातार सतर्क हैं। उन्होंने वेदों, उपनिषदों, ब्राह्मणग्रंथों सहित दर्शन, इतिहास, विमर्श, विज्ञान, अर्थशास्त्र और संवैधानिक विषयों का सतर्क अध्ययन किया है। पुस्तक भारतीय मन को भाने वाली है। 'भक्ति आन्दोलन' लेख में आचार्य शिवकुमार मिश्र के विचारों का खण्डन करते समय 'भक्ति', 'श्रद्धा' और 'विश्वास' का अद्भुत विवेचन किया है। प्रत्येक भलमानुष भारतीय को अपने सतत-संस्कृति-प्रवाह के प्रति गर्व से भरने वाली पुस्तक है यह।

हिन्दी के सुप्रसिद्ध समालोचक। शैक्षिक व बौद्धिक क्षेत्र में अनेक महत्वपूर्ण पदों पर सेवा दिये। साहित्य अकादमी सम्मान से सम्मानित।

नाचता अध्यात्म

मन गँवार

मैं गँवई

पहले लोक लहालोट था। लोक-उत्सवों की पुनर्नवा ऊर्जा थी। अब लोकगीत और लोकनृत्य नहीं हैं। मेले अब बाजार हो गए हैं। संस्कृति ने गाँव-संस्कृति को आहत किया है। हमारा गाँव भी नगर बनने के लोभ में है। पर्व-उत्सव अब रस नहीं लाते। गाँवों का नववर्ष भी पहली जनवरी को ही आ जाता है। गाँव की निश्छल संस्कृति का वातायन आहत है। मैं समृद्ध गाँवों का स्वप्नदर्शी हूँ। मुझसे मेरा गाँव छीन लो तो मेरे पास गुनगुनाने योग्य कुछ नहीं बचेगा।

मन गँवार

मैं गँवई

काफी समय से महानगर में हूँ। गाँव में रहना घट गया है। गाँव में जन्म हुआ। वहीं शैशव और तरुणाई, सो गाँव की स्मृतियाँ पीछा करती रहती हैं। ऊधौ मोहि ब्रज विसरत नाहीं। वैसे सामाजिक-राजनैतिक कार्यक्रमों में बहुधा ग्रामीण क्षेत्रों में ही जाना होता है लेकिन गाँव में रहने का आनंद ही दूसरा है। महानगर में आधुनिक सुविधाएँ तो है लेकिन गाँव की प्रीति-रीति नहीं है।

लगता है कि महानगर आते हुए हमारा कोई हिस्सा गाँव में छूट गया है। मै अपने गाँव जाता हूँ। बचपन के मित्रों से मिलता हूँ। वापसी में प्रयास करता हूँ कि गाँव से पूरे मन सहित नगर चला आऊँ। लेकिन महानगर आते हुए मैं एकबार भी पूरा-पूरा नहीं आ सका। जान पड़ता है कि हमारे मन की कोई मूल्यवान सम्पदा गाँव में छूट गई है। तरुणाई के दिन याद आते हैं। गाँव में श्रीकृष्ण जन्मोत्सव थे। नाच-गाना भी था। स्त्री-वस्त्र पहने नर्तक ने गीत गाया 'एहि ठैयाँ नथुनी हेराइल हो राम'। मेरी भी स्थिति ऐसी ही है। मै गाँव की उसी जगह, नथुनी खो जाने वाली सड़क के किनारे अपने 'मन की नथनी' खोजता हूँ। लेकिन उस जगह अब नथनी की चर्चा नहीं होती। वहाँ पेप्सी-कोला की दुकान है। तमाम विज्ञापनों के बोर्ड हैं।

मै लम्बे समय से गाँव से दूर हूँ। सम्प्रति महानगर का निवासी हूँ, लेकिन मैंने अपने अंत:करण में अपना गाँव बसाए रखा है। मेरे अंत:करण में सबको प्रीतिरस से सहलाने वाली ग्राम-संस्कृति का प्रवाह

है। परस्पर दुःख और सुख साझा करने का भाव है। डायविटीज के रोगी हमेशा दवा साथ रखते हैं। यात्राओं में साबुन-तौलिया और दाढ़ी बनाने वाली मशीन व कुछ कपड़े भी साथ रखते हैं। इसी तरह मैं अपने भीतर गाँव रखता हूँ। मेरा मन कहता है कि मैं शहर के मित्रों में थोड़ा-थोड़ा गाँव बाँट दूँ। उन्हें गाँव की गंध, रीति-प्रीति से भर दूँ।

मेरे मन में बहुधा प्रश्न उठते हैं कि ग्राम्य जीवन की सामूहिक जीवनशैली महानगरों में क्यों नहीं पड़ती? परस्पर दुःख साझा करने की प्रवृत्ति महानगरों में क्यों नहीं है? निस्संदेह गाँवों में अस्पताल, उच्चस्तरीय शिक्षा-सुविधाएँ नहीं हैं। 24 घंटे बिजली-आपूर्ति भी नहीं है, लेकिन गाँव का मन कुचालक नहीं है। गाँव में एक परिवार का दुःख केवल उसी परिवार का दुःख नहीं है। गाँव का मन सुचालक है। आधुनिक सुविधाओं के अभाव के बावजूद गाँव परस्पर सहकार के कारण मस्त हैं। मैं गाँव के प्रेम में ऊपर उठता हूँ। प्यार हो जाने को अंग्रेजी में 'आई फॉल इन लव' कहते हैं। अनुवाद है कि 'मैं प्यार में गिरा'। गाँव के अपने प्यार को मैं अंग्रेजी में कहूँगा 'आई राइज इन लव विथ विलेज।' मैं गाँव-गंध निःशुल्क बाँटता हूँ। जो मित्र चाहें, गाँव-गंध ले सकते हैं।

मैंने कई बार गँवई गंध और प्रीतिरस को अपने साथ लाने का प्रयास किया। अपनी नदी का नाद, पक्षियों के गीत, गायों के चलने से उड़ी गोधूलि की सुगंध, वन-जंगल से आती प्राणवायु, ब्याह-बारात के देहाती गीतों की पुलक, ग्राम-देवता, वन-देवी के आशीष, महानगर लाना चाहता हूँ, अपने अंक में समेटकर। यहाँ महानगर में भी गँवई गंध बिखेरना चाहता हूँ। लेकिन ऐसा नहीं हो पाता। मैं इन तत्वों को पकड़ नहीं पाता।

मन करता है कि काश गँवई गंध के भी बीज होते। मैं उनका नाम गँवार रखता। वे बीज यहाँ महानगर वाले आवास में बो देता। इनके पौधे उगते। कली खिलती। वह गँवार-कली कही जाती। फूल खिलते। फूलों से गँवई गंध लहकती। पूरा वातायन गंध-मादन हो जाता। शहरी मित्र मुझसे पूछते कि यह पौधा किस प्रजाति का है? मैं गर्व से कहता कि यह गँवार है। इसकी पत्तियों में गाँव-रस है। यह मधुरसा है। यह रसकर्म-प्रेरक है। आलस्य दूर करता है। रोग-निरोधक शक्ति बढ़ाता है। गँवई गँवार की शक्तिशाली रोग-निरोधक

क्षमता का रहस्य गँवारूपन है। लेकिन व्यथित हूँ। ऐसा पौधा या बीज नहीं होता। निःसंदेह यह एक प्रवृत्ति है। इस प्रवृत्ति का निवास-क्षेत्र गाँव है। हमारा गाँव भी ऐसा ही है।

गाँव का अर्थ कुछ जनसंख्या और भूमि ही नहीं है। इसकी अपनी रीति-प्रीति है। वे महानगरीय जीवनशैली से दूर हैं। महानगरों की जीवनशैली व्यक्तिपरक है और गाँवों की जीवनशैली सामूहिक। मैं विधायक होकर 1985 में राजधानी लखनऊ आया था। मैं उस समय महानगरीय जीवनशैली से अपरिचित था। विधायक-निवासों में न ग्रामीण जीवनशैली थी और न ही महानगरीय सभ्यता के प्रभाव। सन् 1995 में मैं चुनाव हार गया। मैंने लखनऊ विकास प्राधिकरण की एक कालोनी में एल०आई०जी० आवास लिया। इस आवास में छोटे-छोटे दो कमरे ही थे। मैंने ऊपर एक कक्ष बनाया।

तब तक मैंने नगरीय सभ्यता का अनुभव नहीं किया था। मेरे घर के सामने एक विधवा अपनी पुत्री के साथ रहती थी। देर रात कुछ लड़के विधवा के घर में घुसे। वे उसकी पुत्री के साथ छेड़खानी कर रहे थे। विधवा चिल्ला रही थी। पूरी कालोनी में कोई नहीं बोला। नगर-सभ्यता से यह मेरा प्रथम परिचय था। मैंने अकेले ही उन्हें दौड़ाया। वे चार थे। मैंने एक को पहचान लिया। वह पुलिस का सिपाही था। मेरे पड़ोस में ही रहता था। मैंने दूसरे दिन उसे समझाने की कोशिश की। वह मुझसे भिड़ गया "नेता जी बहुत ज्ञान न झाड़ो। मैं नेतागिरी से नहीं डरता।" उसने मुझे अपशब्द कहे। झगड़ा सरेआम हो रहा था। कालोनी का रहने वाला एक भी व्यक्ति आगे नहीं आया। यह महानगरीय जीवनशैली का प्रत्यक्ष दर्शन था। लेकिन मैं सिपाही से अकेले ही भिड़ गया। उसने एस०पी० को फोन किया। एक डिप्टी एस०पी० व तमाम पुलिस बल आ धमका। मैंने कहा लड़ाई की बात सही है। लड़की वाली बात गंभीर है। डिप्टी एस०पी० ने कहा, ठीक है लेकिन कानून हाथ में नहीं लेना चाहिए। मैंने पूछा कि क्या सिपाही रात में कानून की पूजा कर रहा था? वे तमतमाए। मैंने कहा "आप मुझे गिरफ्तार कीजिए। मैं गाँव का हूँ।" वे चले गए। गाँव की ऐसी ही घटना पर तमाम लोग सहायतार्थ निकलते हैं।

मनुष्य की तरह हरेक गाँव का अपना व्यक्तितत्व होता है। ऐसा ही हमारा गाँव है

'लउवा', जिला उन्नाव में। यहाँ उन्नाव और रायबरेली जिले गलबहियाँ डालते-मिलते हैं। इस मिलन की सीमा-रेखा सई नदी है। यह इस गाँव की सर्वप्रिय अल्हड़ प्रेमिका है। पहले गर्मी में ही रूठ जाती थी। सिकुड़कर दुबली हो जाती थी।

बादल आते। 'सई' आनंद-मगन हो जाती थी। इसका दरश-परस गाँव को भी आनंद से भरता था। बचपन के दिनों में बादल धरती तक आते थे। तुलसीदास ने भी पानी से लदे-फदे बादलों को बड़े ध्यान से देखा था- बरसहिं जलद भूमि नियराये। तब झमाझम वर्षा होती थी। ताल-तलैया एक हो जाते थे। सई भी जवानी लेकर गाँव में घुस आती थी। तब भारत गाँवों का देश कहा जाता था। गाँव भारत का मन, अंतरंग थे। वे राजनीतिक इकाई थे और सांस्कृतिक इकाई भी थे। पढ़ा है कि वैदिक काल के गाँव जीवमान कविता थे। हमारा अपना गाँव लउवा भी कुछ समय पहले तक भरापूरा काव्य-छन्द था। यहाँ प्रीति के गीत थे। प्यार के छन्द थे। रिश्ते-नातों के अटूट बंधन थे। तरह-तरह के पर्व थे, उत्सव थे, लोकनृत्य थे, लोकगीत थे। फिल्मी गीत भी थे। होली के विविध मनभावन रंग थे।

संस्कृति और सभ्यताएँ नदी-तट पर विकसित हुई है। सिंधु-सरस्वती के तट पर भारतीय संस्कृति-सभ्यता व दर्शन का विकास हुआ था। मैं भी सौभाग्य से सई नदी-तट पर स्थित गाँव का निवासी हूँ। मैंने सई नदी के प्रवाह में जीवन-गति का दर्शन पाया है। यहाँ निर्मल नीर के पीछे निश्छल मन की धारा है। लोकमंगल की अथाह चेतना है। नदी भेद-भाव नहीं करती। वह पशु, पक्षी, कीट, पतिंग, साँप, बिच्छू सबकी प्यास बुझाती है। नदी माता है। माता सबका भला चाहती है। नदी-तट पर वनस्पतियों के झुरमुट थे। नदियाँ, वनस्पतियाँ, औषधियाँ भी देती हैं। लेकिन अब यही हमारी नदी उदास है। वर्षा होती नहीं। नदी उफनाती नहीं। हमारा मन भी नदी की तरह रीता है। गाँव उदास है। पहले गाँव स्वयंपूर्ण संतोषी इकाई थे। आनन्द मगन थे। किसी पुलिस-दारोगा की जरूरत नहीं थी।

गाँव वाले गँवई हैं लेकिन उन्हें गँवार भी कहते हैं। 'गँवार' गाँव वाले का पर्यायवाची है। गाँवों का अपना संसार है। अपनी निष्कलुष संस्कृति। गाँव की परिभाषा करना सचमुच बड़ा कठिन काम है।

यहाँ प्रेम-रस से भरपूर गाढ़ी आत्मीयता थी। पारिवारिक होने का स्वाभिमान था, अब भी है। गरीबी और अभाव के बावजूद संतोष के छन्द हैं, सबका साझा व्यक्तित्व है।

दुनिया के सभी महानगर गाँव की उत्पादन-शक्ति और श्रमशक्ति से ही बने। प्राचीन महानगरीय हड़प्पा-सभ्यता के पीछे भी सिंधु-सरस्वती के विशाल भू-भाग में फैले गाँवों की श्रमशक्ति का ही कौशल है। यह पूर्ववर्ती ऋग्वैदिक सभ्यता का विस्तार है। सभी महानगर गाँवों पर निर्भर हैं। गाँव ही अन्न, दाल, दूध, सब्जी की गारंटी हैं। महानगरों के लोग प्रत्यक्ष कृषि उत्पादन में नहीं जुटते। औद्योगिक उत्पादन की श्रमशक्ति भी गाँवों पर आश्रित है। गाँवों को यों ही भारत की आत्मा नहीं कहा गया। गाँव का जीवन ममता और समता में ही रमता है। यहाँ ईश-भक्ति के साथ दर्शन का भी सौन्दर्य है। यहाँ अंधविश्वासी हैं। आस्तिक हैं। खाँटी भौतिकवादी हैं। अध्यात्मवादी भी हैं।

हमारे गाँव में स्वतःस्फूर्त अनौपचारिक बैठकें होती थीं। सर्दी में अलाव को घेरकर बैठे लोग गपियाते थे। गाँव के हर मोहल्ले की अपनी लोकसभा थी। इसे 'पार्लियामेण्ट' कहना ज्यादा सही होगा। 'पार्लियामेण्ट' अंग्रेजों का दिया शब्द है। इसका शाब्दिक अर्थ है गपशप का समूह। बाद में यह संसद का पर्याय बना। पार्ले का अर्थ होता है चबाना, कुटकना, मुँह के भीतर घुमाना आदि। यह संस्कृत के चार्वाक शब्द का पड़ोसी है। हमारे गाँव की पार्लियामेण्ट दिलचस्प थी। मैं भी उसका सदस्य था, बचपन में मुझे बोलने का अवसर कम मिलता था। हाईस्कूल पास करने के बाद मैं इसका ज्ञानी सदस्य मान लिया गया। ऐसी गोष्ठियों में गपशप के बिन्दु भी दिलचस्प थे। मसलन 'ईश्वर होता है कि नहीं होता?' यह सवाल हमेशा बहस का विषय रहता था। चन्द्रमा के चारो ओर बादलों के घेरे का रहस्य क्या है। हमारे गाँव के लोग उस वृत्त या घेरे को वर्षा की सूचना मानते थे। वर्षा क्यों और कैसे होती है? आँधी क्यों और कैसे आती है? बड़ी बात है कि अशिक्षित ग्रामीणों का ध्यान भी खगोलीय परिदृश्य तक व्यापक था।

बहसों के विषय अनेक थे। कभी-कभी बहस का बिंदु असली-नकली बाप तक व्यापक हो जाता था। फलाने के लड़के का चेहरा ढेकाने से क्यों मिलता है? फलाने की पत्नी और ढेकाने के

बीच कुछ गड़बड़ है। गाँव वाले निश्छल मन से सी.बी.आई. जैसे तथ्य देकर रहस्यों का पर्दा उठाते थे। हमारे समय गाँव में चाय व बीड़ी पीना बुरी लत था। लेकिन तम्बाकू 'खैनी' थी, खाने के योग्य थी। उसकी निंदा कभी नहीं हुई। हमारे गाँव के सभी बड़े तम्बाकू खाते थे। उनमें से एक का कहना था कि तम्बाकू पृथ्वीलोक में ही होती है, स्वर्ग के देवता भी तम्बाकू पर ललचाया करते हैं। दोहा यह था, "कृष्ण चले बैकुण्ठ को, रुकमिणि पकड़ी बाँह, हिंया तमाकू खाय लो, वहाँ तमाकू नाहिं।"

स्वर्ग की चर्चा भी होती थी। सबकी राय थी कि स्वर्ग-नरक होते हैं। कर्मफल सबको भोगना पड़ता है। मै अब उस बैठकी का सदस्य नहीं हूँ। वरना प्रश्न पूछता कि स्वर्ग या नरक में गाँव होते हैं या नहीं होते? ऋग्वेद में देवों का निवास आकाश बताया गया है। ऋचा-मंत्र भी वहीं रहते हैं लेकिन जागृत चित्त वाले पृथ्वी-निवासियों के हृदय में उतरने की कामना करते हैं। मैं देवों के निवास वाले आकाश-क्षेत्र को 'देव-गाँव' कहता हूँ। स्वर्ग की तुलना में पृथ्वी श्रेष्ठ है और पृथ्वी पर प्रीति-प्यार के केन्द्र हैं गाँव। मंत्र-काव्य यहाँ पृथ्वी पर आने के इच्छुक रहते हैं।

गाँव की बहसों की कोई सीमा नहीं। तब मूँछ रखना स्वाभिमान था। गाँव में बाहर के एक डॉक्टर ने दवाखाना खोला। यह 1960-70 की बात है। उसकी मूँछ सफाचट थी। गाँव में बहस थी कि पहली बार कोई मुछमुण्डा आया है अब गाँव की खैर नहीं। मूँछ-मुड़ाई पिता के निधन पर ही वैध थी। जब तक पिता जीवित है, तब तक मूँछो की शान है। यहाँ मूँछ और पिता के जीवन का जोड़ प्रीतिकर है। पिता के रहते स्वाभिमान है। अगले ने सिद्धांत बताया 'मुच्छ नहीं तो कुच्छ नहीं।' एक ने कहा मूँछ से मर्दानगी है। मूँछ केवल नाचने वाले ही मुड़ाते हैं। गाँव में मूँछ प्रतिष्ठा थी।

हमारे गाँव में एक विनम्र सज्जन थे पाँड़े बाबा। कोई 55 वर्ष के वृद्ध थे। इसीलिए गाँव के लोग उन्हें बाबा कहते थे। गाँव में पहली बार पाँड़े बाबा के घर रेडियो आया। तब रेडियो उपकरण से दो तार जोड़े जाते थे। एक छत पर बाँधा जाता था। इसे एरियल कहते थे। दूसरा तार जमीन में गाड़ते थे। इसे अर्थिंग कहते थे। रेडियो चमत्कार था। पूरा गाँव रेडियो देखने व सुनने के लिए

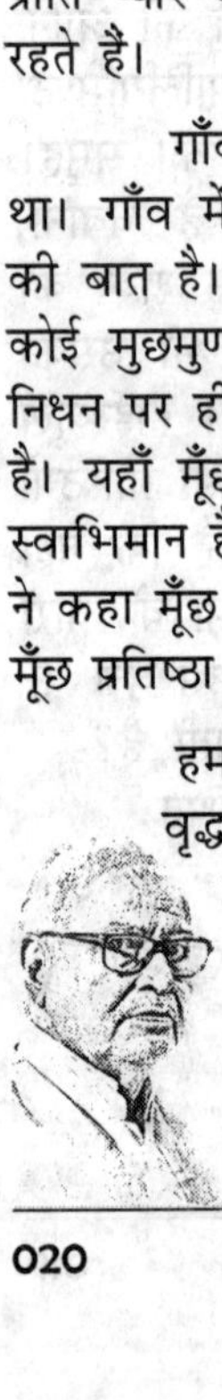

उमड़ पड़ा। रेडियो से रामचरित मानस का गायन हो रहा था। लोग हाथ जोड़े बैठे थे। एक ने पूछा, ''बाबा रेडियो से जुड़ा तार छत पर क्यों फैला है? और एक तार जमीन में क्यों गाड़ा गया है?'' बाबा ने बताया ''छत पर फैले तार द्वारा आकाश से रामचरित मानस की चौपाई व दोहे आते हैं। एरियल माने ऊपर की हवा। इसी तरह जमीन वाले तार से रामायण का अर्थ आता है। इसीलिए इस तार का नाम अर्थिंग है। सब प्रभु की कृपा है।'' मैंने पूछा ''बाबा! फिल्मी गाने ऊपर से आते हैं या जमीन से?'' बाबा ने डाँट दिया। ''तुम ज्ञान न झाड़ो। रामकथा सुनो।''

गाँव के लोग तमाम पुराने तकनीक में अपनी बुद्धि लगाकर नए प्रयोग भी करते हैं। जैसे रेडियो सबसे पहले पाँड़े बाबा लाए वैसे ही टेलीफोन हमारे गाँव में सबसे पहले हमारे घर लगा। मैं 1985 में विधायक हुआ। सरकारी टेलीफोन लगा। गाँव के लोग इसे देखने के लिए जुटे। हमारे गाँव के बहुत सारे लोग पंजाब, महाराष्ट्र आदि क्षेत्रों में मजदूरी करते थे। इनके परिजनों के पास गाँव में टेलीफोन नहीं थे। वे हमारे टेलीफोन से बातें करते थे।

एक रात हमारे पिता के मित्र अपने पुत्र से बात करने मेरे घर आए। उन्होंने कई बार फोन लगाया। नहीं लगा। उदास थे। हमने पूछा क्या हुआ? बोले ''एक औरतिया ही बार-बार बोलती है कि इस रूट की सभी लाइनें व्यस्त हैं। समझ में नहीं आता कि यह औरतिया हमारे बेटे के साथ क्यों बैठी है?'' टेलीफोन की उपयोगिता देखकर एक युवा ने नया जुगाड़ किया। उसने भी अपने घर कनेक्शन लिया। जुगाड़ यह था कि उसने अपने घर में लाउडस्पीकर भी लगाया। दूर शहर से उसके पास गाँव वालों के परिजनों के फोन आते थे। वह लाउडस्पीकर से फोन करने के इच्छुक व्यक्ति के नाम की घोषणा करता था। उसे बुलाता था। बात कराता था। यह जुगाड़ काफी लोकप्रिय था। वह प्रायः अपने लाउडस्पीकर पर 'मेरे पिया गए रंगून, वहाँ से किया है टेलीफून, तुम्हारी याद सताती है' वाला गाना भी बजाता रहता था।

गाँव में पहली बार ट्रक आया। खबर फैली कि गाँव में लकड़ी लादने वाली मोटर आई है। हम तो बच्चे के बच्चे ही थे। बड़े-बूढ़े भी मोटर देखने पहुँचे। मैंने ट्रक के आगे-पीछे चक्कर लगाया। पीछे नम्बर प्लेट के पास जूता जैसा चित्र था। लिखा भी था कि

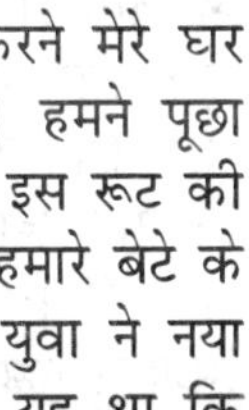

जगह मिलने पर पास दिया जाएगा। उसके बगल में शेर था "दिल देने वाले दिलदार होते हैं। लेने वाले कसूरवार होते हैं।" मैंने इस सबका अर्थ समझने के लिए ड्राइवर को नमस्ते किया। प्रश्न पूछे। उसने जूते के चित्र का मतलब बताया कि हमसे जो भिड़ेगा, उसके लिए जूता। पीछे से पों-पों बेकार है, जब आगे जगह मिलेगी तभी तो पास देंगे। मैंने शायरी का मतलब पूछा। उसने दार्शनिक अंदाज में कहा "हमने दिल लिया, कसूरवार हो गए।" हमारी समझ में कुछ नहीं आया। हम बच्चों में तय हुआ कि पाँड़े बाबा से सही बात पूछेंगे। बाबा ने बताया कि एक तरह से लकड़ी की मोटर का गाँव में आना अच्छी बात है। यह विकास की शुरुआत है। आज लकड़ी की मोटर आई है। कल मनुष्यों को ढोने या यात्रा कराने वाली मोटर भी आएगी। दूसरी तरह से यह अच्छी बात नहीं भी है। यहाँ तमाम बेवकूफियाँ भी आएँगी। गंदी शेर-ओ-शायरी भी आएँगी। पाँड़े बाबा महानगरों की सभ्यता के आगमन के परिणामों की भविष्यवाणी कर रहे थे।

भूतों-प्रेतों के अस्तित्व की चर्चा सारी दुनिया में होती है। गाँव के लोग भी भूत-प्रेत पर बहस करते हैं। कुछ लोग भूत-प्रेत नहीं मानते। कुछ लोग मानते हैं कि भूत-प्रेत होते हैं। मैं अपने गाँव में तीसरे वर्ग में था। हम और हमारे साथी इनकी खोज के विश्वासी थे। गाँव में चर्चा थी कि सई नदी के मोड़ वाले जंगल में आधी रात प्रेत नाचते हैं। मैंने अपने सहपाठी मित्रों के सामने प्रेतों का नाच देखने चलने का आग्रह किया। मित्रों ने मुझे डराया। मै देर रात अकेले ही गाँव से दो कि.मी. दूर चलकर नदी-किनारे जंगल पहुँचा।

नदी प्रशांत प्रवाहमान थी। चन्द्र-किरणें नदी की लहरों को स्वर्णिम बना रही थीं। एक-दो सियार-उद्बिलाव व काँटे वाली स्याही (शाही) के बच्चे आए। मुझे देखकर मुँह बिचकाकर चले गए। संभवत: उन्होंने अपने क्षेत्र में मेरी उपस्थिति को उचित नहीं माना। मैंने नि:संदेह चन्द्रप्रभा-आच्छादित रात्रि का संगीत सुना। संगीत सुनने में आता है, देखने में नहीं, लेकिन यह संगीत आँख के रास्ते भीतर प्रवेश कर रहा था। यहाँ प्रेत नहीं थे। भूत भी नहीं थे लेकिन 'भूतकाल' वर्तमान तक पसरा हुआ था।

नदी-तट पर टूटे मानव-कंकाल थे। ये नदी द्वारा बहाकर लाए गए थे। ये भूत का अवशेष

थे। बीते समय के साक्ष्य। मनुष्य-शरीर जटिल संरचना है। प्राण के विदा होने के बाद भी शरीर बच जाता है। वह धीरे-धीरे विसर्जित होता है। संभव है कि प्राण, मन आदि घटक भी विसर्जन में समय लेते हों। इस विषय पर अनेक विचार हैं, अनेक मान्यताएँ। मुझे नदी किनारे एक टूटी खोपड़ी दिखाई पड़ी। खोपड़ी की संरचना जानने की इच्छा थी। मैं उसे उठा लाया। घर के सामने रखकर भीतर सो गया।

हमसे पहले पिता जी जागे। घर के सामने खोपड़ी देखी। पूरे गाँव में खबर फैली। सबकी अपनी राय थी। ज्यादातर लोगों ने इस घटना को अपशकुन बताया। मतभिन्नता भी थी। कुछ लोगों ने इसे किसी बुरे आदमी द्वारा हमारे परिवार के विरुद्ध किया गया जादूटोना बताया। पिता जी आहत थे। तब मैंने पूरी बात बताई। पिता जी ने मुझे पीटा। बड़ों ने उन्हें समझाया कि बच्चे की गलती ज्यादा नहीं है लेकिन अनिष्ट तो है ही। लोग मुझे एक मंदिर के पुजारी के पास ले गए। पुजारी ने मंत्र पढ़े। हमारे सिर पर जल छिड़का। इस तरह अनिष्ट टला।

गाँव में दो-तीन जगह सायकिल के प्रचार वाले विज्ञापन लगे। विज्ञापन के चित्र में एक युवती सायकिल के पास खड़ी थी। गाँव की बैठकी में यह विज्ञापन चर्चा का विषय था। एक ने कहा कि सर्कस के अलावा लड़कियाँ कहीं भी सायकिल नहीं चलातीं। दूसरे ने कहा कि शहरों में चलाती हैं। निजी दवाखाने वाले डॉक्टर चिकित्सा के अलावा हरेक चीज के ज्ञाता थे। वे आँकड़े-प्रतिशत बताकर अपनी बात सिद्ध करते थे। बोले कि देश की तीस प्रतिशत लड़कियाँ सायकिल चलाती हैं। अगले ने कहा कि इस हिसाब से अपने गाँव की पाँच हजार जनसंख्या में यहाँ पंद्रह सौ लड़कियाँ सायकिल वाली होनी चाहिए। बहस बढ़ी, सब लड़ाई पर आमादा हो गए। पाँड़े बाबा ने कहा कि असली बात यह नहीं है। असली बात है जानकारी। पता होना चाहिए कि फोटो में लड़की ही क्यों सायकिल के पास खड़ी है? डॉक्टर ने कहा कि चालीस प्रतिशत लोग स्त्रियों द्वारा प्रचारित सामान खरीदते हैं। डॉक्टर ने यह भी कहा कि अपने गाँव के अस्सी प्रतिशत लोग बेकार की बहसें करते हैं। इसपर सारे लोग चिढ़ गए। उनसे माफी माँगने का आग्रह हुआ। डॉक्टर ने कहा कि वे अस्सी प्रतिशत लोगों से माफी माँग रहे हैं। लोग चिल्लाए- पूरे गाँव से क्यों नहीं? डाक्टर ने कहा कि

उन्होंने अस्सी प्रतिशत पर ही टिप्पणी की है। आप लोगों में भी केवल तीस प्रतिशत ही माफी माँगने के समर्थक हैं।

हमारे गाँव में सभी ऋतुओं की पुलक, सुख-आनंद के प्राकृतिक उपकरण थे। मधुरस-भरा बसंत, आम्र-मंजरियों की सुगंध, आम, जामुन, अमरूद के सुस्वादु फल। चहुँतरफा मदन-रस। जल-रस भरा सावन। चैती, कजरी। रक्षाबंधन का नेह। कजरी-तीज। करवा चौथ। जगमग दीपपर्व। रावण-दहन वाला दशहरा। उत्तरायण-दक्षिणायन के मिलनसंधि पर मकर संक्रांति। सहभोज। महाभोज। ब्रह्मभोज। ज्ञानदान, दीपदान, भूमिदान और कन्यादान। बिटिया की विदाई पर पूरा गाँव रोता था, मैंने अम्मा को गाँव की सभी कन्याओं के विवाह में रोते देखा है। उनका रोना-धोना सहज प्रीति का अश्रुप्रवाह था। बारात की अगवानी और स्वागत में पूरा गाँव लहालोट था। नीम का पेड़ 'देवी' था। बरगद का पेड़ 'देव' था। पीपल का पेड़ 'ब्रह्म' था। कुलदेवता थे। चाँद-सूरज भी देवता थे, ग्राम देवता भी थे।

मुखिया गाँव का मुख था। ऋग्वेद में इसे 'ग्रामणी' कहा गया। वे "प्रथमो हुत एति अग्रएति" सबसे पहले आमंत्रित होते हैं और सबके आगे चलते हैं। (ऋ 10.107.5) हम सबके आदि-पूर्वज मनु भी गाँव-निवासी थे। उनके पास हजारों गायें थीं। वे भी अपने गाँव के प्रधान (ग्रामणी) थे। (ऋ 10.62.11)। हमारे गाँव में भी मुखिया थे। वे पुलिस-दारोगा और सरकारी अफसरों का सत्कार करते थे। बाद में प्रधान होने लगे। गाँव-पंचायतें सरकारी हो गयीं। चुनाव हुए तो गाँव लड़ाई-झगड़े में फँस गये। अब हर जगह लट्ठम-लट्ठा है। जाति और धन की राजनीति है। जनतंत्र के उपवन में प्रीति नहीं, काँटे ही काँटे हैं, फूलों का कहीं अतापता नहीं।

हमारे बचपन में गाँव के सभी घर घास-पात के छप्परों से बनते थे। मिट्टी की दीवारें थीं, उनके ऊपर छप्पर थे। आँगन की पुताई गोबर से होती थी। गौएँ थीं, कूदते-फाँदते बछड़े थे। गर्मी के मौसम में अग्निदेव का कोप अक्सर हो जाता था। एक छप्पर में लगी आग पूरे गाँव को जला देती थी। अग्नि देवता का यह रूप विकराल था। पूरा गाँव आग बुझाने में जुटता था। हमारे मत के अनुसार अग्नि की खोज व दर्शन ग्रामीणों ने ही किये होंगे। हमारे छोटपन में

माचिस मँहगी थी। इसलिए आग माँगकर लाने की प्रथा थी। मैंने स्वयं अपने गाँव में (1950 के दशक में) आग माँगी है। तब अपने घर से गोबर का उपला (कंडा) ले जाकर परिचित के घर की आग से जोड़कर लाना, आग माँगना कहा जाता था। आग माँगना भी एक सांस्कृतिक कर्म था। तब से बड़े परिवर्तन हो गये लेकिन गाँव पिछड़ते गये।

ग्राम-गठन की मूल इकाई 'परिवार' हैं। परिवार-गठन का मूल आधार 'विवाह' है। गाँवों में विवाह पवित्र संस्कार था। विवाह ही किसी पुरुष को पिता होने का अवसर देता है और स्त्री को माँ होने का गौरव। गाँव के विवाह पूरे गाँव के उत्सव थे। पूरा गाँव विवाहोत्सव को सफल बनाने में जुटता था। पति और पत्नी मर्यादा में थे। पत्नियाँ सरकारी अफसरों के पूछने पर भी पति का नाम नहीं लेती थीं। लगान-वसूली के अफसर हमारे घर पर बैठते थे। एक गरीब महिला लगान देने आई। अमीन ने कहा "अपने पति का नाम बताओ।" महिला ने कहा "नाम आपके रजिस्टर में है, पढ़ लो।" उसने पति का नाम नहीं लिया। मैंने नाम बताया, तब लगान जमा हुई।

पति का नाम न लेने वाले रिश्ते अव्याख्येय थे। विवाह की मजबूती का आधार अग्नि के 7 फेरे थे। 'पाणिग्रहण' (विवाह) भारत की वैज्ञानिक संस्था है। प्राचीन ग्राम-परम्परा के तमाम भावुक-सांस्कृतिक अवशेष गाँवों में आज भी जस के तस हैं। कन्या अब भी विवाह के पूर्व पूरे गाँव में घर-घर जाती है। वह गाँव से आशीष माँगती है। अनेक ग्रामीण क्षेत्रों में इसे 'सोहाग' माँगना भी कहते हैं। वह इस गाँव को छोड़ रही है। अब नया घर मिलेगा। गाँव नया होगा। उसे गाँव का आशीष चाहिए। ऋग्वेद के ऋषि कहते हैं, "हे कन्या तुम्हें हम पितृलोग से मुक्त करते हैं। तुमको पतिकुल से संयुक्त करते हैं। वहाँ आप गृहस्वामिनी बनें, सबको अपने अनुशासन में रखने वाली बनें। साम्राज्ञी श्वसुरे भव, साम्राज्ञी स्वश्रुवा भव, ननान्दरि साम्राज्ञी भव, साम्राज्ञीअधिदेवृषुसासु-ससुर, ननद और पूरे परिवार पर तुम शासन करो।" फिर वर-वधु से कहते हैं, "आप कभी पृथक न हों। गृहस्थ धर्म का निर्वहन करते हुए पुत्र, नाती, पोते के साथ आमोद-प्रमोद करें।"

नववधु के आचरण में मर्यादा का सौन्दर्य था। शील का आकर्षण था। 'घूँघट' मर्यादा

और शील का बाह्य उपकरण था। गाँव में घूँघट का चलन था। घूँघट में संकोच था, मर्यादा थी, शील था। हमारा गाँव प्रेम-स्नेह का महासागर था। यहाँ मंदिरों में भक्ति-भजन थे। मस्जिदों में अजान थी। बूढ़ों का सम्मान था। रिश्तों का बंधन था।

गाँव में देवी का चौरा था। नवरात्रि में भीड़ जुटती थी। जंगल में भी देवबाबा थे। देवियाँ थीं। ऋग्वेद में भी एक वनदेवी हैं 'अरण्यानी'। ग्रामीण चाहते हैं कि वे ग्रामवासिनी हो जायें, गाँव में चलकर रहें, "हे अरण्यदेवी! आप निर्जन जंगल में रहती हैं, गाँव में चलकर क्यों नहीं रहतीं?" यह ग्रामीणों की प्रीति है। हमारे गाँव में भी वनदेवी थीं। वनदेवता भी थे। गाँव-निवासी सई नदी में बहकर आए पत्थर उठा लाते थे। पीपल या नीम के पेड़ के नीचे देव-रूप स्थापित करते थे। पूजा भी करते थे। पूरे गाँव की भलाई की प्रार्थना करते थे। सोचता हूँ कि क्या हमारे गाँव के गँवई लोग ईश-आस्था और प्रीति की दिव्य गंध में रमे साधारण गँवार ही थे? शायद नहीं। वे अपने ढंग के अनूठे दार्शनिक थे, अनूठे भक्तिमार्गी भी थे। तब गाँव और भूमि के प्रति गहन सांस्कृतिक प्रीति थी। गाँव इसी सांस्कृतिक महारास में आनंद-मगन थे।

गाँव की धरती ऋतम्भरा है। पूरा गाँव आनन्द-मगन है। ग्राम-व्यवस्था को सांस्कृतिक व्यवस्था ही चलाती है। गाँव वाले धर्मभीरू हैं। आधुनिक विज्ञान देववाद नहीं मानेगा। यूनान और भारतीय दर्शन ने सृष्टि-निर्माण का कारण किसी एक आदितत्व को माना है। भारतीय परम्परा में मनुष्य 5 तत्वों धरती, आकाश, अग्नि, वायु और जल से निर्मित है। वैदिकजन इन्हें देवता कहते थे। ये हमारे भीतर हैं।

वैदिक समाज गलत कर्म से बचने की प्रार्थना करता था। गाँव के लोग भी गलत कामों से डरते थे। गलती की निन्दा करते थे। लेकिन स्वतंत्र भारत के गाँवों में पुलिस का दारोगा भगवान से बड़ा है। पुलिस यहाँ दहशत, खौफ और आतंक का पर्यायवाची है। 1970 के दशक में हमारे गाँव में पुलिस किसी जाँच में आई। मैं अपने घर के दरवाजे बैठा पढ़ रहा था। पिता जी ने डाँटा, "गाँव में पुलिस आई है, तुम बाहर बैठे पढ़ रहे हो।" उन्होंने अपने बुज़ुर्गों का दिया गुरुमंत्र लिखाया 'पुलिस की अगाड़ी और गधे की पिछाड़ी' से बचना चाहिए। पुलिस के सामने पड़ो, तो वह बेकार में ही गाली देती है।

पीट देती है। गधा यों ही लात चलाता है। उसके पीछे खड़ा होना खतरनाक है।

हमारा गाँव प्रकृति की गोद में है। गाँव एक एकात्म परिवार था। गाँव का भी अपना जीवमान व्यक्तित्व था। पूरा गाँव समवेत उत्सवों में खिलता था और दु:ख में एक साथ दु:खी था। यहाँ सूर्य का तेजस और चन्द्रमा का मधुरस था। दिव्यता का प्रसाद। निर्दोष पक्षियों के कलरव। कभी छत पर पक्षी तो बहुधा पेड़ों पर भी पक्षी। उनकी बोली गाँव वालों को प्रिय थी। गाँव सांस्कृतिक रस में डूबी कविता थे। सब प्रात:काल जागते थे।

गाँव में प्रात: जागने की परंपरा है। ऊषा सुंदरी के आगमन के पहले ही। प्रात: जागे लोग ऊषाकाल की अरुणिमा और मधुरिमा में भावुक होते थे। पूर्वज ऋषियों ने ऊषा पर काव्य रचे। देवी जाना। देवी माना। ऊषा को नमन भी किया। सूर्यदेव ऊषा के बाद उगते हैं। प्रकृति की कार्यवाही में संविधान नहीं टूटता। पहले ऊषा, फिर सूर्योदय। गँवई-गँवार प्रकृति के संविधान को अपने अंत:करण में धारण करते हैं, सो ऊषा के पहले ही जागरण। ऊषा का स्वागत, सूर्य को नमन। फिर सतत् कर्म। मैंने अपने माँ-पिता के साथ ऊषा का आगमन और सूर्योदय का जागरण टकटकी लगाकर देखा है। अब महानगर में हूँ। राजनैतिक जीवन की व्यस्तता अस्त-व्यस्त रखती है। मैं नियमित लिखता भी हूँ, सो ऊषा और सूर्योदय के दर्शन से वंचित हूँ। मैं सूर्योदय के बाद जागता हूँ।

गँवई स्वत:स्फूर्त जागते-सोते हैं। उन्हें रात्रि में नींद की गोली खाने की भी आवश्यकता नहीं। गाँव की गंध में मस्ती है। कर्म यहाँ धर्म है, सो रात्रिदेवी का आगमन उन्हें निद्रा देवी के आँचल में समेट लेता है। निद्रा यहाँ माता है। ऐसी निद्रा माता को पौराणिक ऋषियों ने बार-बार नमस्तस्यै कहा है। गाँव और प्रकृति पर्यायवाची हैं। प्रकृति रूप, रस, गंध और मधुमती है। बनस्पति, कीट-पतिंग और पशु-पक्षियों से भरीपूरी है। हमारे गाँव में जंगल थे। इनमें सियार, लोमड़ी, उदबिलाव, स्याही जैसे जानवर थे। मैंने सियारों के युगल को प्रेमालाप करते, लोमड़ी और उदबिलाव को आँख मटकाते बहुत नजदीक से देखा है। मैं सैकड़ों किस्म के पक्षी देखकर सृष्टि-विविधता पर आश्चर्यचकित भी हुआ हूँ। उनके रंगबिरंगे रूप-सौन्दर्य और

विविध जीवन-शैली वाले पहलुओं पर लहालोट भी हुआ हूँ।

हमारे गाँव में कौआ पक्षी बहुतायत में थे। कौआ चतुर सुजान पक्षी है। हमेशा तिरछा देखता है। दूर से भी हाथ उठाओ तो उड़ लेता है। कौआ कवियों का भी आकर्षण रहा है। एक कविता में श्रीकृष्ण के बचपन में कौआ रोटी छीनकर भागा। कवि ने उसे बड़ा भाग्यवान बताया- ''काग के भाग कहा कहिए, हरि हाँथ सो ले गये माखन रोटी।'' लेकिन तुलसीदास का एक कौआ सठ-दुष्ट है- सीता के चरणों में चोंच मारकर भागा कौआ ''शठ चाहत रघुपति बल देखा'' वर्णित है।

सभी कौवे दुष्ट भी नहीं होते, तुलसीदास के कागभुशुण्डि भक्तिरस में डूबे ज्ञानी भी हैं। गाँव में चर्चा थी कि कौआ अपने आप नहीं मरता। अकालमृत्यु की बात अलग है। मैंने तर्क किया कि ऐसा क्यों? तब गाँव के एकमात्र पढ़े-लिखे पाँड़े बाबा ने बताया कि स्त्री-संसर्ग आयु कम करता है। कौआ पूरी जिन्दगानी में एक-दो बार ही संसर्ग करता है। वह भी बहुत चोरी-छुपे। कौआ को मिथुनरत देखने वालों की मृत्यु निकट होती है। ऐसे ही एक मित्र ने 'कौआ-कवई' को एक साथ देख लिया। गाँव में खबर फैल गई। हवन वगैरह हुआ। लोगों के अनुसार इसी कर्मकाण्ड से उसकी जिन्दगी बची।

गाँव में बर्फबारी भी मजेदार थी। जाड़े की एक रात आसमान कोप में था। बिजली लगातार कड़की। इन्द्र, वरुण सब खफा। आसमान फटने को तैयार कि ओले पड़ने लगे। दूधिया बर्फ के टुकड़ों से धरती पट गयी। जैसे पके महुआ झरते हैं, धरती पर बिछ जाते हैं। फूटे महुआ रस-गंध भी उड़ेलते हैं।

चींटियाँ रस में रमती हैं। गौओं को महुआ और फल-रस दोनों में मजा आता है। वैसे ही ये ओले, लेकिन स्वादहीन बर्फ के टुकड़े। गाँवों में गर्मी के दिनों में बर्फ बेचने वाले भोंपू बजाते थे। हम बच्चे इकट्ठा होते। वह बर्फ के टुकड़ों को छीलकर शक्कर मिलाकर बेचता था। एक पाव अनाज के बदले दो कुप्पी मीठी बर्फ खिलाता था। ओले भी वैसे ही थे लेकिन मिठास-रहित। आसमान से बर्फ का गिरना तब विस्मय था। एकबार इसी भयंकर बर्फबारी में कई कौवे मर गये। मैं एक मरे कौवे को टुकुर-टुकुर ताकता रहा। निर्दोष आँखें, निश्च्छल

काया। न कोई पाप-कर्म। न कोई अपराध-कर्म। क्या परमात्मा निर्मम है? वैसे तो यमराज मृत्यु के देवता हैं। मृत्यु की कोई नियमावली नहीं दिखाई पड़ती। वैदिक चिंतन में मृत्यु के देवता यम हैं। कहा गया है कि यम के नियमों को कोई नहीं तोड़ सकता।

मेरे घर के पास तालाब है, अब बिना पानी का। बचपन में हमारे घर तक लहराता था। बत्तखों का झुरमुट में तैरना देखकर बड़ा सुन्दर लगता था। उनके अण्डे श्वेत-संगमरमर जैसे, बिल्कुल लकदक झकास, नेता के खादी कपड़ों जैसे। बत्तखों के पंख भी वैसे ही थे लेकिन अण्डे से निकले बच्चे पीले रंग के प्यारे-प्यारे थे। एक बच्चे को बिल्ली ले भागी। चिल्लाती बत्तख ने पीछा किया लेकिन बिल्ली भाग गयी। बत्तख उदास, लाचार, निरुपाय। उसकी उदासी बहुत गहरे मेरे भीतर तक पैठ गयी। मैंने अम्मा को बताया। अम्मा और भी उदास हो गयीं।

सबसे ज्यादा प्रीतिकर थी गौरैया। गौरैया की संख्या घट रही है। वैज्ञानिक चिंतित हैं। गौरैया के विलुप्त होने से प्राकृतिक संतुलन बिगड़ रहा है। कुत्तों की तरह गौरैया भी मनुष्यों के साथ रहती हैं। अन्य पक्षी जंगल में रहते हैं। गौरैया को मनुष्यों के घर प्रिय हैं। गौरैया का निवास हमारे घर की प्रत्येक कोठरी की भीतरी छत में था। वहाँ लकड़ी का छावन था। उसी में गौरैया के घोसले थे। गौरैया के बच्चे इन्हीं में रुकते थे। गौरैया दिनभर घूम-घामकर दाना लाती। बच्चे मुँह खोलते, गौरैया बच्चों के मुँह में दाना डालती थी। सोचता हूँ कि संतति का ऐसा राग-मोह क्या प्रकृति के तीन गुणों के कारण है। चीन में कम्युनिष्ट सरकार आई। सरकार का निष्कर्ष था कि गौरैया फसलों को नष्ट करती है। सरकार ने सारी गौरैया मार दीं। प्रकृति का संतुलन बिगड़ गया। अनेक नए कीट पैदा हुए। वे ज्यादा नुकसानदेह सिद्ध हुए। प्रकृति अपना संतुलन बनाने में प्रयासरत रहती है।

कुतिया के दो बच्चे मर गये। कुतिया उदास, हताश, निराश। आँखें सजल। करे तो क्या करे? गाय का बछड़ा दूर बँधा है, गाय बंधन में है, वह उसे बेबस-लाचार देखती रहती है। सुबह-शाम दूध निकालने के समय ही बछड़ा उससे मिलता है। वह चाटती है, दुलारती है, प्यार करती है लेकिन दूध दूसरे निकाल लेते हैं। हमारा जिज्ञासु मन तरह-तरह के प्रश्न उठाता है,

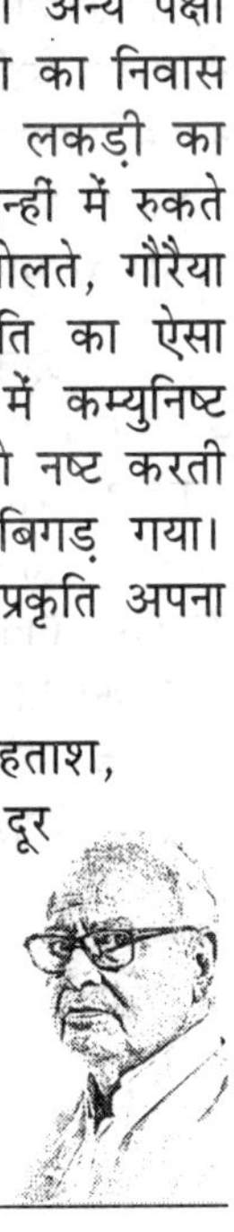

उत्तर देता है । अंततः स्वार्थ के पक्ष में फैसला सुनाता है, लेकिन गाँव के लोग धर्मभीरू हैं। ईश्वर से डरते हैं। हमारे गाँव के लोग गलत कामों से डरते थे। गलती की निन्दा करते थे। प्रकृति परिवार की रक्षा करती है।

गाँव में अतिथि-सत्कार की प्राचीन परम्परा है। गँवई-गँवार अतिथि के सत्कार में अपना सर्वोत्तम प्रकट करते हैं। घर का सबसे अच्छा बिस्तर, घर का सबसे सुन्दर कमरा और सर्वोत्तम भोजन। अम्मा और पिता में अक्सर अतिथि-सत्कार की तैयारी को लेकर बहस होती थी। घर में साधन नहीं। अतिथि आ गए तो क्या होगा? गाँव में मान्यता थी कि अतिथि-आगमन की सूचना कौआ देते हैं। अम्मा मुझे मुड़ेर पर बैठा कौआ दिखातीं और बताती थीं कि आज कोई अतिथि आएगा। अक्सर उनकी बात सच निकली।

मैं आज भी व्यग्र हूँ कि बिल्ली का रास्ता काटना या कौआ का घर की मुड़ेर पर आना क्या अप्रिय या प्रिय घटित होने की पूर्व सूचना है? मैं नहीं जान पाया कि सच क्या है? ऐसे ही छिपकली का गिरना और चढ़ना क्रमशः अशुभ और शुभ संकेत माने जाते हैं। मैंने इण्टर की पढ़ाई के दौरान ऐसी घटनाओं की सूची बनाने का काम किया, बिल्ली के रास्ते काटने वाली सूची मैंने चौथी बार विधायक होने तक जारी रखी। सभी घटनाओं में मुझे पूर्व-संकेत मिले, लेकिन सृष्टि-रहस्यों की परत नहीं खुली। मैं सृष्टि-रहस्यों को लेकर व्यग्र रहता हूँ।

अतिथियों में महाअतिथि थे सरकारी अफसर। उनका आना गाँव के कुशल-मंगल में बाधक था। वे अमंगल भवन, मंगलहारी थे। वे तंग करते ही थे। लगान-वसूली वाले अफसर बकाएदार को पीट देते थे। ऐसी पिटाई देखते-देखते मैं जवान हुआ। मेरे अंदर उस पिटाई के घाव हैं। एकबार अपने गाँव से दूर एक गाँव की बाजार में वसूली-अफसर ने एक बूढ़े को पीट दिया। मैं नहीं सह पाया। मैंने उसे धमकाया, मना किया। वह मेरी तरफ बढ़ा। मैंने उसे बाजार में दौड़ाया। पिताजी ने मेरी पिटाई कर दी। बाढ़ के दिनों में सरकारी अफसर आते थे। नमक, माचिस, मिट्टी का तेल बाँटते थे। हमसब गँवई-गँवार उनके चरण छूते थे। वे अफसर थे और हम उनकी प्रजा। रोटी, दाल का अभाव रहता था। गाँव के तमाम परिवार नदी से मछली पकड़ लाते थे, खाते थे, बेचते भी थे। बातें बहुत पुरानी नहीं हैं, लेकिन बिल्कुल नई

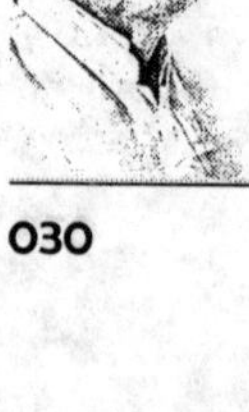

भी नहीं। सारा किस्सा स्वतंत्र भारत का ही है।

गाँव में गरीबी और अभाव का संसार है। तन पर कपड़ा नहीं, रोटी का जुगाड़ नहीं, तो भी गाँव मस्त। होली में पूरा गाँव नाचता था। अवनि-अम्बर भी गँवई महारास में सम्मिलित थे। मैं भी सबके साथ बिना सुर-ताल गाता था। बाढ़ और आषाढ़-सावन साथ-साथ आते थे। आषाढ़ पहले आता था। सावन के आने की सूचना देता था। सावन का कहना ही क्या? आसमान पर बादलों की लुकाछिपी। रह-रहकर वर्षा। धूप-छाँव का खेल। प्रकृति की अल्हड़ मस्त जवानी बार-बार सीना खोलती। कभी-कभी जल-भरे बादलों के बीच से धरती तक आती सूर्य की किरणें आड़ी-तिरछी होती हैं।

प्रकाश, विज्ञान के अनुसार 60 अंश पर मुड़ता है। प्रकाश अपने 7 मौलिक रंगों में बँट जाता है। गाँव में इसे इन्द्रधनुष कहते हैं। इन्द्र ऋग्वेद के सबसे बड़े देवता हैं। वे लोकमान्यता में वर्षा के मालिक हैं। लेकिन हमारे गाँव में आसमान पर इन्द्रधनुष के छा जाने को 'सियारों के विवाह' का मुहूर्त माना जाता था। हमसब युवक इन्द्रधनुष देखते ही चहक उठते थे कि आज 'सियार विवाह करेंगे।'

मैं बचपन से ही जिज्ञासु हूँ। मैं पिताजी को प्रश्न पूछकर तंग करता था। मैंने पूछा "क्या सियारों में भी विवाह होते हैं? होते हैं तो कैसे तय करते हैं? ठीक है कि वे अपनी बोली में बात करते हैं लेकिन यह बोली आदमी ने कैसे समझी? क्या आसमान पर इन्द्रधनुष के उगने तक प्रतीक्षा करते हैं?" पिताजी ने मुझे डाँट दिया। समाज-विज्ञानी सियारों के विवाह-बारात का अर्थ नहीं जानते। लेकिन गाँव का अपना ज्ञान-लोक है। यहाँ विवाह और बारात ही असली संस्कार हैं। बिना 'विवाह' समाज का कोई अस्तित्व नहीं। विवाह संतति-प्रवाह का अनुष्ठान है। गाँव इसी मर्यादा में लहालोट रहते हैं। यहाँ शील है, मर्यादा है, बड़प्पन है। प्रीति भी स्वच्छंद नहीं। इसकी भी रीति है, सो सियार भी बिना ब्याहे हनीमून नहीं कर सकते। गाँव का अपना दैशिक शास्त्र है।

कविता यश देती है। कवि के गाँव का नाम व यश दूर-दूर तक जाता है। सिनेमा के तमाम गीतकार अपने नाम के साथ मूल शहर का नाम

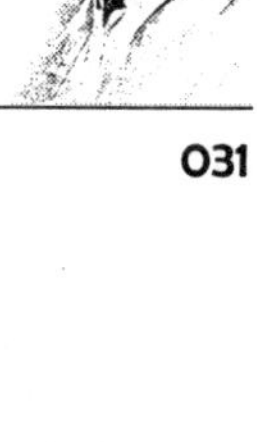

जोड़ देते हैं। कमर जलालाबादी, मजरूह सुल्तानपुरी, नक्श लायलपुरी आदि अनेक गीतकारों ने अपने क्षेत्रों के नाम फैलाए हैं। हमारे उन्नाव जिले के एक हास्य कवि काका बैसवारी ने भी बैसवारा का नाम-यश दूर-दूर तक फैलाया। ऐसे ही एक युवा कवि दिनेश उन्नावी हैं।

लेकिन हमारे गाँव में कोई कवि नहीं हुआ। यहाँ कविता की फसल का भाव-प्रवण वातायन था। सई नदी का वात्सल्य था। वैदिक कवियों ने सिंधु, सरस्वती के तट पर ही काव्यमंत्र गाए थे। गाँव में कविता फैली हुई है। गाँव स्वयं कविता है, लेकिन कवि न होने के कारण हमारे गाँव को यश नहीं मिला। एक बात और हो सकती थी। मर्यादा पुरुषोत्तम श्रीराम हमारे पड़ोस से होकर वन गये थे। गाँव की महिलाएँ इस स्मृति के गीत आज भी गाती हैं ''रघुवर संग जाब, हम ना अवध मा रहिबे।'' हमारे गाँव की अस्मिता अवध में है लेकिन श्रीराम हमारे गाँव से नहीं निकले। हमारा गाँव उनकी यात्रा से वंचित रहा। हमारा गाँव किसी भी कारण से यश के मानचित्र में नहीं है।

बचपन के समय गाँव में भजनमण्डली थी। स्वांग या नौटंकी के अर्द्ध-जानकार कलाकार थे। एकबार स्वांग की तैयारी हुई। एक पुरुष कलाकार ने स्त्रियों के कपड़े पहने। गीत के बोल थे ''बनारस राजा जइयो, मैं न जाऊँगी।'' लेकिन स्त्री बने पुरुष कलाकार ने गीत गाया ''बनारस राजा जइयो, मैं न जाऊँगा।'' वरिष्ठ ने डाँटा ''अबे! जाऊँगा नहीं, 'जाऊँगी' गाओ।'' उसने गीत के बोल दोहराए लेकिन पुरुष-चित्त की आदत के अनुसार उसने फिर 'जाऊँगा' ही गाया। स्वांग फेल हो गया लेकिन इस गलती का भी अपना मजा था। शेक्सपियर के 'कॉमेडी आफ एरर्स' में छोटी-छोटी गलतियाँ ही हास्य-विधान को जन्म देती हैं।

लगता है कि महानगरों का मन उपयोगितावाद के ढाँचे और साँचे में खरादा गया है। वह प्रायोजित है। लेकिन गाँव का मन पारदर्शी है। नगर-महानगर गाँव पर निर्भर हैं। दूध गाँव से आता है। खाद्यान्न गाँव से। सब्जी गाँव से। मजदूर गाँव के। सारा शुभ्र ज्योतिर्मय गाँव से। लेकिन बड़ा नेता नगर में रहता है। सरकार महानगर में रहती है। अखबार नगर में रहता है। नगर से गाँव जाता है। सड़ा पेप्सी, लिम्का, कोला गाँव जाता है। गैरजरूरी औद्योगिक उत्पादन गाँव लूटते हैं। गाँव शोषण के शिकार हैं। उन्हें उनका श्रम-फल

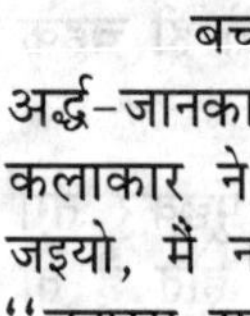

नहीं मिलता। राष्ट्रीय उत्पादन में उनका अपना हिस्सा भी नहीं मिलता। गाँव, संस्कृति और सभ्यता के मूल संवाहक हैं। लेकिन अभावग्रस्त हैं।

गाँव की अपनी सुरभि है। अपनी गंध है। गाँवों से बाहर जाती और साँझ समय खेतों से लौटती गायें धूल उड़ाती हैं। उसकी गंध देवों को भी प्रिय है। महानगरों में टेम्पो-वाहनों की दुर्गंध है। गाँव में गेंदा है, चमेली है, रातरानी है, गुलाब है। गेंहू फसल की पुष्पगंध है। आम्र मंजरियों की रसगंध है। महुआ रस की मधु गंध है। चाची, नानी, भौजाई के रिश्तों की प्रीतिगंध है। बड़ों के प्रणाम की रीतिगंध है। नवरात्रि, सत्यनारायण-कथा, विवाह और मुण्डन पर आयोजित हवन की देवगंध है। भजन, कीर्तन, नौटंकी की गंधर्वगंध है। हाड़तोड़ श्रम-तप के पसीने की मानुषगंध है। प्रकृति-नर्तन की नृत्यगंध है। लोकगीतों की छन्द-गंध है। 'गाँव, गंध-सुगंध का हहराता दिव्यलोक है। मैं ठेठ गाँव वाला हूँ। गँवई हूँ। गँवई गंध से लैस हूँ। गँवार हूँ। गँवई-गंध-गँवार के स्वाभिमान से लैस भी हूँ, गाँव-संस्कृति भारत की आत्मा है।

आज नदियाँ हताश हैं। आर्यभूमि भी सप्तसिंधु ही थी। सरस्वती उदास होकर अंतर्ध्यान हो गयीं। गंगा भी थक गयीं। वे ऋषिकेश में भी नहीं खिलखिलातीं। हरिद्वार की गंगा जीर्ण हैं। कानपुर और हमारे उन्नाव से होकर प्रवाहमान गंगा भी पहले जैसी नहीं।

हमारी सई नदी बीते कई बरस से उदास है। वह पहले की तरह नहीं हहराती। वे क्षीण, कृश और निर्जल हो गई हैं। हहराती सई नदी हमारी स्मृति में अब भी बहती है। मैं अब भी स्मृति-रथ पर सवार होकर इसके तट पर जाता हूँ। लेकिन अब इसके तट पर प्रेमगीत नहीं फूटते। बनबबूल के पेड़ सूख गये हैं। फल मधुहीन हो रहे हैं। आम, महुआ और जामुन के पेड़ नहीं बचे। युकेलिप्टस लहरा रहे हैं। इनपर कोयल नहीं बैठती। वे छाया नहीं देते। बहुत कुछ खो गया है। सांस्कृतिक स्मृति का लोप दुर्भाग्यपूर्ण होता है।

पहले लोक लहालोट था। लोक-उत्सवों की पुनर्नवा ऊर्जा थी। अब लोकगीत और लोकनृत्य नहीं हैं। मेले अब बाजार हो गए हैं। संस्कृति ने गाँव-संस्कृति को आहत किया है। हमारा गाँव भी नगर बनने के लोभ में है। पर्व-उत्सव अब रस नहीं लाते। नववर्ष चैत्र माह

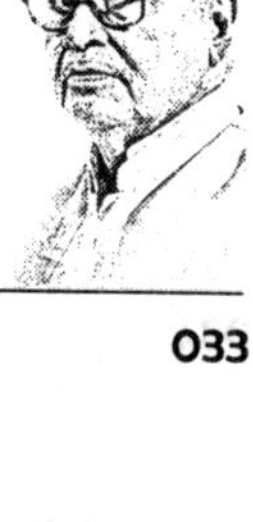

की प्रतिपदा को नहीं आता। गाँवों का नववर्ष भी पहली जनवरी को ही आ जाता है। गाँव की निश्छल संस्कृति का वातायन आहत है। भयावह बेरोजगारी है। जातियों की पलटने हैं। गाँवों की शिक्षा-व्यवस्था गड़बड़ है। यहाँ पूँजी का विनियोग जरूरी है। गँवई लोग आहत हैं। उन्हें राष्ट्रीय सम्पदा का भाग देना जरूरी है। गाँवों को आधुनिक सुविधाओं से लैस करना बहुत जरूरी है। मै समृद्ध गाँवों का स्वप्नदर्शी हूँ। आशावादी भी हूँ। गाँव के मन में अध्यात्म का नृत्य है। मै ग्राम-संस्कृति से स्पंदित हूँ। मुझसे मेरा गाँव छीन लो तो मेरे पास गुनगुनाने योग्य कुछ नहीं बचेगा।

अभिमत

मनोहर श्याम जोशी

हृदयनारायण दीक्षित को 'दैनिक जागरण' में कईबार पढ़ा हूँ। 'दैनिक जागरण' में नियमित छपने वाले विचारों का एक संकलन बनारस के विश्वविद्यालय प्रकाशन ने 'सांस्कृतिक अनुभूति, राजनीतिक प्रतीति' नाम से प्रकाशित किया है। एक मित्र ने यह पुस्तक भेंट की। 'कला, कौशल हुई और सौन्दर्य हुआ सिर्फ देह', 'होली का रस-आनन्द', 'वरिष्ठ नागरिक', 'आर्य, भारत के मूल निवासी', 'वाह रे वोट-राजनीति' और 'परिपूर्ण आनन्द का भौतिक विज्ञान' जैसे आलेख वाद-संवाद को मजबूती देने वाले लगे। भीतर के तर्क प्रफुल्लित हुए। विचारों को खाद मिली। वैसे तो इस पुस्तक में पचास से अधिक लेख हैं; लेकिन कोई भी लेख ऐसा नहीं है जिसे 'कल्चरल-ट्रेडिशन' कहकर आगे बढ़ जाएँ। पेंचीदगी तो बिल्कुल नहीं है। बिल्कुल सरल शब्दों में ऐतिहासिक-सामाजिक फ़लसफ़ा। मानने का कोई दबाव नहीं, फिरभी मानने के लिए विवश। तर्क और अध्ययन की यही ताकत दीक्षित जी को सभी विचार-खेमों में प्रासंगिक रखेगी।

प्रसिद्ध साहित्यकार, पत्रकार व पटकथा-लेखक। बुनियाद, मुंगेरीलाल के हसीन सपने, कक्काजी कहिन, हमलोग जैसी धारावाहिकों और अनेक चर्चित फिल्मों के लेखक। दिनमान व साप्ताहिक हिन्दुस्तान के सम्पादक भी रहे।

नाचता अध्यात्म

जाति-बहिष्कृत

मैं और मेरा मन

खुशी की बात है कि जाति-अस्मिता कालबाह्य हो रही है। बेशक चुनावी राजनीति में जाति का दुरुपयोग जारी है। जातियाँ दैवी विधान नहीं हैं। यह समाज-जीवन की अचेत अवस्था का परिणाम हैं। समाज अब सचेत है। दर्शन व विज्ञान भी जाति नहीं मानते। जाति की विदाई का समय है। जाति-खात्मे के अभियान को गतिशील बनाने की आवश्यकता है।

जाति-बहिष्कृत
मैं और मेरा मन

जन्म ब्राह्मण परिवार में हुआ और जन्मते ही मैं ब्राह्मण हो गया। तमाम ग्रंथों में पढ़ा था कि ब्राह्मण सोच-विचार, दर्शन व आचार-व्यवहार की एक विशेष जीवन-दृष्टि है इसलिए यह वर्ण है। ब्राह्मण होने के लिए जिज्ञासा और श्रमतप जरूरी है, लेकिन मैंने इसके लिए कोई तैयारी नहीं की थी। मैं जन्म के कारण ही कुलीन ब्राह्मण था। वैदिककाल व उत्तर वैदिककाल तक ब्राह्मण जन्मना नहीं थे। बाद में वर्णभेद आए। वर्ण 'जाति' बन गए। जाति-आधारित ऊँच-नीच का व्यवहार आया।

यह आधुनिक भारत के सन् 1960 की बात है। मैंने देखा कि अनुसूचित जातियों के बड़े-बूढ़े भी जमीन पर बैठते थे और हम कुलीन 10-12 वर्ष की उम्र वाले ऊँचे आसन पर। वे जाति-अपमान के दंश झेलते थे। उनके बच्चे सरकारी स्कूलों में भी अपमानित थे। वे स्कूल की बाल्टी-लोटे को छू नहीं सकते थे। वे प्यासे रहते थे। कुछ उदार उन्हें दूर से लोटे से पानी पिलाते थे। 16-17 साल की उम्र में ही मैं इस व्यवस्था से दुःखी था। मैंने इसके विरुद्ध विद्रोह किया। ऐसा विद्रोही मैं अकेला ही नहीं था। इतिहास में अनेक महानुभावों ने जातिगत ऊँच-नीच की व्यवस्था के विरुद्ध विद्रोह किया है। ब्राह्मण जाति-समूह में भी यह विद्रोही स्वर रहा। इस विषय में कम-से-कम तीन धाराएँ रही हैं और आधुनिक काल में भी हैं। एक धारा जातिगत भेदभाव के विरुद्ध है। दूसरी जाति-व्यवस्था की समाप्ति चाहती है और तीसरी यथास्थितिवादी है।

लेकिन मैं बिना जाने ही ऊँच-नीच का विरोधी हो गया। तब मन सचेत नहीं था। मैंने जाति-आधारित ऊँच-नीच पर सहपाठियों के साथ विचार किया। कॉलेज में छात्रों की गोष्ठियाँ की। स्वयं को उच्च मानने वाली जातियों के हमारे सहपाठी हमारी छोटी गोष्ठियों में नहीं आए। मेरे गाँव से भी कुछ छात्र इण्टर कॉलेज में थे। एक शाम मैं उनके मोहल्ले में बैठा था। एक बुजुर्ग ने हमसे पूछा, ''बच्चा खाना तैयार है। खाओगे?'' मैंने कहा "ले आइए। भोजन यहीं कर लेने में कोई हर्ज नहीं।" मैंने भोजन किया।

अपने घर पहुँचा। माँ ने कहा खाना खाओ। मैंने उन्हें बताया कि मैं दलित बस्ती से खाना खाकर आया हूँ। माँ रोने लगी। पिता ने पिटाई की। हमारे परिवार में चाचा से लड़ाई थी। अनेक वर्षों से बोलचाल नहीं था। वे भी युद्ध-विराम तोड़कर मेरी आलोचना में आ गए। ऊँची जाति के लोगों का मजमा जुटा। सबने बिना माँगे ही अपनी-अपनी राय दी। मुझे अभियुक्त घोषित कर दिया गया। मेरा पक्ष किसी ने नहीं सुना। मैं आहत था। लेकिन मैं अपने विचार पर डटा रहा। इस विचार के स्रोत वैदिक दर्शन में थे।

सचेत मन से सोचने पर मेरा पक्ष सही लगा। जानता हूँ कि जातियाँ सदा से नहीं हैं। इनके जन्म और विकास का कर्त्ता ईश्वर या कोई देवता नहीं है। यह सामाजिक विकास का परिणाम है। मैंने प्राचीन साहित्य से तर्क जुटाए। उच्च माध्यमिक शिक्षा में अध्ययन के दौरान मुझे ग्रामीण क्षेत्र के एक जलसे में भाषण का अवसर मिला। डॉ० अम्बेडकर जयंती थी। मैंने जाति-विभाजन और ऊँच-नीच को गलत बताया। जाति-आधारित ऊँच-नीच पर मैंने हमला किया। हमारे उद्बोधन में भावुकता थी, तर्क भी थे। तब तक मैं किसी राजनैतिक दल का सदस्य नहीं था। मैंने अम्बेडकर-साहित्य से उद्धरण दिए। तब किसी भी दल के नेता से मेरा संपर्क तक नहीं था। मेरे समतावादी विचार के कारण अनुसूचित जाति के सहपाठी छात्रों से मेरी आत्मीयता बढ़ती गई। समर्थकों की संख्या भी बढ़ती गई। मेरा नाम स्थानीय स्तर पर चर्चा का विषय था। इस चर्चा में मेरे निन्दकों की संख्या ज्यादा थी।

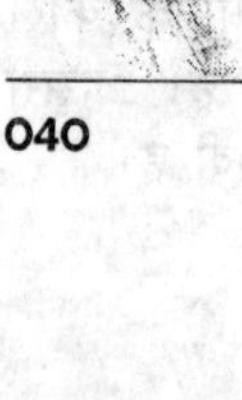

एक दिलचस्प घटना के उल्लेख का लोभ मैं नहीं छोड़ पा रहा हूँ। 1971-72 की बात है।

रात्रि में मैं अनुसूचित जाति के पुरवा, उन्नाव के ग्राम- बेहटा के निवासी भगवती प्रसाद के घर पर था। उनके घर के सामने कुँआ था। मैं सोकर उठा। कुँए पर बाल्टी थी। लोटा भी था। मैंने स्नान में इनका उपयोग किया। सामने एक सरल-हृदय गरीब पंडित जी का घर था। बाल्टी-लोटा उन्हीं के थे। मैं रात में अनुसूचित जाति के घर रुका था। पंडित जी ने सोचा कि इनके घर से सीधे कुँए पर आने वाला यह व्यक्ति इनका रिश्तेदार है और दलित है। वे उखड़ गए। हमारे मित्र से भिड़ गए। फिर मेरी ओर देखकर चिल्लाए "अब लोटा-बाल्टी को फूँकना पड़ेगा।" मेरे मित्र ने उन्हें तत्काल बताया कि ये हृदयनारायण दीक्षित हैं। पंडित जी ने मेरा नाम सुन रखा था। वे मेरे साथ हुए दुर्व्यवहार से लज्जित थे। उन्होंने माफी माँगी। मैंने उनसे हँसते हुए पूछा ''अब आप बाल्टी-लोटा फूँकेंगे या नहीं" वे बोले ''बहुत हो गया। चलो हमारे घर चाय पीओ।'' मैंने उनसे आश्वासन माँगा। "मेरे मित्र भी आपके घर ससम्मान चाय पीएँगे।" उन्होंने सहर्ष अनुमति दी।

समाज का निर्माण और संस्कार दीर्घकालिक कार्य है। आधुनिक समाज पूर्वजों के श्रम व तप का परिणाम है। उन्होंने समाजिक परिवर्तन के अनेक काम किए। कुछ कर्म सचेत थे और अनेक कर्म अचेत थे। जाति, पूर्वजों के अचेत कर्म का परिणाम है। इसका धीरे-धीरे विकास हुआ है।

कुछ लोग जाति के जन्म के लिए मनु को दोषी ठहराते हैं और कुछ लोग ब्राह्मणों को भी, लेकिन एक विशाल जनसमूह को जबर्दस्ती निम्न होने के लिए सहमत करना आसान नहीं था। मुझे अपने अनुसूचित जाति के कई मित्रों-सहयोगियों को भी सहमत कराने में काफी परिश्रम करना पड़ा। ऐसे ही मेरे एक सहयोगी थे राजकुमार सोनकर। मुझे पुरवा नगर में एक धानुक परिवार के घर भोजन का निमंत्रण मिला। मैंने सोनकर से कहा, तुम भी चलो। उस परिवार से तुम्हारी आत्मीयता बढ़ेगी। उन्होंने कहा पंडित जी आपकी बात अलग है। आप धर्म की परवाह नहीं करते। मैं मेहतर (डोम, धानुक) के घर भोजन नहीं कर सकता। मैं सोनकर हूँ। वे लोग हमारी जाति से निम्न हैं। मैंने सोनकर को बहुत समझाया। वे नहीं माने, लेकिन साथ चलने को तैयार हो गए। उन्होंने बीमारी के बहाने भोजन नहीं किया, लेकिन मेरी बात न

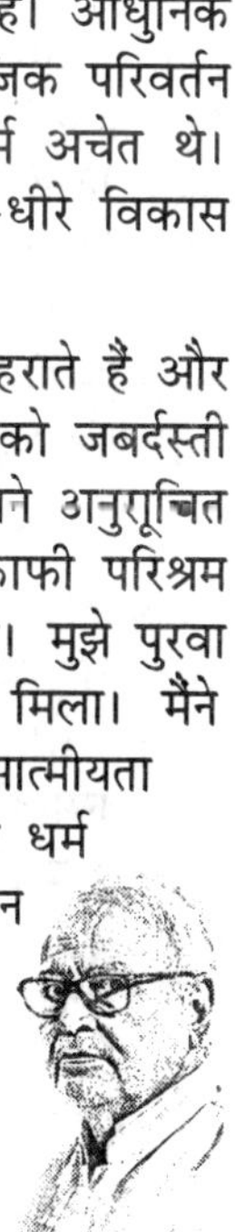

मानने से दु:खी थे। मैंने कहा "अभी कोई जल्दी नहीं। पूरा विषय समझ में आ जाए, तभी मानना ठीक रहेगा।" कुछ दिन बाद उन्होंने यह विषय स्वीकार कर लिया। वे इस अभियान के प्रमुख कार्यकर्ता बने।

जातियाँ जन्मना हैं। इनका ढाँचा सीढ़ी जैसा है। सीढ़ी के शीर्ष वाली जातियों का सम्मान रहा है। सीढ़ी में निचली जातियाँ सहज सामाजिक सम्मान से भी वंचित रही हैं। जाति-विशेष का होना किसी व्यक्ति का स्वतंत्र चुनाव नहीं है। जाति जन्म के साथ ही मिलती है। जाति के कारण वंचित जाति-समूह सामाजिक न्याय नहीं पा सके हैं।

जाति के उद्भव और विकास पर बहुत कुछ लिखा गया है। लेकिन डॉ० अम्बेडकर पठनीय हैं। डॉ० अम्बेडकर ने कोलम्बिया विश्वविद्यालय में नृविज्ञान की गोष्ठी (1916) में 'जातियों की उत्पत्ति और संरचना' पर शोध प्रस्तुत किया था। कहा था "प्रत्येक समाज में भिन्न-भिन्न वर्ग होते हैं। बौद्धिक, आर्थिक या अन्य कारणों से बने वर्ग अपना अस्तित्व भी रखते हैं। भारत में भी ऐसे ही वर्ग रहे होंगे। किसी समय किसी एक वर्ग-वर्ण ने अपने ही वर्ण-वर्ग में विवाह करने का बंधन लगाया होगा।" आगे कहते हैं "जाति के उद्भव के अध्ययन से हमें इस प्रश्न का उत्तर मिलना चाहिए कि वह वर्ग कौन-सा था जिसने अपने लिए बाड़ा खड़ा किया। मै इसका प्रत्यक्ष नहीं अप्रत्यक्ष उत्तर ही दे सकता हूँ। हिन्दू समाज में कुछ प्रथाएँ सर्वव्यापी थीं। अपने समस्त प्रतिबंधों के साथ वे ब्राह्मणों में थीं। ब्राह्मण वर्ग ने स्वयं की घेराबंदी जाति-रूप में क्यों की? यह एक भिन्न प्रश्न है।"

ऋग्वैदिक काल में वर्ण नहीं थे। जाति भी नहीं। उत्तर वैदिककाल में वर्ण दिखाई पड़ते हैं। जाति तब भी नहीं। किसी अज्ञात समय वर्ण जाति बने। जातियाँ अभी भी हैं, लेकिन वर्ण-व्यवस्था विदा हो चुकी है। इसी तरह जाति की विदाई भी निश्चित है। जाति की जन्मतिथि खोजना असंभव है, लेकिन जाति पूछना समाज की लत बन चुकी है।

सामान्यतया ब्राह्मण वर्ग पर जातिप्रथा लागू करने के आरोप हैं। डॉ० अम्बेडकर ने उसी गोष्ठी में कहा था- "जाति-व्यवस्था का प्रसार और विकास एक विशाल कार्य था। ब्राह्मण अनेक गलतियाँ करने के दोषी

रहे हों, कह सकता हूँ कि ऐसे थे, लेकिन जाति-व्यवस्था को गैर ब्राह्मणों पर लाद सकने की क्षमता उनमें नहीं थी।'' मुझे लगता है कि सामाजिक विकास के क्रम में पूर्वजों के अचेत कर्म का परिणाम है जाति।

सचेत पूर्वजों ने जाति की समाप्ति के लिए अथक श्रम भी किया। गांधी, डॉ० हेडगेवार, डॉ० अम्बेडकर, डॉ० लोहिया, ज्योतिबा फुले और विवेकानंद व दयानंद आदि अनेक महानुभावों ने भी जाति-भेद के विरोध में नवजागरण किया। डॉ० हेडगेवार द्वारा स्थापित राष्ट्रीय स्वयं सेवक संघ में राष्ट्रवादी संस्कार के माध्यम से समतामूलक समाज का लक्ष्य अन्तर्निहित था और है। इस श्रम के बावजूद कतिपय लोगों ने दलित जातियों को जब-तब भिन्न नस्ल भी बताया।

डरबन में अगस्त 2001 में 'नस्लवाद, नस्ली भेदभाव और असहिष्णुता' विषय पर विश्व कांग्रेस का आयोजन था। भारत के कुछेक लोगों ने उस वक्त दलितों को अलग नस्ल बताया था लेकिन डॉ० अम्बेडकर ने सही ही दलितों को अलग नस्ल नहीं माना था। उन्हें उम्मीद थी कि जातियाँ खत्म ही होंगी। लिखा था "जाति का चलते रहना असंभव है। ऐसा कार्य दिक्कतों से भरा है।" सामाजिक समता का ध्येय राष्ट्र-जीवन का ध्येय है। इसे टाला नहीं जा सकता। सामाजिक न्याय की दिशा में भारत का काम आगे बढ़ा है, लेकिन जातियों की अस्मिता मजबूत है। जातियों की राजनीति भी है। जाति की अस्मिता खतरनाक है। इसलिए जाति का खात्मा जरूरी है।

उत्तर वैदिककाल में वर्ण-व्यवस्था का विकास हुआ। वैदिककाल में ब्रह्म का अर्थ स्तुति या मंत्र है। ऋग्वेद में देवता भी मंत्र और काव्य-सृजनकर्त्ता बताए गए हैं। काव्य-सृजन प्रतिष्ठित कार्य है। अग्नि देवता हैं, उन्हें प्रतिष्ठित कवि व विद्वान भी कहा गया है। ऋग्वेद (1.47.2) में कण्ववंशी ऋषि स्तोत्र रचते हैं- कण्वास ब्रह्म कृण्वंति। अर्थ स्पष्ट है कि कण्वों ने ब्रह्म रचे। ब्रह्म यानी स्तुतियाँ। ऋषि वशिष्ठ भी मंत्रद्रष्टा रचयिता हैं। ऋग्वेद (7.18.4) में कविता या मंत्र को ब्रह्माणि कहा गया है।

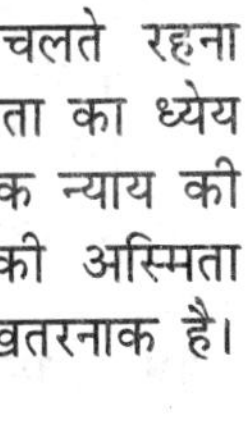

आध्यात्मिक दर्शन-चिंतन में ब्रह्म की स्थिति दूसरी है। उपनिषदों का ब्रह्म लगभग ईश्वर जैसा है। उपनिषदों में ब्रह्म-प्राप्ति पर जोर है। ब्रह्म

व्यक्ति नहीं है। ब्रह्म यहाँ भगवन्ता का पर्याय है और सम्पूर्णता का भी लेकिन ऋग्वेद में 'ब्रह्म' शब्द स्तुति के लिए आया है। इसी तरह 'ब्रह्मन' भी स्तुति या मंत्र के लिए प्रयुक्त हुआ है। स्तुति या मंत्र के रचयिता को 'ब्रह्मा' कहा गया है। द्रष्टा ऋषि 'ब्रह्मन' या स्तुतियाँ रचते हैं। ब्रह्मण या स्तुतियों के रचयिता ब्रह्मा हैं। ब्रह्मा और सर्जक पर्याय हैं। देवों में भी अनेक देव ब्रह्मा हैं। एक मंत्र (2.1.2) में अग्नि को ब्रह्मा कहा गया है- ब्रह्माचासि। पुराण कथाओं के ब्रह्मा सृष्टि के रचनाकार हैं। ब्रह्मा, विष्णु और महेश की देवत्रयी में वे प्रथम हैं। पुराणकाल में ब्रह्मा को वेदों का रचनाकार कहा गया। जो स्तोता है, स्तुतियों का रचनाकार है, वह ब्रह्मा है।

ब्रह्मन (स्तुति) का रचनाकार है ब्रह्मा। इन स्तुतियों के रचनाकार, विनियोगकर्त्ता ब्राह्मण कहे जाने लगे। स्तुति-रचना के साथ यज्ञ भी महत्वपूर्ण थे। वैदिक दर्शन में सत्कर्मों को यज्ञ बताया गया। ऋषि यज्ञ करते थे। यज्ञकर्त्ता भी कम से कम दो तरह के थे। कुछ स्वयं यज्ञ करते थे अपने लिए। कुछ आमंत्रण पर दूसरे के लिए यज्ञ करते थे। दक्षिणा लेते थे। दक्षिणा, दक्षता का पुरस्कार है। ब्राह्मण का सम्बंध ब्रह्मन-मंत्रों से था। ब्रह्मन का रचनाकार ब्राह्मण है। मार्क्सवादी चिंतक डॉ० रामविलास शर्मा ने 'भारतीय नवजागरण और यूरोप' (पृष्ठ-79) में लिखा है, "जो काव्य रचता है, देव-स्तुति करता है, वह ब्राह्मण है, ऋषि है, मनुष्यों का रक्षक है। ज्ञानी के अर्थ में ब्राह्मणों का उल्लेख है।" डॉ० शर्मा ने 'भारतीय संस्कृति व हिन्दी प्रदेश' (खण्ड 1, पृष्ठ 53) में लिखा है "ऋग्वेद में ब्रह्मन शब्द बहुत बार आया है। इसका अर्थ ब्राह्मण करना सही नहीं है।"

अथर्ववेद में ब्राह्मण की स्थिति भिन्न है। अथर्ववेद में ब्राह्मण हो जाने की विधि है। तब ब्राह्मण जन्मना नहीं थे। ब्राह्मण होने के लिए प्रयास करने पड़ते थे। अथर्ववेद के 11वें अध्याय में ब्राह्मण होने की विधि है। यहाँ ब्राह्मण होने को तत्पर विद्यार्थी को ब्रह्मचारी कहा गया है। ब्रह्म या अस्तित्व के अनुसार चलन ब्रह्मचर्य कहा जाता है। अथर्ववेद में कहते हैं, "वह पहले द्युलोक व भूलोक की अनुकूलता प्राप्त करता है। आचार्य उसे प्रबोधन देते हैं।" अथर्ववेद (11.7.2) में बताते हैं, "आचार्य उसे तीन रात तक अपने ज्ञान-गर्भ में

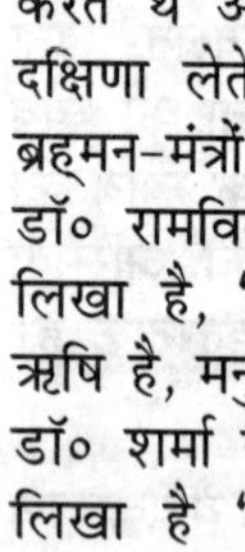

धारण करते हैं।" ज्ञान-गर्भ विचारणीय है। ज्ञान-गर्भ सिद्ध पुरुष ज्ञानी के पास ही होता है। आगे कहते हैं, "ज्ञान-गर्भ से वह बाहर निकलता है। दिव्य शक्तियाँ उसका अभिनंदन करती हैं।" उसे दिव्यता प्राप्त होती है। स्वाभाविक ही दिव्यशक्तियाँ उसका यशगीत गाती हैं। आगे कहते हैं, "साधक ब्राह्मी अनुशासन का अभ्यास करता है।" ब्राह्मी अनुशासन का अर्थ है संपूर्ण सृष्टि को अपने भीतर अनुभव करना और स्वयं को सृष्टि का अविभाज्य अंग जानना। सृष्टि को अपने भीतर अनुभव कर आनंदित करना। आगे कहते हैं, "फिर वह ऊर्जा प्राप्त करता है, ऊर्ध्वमुखी होता है। तब ब्राह्मण बनता है।" फिर कहते हैं, "ब्रह्मचारी या ब्रह्मचर्या से अनुशासित व्यक्ति आचार्य बनता है। राजा इसी तप से राष्ट्र-रक्षा करते हैं- ब्रह्मचर्येण तपसा राजा राष्ट्रंवि रक्षति।" गीत-गाता अध्यात्म है। उत्तर वैदिककाल से लेकर आधुनिक काल तक समय का लम्बा फासला है। अब ब्रह्मचर्या के तमाम प्रतीक-प्रतिमान बदल गए हैं। संपूर्ण समाज को जाति-वर्ण के भेद से मुक्त करने की चुनौती है। मै जाति-भेद रहित समाज का पक्षधर हूँ।

उत्तर वैदिककाल में तमाम उपनिषदों की रचना हुई। दर्शन का विकास हुआ। छांदोग्य उपनिषद में ब्राह्मण के पुत्र ब्राह्मण नहीं होते थे। फिर वर्ण-व्यवस्था की मजबूती के कारण जन्मत: वर्ण की परम्परा चली। गीता में वर्ण-व्यवस्था के सम्बंध में कहा गया है कि गुण और कर्म के आधार पर वर्ण बने। गीता का यह वक्तव्य विचार के योग्य है। इसका अर्थ सीधा है कि गीता के रचनाकाल के पहले कभी वर्ण-व्यवस्था का विकास हुआ। जाति या वर्ण सदा से नहीं थे। फिर वर्ण से जाति बनी। ब्राह्मण वर्ग की एक धारा कर्मकाण्ड को प्राथमिकता देती थी। दूसरी धारा तर्क और दर्शन के साथ वैज्ञानिक दृष्टिकोण को महत्व देती थी। मैं छात्र-जीवन में अचेत रूप में दूसरी धारा से जुड़ गया था। बाद में सचेत रूप में भी मैंने दूसरी धारा के पक्ष में लेखन, गोष्ठी व आन्दोलन चलाए। मैं समतामूलक समाज के पक्ष में आन्दोलनरत था।

सामाजिक सम्मान से वंचित समूहों को समता और समरसता की आवश्यकता थी। मैं साल में एक-दो बार ही घर जाता था। कोई कार्यालय भी नहीं था। जहाँ रात, वहीं निवास। मेरा भोजन प्राय: वंचित के घर होता था, अथवा जाति-खात्मे के समर्थक के परिवार

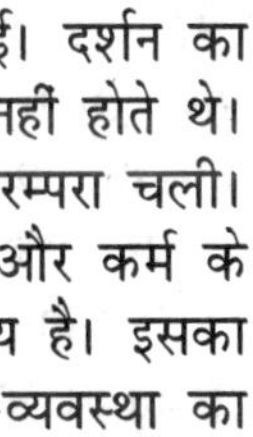

में रात्रि-विश्राम और भोजन। सहभोज आत्मीयता बढ़ाते हैं, लेकिन सहभोज पर सामाजिक रोक थी। ब्राह्मण समाज के एक वर्ग में इसकी प्रतिक्रिया हुई। मेरी तहसील के बाजार में मेरा भोजन एक धानुक के घर हुआ था, इसपर बहुत बड़ी नाराजगी हुई। कुछ मित्रों ने मुझसे भेंट की। उन्होंने कहा ''आप ब्राह्मण होकर मल साफ करने वालों के घरों में भोजन करते हैं। यह उचित नहीं है।'' मैंने विनम्रतापूर्वक उत्तर दिया, ''सफाई करने का काम असाधारण है। उनके प्रति प्रीति होनी चाहिए।'' वे बोले ''प्रीति को कौन रोकता है लेकिन भोजन गलत है।'' मैंने प्राचीन ग्रंथों से तर्क दिए। उनके पास तर्क नहीं थे। कुछ लोगों ने मुझे जाति-वहिष्कृत बताया।

हमारी तहसील के एक गाँव में एक सामान्य लड़ाई हुई। मैं अपने पक्ष को लड़ाई व पुलिस से बचाने के लिए सुलह चाहता था। तब मेरे पास सायकिल नहीं थी। मैंने एक मित्र से सायकिल माँगी। उस गाँव पहुँचा। पता चला कि एक सशक्त ब्राह्मण परिवार इस लड़ाई के केन्द्र में है। मैंने उनसे ही मिलने का निश्चय किया। उनका आवास बड़ी कोठी जैसा था। वे बड़े पलंग पर बैठे थे। शेष लोग सीमेंट से बनी एक बड़ी व साफ सुथरी चौकी पर। मैंने प्रणाम किया। उन्होंने नाम-गाँव पूछा। मैंने नाम-गाँव बताया। वे बोले ''तो तुम वही हृदयनारायण दीक्षित हो जो शूद्रों के घर भोजन करते हो।'' मैंने कहा ''दादा जी यह कोई गलत बात नहीं है।'' उन्होंने अपने भतीजे से कहा ''चमारन टोला से दीक्षित के लिए शरबत व नमकीन ले आओ। यह ब्राह्मणों के यहाँ खाना नहीं खाते।'' मैंने कहा ''आपके पास गलत सूचना है। आप खाना खिलाएँगे तो मुझे खुशी होगी।'' मैंने वंचितों की बात की। तर्क रखे। उन्होंने कहा ''तुम वेद-पुराण पढ़े हो तो भी ऐसे काम करते हो!'' मैंने ऋग्वेद से तर्क दिये। उन्होंने आने का कारण पूछा। मेरी अपेक्षानुसार सुलह हो गई।

राजनीति आसान है। सामाजिक परिवर्तन का काम बहुत कठिन। इस कार्य में बड़ी आलोचना होती है। समाज का बड़ा भाग यथा-स्थितिवादी होता है। सामाजिक परिवर्तन से यथा-स्थिति टूटती है। यथा-स्थितिवादी आक्रमण करते हैं। मैं भी ऐसे आक्रमणों को झेलता रहा हूँ। इसी कारण मेरे विरुद्ध गोष्ठियाँ भी होती रही हैं।

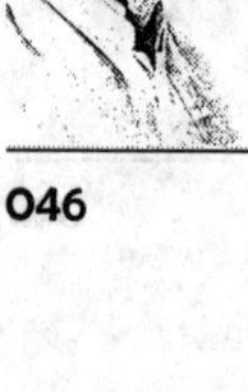

हमारे तहसील केन्द्र पुरवा, उन्नाव के निकट

त्रिपुरारपुर गाँव है। इस गाँव के बदलू प्रसाद जी धानुक जाति के थे। युवा थे। मेधावी छात्र थे। हाईस्कूल में थे। उन्होंने मुझे गाँव बुलाया। मै उनके घर गया। घर मिट्टी का भी नहीं था। घास-फूस, खर-पतवार से बना था। हमदोनो ने इसी झोपड़ी में भोजन किया। तमाम बातें हुई। उन्होंने जाति-अपमान के अनुभव सुनाए। मैं रोने लगा। वे भी रोए। मैंने उन्हें खूब पढ़ने का परामर्श दिया। उन्होंने ठीक से पढ़ाई की। बैंक के अधिकारी बने, लेकिन छात्र-जीवन में उनके घर भोजन करना कई वर्ष तक चर्चा का विषय बना रहा। इसी गाँव में मेरे एक रिश्तेदार थे। उन्होंने मेरी आलोचना की। ऐसे ही पुरवा नगर के निवासी लालता प्रसाद और ग्राम-पिडुरी के निवासी विदाप्रसाद शास्त्री के घरों में जाने व भोजन करने को लेकर मुझे आलोचना का शिकार होना पड़ा। बाद में मै आलोचना से आहत नहीं होता था। मैं आलोचना सहने का अभ्यस्त हो गया था।

भारतीय समाज सांस्कृतिक दृष्टि से सम्पन्न है और दार्शनिक दृष्टि से भी, लेकिन समाज का ढाँचा वैसा नहीं है। ईश्वर को कण-कण में व्याप्त बताने वाले स्वयं को आध्यात्मिक कहते हैं, लेकिन व्यवहार में जातिभेद मानते हैं। परस्पर लड़ते-झगड़ते रहते हैं, लेकिन सांस्कृतिक-प्रभाव में सब जुड़े रहते हैं। जाति-अस्मिता के कारण यहाँ के लोगों में एकात्मकता नहीं है। यहाँ सैकड़ों जातियाँ हैं। जाति-भेद हैं। जाति-आधारित मान-सम्मान भी है। राष्ट्रीय एकता भी कुप्रभावित है। मुझे इसके विरुद्ध संघर्ष करने में बड़ा मजा आता रहा।

मैं लम्बे समय तक जाति-बहिष्कृत जैसी मनोदशा में जीया हूँ। कुछ लोगों ने मुझे ब्राह्मण-विरोधी कहना शुरू कर दिया। यह उपाधि मेरे साथ चिपक गई। मैं पाँच बार विधानसभा चुनाव जीता। तीन बार पराजित हुआ हूँ। मेरे लेखन-भाषण में वैदिक समाज की चर्चा रहती है। ऋग्वेद के रचनाकाल में वर्ण या जाति नहीं थे।

ऋग्वेद व ब्राह्मण-ग्रंथों का अतिरिक्त सम्मान करता हूँ। मुझे जाति-बहिष्कृत बताने वाले मेरे लेखों को किसी दूसरे विद्वान का लिखा बताते थे। मेरे विरुद्ध आरोप था कि मैं पैसे देकर विद्वानों से लिखवाता हूँ। उनके अनुसार मैं प्राचीन समाज, संस्कृति व दर्शन नहीं जानता, लेकिन अब वे ऐसा नहीं कहते। अनुसूचित जातियों की विशेष पक्षधरता का आरोप अभी भी है, लेकिन अनुसूचित जातियों

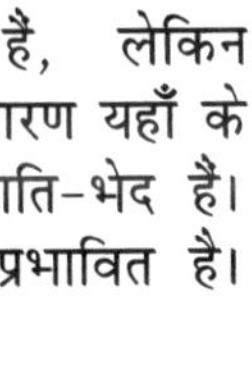

को आरक्षण सहित अनेक रक्षोपाय संविधान-निर्माताओं ने ही उपबंधित किए थे। यह उचित भी है।

खुशी की बात है कि जाति-अस्मिता कालबाह्य हो रही है। बेशक चुनावी राजनीति में जाति का दुरुपयोग जारी है। जातियाँ दैवीय विधान नहीं हैं। यह समाज-जीवन की अचेत अवस्था का परिणाम है। समाज अब सचेत है। दर्शन व विज्ञान भी जाति नहीं मानते। जाति की विदाई का समय है। जाति-खात्मे के अभियान को गतिशील बनाने की आवश्यकता है।

अभिमत

विष्णु प्रभाकर

हिन्दी के सुप्रसिद्ध साहित्यकार। सोवियतलैण्ड नेहरू पुरस्कार, साहित्य अकादमी पुरस्कार, भारतीय ज्ञानपीठ का 'मूर्तिदेवी सम्मान', व पद्मभूषण सम्मान से सम्मानित।

पाश्चात्य संस्कृति की प्रवृत्तियाँ भारतीय समाज में गहराई तक प्रवेश कर चुकी हैं। बेतुकी बातों के प्रभाव में आकर आज की पीढ़ी प्राचीन संस्कृति के प्रति उपेक्षा-भाव रखने लगी है, इसीकारण भारत की मूल छवि धूमिल होती जा रही है। एकता के सूत्र खण्डित होते जा रहे हैं स्नेहाभाव में परिवार बिखर रहे हैं। पश्चिमी देशों में अब परिवार-संस्था का प्रचलन बढ़ रहा है। उन्होंने यह सुखद कदम भारतीय संस्कृति के समृद्ध इतिहास से प्रेरित होकर बढ़ाया है। मुझे याद है कि 1967 में फ्रांस की एक टीवी-फिल्म ने भारतीय संयुक्त परिवार का परिचय देने के लिए हमारे परिवार को चुना था। गांधी जी ने वैष्णवों को परायी पीर जानने-महसूस करने वाला, ऐसे ही नहीं बताया था, उन्होंने भारतीय संस्कृति का ऐतिहासिक पक्ष मनोयोग से पढ़ा था। समाचार-पत्रों के सम्पादकीय पृष्ठों पर हृदयनारायण दीक्षित को मैं बहुत चाव से पढ़ता रहा हूँ। इनके विचार मेरे मन के बहुत करीब लगते हैं। पहली बार इनकी पुस्तक पढ़ा। स्वास्थ्य साथ नहीं दे रहा; फिरभी आस्वाद लेकर पूरी पुस्तक पढ़ा। मन हुआ कि उनकी सारी किताबें पढ़ डालूँ, लेकिन लाचार हूँ। 'भारतीय संस्कृति की भूमिका' पुस्तक में दीक्षित जी की मान्यताएँ, उनके गहन और गम्भीर अध्ययन की कसौटी पर कसी होने के कारण लोकमान्य हैं। आज के शुद्ध मिलावट के युग में सींग कटाकर बछड़ों की जमात में शामिल होने वाले लेखकों को हृदयनारायण जी के विचारों व सन्दर्भ-ग्रहण के स्रोतों से सीखना चाहिए। मूल्यवान पुस्तक भेंट करने के लिए मैं दीक्षित जी का आभारी हूँ। अपेक्षा रहेगी कि वे हमारे विभ्रमित समाज को अपने अध्यवसाय से अनवरत लाभान्वित करते रहेंगे।

नाचता अध्यात्म

आपातकाल
कारावास और कालिदास

आपातकाल की स्मृति एक भयंकर दिवास्वप्न जैसी है। यह अहितकर है। बाद की पीढ़ी को विश्वास नहीं होता कि भारत में एक प्रधानमंत्री ने इस तरह के उत्पीड़न और संविधान के मानमर्दन का काम किया था, इसलिए स्वयं के अनुभवों के साथ उस स्मृति को पुनर्जीवित करने का प्रयास मैंने यहाँ किया है। यह इतिहास का काला अध्याय है। संविधान के आदर्शों के अनुसार भारत को विकसित करने के लिए इस स्मृति को बार-बार जगाये रखने की जरूरत है।

आपातकाल
कारावास और कालिदास

स्वतंत्र भारत के इतिहास की सबसे दुर्भाग्यपूर्ण घटना है आपातकाल। भारत के संविधान के अनुच्छेद 352 में संवैधानिक विफलता की स्थिति में आपातकाल की व्यवस्था है। बात 1975 की है। तब श्रीमती इन्दिरा गाँधी प्रधानमंत्री थीं। देश में उनके विरुद्ध आन्दोलन चल रहे थे। सभी विपक्षी दल एकजुट थे। दूसरी ओर श्रीमती गाँधी के निर्वाचन को प्रसिद्ध समाजवादी नेता राजनारायण ने इलाहाबाद उच्च न्यायालय में चुनौती दे रखी थी। न्यायालय ने श्रीमती गाँधी के संसदीय चुनाव को अवैध ठहराया। सत्तादल के भीतर श्रीमती गाँधी से त्यागपत्र की माँग बढ़ी। बाहर, विपक्ष भी हमलावर था। उन्होंने संविधान के आपातकाल वाले प्राविधान का दुरुपयोग किया और आपातकाल की घोषणा हो गयी। मौलिक अधिकार निलम्बित हो गये। विचार-अभिव्यक्ति की स्वतंत्रता समाप्त हो गयी। समाचार-पत्रों का मुँह कुचल दिया गया।

पूरे देश में तानाशाही का भयग्रस्त वातावरण था। श्रीमती गाँधी के तानाशाह चित्त के कारण देश उत्पीड़ित था। भारतीय लोकतांत्रिक इतिहास में यह अकेली घटना है। राजनेता के चित्त की आंतरिक अशान्ति पूरे भारत की आंतरिक अशान्ति बनी। जर्मनी में हिटलर ने भी 1932-33 में आपातकाल लगाया था। भयंकर उत्पीड़न हुआ था। श्रीमती गाँधी के सामने हिटलर का उदाहरण था। वे संभवत: इसी से प्रेरित थीं। उनकी तानाशाही का समर्थन कांग्रेस पार्टी ने किया। कांग्रेस अध्यक्ष ने इन्दिरा को इण्डिया बताया और इण्डिया को इन्दिरा।

श्रीमती गाँधी संविधान रौंद रही थीं। उन्होंने सुप्रीम कोर्ट में दायर अपनी अपील के निर्णय की प्रतीक्षा नहीं की। उन्होंने प्रधानमंत्री के संसदीय चुनाव को न्यायालयिक परीक्षण से मुक्त कराने का संविधान-संशोधन करवाया। यह संशोधन भी पीछे की तारीखों से लागू करवाया गया। वे परासंवैधानिक सत्ता की गाड़ी पर सवार थीं। उन्होंने संविधान पर धावा बोला। उनके पास संसद में बहुमत था। विपक्ष जेल में था। कांग्रेसी सांसद भी भयभीत थे, सो सांसद भी इंदिरा की हाँ में हाँ मिलाने को मजबूर थे।

आपातकालीन 42वाँ संविधान-संशोधन पठनीय है। यह एक तरह से संविधान का पुनरीक्षण था। सर्वोच्च न्यायालय और उच्च न्यायालयों को सीमा में रखने वाले संशोधन हुए। संविधान के किसी उपबंध का उल्लंघन करने के आधार पर चुनौती देने के लिए संघ और राज्यों के कानूनों का भेद किया गया। यह भी जोड़ा गया कि राज्य के नीति-निदेशक तत्वों को लागू करने के लिए बनाये गये किसी कानून को अनु० 14, 19 और 31 के आधार पर चुनौती नहीं दी जाएगी। उच्च न्यायालयों को केन्द्रीय विधि की असंवैधानिकता के विरुद्ध सुनवाई से रोका गया।

न्यायालयिक पुनर्विलोकन भारत के संविधान का आदर्श है। न्यायालय के पास संविधान-संशोधनों को भी संविधान की मूल भावना के विपरीत होने, अधिष्ठायी आधार, अथवा अन्य कारणों से असंवैधानिक घोषित करने के अधिकार हैं। आपातकाल में हुए संविधान-संशोधन में संविधान-संशोधन के अनु० 368 का भी संशोधन कर दिया गया। व्यवस्था की गई कि संविधान-संशोधन विधि के नाम से घोषित किसी विधि को न्यायालय में किसी आधार पर कोई चुनौती नहीं दी जा सकती।

पं० जवाहरलाल नेहरू के हाथों प्रस्तावित भारत के संविधान की उद्देशिका बदल दी गई। 53 अनुच्छेद एक साथ बदले गए। सातवीं अनुसूची बदली गई। भारत के संविधान (1949) के महत्वपूर्ण आदर्श और दर्शन को पलीता दिखाया गया। मैं जेल में बंद संविधान की मूल भावना को तहस-नहस करने वाली इन्दिरा जी की सरकार के कृत्य देख रहा था। हिटलर ने भी ऐसे ही कृत्य किए थे। भारत में भी विरोध कुचलने के लिए वरिष्ठ राजनेताओं और

कार्यकर्ताओं की गिरफ्तारियाँ हो रही थीं।

आपातकाल के दौरान मैं 28 वर्ष का था। जिला परिषद का सदस्य था। भारतीय जनसंघ की जिला इकाई का महासचिव था। पुलिस धर-पकड़ कर रही थी। मैं उन्नाव जिले के केन्द्र में था। मैंने स्वयं को बचाया और पार्टी-नेतृत्व के अग्रिम मार्गदर्शन के लिए मैं भूमिगत हो गया। देश में गिरफ्तारियों का ताँता था। हमारे जिले के कार्यकर्ताओं की भी गिरफ्तारियाँ जारी थीं। अनेक अधिवक्ता, अध्यापक, राजनैतिक कार्यकर्ता 'डी0आई0आर0- डिफेंस ऑफ इंडिया रूल' के अन्तर्गत गिरफ्तार हो चुके थे और लगातार गिरफ्तारियाँ जारी थीं। मेरे जिम्मे इस अत्याचार, उत्पीड़न के पत्रक निकालकर आमजनों तक पहुँचाने का काम था। पुलिस मुझे खोज रही थी। मेरे कई परिचित पुलिस द्वारा उत्पीड़ित किये गये। मौरावाँ नगर के बस स्टेशन के प्रमुख के0पी0 सिंह को उठा लिया गया। उन्हें मार-मार कर मेरा पता-ठिकाना पूछा गया। उन्होंने इनकार किया। दूसरे दिन उन्हें भी डी0आई0आर0 का मुकदमा लिखकर जेल भेज दिया गया। कालू खेड़ा इण्टर कॉलेज के प्रधानाचार्य रामनारायण त्रिवेदी से भी मेरे ठिकाने की पूछताछ की गयी। उनका उत्पीड़न हुआ। मेरे विकासखण्ड केन्द्र हिलौली के ग्रामप्रधान कौशल किशोर, जनसंघ कार्यकर्ता शंकरदयाल शुक्ला व मेरे मित्र राम कुमार सेठ को भी डी0आई0आर0 में जेल भेजा गया।

मैं साईक्लोइस्टाइल मशीन से सरकारी उत्पीड़न के विरुद्ध पर्चे निकालता था। पुलिस से मेरी आँखमिचौनी चलती रही। अन्ततः पुलिस ने मेरे ऊपर डी0आई0आर0 लिखकर घर की कुर्की की। हमारे घर का सारा सामान मौरावाँ पुलिस उठा ले गयी। मेरा परिवार सताया जा रहा था। मैंने संगठन से इस नई परिस्थिति में मार्गदर्शन की अपेक्षा की। उन्होंने जेल जाने का निर्देश दिया। मैं गिरफ्तार हुआ। जेल गया।

जेल का पहला दिन नितांत नया अनुभव था। इसके पहले कई आन्दोलनों में मैं जेल जा चुका था लेकिन आपातकाल में जेल-अधिकारियों का व्यवहार बदला हुआ था। मेरे जेल-फाटक में प्रवेश के तत्काल बाद जेलर ने मुझसे कहा कि "आपका बहुत नाम सुना है। आप क्रान्तिकारी बनते हैं। जेल में चुप रहना पड़ेगा।" मैंने विनम्रतापूर्वक कहा कि "मैंने कोई अपराध

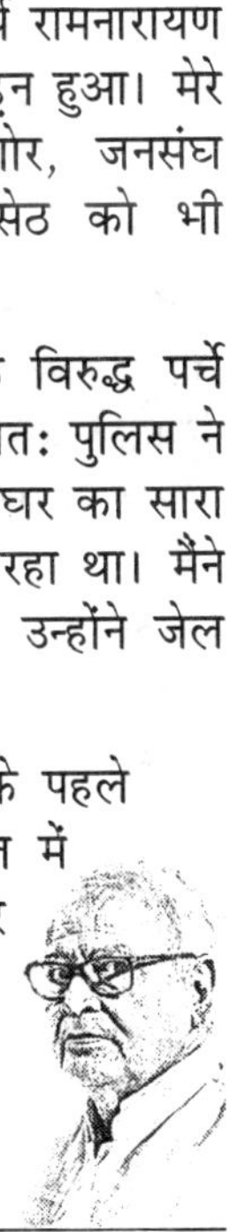

नहीं किया। मैं जेल में संभ्रात नागरिक की तरह अनुशासित रहूँगा।'' उन्होंने एक सजायाफ्ता कैदी से कहा कि ''इस आदमी को पाँच लाठी मारो, बहुत बहस करता है। आपातकाल का मतलब नहीं समझता।'' मैंने कहा ''चाहे जितनी लाठी मारो, मैं जैसा हूँ, वैसा ही रहूँगा।''

मुझे उन्नाव जेल की बैरक सं0-20 में भेज दिया गया। इस बैरक में पहले से ही मेरे वरिष्ठ कार्यकर्ता-सहयोगी थे। सब उदास थे। व्यथित थे। जेल की व्यवस्थाओं से परेशान भी थे। अनिश्चितकाल की जेल थी। मैंने ढाँढ़स बँधाने की कोशिश की तो हमारे लोग मुझपर ही पिल पड़े। मुझे ही डाँटने लगे। ज्ञान न झाड़ने की नसीहतें देने लगे। मैंने कर्मचारियों से माँग की कि जेलर को बुला लाइये, नहीं तो हमलोग बैरक में बन्द नहीं होंगे। जेलर बड़े तैश के साथ आये, हमको देखते ही उबल पड़े। बोले कि ''मैंने पहले ही चेतावनी दी थी। हमलोगों को ऊपर से सख्त निर्देश है। मार-मार कर गिरा दूँगा और नैनी जेल ट्रांसफर कर दूँगा।'' मेरे-उनके बीच तेज शब्दों का आदान-प्रदान हुआ। वह चादर, बिछौना, कम्बल बदलवाने को तैयार हो गये, चेतावनी देकर चले गये कि ''आज तो बात मान ली है, भविष्य में गुण्डागर्दी नहीं चलेगी।''

आपातकाल के दौरान जेल में परिजनों से मुलाकात कठिन थी। व्यक्तिगत रूप से मेरे लिए जिला प्रशासन ने परिजनों की मुलाकात प्रतिबंधित कर दी थी। संगठन के निर्देशानुसार जेल में बन्द कार्यकर्ताओं का मनोबल बढ़ाना, बाहर की सूचनाएँ उपलब्ध कराना और भीतर की सूचनाएँ बाहर देते रहना मेरे जिम्मे सौंपा गया। जेल में प्रतिदिन बाहर से सफाई कर्मचारी आते थे। मैंने उनसे मित्रता की। वही मेरे पत्र बाहर पहुँचाते थे। बाहर से भी सूचनाएँ लाते थे। हम पत्रों में अपना नाम नहीं लिखते थे। बाहर से आने वाले पत्रों में भी किसी के हस्ताक्षर व नाम नहीं होते थे। केवल संकेत होते थे। इससे जेल में बन्द कार्यकर्ता बाहर की सूचनाएँ पाकर संतोष का अनुभव करते थे। इसबीच जेलर के पुत्र से मेरा परिचय हुआ। वह स्नातक का छात्र था। मेरे पास समाजविज्ञान और अर्थशास्त्र पढ़ने आने लगा। कड़क जेलर भी पुत्र-प्रेम में मेरे प्रति सहृदयी हो गया। अब जेलर का पुत्र पत्रों के आदान-प्रदान में सहायक था।

जेल में बन्दी जीवन कष्टप्रद होता है। सजायाफ्ता बन्दियों को दिन गिनने में सुविधा

रहती है। वह महीना गिनकर आशावादी बने रहते हैं। लेकिन आपातकाल के हम जैसे बन्दियों के सामने दिन गिनने का कोई सहारा नहीं था। हमलोग तत्कालीन केन्द्र सरकार की इच्छा से जेल में थे। दूर-दूर तक जेल से छूटने की आशा की कोई किरण नहीं दिखायी पड़ती थी। प्रतिदिन सायंकाल सारे बन्दी एकत्र होते थे। मैं सबसे अलग-अलग विषयों पर व पार्टी की विचारधारा पर 5-5 मिनट बोलने का आग्रह करता था। कमलोग बोलते थे। कुछ लोगों का मानना था कि यहाँ की बैठकों की जानकारियाँ सरकार को पता लगती हैं। मैंने उन्हीं दिनों तिलक की पुस्तक 'गीता रहस्य' पढ़ा। मैं बैठकों में अपनी समझ के अनुसार उसका सार-तत्व सुनाता था। हमलोग 19 माह तक बन्दी रहे जेल में। दो दीवाली, दो होली और इसी तरह के अन्य उत्सव मनाते रहे। इन उत्सवों में निराशा और उल्लास एक साथ थे। निराशा और उल्लास परस्पर विरोधी हैं। निराश व्यक्ति उल्लासमय नहीं हो सकता और जो उल्लास में होता है वह निराश नहीं होता है। हम उल्लास के माध्यम से निराशा को समाप्त करने का प्रयास करते थे। इसी बीच राष्ट्रीय स्वयं सेवक संघ व जनसंघ द्वारा सत्याग्रह आन्दोलन चलाया गया।

उत्तर प्रदेश के सभी जिलों की कचहरियों में कार्यकर्ता चोरी-छिपे आते थे। भारत माता की जय बोलते थे। पुलिस पकड़ लेती थी। पब्लिक को बुलाकर लाठीचार्ज दिखाया जाता था। एक दिन की त्रासद घटना मेरी स्मृति में अब भी प्रायः कौंध जाती है। मैं उन्नाव जेल से पुलिस की गाड़ी में न्यायालय में पेशी के लिए लाया गया था। इसी समय लगभग 20 आन्दोलनकारियों का जत्था अलग-अलग कोने से कचहरी आया। पुलिस ने उन्हें पीटना शुरू कर दिया। हसनगंज के एक कार्यकर्ता मूँछों वाले थे। पुलिस ने उनकी मूँछें नोच ली। मुँह पर खून भरा हुआ था। एक अन्य कार्यकर्ता के पैर बाँधकर, पैर ऊपर किये गये। तलवों में तबतक लाठी चली जबतक तलवों का मांस फट नहीं गया। मेरे अपने गाँव के कार्यकर्ता गंगा प्रसाद 'भैया' कम उम्र के छात्र थे। उनकी भी पिटाई हुई। हड्डियाँ टूट गयीं। मैं पुलिस-अभिरक्षा में यह अत्याचार देख रहा था। लाचार, बेबस, असहाय। ऐसी ही अनेक घटनाएँ घटित हुईं।

मैं अतिरिक्त संवेदनशील हूँ। सबके दुःख में जस का तस जुड़ जाता हूँ। हमारी बुद्धि

कहती है- अपने काम से काम रखो, लेकिन हमारा मूल स्वभाव इसका उल्टा है। मैं बहुधा फटे में टाँग घुसेड़ने का आदी रहा हूँ। बात बिगड़ते देखकर पीछे नहीं हटता। जेल में कैदियों के साथ अमानवीय व्यवहार थे। हमारी बैरक वाले कैदी मैदान में घास छील रहे थे। डिप्टी जेलर ने एक कैदी को सुस्त बताया और बुरी तरह पीट दिया। मैंने उसे सहलाया। सान्त्वना दी। वह कमजोर था। उसको बुखार था। मैंने डिप्टी से कहा ''यह बुखार से पीड़ित है। आपने इसे पीटकर अच्छा नहीं किया।'' डिप्टी मुझे हड़काने लगा। मैंने प्रतिवाद किया। उसने मुझे देख लेने की धमकी दी और मैंने उसे।

मैं दीर्घकाल तक द्वन्द्व में जीया हूँ। शेक्सपियर के नायकों की तरह 'टु बी आर नॉट टु बी' में झूलते हुए तनावग्रस्त रहा हूँ। आखिरकार सही है क्या? क्या किसी के अपमान के बदले अपमान करना जरूरी है? क्या अत्याचारी के प्रति भी सहिष्णुता एक उच्चतर जीवनमूल्य है? उन्नाव के एक बड़े अपराधी आपातकाल के समय तमाम गम्भीर मुकदमों के चलते जेल गये। वे अधिकारियों को रिश्वत देकर हम राजनीतिक कार्यकर्ताओं की बैरक में आ गये। उनका खौफ था। हमारे सहयोगियों ने उनका विरोध नहीं किया। लेकिन मैंने कहा कि ''आप इस बैरक में नहीं रह सकते।'' वे अपनी चटाई बिछा चुके थे। चटाई पर पूजापाठ की सामग्री सजा रहे थे। बोले ''पैसा देकर आया हूँ। तुम हमें नहीं जानते। लेकिन मैं तुमको जानता हूँ। मैं डकैती डलवाता हूँ मर्डर करवा सकता हूँ घर फुँकवा सकता हूँ। लेकिन दीक्षित जी तुम्हारी तरह धर्म नहीं छोड़ा हूँ। तुम चमारों, पासियों, डोमों के घर खाते हो। तुमने धर्म छोड़ दिया है।'' धर्म की यह परिभाषा आहतकारी थी। उन्होंने आगे कहा, ''मैं यहीं इस कमरे में रहूँगा। जो उखाड़ना हो, उखाड़ लो।'' मेरे अहंकार को चोट लगी। मैंने कहा ''तो तुम हमारे घर को फुँकवाओ, घासफूस का है जल्दी जलेगा। अपने गुर्गों को खबर करो। घर फूँकने के दूसरे दिन मैं शहर का तुम्हारा घर गिरवा दूँगा। तुम यहाँ जेल में, हम भी यहाँ। शक्ति का प्रदर्शन बाहर ही रहेगा।'' उन्होंने हाथ मिलाया, बात पक्की। इसी बीच बहस में जेलर आया।

कड़क जेलर ने मुझे घूरा। उसकी लाल आँखों में अहंकार का लावा था। ''तो तुम यहाँ नेतागीरी करोगे?'' मैंने कहा ''तुम यहाँ हमारे साथ गुण्डे

रखोगे।'' उसने कहा ''जोर से मत बोल।'' मैंने यही वाक्य दोहराया। बवाल हो गया। कैदियों की लाठियाँ तनीं। हमारे साथी हमपर ही नाराज थे। सुप्रींटेण्डेण्ट आए, उन्होंने फैसला सुनाया- ''यह इस बैरक में नहीं रहेगा और दीक्षितजी तुमको हम नैनी सेण्ट्रल जेल भेजेंगे।'' माफिया हटा दिया गया। मेरा ट्रांसफर नहीं हुआ। माफिया ने मेरा घर नहीं फुँकवाया।

मैंने उन्हीं दिनों महाकवि कालिदास के 'मेघदूत' का हिन्दी अनुवाद पढ़ा। 'मेघदूत' उत्कृष्ट काव्य-रचना है। कालिदास ने छोटे से कथानक को अपनी कल्पना-शक्ति व सृजन-क्षमता के बल पर अद्वितीय बनाया है। इस कथा का सार-संक्षेप कुछ इस प्रकार है- एक यक्ष राजा कुबेर का अनुचर था। एक दिन कुबेर की सभा में विलम्ब से पहुँचा। कुबेर ने विलम्ब से आने का कारण पूछा। यक्ष ने अपनी नव विवाहिता पत्नी के सान्निध्य में विलम्ब हो जाने के लिए क्षमा माँगी। कुबेर ने शाप दिया कि तुम एक वर्ष तक यहाँ से काफी दूर पर्वत पर अकेले रहोगे। प्रिया-प्रेम में व्याकुल यक्ष ने एकांतवास अपनाया। फिर आया वर्षा का महीना। आकाश में बादल आए। यक्ष को प्रिया का स्मरण आया। उसने बादल के एक टुकड़े से प्रार्थना की कि वह यक्ष का संदेश लेकर उसके घर जाए। यक्ष ने मेघ को अपना संदेशवाहक बनाया। मेघ यहाँ दूत बना। कालिदास ने यक्ष द्वारा मेघ को अपने घर का मार्ग बताया। इस मार्ग में तमाम नदियाँ, पर्वत, नगर, उपनगर पड़ते हैं। कालिदास की इस रचना का दुनिया की अनेक भाषाओं में अनुवाद हुआ है।

कालिदास के यक्ष को कुबेर ने शापित किया था। प्रिया-पत्नी से दूर रहने का आदेश दिया था। वह जेल में नहीं था। हमलोगों को श्रीमती इन्दिरा गाँधी की सनक ने जेल पहुँचा दिया था। मैं भी घर से दूर था। जेल में था। जेल में मेघदूत पढ़ते हुए मैं यक्ष हो जाता था। मैंने भी घर तक संदेश भेजने की इसी कहानी का अनुसरण किया। मैंने 28 वर्ष की अवस्था में मेघदूत की नकल की थी और छोटी सी किताब लिखी 'कागदूत'। मैं यहाँ अपनी कल्पना वाली पुस्तक 'कागदूत' के कुछ हिस्से उद्धृत करता हूँ।

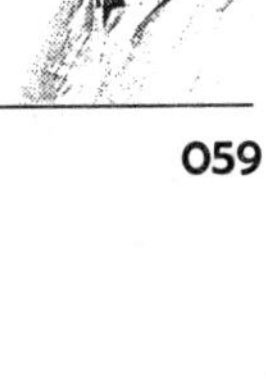

''जेल में कौवे थे। हमारी बैरक के पास 2 बड़े पीपल के पेड़ थे। इनपर सैकड़ों कौवे प्रात:-सायं काँव-काँव करते शोर मचाते थे। मैंने सोचा कि काँव-काँव इन कौवों की वृत्ति है। इनके

चिल्लाने का कारण क्या है? क्या यह भी आपातकाल से डरे हैं? आखिर इतना शोर क्यों मचाते हैं? कौवा रामकथा में भी है। तुलसी की रामचरित मानस में कागभुशुण्डि रामकथा सुनाते हैं। वे रामभक्त थे। एक कौवा इन्द्रपुत्र भी है। यह कौवा असली नहीं है। तुलसी के अनुसार इन्द्रपुत्र ने कौवे का रूप धारण किया। सीता के पास पहुँचा और उनके पैरों में चोंच मारकर उड़ गया। तुलसी ने लिखा है ''सुरपति सुत धरि बायस भेखा, सठ चाहत रघुपति बल देखा।'' पूर्वजों का ध्यान कौवों की तरफ बार-बार गया है। उन्हें चतुर बताया गया है। मैंने जेल के पीपल-वृक्ष पर एक कौवे से प्रार्थना की कि ''कालिदास का मेघ स्वयं दूत बनकर यक्ष के गाँव गया था। आपातकाल में आप दूत बनकर हमारे गाँव जाइए।''

कालिदास के यक्ष ने मेघ को अपने घर का रास्ता बताया था। मैंने भी कौवे को रास्ते का विवरण बताया, ''इस जेल-केन्द्र से लगभग एक किलोमीटर की दूरी पर उन्नाव जिला-कचहरी है। कचहरी में तमाम विद्वान अधिवक्ता हैं। गाँव के पीड़ित-व्यथित अपने-अपने काम से आये हुए हैं। अधिकारी और व्यथित जनता आपातकाल से डरी हुई है। उन्नाव प्राचीन नगर है। पहले यहाँ कचहरी के पास राजनेताओं, पत्रकारों व बुद्धिजीवियों की बैठकें होती थीं। जगमग दुकानें थीं। कवि थे। कविता थी, लेकिन आपातकाल के कारण सब सूना-सूना है। तुम यह दृश्य ध्यान से देखना। चाहो तो थोड़ा नीचे उड़ान भर सकते हो। लेकिन पुलिस से सावधान रहना। पुलिस पकड़ लेगी तो पंख नोच लेगी। तुम्हारा जीना कठिन हो जाएगा।''

''जिला कचहरी से एक किलोमीटर लखनऊ-कानपुर राष्ट्रीय राजमार्ग पर एक गाँव है 'दही की चौकी' इस गाँव में दही के अलावा सबकुछ है। इस गाँव का नाम 'दही की चौकी' रखने का इतिहास किताबों में नहीं मिलता। हमारी कठिनाई है कि मैं किताबों का ही कीड़ा हूँ। जो किताब में नहीं है, वह मुझे नहीं मालूम। 'दही की चौकी' में भी पुलिस है, पुलिस से बचकर पुरवा रोड की तरफ मुड़ना। आगे 'दरोगा खेड़ा' गाँव मिलेगा। इस गाँव का नाम 'दरोगा खेड़ा' क्यों पड़ा? मैं नहीं जानता। दारोगा शब्द ही भय पैदा करता है। संभव है इस गाँव को किसी दारोगा ने ही बसाया हो। लेकिन ऐसा सच नहीं

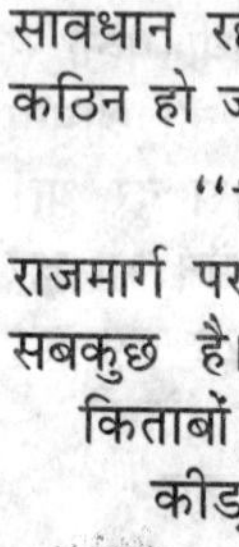

जान पड़ता। दारोगा लोग गाँव नहीं बसाते। गुस्सा हो जाएँ तो गाँव उजाड़ देते हैं। 'दरोगा खेड़ा' से पूरब की ओर सड़क जाती है। दायें-बायें 'तारगाँव तौरा' है। पूरे रास्ते भले लोग मिलेंगे। नहर है। इधर काफी दिनों से नहरों में पानी नहीं आया। पुलिस के डर से धान की रोपाई नहीं हुई। महिलाएँ घर पर बैठकर ही सावन-गीत गाती हैं। खेतों में गीत नहीं सुनाई पड़ते। तुम यहाँ नीचे उतर सकते हो। लेकिन सरकारी कर्मचारी-अधिकारियों से सावधान रहना। वे युवकों, अविवाहित व्यक्तियों की भी जबरदस्ती नसबन्दी कर देते हैं। वे पात्र, सुपात्र नहीं देखते। क्या पता तुमको पकड़ लें? और तुम्हारी भी नसबन्दी कर दें।''

''हे काग! तुम्हारी सुविधा के लिए मैं आगे का रास्ता भी बता रहा हूँ। आगे 'मंगत खेड़ा' गाँव मिलेगा। यहाँ की मिठाई और पेड़े विख्यात हैं। तुमको तो मिठाई-खटाई सब प्रिय है। सामान्य दिन होते तो बच्चे तुम्हें पेड़े खिलाते, लेकिन आपातकाल में इस सड़क पर लगने वाली बाजार भी बन्द है। पुलिस का खौफ है। पेड़े वाले नसबन्दी के डर से भाग गये हैं। आपातकाल पुलिस-राज्य है। यह देखने के लिए तुमको बाजार के ऊपर से ही उड़ना चाहिए।''

''ऊँचगाँव किला यहाँ से थोड़ी दूरी पर ही है। यह नाम से ही नहीं, वास्तव में ऊँचा गाँव है। गाँव से सटी एक झील है। गर्मी में पानी घट जाता है। वैसे यह एक सुन्दर प्राकृतिक झील है। इस झील में कमल के फूल खिलते हैं।'' कालिदास के यक्ष ने भी मार्ग में पड़ने वाले कमल जलाशयों का उल्लेख किया था। ''ऊँचगाँव झील के कमल-पुष्प सदा तरुण जान पड़ते हैं। गाँव-देहात के वायु-प्रवाह वैसे भी कुँवारे होते हैं। यहाँ के वायुदेव कार्बनडाई आक्साइड जैसी विषैली नायिकाओं से प्रेम-प्रसंग नहीं चलाते। वे कमलगंध लेकर उड़ते हैं। वातायन कमलगंध से आपूरित हो जाता है। तुम चाहो तो इस झील के ऊपर उड़ते-रुकते हुए इस गंध का आस्वाद ले सकते हो।''

''ऊँचगाँव के पड़ोस में है- 'मिर्जापुर शुम्हारी।' यहाँ के एक संन्यासी दिगम्बर स्वामी की ख्याति दूर-दूर तक थी। इसी गाँव के मेरे आत्मीय हैं- हरीशंकर शास्त्री। संस्कृत के विद्वान। मैंने तमाम संस्कृत-ग्रंथो के नाम शास्त्री जी से ही सुने हैं। तुमको हवाई यात्रा में 2 मिनट लग सकते हैं। 'मिर्जापुर शुम्हारी' का मंदिर दर्शनीय

है। यहाँ 'प्रणाम' आनन्ददाता है। 'ऊँचगाँव' के एक आत्मीय मित्र हैं ललतू बाबा। उनके व्यक्तितत्व व आचरण में संन्यास व गृहस्थ दोनो एक साथ हैं। ललतू बाबा के लम्बे बाल परस्पर मिलकर बरगद के पेड़ से लटकने वाली जड़ों जैसे हैं। बाबा गृहस्थ हैं। पत्नी और बच्चे हैं, लेकिन भगवान-भजन को प्राथमिकता देते हैं। खेती करते हैं। घर के पूरे कर्म करते हुए भक्ति करते हैं। मै बाबा के प्रति अनुराग में रहा हूँ। वे विलक्षण हैं। हमारे आन्दोलनों में दूर-दूर तक सायकिल से जाते थे। हम स्वयं को उनका शिष्य बताते थे। वे हमको गुरु कहते थे। उनकी कच्ची मछली खाने की आदत मुझे बुरी लगती थी। वे कहते थे कि कच्ची और भुनी हुई में अंतर नहीं है। मेरे मित्र, ललतू बाबा को महत्व देने से असहज रहते हैं। बाबा परम आस्तिक हैं। ऊँचगाँव में बहुत ऊँचे स्थान पर उनका गृहस्थाश्रम है।''

''उन्नाव जनपद की प्रमुख तहसील है पुरवा। पुरवा नगर पंचायत है। यहाँ कई साहित्यिक-सामाजिक संस्थाएँ हैं। राजनैतिक कार्यकर्ता डरे हुए हैं। वे बाहर नहीं निकलते। तो भी तहसील-कचहरी में भारी भीड़ रहती है। इसके कारण पड़ोस की चाय आदि की दुकानों में भी मेला जैसा वातावरण रहता है। यहाँ के लोग आत्मीयता के साथ रहते हैं। सभी साम्प्रदायिक समूह, एक-दूसरे के सुख-दुःख में हिस्सा लेते हैं। पुरवा का अपना बाजार भी बहुत बड़ा है। क्षेत्र में गरीबी है, फिर भी स्वर्ण-आभूषण की दुकानों में भारी भीड़ रहती है। गौतम स्वर्णकार सहित अनेक स्वर्ण-व्यवसायी सामाजिक गतिविधियों में भी हिस्सा लेते हैं। सोने की दुकानों पर गाँव-देहात की महिलाएँ भारी संख्या में आती हैं। देहात की परम्परा के अनुसार पुरुष आगे चलते हैं और पत्नी पीछे, लेकिन यहाँ दुकानों में महिलाएँ आगे बैठती हैं, पुरुष पीछे। सोना-चाँदी के आभूषण का मोल-तोल काफी सुन्दर होता है। यहाँ फलों की दुकानें भी हैं। गेहूँ-चावल आदि की बिक्री भी खूब होती है। हे काग! यह सब देखना तुम्हारे लिए अच्छा होगा। पुरवा नगर से जुड़ा हुआ बिल्लेश्वर शिव का प्राचीन मंदिर है। मंदिर बड़े परिसर में फैला हुआ है। सावन के माह में भक्तजनों की भीड़ लगती है। शिवरात्रि को यहाँ मेला लगता है। बताया जाता है कि यह मंदिर महाभारत-काल का है। सच जो भी हो लेकिन श्रद्धालुओं की भारी भीड़ लगती है।''

''शिव पूरे एशिया महाद्वीप में उपास्य हैं। वे महायोगी है, नटराज हैं, भोलेशंकर हैं और औघणदानी भी हैं। भारतीय आस्तिकता के तीन प्रमुख देवताओं में ब्रह्मा, विष्णु और महेश हैं; लेकिन शिव महादेव हैं। कुछ विद्वान शिव को वैदिक देवता नहीं मानते, लेकिन ऋग्वेद, अथर्ववेद में रुद्र, शिव का स्पष्ट उल्लेख है। हे काग! तुम बिल्लेश्वर महादेव के दर्शन अवश्य करना।''

''पुरवा नगर से दक्षिण थोड़ी दूर पर 'ऊँचगाँव सानी' व 'गढ़ाकोला' गाँव है। भारतीय चिंतन-दर्शन की यथार्थवादी-भौतिकवादी समीक्षा करने वाले मार्क्सवादी चिंतक डॉ0 रामविलास शर्मा का गाँव 'ऊँचगाँव सानी' के नाम से विख्यात है। हमलोगों को गर्व है कि वह हमारे पड़ोसी हैं। काव्य-रचना के क्षेत्र में सूर्यकान्त त्रिपाठी 'निराला' विश्वकवि हैं। उनका गाँव 'गढ़ाकोला' भी पड़ोस में है। थोड़ी दूर आगे प्रख्यात रचनाकार डॉ0 शिवमंगल सिंह 'सुमन' का गाँव है। हमारे मन में इनसब गाँवों के प्रति प्यार है। एक छोटी-सी उड़ान के माध्यम से आप इन गाँवों में जा सकते हैं।''

''पुरवा से पूरब बारह किलोमीटर की दूरी पर मौरावाँ नगर है। बताते हैं कि यह राजा मौरध्वज ने बसाया है। मौरावाँ पुलिस का थाना बहुत ऊँचाई पर है, कहा जाता है कि इस थाने को राजा मौरध्वज के किले पर बनाया गया है। मानते हैं कि कभी इस कस्बे में अध्ययन का विशेष महत्व था। थाने से जुड़े मोहल्ले का नाम 'पठकीटोला' है। इसे लोग 'छोटी काशी' कहते हैं। मौरावाँ कस्बे में कई साम्प्रदायिक वर्ग हैं। सब प्रेम से रहते हैं। इसी कस्बे में लाला केदारनाथ प्रयागनारायण इण्टर कॉलेज है। यह कॉलेज बहुत पुराना है। मेरी तमाम स्मृतियाँ इस कॉलेज से जुड़ी हुई हैं। इसी कॉलेज में मैंने हाईस्कूल व इण्टरमीडिएट की पढ़ाई की है। कॉलेज का अनुशासन सख्त था। पढ़ाई नियमित थी। अब वैसा वातावरण नहीं है।''

''मौरावाँ से पूरब-उत्तर तेरह किलोमीटर पर हमारा गाँव 'लऊआ' है, लेकिन रास्ते में इसके पहले 'हिलौली' गाँव पड़ता है। उपनगर होने को लालायित यह गाँव अपने सुन्दर निवासियों के कारण दर्शनीय है। इस गाँव के तीन सामाजिक कार्यकर्ता इस समय मेरे साथ जेल में हैं। इसके बाद है हमारा गाँव

'लऊआ'। लऊआ के आसपास छोटे-छोटे गाँव हैं। गरीब परिवार अवैध शराब बनाते हैं। पीते हैं, लड़ते-झगड़ते भी हैं। अपना गाँव सबको प्रिय होता है। मेरा गाँव-क्षेत्र भी मुझे प्रिय है। इसी गाँव के पड़ोस में रायबरेली जिला की सीमा पर स्थित भँवरेश्वर शिवमंदिर है। मेरी माता जी उँगली पकड़कर पैदल ही मुझे इस मंदिर तक ले जाती थीं। मंदिर के जलाभिषेक से बाहर निकलने वाले पानी को मेरे ऊपर डालकर पवित्र करती थीं। मेरे सौभाग्यशाली होने की प्रार्थना करती थीं। मंदिर खूबसूरत है। यहाँ सई नदी, मंदिर की सीढ़ियों का स्पर्श करती है। यहाँ महाशिवरात्रि के अवसर पर भारी मेला लगता है। यह लगभग पन्द्रह दिन चलता है। मेला भारतीय परम्परा का सुन्दर एकत्रीकरण होता है। बाजार और मेले में फर्क होता है। जहाँ लोग मिलते हैं वह मेला है। जहाँ लोग खरीदते-बेचते हैं वह बाजार है। भँवरेश्वर मंदिर के आसपास प्रत्येक सोमवार भारी मेला लगता है और शिवरात्रि को भी। यह स्थान दर्शनीय है।''

''मेरा घर गाँव के पूर्वी छोर पर है। इसे घर कहना पर्याप्त नहीं होगा। कच्ची मिट्‌टी की एक कोठरी और बाहर एक बैठकी है। हमारे पिता छोटे-मोटे श्रम द्वारा घर चलाते हैं। मेरी माँ, पिता और पत्नी मेरे जेल आने के दिन से निश्चित ही उदास हैं। हमारे घर के पास पीपल का बहुत बड़ा पेड़ है। हम और हमारे माता-पिता पीपल के पेड़ के सामने सायंकाल दीप जलाते हैं। इस पीपल के पेड़ पर भी साँझ-समय तमाम कौए जुटते हैं। वैसे यह तुम्हारी बिरादरी के हैं लेकिन तुम नगर क्षेत्र के हो और ये ठेठ गँवई-देहाती हैं, गाँव के लोगों की तरह निश्च्छल हैं। तुम इनसे संवाद कर सकते हो। अब मेरे घर जाओ। हमारा पूरा परिवार हताश होगा। उनसे कहना कि मेरी जेल-अवधि अनिश्चितकाल की है। तानाशाह सरकार ने जेल में डाल रखा है। पूरे देश में संकट है। ऐसे में लोकतंत्र समाप्ति की ओर जा रहा है। एक साल बाद चुनाव होंगे। भारत के मतदाता प्रबुद्ध हैं। जनता ही सबसे बड़ा न्यायालय है। चुनाव में जनता इस सरकार को परास्त करेगी। श्रीमती इन्दिरा गाँधी की सरकार जायेगी। तब तक धीरज रखिए। सरकार जाते ही जेल के ताले खुल जायेंगे।''

वह दिन आ गया। आपातकाल हटने वाली रात बहुत याद आती है। लोकसभा चुनाव के नतीजे आ रहे थे। हम बंदियों को चुनाव-परिणाम जानने की

जिज्ञासा थी। मैं कम्बल में ट्रांजिस्टर छुपाए था, धीमी आवाज में खबरें सुन रहा था। डिप्टी जेलर साढ़े ग्यारह बजे रात में आया, गरजा "कौन ट्रांजिस्टर बजा रहा है। ट्रांजिस्टर यहाँ आया कैसे? अभी तलाशी लूँगा।" वह बड़बड़ाता रहा। मैंने ट्रांजिस्टर धीमा कर दिया। रात बीत रही थी, कांग्रेस हार रही थी। वह तीन बजे सुबह फिर आया। उसने हमारे सामने की खिड़की में धीमे से कहा "पण्डितजी बधाई! कांग्रेस हार गयी, इन्दिरा जी भी हार रही हैं।" मुझे उसपर तरस आया। तीन घंटे बाद ही वह नये रोल में था। मिमियाता हुआ, रिरियाता और क्षमा माँगता हुआ। नौकरशाही का यही चरित्र मुझे दयनीय लगता है।

हम इसी रात के दूसरे दिन जेल से छोड़ दिये गए; लेकिन जेल के अपमान मथ रहे थे। जेल में घर फुँकवाने की धमकी देने वाले माफिया, एकदिन एक खूबसूरत कार में पुरवा (उन्नाव) कस्बे से गुजर रहे थे। साथ में हथियारबंद लोग भी थे। मैंने अपने मित्रों सहित उनकी कार रोकी। वे उतरे और बोले "आप पंडित हृदयनारायण दीक्षित जी हैं!" फिर खीस निपोरते हुए बंदूक वालों से कहा- "पंडित जी जेल में हमारे साथ थे।" फिर सामने के दुकानदारों से कहा- "इन्हें ठंडी लस्सी पिलाओ।" मैंने कहा "भाड़ में जाये लस्सी! तुमने हमारा घर क्यों नहीं फुँकवाया? अब फुँकवाओ। जेल से बाहर हो।" वे समझौते के मूड में थे और मैं लड़ाई के। मैंने उन्हें अपमानित किया! मित्रों ने डराया कि अब वह घेरेगा, पीड़ित करेगा। लेकिन मैं अपने अनियंत्रित हो जाने की लत से परेशान था। रात फिर वही द्वन्द्व रहा। मुझे क्या करना चाहिए था? क्या अपराधियों के सामने मिमियाना ही आदर्श जीवन-मूल्य है?

मैं 1977 में जेल से छूटा। घर आया। तीन दिन बाद डिप्टी जेलर के आवास पहुँचा, परिचय दिया। याद दिलाया कि अब आप मुझे देखो। आपने जेल में देख लेने की धमकी दी थी। लेकिन अभी तक नहीं देखा। वह मिमियाया, मैं गुर्राया। मैंने उसे बुखार-पीड़ित कैदी की बात याद दिलाई। वह रोने लगा। मुझे प्रायश्चित ने घेरा। रात की नींद गायब थी।

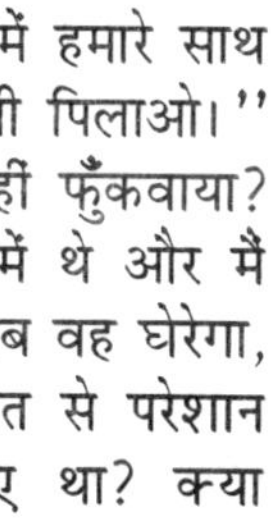

भारत ने संसदीय जनतंत्र अपनाया है। हम भारत के लोगों ने दीर्घकाल के संघर्ष के बाद स्वाधीनता पायी है। भारतीय संविधान के सुयोग्य निर्माताओं ने विचार प्रकट करने की स्वतंत्रता सहित अनेक

मौलिक अधिकार दिए हैं। आपातकाल में मौलिक अधिकारों को तहस-नहस करने का काम हुआ था। असंवैधानिक व्यवस्था के सभी अंग आहत थे। स्वाधीन राष्ट्र के जीवन-मूल्य रौंदे गये थे। देशवासियों ने आपातकाल में एक नया स्वाधीनता-संग्राम लड़ा था। मैं भी उसका एक अंश था। इसलिए इस पुरानी घटना को भुलाकर भविष्य के आदर्श राष्ट्र का स्वप्न देखना गलत होगा।

आपातकाल की स्मृति एक भयंकर दिवास्वप्न जैसी है। यह अहितकर है। बाद की पीढ़ी को विश्वास नहीं होता कि भारत में एक प्रधानमंत्री ने इस तरह के उत्पीड़न और संविधान के मानमर्दन का काम किया था। इसलिए स्वयं के अनुभवों के साथ उस स्मृति को पुनर्जीवित करने का प्रयास मैंने यहाँ किया है। यह इतिहास का काला अध्याय है। संविधान के आदर्शों के अनुसार भारत को विकसित करने के लिए इस स्मृति को बार-बार जगाये रखने की जरूरत है।

अभिमत

केदारनाथ सिंह

मैं आग्रही विचारकों से प्रायः आक्रांत रहता हूँ। उनमें अपना पक्ष साबित करने का कौशल भरा रहता है। कुतर्क का कौशल बड़े पढ़ाकों को भी चकरा देता है। संस्कृति व अध्यात्म की चर्चा या मीमांसा के दौरान हृदयनारायण दीक्षित जैसे लेखक इस कौशल या कुतर्क के बाहर खड़े मिलते हैं। अनेक मंचीय प्रवचनकर्त्ताओं या अंधविश्वासियों की तरह दीक्षित जी आग्रही नहीं हैं। 'डॉ० अम्बेडकर का मतलब', 'जम्बूद्वीपे भरतखण्डे', 'भारतीय संस्कृति की भूमिका', 'ईश्वर और संसार', 'भारतीय समाज, राजनीतिक संक्रमण', 'सांस्कृतिक अनुभूति, राजनीतिक प्रतीति', 'तत्त्ववेत्ता डॉ० रामविलास शर्मा' और 'मधुविद्या' जैसी पुस्तकों को पढ़ने के बाद हृदयनारायण दीक्षित के प्रति मेरा आकर्षण बढ़ा। अखबारों में प्रकाशित स्तम्भों को भी ध्यान से पढ़ने लगा। दीक्षित जी अपने मूल्यों और अपनी संस्कृति के प्रति संवेदना-जागृत करते हैं। समाज को श्रेष्ठ के प्रति सचेत करते हैं। आरोपित कुण्ठा से बाहर निकालकर गौरवबोध से भर देते हैं। मानवता व मानवाधिकार का सांस्कृतिक स्वप्न जगाते हैं। मन को अपनत्व देने वाले विषयों से स्पंदित करते हैं। सब मिलाकर मानव की बेहतरी के लिए लगातार सोचते हैं। यही कार्य कवि का भी होता है; और दीक्षित जी का 'कहन' बिल्कुल कविता है। सांस्कृतिक महात्म्य की कविता। दीक्षित जी को पढ़ते हुए मुझे मेरी ही एक कविता याद आती है:-

जैसे चींटियाँ लौटती हैं
बिलों में
कठफोड़वा लौटता है
काठ के पास
वायुयान लौटते हैं एक के बाद एक
लाल आसमान में डैने पसारे हुए
हवाई-अड्डे की ओर
ओ मेरी भाषा!
मैं लौटता हूँ तुममें
जब चुप रहते-रहते
अकड़ जाती है मेरी जीभ
दुखने लगती है
मेरी आत्मा

हिन्दी के सुप्रसिद्ध कवि व साहित्यकार। साहित्य अकादमी, व ज्ञानपीठ सम्मान से सम्मानित।

नाचता अध्यात्म

पहला प्यार

किताबें

मैं अकेले नहीं रह सकता। पुस्तकों के साथ रहने में आनंद मिलता है। मैं पुस्तकों से बातें करता हूँ। वे भी मुझसे बातें करती हैं। मैं यात्रा में भी अपने साथ कुछ पुस्तकें रखता हूँ। प्रवास के दौरान घर के पुस्तकालय की पुस्तकें याद आती रहती हैं। घर लौटता हूँ, वे उदास जान पड़ती हैं। मुझे पाकर प्रसन्न होती हैं। मैं कुशल-क्षेम पूछता हूँ, वे कहती हैं कि 'समय अच्छा नहीं कटा। अब मुझे हाथ में लो।'

पहला प्यार
किताबें

विश्व की सभी सभ्यताओं में पुस्तकों का आदर किया जाता है। पुस्तकों में वर्णित जानकारियाँ लेखक के कौशल से सार्वजनिक होती हैं। शब्द स्वयं में सार्वजनिक सम्पदा है। शब्द सबके हैं लेकिन शब्दों के अर्थ अपने-अपने हैं। शब्द का प्रयोग करने वाले की क्षमता उन्हें अर्थ देती है। पुस्तकों में लेखक का शब्द-कौशल, विचार और कल्पना एक साथ प्रकट होता है। मैं सोचता हूँ कि पुस्तक रचनाकार की शब्ददेह होती है। लेखक के विचार, शब्द बनते हैं, पुस्तक में प्रकट होते हैं। मनुष्य मरणशील है। लेकिन मनुष्य-रचित शब्द-संसार अमर हैं। पुस्तकें इस अरमत्व को धारण करती हैं।

भारतीय चिन्तन में शब्द ब्रह्म कहे गये हैं। पुस्तकें पृथ्वी का समस्त ज्ञान धारण करती हैं। एक सृष्टि प्रत्यक्ष है। प्रत्यक्ष सृष्टि में पृथ्वी है, आकाश है, सूर्य है, तारे हैं, करोड़ों जीव हैं। हमसब इसी सृष्टि का भाग हैं। दूसरी सृष्टि शब्दों से बनती है इसमें भी सूर्य, चन्द्र, तारे, पर्वत, नदियाँ और करोड़ों प्राणी हैं। हम समूची सृष्टि में भ्रमण नहीं कर सकते। हमारी गति और जानकारी की सीमा है, लेकिन पुस्तकों के माध्यम से समूची सृष्टि की जानकारी प्राप्त करते हैं। पुस्तकें भाषा, वाणी और सृष्टि का रूपायन हैं। मैं कई बार सोचता हूँ कि पुस्तकें न होतीं तो यह संसार कैसा होता? पूर्वज प्राकृतिक ज्ञान और अनुभवों को सुनते-सुनाते थे। तब लिपि का आविष्कार नहीं हुआ था।

सबसे पहले वाणी और फिर अक्षर और इसके बाद शब्द प्रकट

हुए। फिर लिपि का आविष्कार हुआ। भाषा में जानकारियाँ साझा करने की सुविधा हुई। फिर पुस्तकें बनीं। ज्ञान के क्षेत्र में क्रान्ति आ गई। अध्ययन से चित्त में परिवर्तन होते हैं। सम्भवतः यह चित्त में एक विशेष प्रकार का रसायन बनाता है। यह सम्पूर्ण व्यक्तित्व में रासायनिक परिवर्तन लाता है, मनुष्य-शरीर के स्वास्थ्यवर्धक रसायनों को प्रेरित करता है।

वैज्ञानिकों ने पुस्तक अध्ययन को वृद्धावस्था की तमाम बीमारियों से बचाने वाला व्यायाम कहा है। हम पुस्तकें पढ़ते हैं। शब्द मस्तिष्क में प्रवेश करते हैं। मस्तिष्क में शब्दों के रूप बनते हैं। रूप हमारे सामने जीवन्त होते हैं। भिन्न-भिन्न रूपों का बार-बार आना मस्तिष्क की कोशिकाओं में हलचल पैदा करता है। हम शब्दों के साथ विश्व के किसी भी क्षेत्र की यात्रा पर होते हैं।

शब्द की क्षमता बड़ी है। शब्द-सत्ता अध्ययनकर्ता को विशेष आनन्दलोक में ले जाती है। प्रकृति का ज्ञात भाग सार्वजनिक सम्पदा है और अज्ञात भी। अनुभव व्यक्तिगत होते हैं। हम पुस्तकों के माध्यम से व्यक्तिगत ज्ञान को भी सार्वजनिक ज्ञान-सम्पदा के रूप में प्राप्त करते हैं। अध्ययन कभी-कभी खूबसूरत निष्कर्ष भी देते है और कभी-कभी सुन्दर जिज्ञासा भी। बहुत लोग पुस्तकों की प्रशंसा करते हैं, लेकिन समय की कमी का रोना रोते हैं। सारी दुनिया के मनुष्यों के लिए समय अखण्ड सत्ता है। प्रत्येक व्यक्ति को दिन-रात मिलाकर 24 घण्टे मिलते हैं। इसी समय में हम ढेर सारे काम करते हैं, लेकिन अध्ययन के सम्बन्ध में हम समय की कमी अनुभव करते हैं। यह हमारी प्राथमिकता है कि हम पढ़ें। समय निकालकर पढ़ें अथवा स्वयं को व्यस्त जानकर न पढ़ें। मै व्यस्तता के बावजूद पढ़ता हूँ। बचपन से ही अध्ययन-प्रेमी हूँ।

अध्ययन बौद्धिक और आध्यात्मिक गतिशीलता है। न पढ़ना जड़ता है। पढ़ना गतिशीलता है। पुस्तक-अध्ययन हमारे चित्त को नया करता है। अध्ययन स्वयं को पुनर्सृजित करना है। अध्ययन सर्वोत्तम आनंद है। यशदाता है। सर्वोत्तम सुख है और राष्ट्रीय कर्तव्य भी है। तैतरीय उपनिषद के 9वें अनुवाक् के प्रथम मंत्र में कहते हैं, ''प्रकृति के ऋत विधान का पालन करें। अध्ययन करें और पढ़े हुए को सबको बतायें। अध्ययन से प्राप्त ज्ञान को समाज-हित में प्रवाहित करना कर्तव्य है।'' अगले मंत्र में कहते है, ''सत्यव्रत का पालन

करें, अध्ययन और प्रवचन करें। कठिन परिश्रम करें, अध्ययन करें। पढ़े हुए को बतायें। अतिथि-सत्कार करें, सुन्दर लोक-व्यवहार करें, ध्यान-प्रवचन करें।'' ऋषि-निर्देश है कि कोई भी काम करें, लेकिन पढ़ें और पढ़े हुए विषय को बतायें। पढ़े हुए को मित्रों के मध्य बताने में मजा आता है।

सम्पूर्ण संसार एक विराट पुस्तक है। किसी वृक्ष को ध्यान से देखना अध्ययन है। किसी प्राणी को भी ध्यान से देखना अध्ययन है। सामाजिक गतिविधियों में हिस्सा लेना अनुभव प्राप्त करना और ध्यान से समझना भी अध्ययन है। प्रत्येक मनुष्य भी एक सुन्दर लेकिन जटिल पुस्तक है। मनुष्य का भौतिक अध्ययन आसान है। शारीरिक दृष्टि से सभी मनुष्य लगभग एक जैसे हैं, लेकिन आंतरिक संरचना में जटिल हैं। मन-चेतना के आंतरिक व्यापार समझना कठिन है, इसलिए प्रत्येक मनुष्य को स्वयं को भी पुस्तक मानकर अध्ययन करना चाहिए। ऐसा अध्ययन चुनौती भरा है, लेकिन सरल है। हम स्वयं पुस्तक हैं। जहाँ-जहाँ जाते हैं वहाँ-वहाँ हम अपने साथ होते हैं। हम अपने भीतर प्रतिपल बदलते भावों को पुस्तक की तरह पढ़ सकते हैं। मैं स्वयं को पढ़ने में रस लेता हूँ। बहुत लोग जीवन के तमाम कार्यों में व्यस्त रहते हैं, लेकिन स्वयं की जीवंत पुस्तक को स्वयं ही नहीं पढ़ते। स्वयं द्वारा स्वयं को पढ़ना बड़ा उपयोगी है। स्वयं के भीतर के राग-द्वेष, आत्मीयता, संशय, क्रोध, लोभ, मोह को पढ़ना बड़ा मनोरंजक है। यह अध्ययन बड़ा सस्ता है। कोई पुस्तक खरीदने की जरूरत नहीं। स्वयं द्वारा स्वयं को पढ़ना व समझने का प्रयास करना सुन्दर कृत्य है। ऐसा कृत्य बहुधा नृत्य का आनन्द देता है।

हमसब दिनभर वार्तालाप करते हैं। दुनिया के सभी लोगों की वार्ता को एकत्रित करके करोड़ों पुस्तकें बनाई जा सकती हैं। सोचता हूँ कि वार्ता, अगर पदार्थ होती तो प्रत्येक मनुष्य द्वारा बोले गए वाक्यों के पदार्थों से दुनिया भर जाती। आधुनिक काल में भी परस्पर वार्ता होती है। लेकिन अब वार्ता के माध्यम बदल गए हैं। मोबाइल एस०एम०एस० है, वीडियो-चैटिंग है, वीडियो कान्फ्रेंसिंग है; लेकिन इनमें पुस्तक का आनंद नहीं है। लिपि के आविष्कार के बाद छापेखाने की खोज से ज्ञान-संचार और ज्ञान-प्राप्ति के कर्म में क्रांति आई। बोला-सुना वैदिक वाङ्मय भी अब पुस्तक-रूप में उपलब्ध

है। विश्व के हजारों लेखकों-कवियों का सृजन पुस्तक-रूप में सहज प्राप्त है।

मै अकेले नहीं रह सकता। राजनीतिक क्षेत्र में सक्रिय हूँ। समर्थकों-मित्रों के साथ रहता हूँ, लेकिन पुस्तकों के साथ रहने में विशेष आनंद मिलता है। मै पुस्तकों से बातें करता हूँ। वे भी मुझसे बातें करती हैं। मै यात्रा में भी अपने साथ कुछ पुस्तकें रखता हूँ। प्रवास के दौरान घर के पुस्तकालय की पुस्तकें याद आती रहती हैं। घर लौटता हूँ। वे उदास जान पड़ती हैं। मुझे पाकर प्रसन्न होती हैं। मै कुशल क्षेम पूछता हूँ। वे कहती हैं कि ''समय अच्छा नहीं कटा। अब मुझे हाथ में लो, मेरे शब्द हृदय में उतारो।'' मै उन्हें प्रणाम करता हूँ।

मै राजनैतिक कार्यकर्त्ता हूँ। समर्थकों, मित्रों की बड़ी संख्या है। लेकिन पुस्तकें हमारे जीवन का हिस्सा हैं। मेरा पहला प्यार-'पुस्तकें' ही हैं। छात्र-जीवन से ही पुस्तकों के संग्रह या अध्ययन में मैंने चुनाव नहीं किया। जो मिला, सो पढ़ा। बुन्देलखण्ड के दो वीरों- आल्हा और ऊदल की सभी लड़ाइयों की पुस्तकें मैंने गाँव में बचपन में ही पढ़ डालीं। मेरी इनमें रुचि नहीं थी। ये पुस्तकें गाँवों में थीं, मै पढ़ गया। सिंहासन बत्तीसी, बैताल पच्चीसी जैसी कथा-किताबें मै इण्टर की पढ़ाई के दौरान ही पढ़ चुका था। 'रामचरित मानस' घर में थी। मैंने उसे कई बार पढ़ा है। पिताजी स्कूल के पाठ्यक्रम के बाहर की किताबें पढ़ने पर डाँट देते थे। कॉलेज लाइब्रेरी से पुस्तकें लाता था। मैने कुछ उपन्यास भी पढ़े। मैने उन्हीं दिनों में तमाम जासूसी उपन्यास भी पढ़े। ऐसी किताबों के कवर पेज के पीछे लेखक का चित्र होता था। मै मन ही मन अपना चित्र उसी जगह चस्पा देखता रहता था। यह लेखक हो जाने की इच्छा थी।

'गांधी की आत्मकथा' उन्हीं दिनों पढ़ी। मेरे चित्त पर गांधी का प्रभाव पड़ा। डॉ० अम्बेडकर की किताबें पढ़ीं। उनके विचार मेरे मन को भा गये। आज तक जस के तस हैं। मुझे सभी किताबें संग्रहणीय लगती हैं। 'घर का वैद्य' नामक घरेलू नुस्खों वाली किताब हो या नौटंकी की किताबें हों, मेरे लिए सब पठनीय। छात्र-जीवन में सिनेमा के गानों की 'दो-पतिया' कही जाने वाली दो-चार पेज की बुकलेटनुमा किताबें लोकप्रिय थीं। मैने इन किताबों का संग्रह बनाया था। उन्हीं दिनों देवकीनन्दन खत्री का लिखा 'चन्द्रकान्ता

सन्तति' पढ़ा। लेकिन ऐसी पुस्तकों से जिज्ञासा शांत नहीं होती थी।

डिग्री कॉलेज की पढ़ाई के दौरान जिला मुख्यालय उन्नाव में धर्मयुग, हिन्दुस्तान जैसी पत्रिकाओं के प्रति आकर्षण बढ़ा। धर्मयुग में ही ओशो-रजनीश का लेख पढ़ा। तर्क आश्चर्यजनक लगे। मैं ओशो से प्रभावित होने लगा। जिज्ञासा बढ़ी कि ओशो ने क्या-क्या पढ़ा होगा? ओशो की किताबों में उपनिषदों की प्रशंसा थी। मैंने लगभग सभी उपनिषदें व ओशो-साहित्य पढ़ा। प्राचीन यूनानी दर्शन में थेल्स, पाइथागोरस, हेराक्लिटस, अरस्तू, सुकरात और प्लेटो, सहित सबको पढ़ गया। एक पुस्तक विक्रेता ने कार्ल मार्क्स को पढ़ने का सुझाव दिया। वे स्वयं मार्क्सवादी थे और 'रेड स्टार बुक स्टाल' चलाते थे। वहाँ से लेकर ढेर सारा कम्युनिस्ट साहित्य पढ़ गया। राष्ट्रवादी विचारधारा का साहित्य भी पढ़ता गया। सोचता हूँ कि सभी पक्ष के विचारकों के अध्ययन से मेरी बुद्धि अंधविश्वास से बची। मेरे चित्त में भौतिकवाद के लिए जगह बनी। योगी अरविंद, विवेकानंद, डॉ० हेडगेवार, दीनदयाल उपाध्याय और लोहिया का राष्ट्रवाद गहराया। डॉ० अम्बेडकर बचपन से ही प्रिय थे। सब पूर्वज, सब अपने।

मैं 30 वर्ष की उम्र तक उपनिषद, दर्शन और यूनानी दर्शन से सुपरिचित हो गया। भारतीय दर्शन और यूनानी दर्शन की तमाम मान्यताओं का एक समान होना संयोग नहीं है। अपनी पढ़ी कुछ पुस्तकों का उल्लेख यहाँ कर रहा हूँ। पं० नेहरू लिखित 'डिस्कवरी ऑफ इण्डिया' परिश्रम से तैयार पुस्तक है। उन्होंने वैदिक ज्ञान के बारे में झिझकते हुए सामासिक संस्कृति की स्थापनाएँ की। यह खूबसूरत पुस्तक है। विश्व-इतिहास पर भी उनकी किताब बेजोड़ है। 'डिस्कवरी ऑफ इंडिया' बहुत पढ़ी गई है। डी०डी० कौशाम्बी की पुस्तक 'प्राचीन भारत की संस्कृति और सभ्यता' में भारतीय इतिहास को आर्थिक प्रणाली के विकास से जाँचने का अच्छा प्रयास है। यों उनकी कई स्थापनाएँ पूर्वाग्रही भी हैं; लेकिन पुस्तक के तर्क गंभीर हैं। डॉ० रामधारी सिंह दिनकर की 'संस्कृति के चार अध्याय' पठनीय है। ज्ञानवर्द्धक भी है; लेकिन उन्होंने आर्यो को विदेशी माना है। यह पुस्तक प० नेहरू के विचार की समर्थक है।

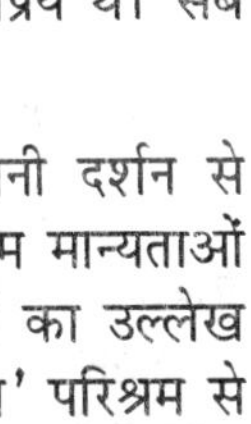

ऋग्वेद के अध्ययन के अभाव में विश्व-इतिहास, सभ्यता, संस्कृति या दर्शन व

ज्ञान-विज्ञान पर चर्चा नहीं हो सकती। मैंने ऋग्वेद का अध्ययन किया। ऋग्वेद, विश्वज्ञान का प्रथम ज्ञान-अभिलेख है। ऋग्वेद में विश्व के प्राचीनतम मनुष्य का चित्रण है। यहाँ वैभव है, ऊँचाइयाँ हैं, संकीर्णताएँ हैं, कृषि, व्यापार, समाज, विवाह और राजा भी हैं। ऋग्वेद और अथर्ववेद पढ़ते हुए मैं अक्सर विस्मित होता हूँ कि "हमारे पूर्वज सहस्रों बरस पहले ही विश्वज्ञान की खिड़की पर थे।" वैदिक साहित्य मेरे लिए आनंदवर्द्धन है। मेरा टेलीविजन है। मेरा मनोरंजन है। मेरा विलास है। मेरी जिज्ञासा है और शक्ति भी है। मुझे संस्कृत नहीं आती। मैंने अंगेजी और हिन्दी अनुवाद पढ़े। ऋग्वेद पर अनेक अनुवाद हुए हैं। स्वामी दयानंद का अनुवाद है। आचार्य श्रीराम शर्मा (गायत्री परिवार) ने चारो वेदों का सरल हिन्दी अनुवाद किया है। ऋग्वेद में वर्णित स्थान, नदियाँ और घटनाएँ काल्पनिक नहीं हैं। इस दृष्टि से महामहोपाध्याय पण्डित विश्वेश्वरनाथ रेऊ द्वारा लिखित 'ऋग्वेद का सामाजिक, सांस्कृतिक और ऐतिहासिक सार' व 'ऋग्वेद पर एक ऐतिहासिक दृष्टि' जैसी तथ्यपूर्ण किताबें हैं। गोरखपुर विश्वविद्यालय के सेवानिवृत्त प्रोफेसर शिवाजी सिंह ने ऋग्वेद के सरस्वती व सिंधु सभ्यता वाले भाग पर पुरातात्विक प्रकाश डाला है। उनकी लिखी किताब 'सरस्वती-सिंधु सभ्यता' ज्ञानवर्द्धक है।

गीता ने दुनिया के अनेक चिन्तकों को आश्चर्यचकित व प्रभावित किया है। शंकराचार्य को भाष्य के लिए विवश किया। गीता अद्‌भुत है। मैंने अनेक विद्वानों के गीता-भाष्य पढ़े। मैं इसे धर्मग्रन्थ नहीं मानता। यह ज्ञानानुभूति की यात्रा में सहयात्री है। भक्ति, कर्म, ज्ञान सहित तमाम जीवन-प्रणालियों की व्याख्याता है यह। यहाँ दर्शन को काव्य बनाया गया और सत्य को गान-गीत। डॉ० राधाकृष्णन का अनुवाद सरल है। 'भक्ति वेदान्त ट्रस्ट' वाले अनुवाद में ज्ञान, कर्म को भी भक्ति बताया गया है। वासुदेवशरण अग्रवाल का अनुवाद सीधा है। तिलक की 'गीता रहस्य' कर्म प्रधान है। गांधी जी व विनोबा ने भी गीता पर काफी कुछ कहा है। ओशो का गीता-प्रवचन सुन्दर है। मैंने स्वयं अपनी समझ के अनुसार गीता का भाष्य किया है। 'गीता का अन्तर्संगीत' नाम की यह पुस्तक लोकप्रिय हुई है।

भारतीय परम्परा ने 'उपनिषद, ब्रह्मसूत्र और गीता' इन तीनो को 'प्रस्थान-त्रयी'- ज्ञान-यात्रा के प्रस्थान के तीन जरूरी उपकरण बताया है। 'ब्रह्मसूत्र' में

संपूर्णता 'ब्रह्म' है। उपनिषदों में संपूर्णता-बोधक अनेक शब्द हैं। ब्रह्मसूत्र में सबको ब्रह्म बताया गया है। यहाँ ब्रह्म वैयक्तिक सत्ता नहीं है। यह मेरी प्रिय पुस्तक है। प्राचीन भारतीय वाड्मय में विवेक के सूत्र हैं। पूरा प्राक् ज्ञान वैज्ञानिक दृष्टिकोण और तार्किक दर्शन से भरापूरा है। अष्टावक्र और जनक के संवाद वाली 'अष्टावक्र महागीता' भी पठनीय है। 'ब्राह्मण ग्रन्थ' वैदिक ज्ञान का विश्लेषण और विनियोग हैं।

टाइम्स ऑफ इंडिया समूह से प्रकाशित 'दि बेस्ट ऑफ स्पीकिंग ट्री'' गंभीर चिंतन को प्रेरित करती है। यह टाइम्स ऑफ इंडिया में समय-समय पर प्रकाशित दार्शनिक लेखों का सुंदर संकलन है।

महाभारत और रामायण महाकाव्य हैं। आज उपलब्ध महाभारत में लगभग 98000 श्लोक हैं। यह चमत्कृत करती है। दुनिया के सभी 'वाद' विचार इसमें हैं। जो महाभारत में नहीं वह कहीं नहीं। महाभारत इतिहास है। रामायण में इतिहास के साथ आदर्श भी है। वाल्मीकि रामायण 24 हजार श्लोक की है। यह शील और मर्यादा से ओतप्रोत महाकाव्य है। दोनो महाकाव्य कविता हैं, आख्यान हैं, लोकश्रुति और स्मृति हैं। इतिहास भी हैं।

भौतिक विषयों पर भारत में विपुल वैज्ञानिक साहित्य लिखा गया है। पतंजलि का 'योग-सूत्र', कौटिल्य का 'अर्थशास्त्र', वात्स्यायन का 'कामसूत्र', भरतमुनि का 'नाट्यशास्त्र', चरक की 'चरक-संहिता' और पाणिनी की 'अष्टाध्यायी' आश्चर्यजनक पुस्तकें हैं। इनमें से कोई भी ग्रन्थ अंधविश्वासी नहीं है। पतंजलि के 'योग-सूत्र' में मनुष्य-चित्त का आश्चर्यजनक मनोविज्ञान है। पतंजलि महावैज्ञानिक हैं। मनुष्य के बहिरंग शरीर-विज्ञान पर आधुनिक चिकित्सा-शास्त्रियों ने बड़ा काम किया है लेकिन मनुष्य के अंतरंग को समझने का काम पतंजलि के योगसूत्रों में है। पुस्तक पठनीय नहीं, करणीय है। मैंने इसे कई बार पढ़ा है। पतंजलि में कपिल का सांख्य है, आईस्टीन का देशकाल है। वैदिक ऋषियों की अनुभूति है। इसी परंपरा में योग के व्यवहारिक तत्वों पर प्रख्यात योगाचार्य आयंगर की लिखी 'योग दीपिका' ज्ञानवर्द्धक किताब है। योग के विभिन्न पहलुओं, दर्शन, विचार और इतिहास पर गीता प्रेस द्वारा प्रकाशित 'कल्याण' मासिक के योगांक में तमाम जानकारियाँ हैं।

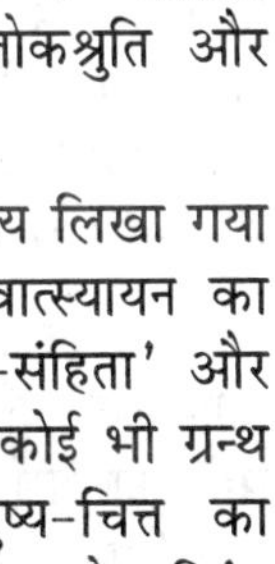

'चरक संहिता' में समूची मानवता की स्वास्थ्य-आकांक्षा है। संहिता में वाह्लक, पहलव, चीन, शूलीक, यवन, शक, प्राच्य, सैन्धव, अश्मक, आवन्तिक, मलय, दक्षिय, उत्तर-प्रश्चिम और मध्य देश सहित यहाँ आए देशों के नाम क्षेत्र-बोधक हैं। आयुर्वेद का यह ग्रन्थ अद्भुत है और संस्कृत में है। संस्कृत एक समय भारतीय बोलचाल की भाषा थी। यह बात कीथ ने 'संस्कृत साहित्य के इतिहास' में बताई है। आयुर्विज्ञान पर ऐसा कोई दूसरा ग्रन्थ दुनिया में नहीं मिलता। मैं वैद्य नहीं हूँ, कोई स्थायी बीमारी भी नहीं है लेकिन मैंने 'चरक-संहिता' को पूरा पढ़ा है। यहाँ 'आत्मा' को भी एक द्रव्य बताया गया है। यह पुस्तक भी मेरी प्रिय है।

'दर्शन' विश्वचिन्तकों का अनूठा और प्रिय विषय है। विश्वदर्शन पर राहुल सांकृत्यायन की 'दर्शन दिग्दर्शन' मैंने 1980 के आसपास ही पढ़ी थी। ऐसा श्रम एक विरल साधना है। अरस्तू की 'पोलिटिक्स' और प्लेटो का 'रिपब्लिक' यूनानी समाज के विवेचन का दर्शन-निष्कर्ष है। आधुनिक दार्शनिकों में हिन्दी संस्थान से प्रकाशित 'कांट का दर्शन' पठनीय है। डॉ० राधाकृष्णन ने भारतीय दर्शन पर कई ग्रन्थ लिखे हैं। उनकी 'इण्डियन फिलास्फी' ज्ञानवर्द्धक है। मैंने 'भारतीय दर्शन व उसके अनुषंगी तत्व मीमांसा और ज्ञान मीमांसा' का प्रीतिपूर्ण पाठ किया है।

इस्लाम या इसाईयत की तरह भारतीय धर्म, या सनातन धर्म पर कोई एक अधिकृत ग्रन्थ नहीं है। आर्यों का धर्म संगठित सत्ता नहीं था। यहाँ का धर्म चर्च, या उलेमा जैसे निर्देशों से नहीं चलता। कहने को तो यहाँ विपुल धार्मिक साहित्य है लेकिन धार्मिक और सामाजिक साहित्य के निर्वचन, चयन या विभाजन की समस्या बड़ी है। ऋग्वेद सहित 4 वेद मेरे लेखे धर्मशास्त्र नहीं है। 'उपनिषद' दर्शन-ग्रन्थ हैं। गीता भी दर्शन-ग्रन्थ है। स्मृतियाँ बाध्यकारी नहीं रहीं। इस दृष्टि से धार्मिक साहित्य की विवरणी बनाना एक कठिन कार्य है।

भारतरत्न डॉ० पाण्डुरंग वामन काणे ने ऋग्वेद से लेकर आधुनिक काल तक के धार्मिक-दार्शनिक आचार मूलक ग्रन्थों का अद्भुत संकलन-विवरण जुटाया है। 'धर्मशास्त्र का इतिहास' नामक ग्रंथ लगभग ढाई हजार पृष्ठों में है। इस महाग्रन्थ में हजारों संदर्भ हैं। यह ग्रन्थ भारतीय धर्म-परम्परा का ज्ञानकोष है। मैंनें इसे कई बार

पढ़ा है। काणे की किताब परिश्रमी शोधार्थियों के लिए चुनौती है। मैं परिश्रमी विद्यार्थी हूँ। मैंने 30 पुस्तकें लिखी हैं। मुझे लगता है कि धर्मशास्त्र का इतिहास जैसी पुस्तक मैं किसी भी सूरत में नहीं लिख पाता। यह मेरी प्रिय किताबों में से एक है।

वात्स्यायन के 'कामसूत्र' में कामरस का विज्ञान है। वात्स्यायन अंधविश्वासी नहीं थे। वे प्रथम श्लोक में ''धर्मार्थ कामेभ्यों नमः- धर्म, अर्थ, काम को नमस्कार'' करते हैं। यहाँ मोक्ष नहीं है। कोई देवी-देवता नहीं है; फिर धर्म, अर्थ और काम के पूर्ववर्ती आचार्यो को नमस्कार करते हैं- ''तत्समयाव बोध केभ्यास् आचार्येभ्य नमः।'' फिर काम-विज्ञान का इतिहास बताते हैं- ''प्रजापति ने ही त्रिवर्ग (धर्म, अर्थ, काम) का जीवन-संविधान बनाया और उसका प्रवचन किया।'' (वही, श्लोक 5) पहले लिपि नहीं थी। प्रवचन ही ज्ञान का उपकरण था। आगे कहते हैं ''मनु ने धर्म विषयक हिस्सा (आचार नियम) अलग किया। वृहस्पति ने अर्थशास्त्र अलग किया।'' (वही 6-7) फिर शिव के अनुचर नन्दी ने उसी संविधान से कामशास्त्र अलग किया।'' (वही 8) बिल्कुल ठीक कहा है। अध्ययन के धीरे-धीरे विकासक्रम में ही विषय अलग-अलग हुए हैं। उनका विकास हुआ है। फिर कहते हैं कि नन्दी के कामसूत्र को उद्दालक के पुत्र श्वेतकेतु ने व्यवस्थित-सम्पादित किया। (वही 9) श्वेतकेतु, प्रकाण्ड विद्वान थे। वे छान्दोग्य उपनिषद के नायक हैं। महाभारत के अनुसार विवाह संस्था को मजबूत करने वाले वही हैं। वात्सायन बताते हैं कि पांचाल-निवासी वभ्रु ने श्वेतकेतु के कामसूत्र का सम्पादन किया। (वही 10) वात्स्यायन ने इसी परम्परा में 'कामसूत्र' लिखा।

कौटिल्य के 'अर्थशास्त्र' में प्राचीन अर्थज्ञान के सूत्र हैं। कौटिल्य दो भौतिकवादी आचार्यो शुक्राचार्य व बृहस्पति को नमस्कार करते हुए 'अर्थशास्त्र' की शुरुआत करते हैं। वे प्रारम्भ में ही चार विद्याएँ बताते हैं- पहली आन्वीक्षकी है; इसमें सांख्य, योग और लोकायत (नास्तिक दर्शन) हैं। दूसरी त्रयी है, इसमें ऋग्वेद, यजुर्वेद और सामवेद हैं। अथर्ववेद इतिहास है। तीसरी वार्ता है इसमें कृषि, पशुपालन और व्यापार है। वे वार्ता और दण्डनीति दो विद्याएँ ही मानते हैं। पुस्तक के अनुसार शुक्राचार्य केवल एक विधा 'दण्डनीति' मानते हैं, लेकिन कौटिल्य चारो को मानते हैं। कौटिल्य का अर्थशास्त्र पठनीय

है। एडम स्मिथ को अर्थशास्त्र का जनक मानने वाले गलती कर रहे हैं। उनकी चर्चा 'वेल्थ ऑफ नेशन्स' नामक ग्रन्थ से हुई लेकिन कौटिल्य ने उनसे 2 हजार बरस पहले ही 'अर्थशास्त्र' के मूल सिद्धांत लिख डाले थे। अर्थशास्त्र की तुलना मैकियावेली की 'प्रिंस' से होती है। 'अर्थशास्त्र' में अर्थशास्त्र के अलावा व्यावहारिक राजनीति के भी सभी सूत्र हैं। यह किताब पढ़नी चाहिए।

भरतमुनि के 'नाट्यशास्त्र' में अभिनय-कला के विकास का इतिहास है। आधुनिक सिनेमा की अभिनय-बारीकियाँ भी हैं। यूनानी नाट्य परंपरा के पहले ही यहाँ अभिनय-कला का विकास हो चुका था। नाट्यशास्त्र इस बात का साक्ष्य है।

स्वामी दयानंद के 'सत्यार्थ प्रकाश' में गहन चिन्तन और विमर्श की सामग्री है। इसका बीज-केन्द्र वैदिक साहित्य है। वैदिक काल उल्लासधर्मा है। स्वामी जी ने इसके अध्यायों का नाम ठीक ही 'समुल्लास' रखा है।

कालिदास का भावबोध पाताल से गहरा और आकाश से ऊँचा है। उनके मेघदूत व रघुवंश को पढ़ते हुए मेरी बुद्धि ने मुझे अकिंचन बताया है।

भारत में विपुल साहित्य रचा गया है। सभी साहित्य-सर्जक व लेखक आदरणीय हैं। उन्होंने सचेत रूप में समाज की चेतना को झकझोरने का काम किया है लेकिन लिखते हुए झकझोरने और काम करते हुए झकझोरने में फर्क है। महात्मा गांधी ने दोनो काम एक साथ किये हैं। दक्षिण अफ्रीका के सत्याग्रह का इतिहास व 'हिन्द स्वराज' उनकी अमर कृतियाँ हैं। 'हिन्द स्वराज' अनूठा है। मैंने 'हिन्द स्वराज' पर एक पुस्तक लिखी है। विपिनचन्द्र पाल ने सार्वजनिक जीवन में काम करते हुए भारतीय इतिहास पर काफी कुछ लिखा है। सुभाषचन्द्र बोस का लेखन भी इसी श्रेणी में आता है। भारतीय इतिहास पर उनकी लिखी किताब पठनीय है।

डॉ० अम्बेडकर और डॉ० लोहिया राजनेता थे। उनका लेखन किसी भी पत्रकार या साहित्यकार से कमतर नहीं है। डॉ० अम्बेडकर का पूरा साहित्य मैंने पढ़ा है। 'हू वेयर शूद्राज' और 'अनटचेबुल्स' में गहन

इतिहास-शोध है। 'पाकिस्तान ऑर पार्टीशन आफ इण्डिया' में इतिहास और साम्प्रदायिकता की शल्य-परीक्षा है। 'सम्पूर्ण गांधी वाड्मय' और 'बाबा साहब डॉ० अम्बेडकर स्पीचेज एण्ड राइटिंग्स' का आकार बड़ा है।

डॉ० लोहिया का पूरा साहित्य मजेदार है, यहाँ महान भारत के रंगीन स्वप्न है। लोहिया की भाषा में सम्मोहन है। डॉ० लोहिया की 'सगुण-निर्गुण' दिलचस्प है। 'भारत माता, धरती माता' में भावात्मक राष्ट्रबोध है। 'इकोनॉमिक्स बियांड मार्क्स' में अर्थशास्त्र का सुंदर विवेचन है। उनकी पुस्तक 'इतिहास-चक्र' सुंदर है। पं० दीनदयाल उपाध्याय व दत्तोपंत ठेंगड़ी ने सार्वजनिक जीवन की तमाम सक्रियता के बीच बहुत कुछ लिखा है। उपाध्याय के लेखों का संकलन 'पॉलिटिकल डायरी' है। इसकी प्रशंसा डॉ० संपूर्णानंद ने की थी। जसवंत सिंह ने 'जिन्ना, भारत विभाजन के आईने में' नामक पाँच सौ बहत्तर पृष्ठ की मोटी किताब लिखी है। उन्होंने यह पुस्तक मुझे भेंट की थी। मैंने पुस्तक पढ़ी है। पुस्तक विवादों में भी रही है। जसवंत सिंह ने पुस्तक-लेखन में अद्‌भुत परिश्रम किया है; लेकिन उनके निष्कर्ष सर्वमान्य नहीं हैं।

गांधी जी की 'मेरे अनुभव' नामक किताब मेरी प्रिय पुस्तक है। हिटलर की आत्मकथा 'मीन काफ'- मेरा संघर्ष रोचक है। लालकृष्ण आडवाणी की 'माई कंट्री माई लाइफ' में भारतीय राजनीति का इतिहास है लेकिन उनकी लिखी 'नजरबंद लोकतंत्र' बहुत सुंदर रचना है।

भारतीय संस्कृति के इतिहास पर सत्यकेतु विद्यालंकार की किताबें पठनीय हैं। 'भारतीय संस्कृति का विकास' में उपयोगी सामग्री है लेकिन उन्होंने वैदिक संस्कृति-सभ्यता को हड़प्पा सभ्यता के बाद बताया है। उनकी लिखी 'प्राचीन भारतीय इतिहास का वैदिक युग' भी पठनीय है। संस्कृति पर योगी अरविन्द द्वारा लिखित 'भारतीय संस्कृति के आधार' व 'दिव्य जीवन' नामक पुस्तक बार-बार पठनीय है। भाषा जटिल है। लेकिन तथ्यपरक है। संस्कृति-सत्य पर वरिष्ठ पत्रकार चिन्तक नरेन्द्र मोहन की किताब अच्छा मार्गदर्शन करती है। वह सरल है, तथ्यपरक है, प्रवाहपूर्ण है। भारतीय संस्कृति पर 'भारतीय संस्कृति की रूपरेखा' व प्राचीन भारतीय कला पर डॉ0 पृथ्वी कुमार अग्रवाल की लिखी पुस्तकें तथ्यपरक हैं, सुरुचिपूर्ण भी हैं।

सुरेश सोनी ने 'हमारी सांस्कृतिक विचारधारा के मूल स्रोत' नाम से सरल भाषा में एक खूबसूरत किताब लिखी है। उन्हीं की लिखी 'भारत में विज्ञान की उज्ज्वल परम्परा' भी सुन्दर पुस्तक है।

भारतीय संस्कृति पर तमाम किताबें हैं। लंदन विश्वविद्यालय के प्रोफेसर ए०एल० बाशम द्वारा लिखी गई 'दि वंडर दैट वाज इण्डिया' चर्चा में रहती है। यह भी पठनीय है। हड़प्पा सभ्यता पर ढेर सारी पुस्तकें पढ़ने को मिली हैं। भगवान सिंह की लिखी 'हड़प्पा सभ्यता और वैदिक साहित्य' काफी लोकप्रिय पुस्तक है। मैंने इसे कई बार पढ़ा है। दिल्ली विश्वविद्यालय के आचार्य डॉ० कृपाशंकर सिंह द्वारा लिखित 'ऋग्वेद, हड़प्पा सभ्यता और सांस्कृति-निरंतरता' व अंशुमान द्विवेदी द्वारा लिखी गयी 'हड़प्पा सभ्यता और संस्कृति' में भी अच्छी सामग्री है।

प्रो० अनंत सदाशिव अलतेकर द्वारा लिखी 'प्राचीन भारतीय शासन पद्धति' जानकारी बढ़ाने वाली किताब है। डॉ० राजबली पाण्डेय द्वारा लिखित 'प्राचीन भारत' तथ्य परक है। इतिहास, सर्वोच्च मार्गदर्शक होता है। ऋग्वेद इतिहास है, अथर्ववेद इतिहास है, उपनिषद इतिहास हैं ही। रामायण व महाभारत महाकाव्य होकर भी इतिहास हैं। पार्जीटर ने पुराणों को भी इतिहास-सामग्री से भरपूर बताया है। आधुनिक विश्व अतीत के विश्व का विस्तार है। सभी पूर्वजों ने सामाजिक विकास में अपने-अपने ढंग से सचेत कर्म किये हैं। इतिहास का पाठ और पुनर्पाठ जरूरी है। मैंने विश्व-इतिहास की समझ के लिए दीनानाथ वर्मा व शिवकुमार सिंह द्वारा लिखित 'विश्व इतिहास का सर्वेक्षण' नामक पुस्तक का उपयोग किया है। कुछेक किताबें और भी पढ़ी हैं। भागलपुर विश्वविद्यालय के प्रोफेसर राधाकृष्ण चौधरी द्वारा लिखी गई 'प्राचीन भारत का राजनैतिक एवं सांस्कृतिक इतिहास' पुस्तक ज्ञानवर्द्धक है। मध्यकाल की संस्कृति पर डॉ० ए०एल० श्रीवास्तव की किताब पठनीय है। एम०पी० श्रीवास्तव की लिखी 'प्राचीन अद्भुत भारत का इतिहास' तथ्यपरक है। इसके विवरण विस्तृत हैं। मैं इतिहास का छात्र नहीं रहा; सो ऐसी पुस्तकें बार बार पढ़ता हूँ।

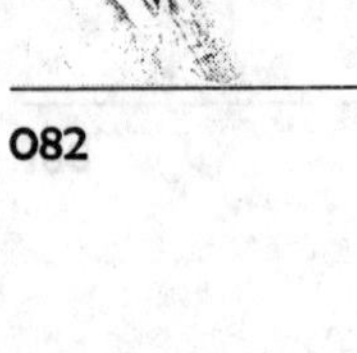

राष्ट्रवाद पर ए०आर० देसाई द्वारा लिखित 'भारतीय राष्ट्रवाद की सामाजिक पृष्ठभूमि' लगभग 400 पृष्ठों वाली किताब है। इसमें भारतीय राष्ट्रवाद की स्थापना का श्रेय अंग्रेजी राज को दिया गया है।

यह निष्कर्ष सही नहीं है। रवीन्द्रनाथ टैगोर की 'भारतीय समाज-जीवन और आदर्श' में अच्छी सामग्री है। द०ब० ठेंगड़ी की 'संकेत रेखा' में राष्ट्रवाद की दृष्टि से तथ्यपरक विश्लेषण हैं। आचार्य नरेन्द्रदेव की 'राष्ट्रीयता और समाजवाद' बहुत प्यारी किताब है। वरिष्ठ पत्रकार सूर्यकांत बाली ने 'भारत-गाथा' में भारत के भारत होने का प्राचीन इतिवृत्त समझाया है।

रूप-सौन्दर्य आदिम मनुष्य का भी आकर्षण रहा है। ऋषियों ने परमसत्ता को सत्य-शिव-सुन्दर देखा था। इस विषय पर शास्त्रीय अध्ययन की दृष्टि से कुमार विमल की लिखी 'सौन्दर्य शास्त्र के तत्व' काफी अच्छी किताब है। लगभग ऐसे ही विषय पर डॉ० रामविलास शर्मा की लिखी 'वैदिक कवियों का सौन्दर्य बोध और तुलसीदास' सौन्दर्य-रस का महासागर है। मैंने इसे कई बार पढ़ा है।

'कुरान' दुनिया की अकेली अतर्क्य पवित्र पुस्तक है। इसे मैंने आदर भाव से पढ़ा है। सबके नजरिए अलग-अलग होते ही हैं, होने भी चाहिए। लेकिन कुरान पर तर्क की इजाजत नहीं है। 'बाइबल' पठनीय है। मैंने इसे भी गहराई से पढ़ा है। इसका भजन-संहिता वाला अंश श्रीमद्भागवत से मिलता है।

संविधान की दृष्टि से 'भारतीय संविधान' पढ़ना जरूरी है, मैं अक्सर पढ़ता हूँ। मेज पर रखता हूँ। संविधान-सभा की कार्यवाही ज्यादा ज्ञानवर्द्धक है। बेशक यह बृहदाकार है लेकिन संविधान-निर्माताओं की भावभूमि और भविष्य-दृष्टि जानने के लिए मैंने इसे भी कई बार पढ़ा है। अमेरिकी संविधान छोटा है, मैं उसे भी मेज पर रखता हूँ। मैंने अनेक देशों के संविधान पढ़े हैं। देश, संविधान नहीं संस्कृति से ही चलते हैं। संसदीय परिपाटी पर मैंने कई विद्वानों की किताबें पढ़ी हैं। ब्रिटेन के विद्वान अर्सकिन द्वारा लिखित 'पार्लियामेण्ट्री प्रोसीजर' खूबसूरत किताब है। भारत में इसी तरह की पुस्तक महेश्वरनाथ कौल व शकरधर ने लिखी है।

'मनुस्मृति' पठनीय है। इसके कई अंश अब आपत्तिजनक जान पड़ते हैं। यह ऋग्वेद वाले मनु की रचना नहीं जान पड़ती। मनुस्मृति की निन्दा राजनैतिक कारणों से भी होती है। सिगमण्ड

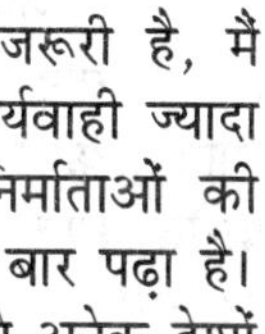

फ्रायड का 'साइको एनालिसिस' (मनोविश्लेषण) परिश्रमपूर्वक तैयार किया गया मन:शास्त्र है। फ्रायड दिलचस्प इंसान थे। उन्होंने पूरी मनुष्य चेतना को कामभाव (लिविडो) से जोड़ा है। इसे पतंजलि के योगसूत्र से जोड़कर पढ़ने का अपना मजा है। फ्रायड ने 'स्वप्नों' पर भी कठोर श्रम किया है। फ्रायड के स्वप्न विश्लेषण को अथर्ववेद के कामसूक्त से मिलाकर पढ़ना चाहिए। एडलर युंग का मनोविश्लेषण फ्रायड से ज्यादा व्यापक है। यह भारतीय दर्शन का निकटवर्ती है।

दुनिया की सभी परंपराओं में मिथक हैं। भारतीय परंपरा के मिथक चर्चित व लोकप्रिय हैं। रमेश कुंतल मेघ ने मिथकों पर आश्चर्यजनक परिश्रम किया है। उनकी लिखी 'विश्व सरित्सागर' अद्भुत पुस्तक है।

हिन्दी साहित्य में कबीर, तुलसी, सूर, जायसी का क्या कहना! भारतेन्दु–साहित्य यादगार है। डॉ० हजारीप्रसाद द्विवेदी के लेखन में संस्कृति का पांडित्य है। 'कबीर' पर उनका काम पठनीय है। द्विवेदी का 'पुनर्नवा' भी मजेदार है। आचार्य रामचन्द्र शुक्ल की पुस्तक 'चिन्तामणि' आश्चर्यचकित करती है। यह मन की परतों को उघाड़ती है। पं० विद्यानिवास मिश्र के साहित्य में भारतीय संस्कृति के ललित रस का प्रवाह है। मै उपन्यास नहीं पढ़ता। कुछ चर्चित लेखकों के ही उपन्यास मैंने पढ़े हैं। प्रेमचन्द्र का साहित्य यथार्थवादी है। द्विजेन्द्रनाथ मिश्र 'निर्गुण' का व्यापक कथा–साहित्य भारतीय मूल्यों और प्रेम की तरलता को सुन्दरता से प्रस्तुत करता है। अमृतलाल नागर, शिवानी को भी पढ़ने में आनंद आता है। रांगेय राघव भी पठनीय हैं।

तस्लीमा नसरीन की 'लज्जा' और 'द्विखण्डिता' में घटनाओं को संवेदन से जोड़ने का विशिष्ट सृजन–कर्म हुआ है। सलमान रुश्दी के लेखन में बौद्धिक आक्रामकता है। 'सैटानिक वर्सेस' ऐसी ही है। कथा, फिक्शन मुझे आकर्षित नहीं करते लेकिन चतुरसेन का 'वयं रक्षाम:' अच्छा लगा। नरेन्द्र कोहली ने रामकथा और महाभारत को उपन्यास बनाकर सराहनीय काम किया है। वे रोचक हैं, संस्कृति–संवर्द्धक भी हैं।

डॉ० रामविलास शर्मा के लेखन में आश्चर्यजनक परिश्रम है। अद्भुत तार्किकता है।

मैं अपने लेखन में उनका प्रभाव अनुभव करता हूँ। ऋग्वेद पर लिखी गई उनकी दो किताबें 'पश्चिमी एशिया और ऋग्वेद' व 'भारतीय नवजागरण और यूरोप' विशेष पठनीय हैं। 'गांधी, अम्बेडकर, लोहिया और इतिहास की समस्याएँ' में डॉ० शर्मा ने तीनो महापुरुषों के काम और ऐतिहासिक हस्तक्षेप पर खूबसूरत काम किया है। के०पी० जायसवाल की 'हिन्दू पोलिटी' भी पठनीय है।

वी०एस० नायपाल की 'बियांड बिलीफ' धर्मान्तरित व्यक्ति के दृष्टिकोण पर तथ्यपरक रचना है। स्टीफेन हाकिंग की 'दि ब्रीफ हिस्ट्री ऑफ टाइम' अद्‌भुत किताब है। 'दि थ्योरी ऑफ इवरीथिंग' भी पठनीय है पुस्तकों में ब्रह्माण्ड रहस्यों पर वैज्ञानिक सामग्री है। पुस्तक का अध्ययन भी रोमांचक है। शेरो-शायरी में गालिब और रघुपति सहाय 'फिराक गोरखपुरी' के नाम बड़े हैं। दीवान-ए-गालिब (हिन्दी अनुवाद) को पढ़ते समय काफी मजा आया है। फिराक की शायरी में अनुभूति (जज्बात) को शब्द-चित्र बनाने का कौशल है। सूचना जनसम्पर्क विभाग उ०प्र० द्वारा प्रकाशित 'फिराक : सदी की आवाज' फिराक के लेखन व व्यक्तितत्व पर खूबसूरत किताब है। वरिष्ठ पत्रकार खुशवंत सिंह के लेखन में गजब की सरलता और तरलता है। उनकी लिखी 'ट्रेन टू पाकिस्तान' बहुत सुन्दर किताब है। 'अनसरटेन लायेजन्स' उन्होंने शोभा डे के साथ मिलकर लिखी है। इसमें उनका प्रिय विषय 'सेक्स' उनके अपने तरीके से फैलाया गया है।

खलील जिब्रान, अंतर्राष्ट्रीय ख्याति के विचारक ने 12 पुस्तकें लिखी हैं। 'दि प्राफेट', 'दि मैडमैन' व 'दि अर्थगाड' सुंदर पुस्तकें हैं। मैंने उनकी सभी पुस्तकें पढ़ी हैं। उनकी अभिव्यक्ति में सम्मोहन है। शेक्सपियर के नाटकों में द्वन्द्व-चित्रण है। 'टु बी आर नॉट टु बी' का द्वन्द्व। काल या समय, दर्शन व विज्ञान की चुनौती है। काल का गहन वैज्ञानिक विवेचन वासुदेव पोद्दार ने 'कालयात्रा' में किया है। इस पुस्तक में भौतिक विज्ञान और वैदिक दर्शन की संगति है।

सीमोन दि बाऊवार, फ्रांस के प्रतिष्ठित चिंतक सात्र की प्रेमिका थी। विवाह नहीं किया। दोनों ने चिंतन के क्षेत्र में अद्‌भुत काम किया। बाऊवार की किताब 'दि सेकेण्ड सेक्स' स्त्री-विमर्श की क्रान्तिकारी पुस्तक है।

राजनेता शशि थरूर ने अनेक पुस्तकें लिखी हैं। ब्रिटिश सत्ता का परिश्रमपूर्ण विवेचन किया है। वे बहुपठित हैं। उनकी लिखी 'ह्वाई आई एम ए हिन्दू' बार-बार पठनीय है। इतिहासकार रामचन्द्र गुहा की दो पुस्तकों 'इण्डिया ऑफ्टर गांधी' व 'इण्डिया ऑफ्टर नेहरू' में समकालीन इतिहास पर सुंदर सामग्री है।

कविता सुनने में अच्छी लगती है। पढ़ने में कम। मैंने महादेवी निराला, दिनकर, धर्मवीर भारती, डॉ0 शिवमंगल सिंह सुमन आदि की कविताएँ पढ़ी हैं। केदारनाथ सिंह की पुस्तक 'तालस्ताय और सायकिल' की कविताएँ यथार्थ और भाव का मिलन है। अंग्रेजी साहित्य में मुझे पी०वी० शेली की कविताएँ अच्छी लगी हैं। ज्याँ पॉल सात्र जैसे अस्तित्ववादी दार्शनिक की लिखी 'बीइंग एण्ड नथिंगनेस' मुझे प्रिय है। हीगल ने 'फेनामनोलॉजी ऑफ स्प्रीट' लिखी थी, सुन्दर पुस्तक है। यूनानी दार्शनिक अरस्तू की 'मेटा फिजिक्स' व 'पोयटिक्स' पठनीय है। प्लेटो की 'रिपब्लिक' विश्व-ख्यात है। संशयवादी डेकार्ट की 'रूल्स फॉर दि डायरेक्शन ऑफ दि माइण्ड' पुस्तक गहन चिन्तन से भरी-पूरी है। मैक्समुलर की एक पुस्तक 'ह्वाट इण्डिया कैन टीच अस' भारतीय स्वाभिमान बढ़ाती है। विल ड्यूरेंट की पुस्तक 'दि केस फॉर इण्डिया' विचारोत्तेजक है।

पुस्तकों का संसार बड़ा है। वे जीवमान मित्र हैं। यह हमने कुछ पुस्तकों का उल्लेख किया है। मेरी प्रिय पुस्तकों की संख्या बड़ी है। यह अंश छपने तक मेरी प्रिय पुस्तकों की संख्या बहुत ज्यादा होगी।

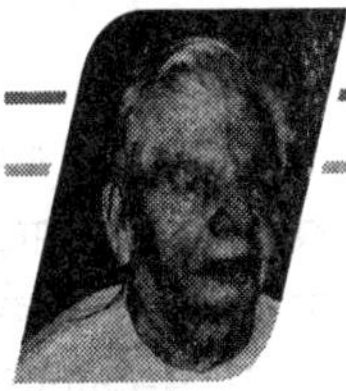

अकितं

रामचन्द्र तिवारी

पारम्परिक भारतीय संस्कृति-चिन्तन की अन्तर्वर्ती प्राणधारा के अनन्य विद्वान हृदयनारायण दीक्षित की उल्लसित प्रवाह वाली भाषा चित्तबद्ध करती है। अभिनव तथ्यों-तर्कों और सांस्कृतिक मूल्यों के कलावादी प्रस्तुतिकरण ने व्यापक पाठकवर्ग का ध्यानाकर्षण किया है। प्राच्य भारतीय मूल्यों की प्रतिष्ठा की सात्विक आकांक्षा, दीक्षित जी को परम्परावादी होने की ओर इंगित करता है; किन्तु पश्चिम के विज्ञानालोकित उद्धरणों और लोक-मंगल के चिन्तन से वह धारणा मिट जाती है। वैचारिक आग्रहजन्य सीमाओं के बावजूद दीक्षित जी विपक्षी विचारकों को भी संतुष्ट करने की क्षमता से सम्पन्न हैं। भारतीय मानव के मानवत्व का इतिहास जानना-समझना हो, तो दीक्षित जी की पुस्तकों अथवा उनके लेखों में विस्तृत 'भारतीय मानव की जैविक व सांस्कृतिक परम्परा' अवश्य पढ़ें। वस्तुतः भारतीय जन-मन का राग-विराग दीक्षित जी का प्रिय विषय है।

हिन्दी साहित्य के प्रसिद्ध समीक्षक व इतिहासकार। दर्जनभर से अधिक चर्चित ग्रन्थों के लेखक। 'हिन्दी का गद्य-साहित्य' बहुपठित ग्रंथ। साहित्य भूषण सहित दर्जनों पुरस्कारों से सम्मानित।

नाचता अध्यात्म

सृजन
से अमरत्व की प्राप्ति

सृजन ब्रह्म-कर्म है। भारतीय चिंतन का ब्रह्म सृष्टि-सर्जक है। वह प्रतिपल नया सृजन करता रहता है। कवि और लेखक भी सर्जक हैं। ब्रह्म सृजन के कारण अमर है। कवि लेखक भी सृजन के कारण अमरत्व पाते हैं। जानता हूँ कि अमरत्व 'सृजन-वृक्ष' का ही फल है। भाग्यशाली हूँ कि इस फल की गंध मुझे बहुधा आकर्षित करती है। घनीभूत व्यथा के बावजूद।

सृजन
से अमरत्व की प्राप्ति

अनेक अवसर आये, बहुधा आते ही रहते हैं। मन प्रकृति की सृजन-शक्ति में उत्सुक हो जाता है। कुतिया ने चार बच्चे जने। अबोध, सुंदर। माँ के सीने से चिपक गये। कुतिया चाट रही थी। अपने ही अंग पर अपनी ही प्रीति को उड़ेलते हुए। मैं विस्मित। सोचने की आदत से विवश। बंदरिया बच्चे को छाती में चिपकाए इस डाल से उस डाल पर छलांग लगाती है। बच्चा सुन्दर, अबोध। सोचता हूँ कि सृजन का रहस्य क्या है? सुना है प्रकृति में सृजनगुण है। देखता हूँ वह प्रतिपल पुनर्नवा है। 'सृजन' प्रकृति का अमर गुणधर्म है। कला और साहित्य मानवीय सृजन-कर्म हैं। वे भी प्रकृति-प्रेरित व संचालित हैं। अरस्तू ने कला को प्रकृति की अनुकृति कहा है। लेकिन मेरा मत भिन्न है। वस्तुत: सभी मानवीय सृजन प्रकृति के सृजन-धर्म का विस्तार है। प्रकृति में रूप है। रूपों के सौंदर्य हमारे चित्त में संवेदना जगाते हैं। वे आनंदित करते हैं, आहत करते हैं और व्यथित भी। वाल्मीकि तमसा नदी के तट पर थे। युगल क्रौंच पक्षी रमण-आनंद में थे। बहेलिए के तीर से पक्षी को लहूलुहान देखकर वे आहत हुए। संवेदना, व्यथा बनी। व्यथा की अभिव्यक्ति श्लोक बनी। संवेदना ने उन्हें कवित्व दिया। वे और उनका सृजन अमर है।

अमरत्व, मनुष्य जाति की सनातन प्यास है। ऋग्वेद के ऋषि मनुष्य को मृत्युबन्धु और देवताओं को अमृतबन्धु बताते हैं। देवों को अमर बताया गया है। मनुष्य भी देवताओं की तरह अमर होने के इच्छुक रहते हैं लेकिन करें क्या? वैदिक पूर्वज भी दीर्घ जीवन के अभिलाषी थे, लेकिन

100 शरद तक आकर रुक जाते हैं। पुराणकाल के पूर्वज ऊँची उड़ान भरते हैं। सम्भवतः ज्यादा समय तक जीने की प्यास ही उनकी काव्य-कल्पना का स्रोत है। वाल्मीकि रामायण व पुराणों के कई राजा हजारों वर्ष शासन करते कहे गये हैं। मैं स्वयं अमरत्व का रहस्य जानना चाहता हूँ। जीवन की गति का अंतिम पड़ाव मृत्यु है। क्या मृत्यु से भी आगे की गति संभव है? भारतीय दर्शन-चिन्तन में इसका उत्तर 'हाँ' है। मैं जीवन की गति का विवश दर्शक हूँ। कर्म करता हूँ लेकिन जीवन के बड़े हिस्से में हमारे कर्म की कोई भूमिका नहीं है। मैं बिना कुछ करे-धरे ही वृद्ध हो गया हूँ। मैं किसी जुगाड़ या जोड़-तोड़ के जरिए वयोवृद्ध नहीं हुआ। जवानी भी अपने-आप ही आई थी। मैंने कोई प्रयास नहीं किया। यह बचपन के निर्दोष, निश्छल मनसंसार को उजाड़ते-उखाड़ते आँधी की तरह आई थी। तब मन में आकाश-छूती उमंग थी। यह सब भी अपने-आप हुआ। फिर जवानी भी धीरे-धीरे ही अपने-आप विदा हो गयी। सबकी तरह हम भी चाहते थे कि जवानी थोड़ा और रुके लेकिन वह नहीं मानी। वह वृद्धावस्था को नहीं पसंद करती। मैंने तरुणाई को कुलांचे भरते देखा है। तरुणाई हृदयहीन नायिका है। इतिहास की कोई भी खूबसूरत तरुणी नायिका बूढ़े के साथ नहीं रुकी। हमारी जवानी भी हमको बुढ़ाता देख चली गयी।

संसार, जगत् है। जो जाता है, वही जगत् है। जैसे बुढ़ापा देख जवानी साथ छोड़ गयी, वैसे ही गाढ़ा बुढ़ापा देख शरीर भी साथ छोड़ता है। आध्यात्मिक पोथियों के अनुसार चेतना फिर भी बचती है। वह नये बचपन, नई जवानी और नये बुढ़ापे की खोज में नई यात्रा पर निकल जाती है- 'वासांसि जीर्णानि यथा विहाय।' दृश्यमान जगत स्वतःस्फूर्त संभव प्रतीत होता है। सोचता हूँ कि क्या कालचक्र की घड़ी स्वचालित है? आस्थाओं के अनुसार कालचक्र की घड़ी में ईश्वर, ब्रह्म, प्रजापति या कोई विश्वकर्मा चाभी भरता है लेकिन ऋग्वेद की घोषणा है कि वह (अस्तित्व) बिना वायु के ही स्वचालित श्वसन लेता है- 'अनादीवातं स्वधया तदेकं।' कोई दूसरा गति नहीं पैदा करता। 'वह एक' ही है, दूसरा है ही नहीं।

हमारे होने में हमारी कोई भूमिका नहीं है। हम अपने होने के कर्ता नहीं हैं। भारतीय दर्शन की मानें तो हमसब सदा से हैं। यह जन्म वर्तमान है, हम

इसके पहले भी किसी न किसी रूप में विद्यमान थे। मैं अपने इस शरीर के शिशुरूप में 18 मई 1946 को भूलोक में प्रकट आया। इसके पहले यहाँ ऋतुराज बसंत और होली का रंग-रस था। इस मस्ती का स्पंदन मुझे माँ के माध्यम से गर्भ में मिला होगा। लेकिन गर्भ के अनुभव स्मृति में नहीं हैं। गर्भ की स्मृति पकड़ में नहीं आती। चैत्र का नवसंवत्सर और वैशाख का महीना परिवार में मेरे आगमन की प्रतीक्षा बना। ज्येष्ठ का ताप शनिवार का दिन और मूल नक्षत्र मेरी जन्मकुण्डली में बैठ गये। पछुवा गरम हवा बड़े-बड़ों को झुलसाती है, तब मरुद्गण अग्निरथ पर सवार होकर अवनि-अम्बर खौलाते हैं। मैं इसी माह, इसी ऊष्म वातायन में उगा। ज्येष्ठ के सूरज से आँख मिलाना आसान नहीं होता। सर्व रोगहारी तुलसी के पौधे भी इसी ताप से झुलस जाते हैं। कनेर खिलने के प्रयास में सिकुड़ जाते हैं। लेकिन नीम खिलती है, नव पत्र-पुष्प धारण करती है, फलों-फूलों से लद जाती है। बेला गुदगुदाता है। लेकिन प्रकृति मेरे उद्भव के लिए यही मुहूर्त निश्चित की होगी। परिजनों ने थाली पीटी। वातावरण मधुमय हुआ।

मधुरस-आपूरित वातायन का वर्णन कैसे करें? आम बौराते हैं, महकते हैं, महकाते हैं। गदराते हैं। अल्हड़ मस्ती में कुछ समय के पहले भी पक जाते हैं। महुआ मदनरस टपकाते हैं। पछुवा और महुआ का मिलन अनूठा है। हमारे गाँव में सुबह के पहले, पिछले पहर धुँधलके में गाँव की महुआ बीननहारी गाती है -"मोरा बारह हजारी का लहंगा रे, साढ़े नौ की बुलाक, पहनन वाली रसीली महुआ बीनन जाए, महुआ मदन-रस टपके।" महुआ-मधुरस कब मदनरस का रूप लेता है? कह नहीं सकता। पछुआ की लू-लपट के बावजूद वातायन की मधुमयता कोयल को भी उकसाती है। वह सामवेद गाने लगती है। वह उद्गीथ ओंकार ध्वनि की तरह सबको भीतर व बाहर से आवृत्त करती है। मधुमय बनाती है। कोयल शास्त्र नहीं जानती। शास्त्रीय धुन क्या जानेगी? लेकिन कोयल भारतीय गायन का प्रतिमान है। विश्व की प्रथम वरेण्य गायिका लता मंगेशकर संगीतशास्त्र की ज्ञाता होकर भी कोकिलकंठी कहलाती हैं। कोयल की लोकलुभावन बोली और मधुर ध्वनि के आरोह-अवरोह में भी उसकी अपनी कोई भूमिका नहीं है। उसका मधुर कण्ठ प्रकृति का प्रसाद है। प्रकृति में स्वतःस्फूर्त संभवन की

चिरन्तन आत्मऊर्जा है।

भारतीय चिंतन कर्मप्रधान है लेकिन हमारा होना हमारी कर्मयोजना का परिणाम नहीं है। हमारे होने में हमारा कोई हाथ नहीं। हमारे तरुण या वृद्ध होने में हमारा कोई प्रयास नहीं। हमारा होना हमारे बूते के बाहर की बात है। हम चाहें तो भी होने या न होने के संभवन-चक्र में कोई हस्तक्षेप नहीं कर सकते। संभवन की गति का प्रत्यक्ष बोध 'काल' है। काल में संभवन की विवशता है। यही विवशता ऋत है। यही प्रकृति है। इसी में सत् और असत् की सत्ता है। 'संभवामि युगे-युगे' प्रकृति का संविधान है। इस संविधान के विपरीत नहीं जाया जा सकता, सो मेरा, हम-सबका बुढ़ाना फल पकने जैसा ही है। संप्रति मैं पका फल हूँ। वशिष्ठ के देखे ऋग्वेद में संकलित महामृत्युंजय मंत्र में ठीक ही ककड़ी या खरबूजे की तरह बंधनमुक्ति की आर्त स्तुति की गई है। चाहता हूँ, पूरा का पूरा पक जाऊँ। संसार-वृक्ष से पूरा पककर ही गिरूँ।

जगत-गति सुनिश्चित है। इसी की प्रत्यक्ष अनुभूति काल है। भृगु ऋषि के अनुसार काल से बड़ा कोई नहीं। यमराज भी उनके कहे अनुसार चलते हैं। उगना, खिलना, पकना, झरना काल के खेल बताए गए हैं। प्राचीन मान्यता है कि स्वर्ग में न बुढ़ापा है और न ही मृत्यु। काल स्वर्ग में भी होता होगा। तभी तो पुण्य छीनने पर स्वर्ग छिन जाता है। मेरा मन भिन्न प्रश्न भी करता है कि क्या स्वर्ग होता है? या नहीं होता? मैं नहीं जानता। जो प्रत्यक्ष है, वही लोक है। यहाँ का प्रत्येक प्राणी मरणधर्मा है सो यही मृत्युलोक भी है। यहाँ का प्रत्येक प्राणी आनंद-अभीप्सु है सो आनंद-प्राप्ति का क्षेत्र भी यही है। सभी आस्थाओं में स्वर्ग है। लेकिन स्वर्ग सबकी वास्तविक आकांक्षा नहीं है। स्वाभाविक वास्तविक आकांक्षा है- आनंद। आनंद की इसी आकांक्षा से स्वर्ग निकला है। वैसे आनंद का क्षेत्र यही संसार है, लेकिन यहाँ बुढ़ापा है, रोग है और मृत्यु भी है। मृत्यु सत्य तथ्य है। जीवन की संपूर्णता में मृत्यु का आगमन स्वाभाविक है। मैं स्वयं इसी स्वाभाविकता में वृद्ध हूँ। लेकिन अल्पवयी की मृत्यु, व्यथा देती है।

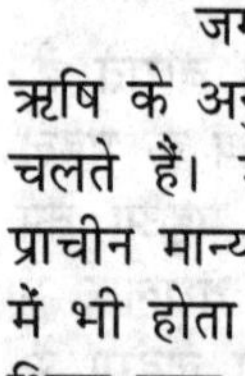

हमारी सबकी जिज्ञासा रहती है कि मरने के बाद होता क्या है? जीवन का दीया बुझने के बाद ज्योतिर्मय तत्व आखिरकार कहाँ चला जाता है?

कठोपनिषद के अनुसार नचिकेता ने यम से यही प्रश्न पूछा था कि ''मृत्यु के बाद इस आत्मा का क्या होता है? कुछ लोग कहते हैं कि यह मृत्यु के बाद भी रहता है तो कुछ लोग कहते हैं कि मृत्यु के साथ सबकुछ नष्ट हो जाता है।'' नचिकेता का यह प्रश्न उत्तर वैदिक काल का है। तब भी दो विचारधाराएँ थीं। एक विचार मृत्यु के साथ सबकुछ खत्म हो जाने का विश्वासी था। दूसरा विचार आत्मतत्व के बच जाने पर विश्वास रखता था। लेकिन यमराज ने इस बहस को और भी प्राचीन बताया कि पूर्वकाल में भी देवताओं के बीच इसपर संशय थे- 'देवैरात्रापि विचिकित्सतं पुरा।' यमराज ने इस प्रश्न का उत्तर देने में टालमटोल की, लेकिन नचिकेता अड़ गया। यमराज ने जीवन का श्रेय-प्रेय समझाया, फिर कहा कि ''यह आत्मतत्व गूढ़ चिंतन से नहीं ज्ञात होता। यह अणु से भी सूक्ष्म है।'' आगे कहा ''यह न तो जन्मता है, न मरता है, न इससे कोई प्रकट हुआ है और न ही इसे किसी ने प्रकट किया है। शरीर के नष्ट हो जाने पर भी इसका नाश नहीं होता- 'न हन्यते हन्यमाने शरीरे।' शरीर विनाशी है लेकिन वह अविनाशी है।'' लेकिन यह बातें धीरज नहीं देतीं।

दर्शन में भले ही आत्मा अजर-अमर बताई गई है, लेकिन जीवन का मुख्य उपकरण यह शरीर ही है। शरीर की इन्द्रियाँ ही हमारे और संसार के बीच सेतु हैं। शरीर बहुत मूल्यवान है। लगातार जीर्ण-शीर्ण होना इसका स्वभाव है। साधारण रोग-आक्रमण में भी ज्ञान-दर्शन धरा रह जाता है। संसार का भौगोलिक विस्तार बड़ा है। हम-सबके लिए हमारे इन्द्रिय-बोध का विस्तार ही हम-सबका संसार है। संसार, काल और दिक् के भीतर है। अथर्ववेद में भृगु ने बताया है कि ''काल में सब समाहित है। काल में प्राण है, जीवन है। काल में गति है, प्रगति है और सद्गति है। काल ही हमारा पिता है और वही पुत्र भी है। वह काल सर्वत्र व्यापी है, भीतर-बाहर है, ऊपर और नीचे है।'' काल अखण्ड है। प्रत्यक्ष अनुभव में काल में ही रूप, रस, गंध, श्रुति, स्मृति और अनुभूति का मन:संसार है। अंततः वही मृत्यु भी है। सृष्टि के प्रत्येक प्राणी की मृत्यु सुनिश्चित है। यह सब जानते हुए भी व्यक्ति मृत्यु-सत्य को स्वीकार करने की तैयारी नहीं करता। सजग व्यक्ति जीवन के सभी कार्यों की योजना बनाते हैं परन्तु सुनिश्चित मृत्यु की तैयारी नहीं करते, लेकिन मैं अपनी मानसिक तैयारी कर रहा हूँ। शरीर का

यथार्थ यही है।

मेरा शरीर बुढ़ाया है लेकिन मन में यौवन है, मन का क्या कहना! सदा आनंद-अभीप्सु, पल में यहाँ, अगले पल वहाँ। अध्ययन-अनुभूति का घनत्व बेशक गहराया है। ऋग्वेद से लेकर पश्चिम-पूरब के समूचे दर्शन-विश्व की पोथियाँ पढ़ चुका हूँ। इनके अध्ययन के बावजूद मेरी मधु-अभीप्सा जस की तस है और रूप, रस, रंग, काम, नाम की प्यास भी जस की तस। बेशक अपनी अस्मिता का स्वाभिमान विदा हो गया, इस विदाई का स्वाभिमान भी नहीं बचा। विनम्रता भीतर तक है लेकिन जन-उत्पीड़न से लड़ने की आक्रामक अग्नि ज्वालामुखी के लावा की तरह धधकती है। यूनानी दार्शनिक हेराक्लिटस ने अग्नि को सृष्टि का आदितत्व बताया है। ऋग्वेद के अग्निदेव कण-कण व्यापी हैं। जीवन अग्नि से चलता है। हाथ-पैर तापहीन, ठंडे तो मृत्यु। कठिन श्रम का मूल तत्व भी ताप है। इसका बढ़ना उत्ताप है। गलत करके पछताना पश्चाताप है। पछतावे में भी ताप की भूमिका है। मेरे भीतर का अग्नितत्व जस का तस है। वे मुझे उत्पत्त बनाए रखते हैं। पश्चाताप नहीं करता। जो हुआ, गलत हुआ या सही हुआ, अब पछताए होत क्या?

मैं जगत की गति में काल की गति देखता हूँ। बूढ़े होकर मरने वालों की अंत्येष्टि में मैं स्वयं की मृत्यु देखता हूँ। लगता है कि एक बड़ी पंक्ति है। सब कतारबद्ध हैं। सबको जाना है। सबका नम्बर आना है। कोई कह सकता है कि इस सोच का कारण निराशा हो सकती है। लेकिन आशा और निराशा एक ही सिक्के के दो पहलू हैं। मेरी निराशा जीवन-आकांक्षाओं की विफलता से नहीं आई। सफलताएँ संतोषजनक हैं। मेरी जिजीविषा गहन है और जिज्ञासा भी। मैं और जीना चाहता हूँ, जीऊँगा भी, लेकिन शरीर की सीमा है। मानव-शरीर और उसके अंग-प्रत्यंग वृद्धावस्था में शिथिल होते ही हैं। संवदेनशील व्यक्ति के जीवन में तमाम दु:खों की अनुभूतियाँ होती हैं, तमाम कठिनाइयाँ भी होती हैं, तो भी मन करता है कि अभी और जीएँ। जीने की यही इच्छा भय बनती है, डर पैदा करती है। लोग सुरक्षा-व्यवस्था करते हैं। ईश्वर-आस्था में रमते हैं। मैं कोई सुरक्षा-व्यवस्था नहीं करता। जीवन बनाए रखने के लिए ईश-प्रार्थना भी नहीं करता। बेशक

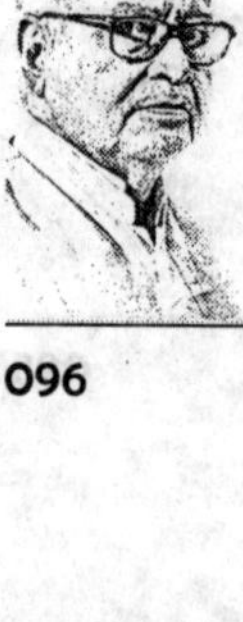

प्रार्थना करता हूँ। लेकिन इस प्रार्थना में 'मन' को कल्याणकारी दिशा में चलाने की ही आकांक्षाएँ रहती हैं।

संसार में रूप है। मैं रूप हूँ। संसार प्रकृति का व्यक्त हिस्सा है, मैं भी वहीं हूँ। संसार में पदार्थ है, मैं भी पदार्थ हूँ। संस्कृत भाषा के 'पदार्थ', जैसा शब्द दुनिया की किसी भी भाषा में नहीं मिलता। संसार पदार्थ है। अंग्रेजी में 'मैटर' है लेकिन मैटर में वह मजा नहीं है। पद और अर्थ ही जीवन नहीं है। महत् और भौतिक द्रव्य ही हमारा व्यक्तित्व नहीं है। संसार के रूप पदार्थ हैं। पदार्थ में चेतना है। चेतना में ऊर्जा है। ऊर्जा अक्षर है, अविनाशी है, सो दिव्य है। इसलिए देवता है। ऊर्जा एक है, अविभक्त है। परम है। सम्पूर्ण है। हम उसी में हैं। भीतर, बाहर, ऊपर, नीचे। सृष्टि के सभी प्रपंचों में उसी का प्रवाह है। मेरे भीतर भी, संभवतः।

जीवन और मृत्यु, ऊर्जा-रूपांतरण के खेल हैं। प्रत्येक प्राणी के भीतर जीवन की एक सघन चेतना है। गतिरूप में काल इस चेतना का वाहक है। शरीर इसी जीवन-चेतना का रूप-आकार है। शरीर एक नगर या पुर है। इसी पुर के भीतर चेतना का निवास है। इसीलिए यह पुरुष है। शरीर में प्राण की सघनता जीवन है। शरीर की जीर्णता बुढ़ापा है। शरीर में प्राण की शून्यता मृत्यु है। शरीर में प्रतिपल जीवन और मृत्यु के खेल हैं। हमारे भीतर जीवन के साथ मृत्यु की भी उपस्थिति है। कितना जीवन है? और कितनी मृत्यु? इसका पता लगाना आसान नहीं है। लेकिन 70-80 या 100 वर्ष के आसपास करोड़ों पृथ्वीवासियों ने जीवन खोया है। वैदिक पूर्वजों ने काम करते हुए 100 वर्ष के जीवन की प्रार्थनाएँ की हैं। यहाँ 'काम करते हुए' शब्द ध्यान देने योग्य हैं। यों ही पड़े-पड़े थके-माँदे जीने का कोई मतलब नहीं।

मैं प्रतिदिन 18-19 घंटे सक्रिय रहता हूँ। ऐसी सक्रियता के लिए आँख, कान, हाथ, पैर सहित शरीर के सभी अंगों का बुढ़ापे में भी पुष्ट होना जरूरी है। वैदिक साहित्य में इन अंगों के पुष्ट रखने की ढेर सारी प्रार्थनाएँ हैं। शरीर में वृद्ध और जीर्ण होने की गतिविधि चलती रहती है। यह गति ही काल है। काल अपना काम करता रहता है। वह विश्राम नहीं करता, सो प्रत्येक शरीर बूढ़ा होता है। जो सक्रिय कर्म करते हैं, वे भी बूढ़े होते हैं, जो आराम

करते है, वे भी। योगी-संन्यासी भी। शरीर पकते ही हैं। सारे शरीरों के अंग पकते हैं, जीर्ण होते हैं, लुढ़कते हैं। प्रकृति की इस गतिविधि को टाला नहीं जा सकता। मैं भी पका फल हूँ। जब कच्चा था, तब खटास थी, कसैलापन था। अब भी पूरा-पूरा पक रहा हूँ, सो मिठास ही मिठास है। मैं मधु हो रहा हूँ।

जीवन एक प्रवाह है। विश्वऊर्जा एक है, वेदान्त इसे परमचेतन या पुरुष कहता है। यही ऊर्जा प्रकृति के पाँच तत्वों से जुड़कर व्यक्त होती है और व्यक्ति कहलाती है। ऊर्जा अखण्ड है, व्यक्त होकर रूप पाती है। रूप-विभाजन के कारण वह अलग-अलग दिखाई पड़ती है। रूप बदला करते हैं, अरूप जस का तस रहता है। हमारा रूप प्रतिदिन बदला है। मैंने इस रूप-परिवर्तन को जीया है। चाहता हूँ कि इस जीवन के बाद भी यदि कोई जीवन हो, तो भी हमारी इस जीवन की स्मृति बनी रहे। श्री कृष्ण ने भी अर्जुन को बताया "ऐसा कोई समय नहीं था, जब हम-तुम नहीं थे।" परम ऊर्जा सदा रहती है। अर्जुन के सामने यह बात समझने की कठिनाई थी। श्री कृष्ण ने कहा "यह ज्ञान मैंने पूर्वकाल में भी कई ऋषियों को दिया है।" यहाँ और भी बड़ी उलझन थी। अर्जुन ने पूछा "आप तो अभी-अभी हुए, हजारों बरस पहले ज्ञान देने की बात कहाँ से आ गयी?" श्री कृष्ण ने कहा "हमारे-तुम्हारे बहुत जन्म हो चुके हैं। मुझे स्मरण है, तुम्हे नहीं।" मैं पिछले जन्म की स्मृति पकड़ना चाहता हूँ। लेकिन लाचार हूँ। वृद्धावस्था में इसी जीवन की तमाम स्मृतियाँ लुप्त हो रही है। पीछे के जन्म की स्मृतियाँ कैसे पकड़ूँगा? यहाँ यही व्यथा है।

मैंने प्रकृति के सृजन और विसर्जन-प्रवाह पर ध्यान नहीं दिया। प्रकृति ने प्रत्येक प्राणी को अमरत्व दिया है। प्राण अमर है, शरीर मरणधर्मा है। प्रकृति ने अमरत्व की कार्रवाई जारी रखने के लिए ही संतान-प्रवाह चलाया है। अपनी संतानों के जरिए मनुष्य स्वयं अपना नया शरीर पाता है। अक्सर वैसा ही चेहरा, हावभाव और स्वभाव भी पाता है। अमरत्व की यह कार्यवाही सतत्-प्रवाही है। जगत-गति इस कार्यवाही को निरंतरता देती है।

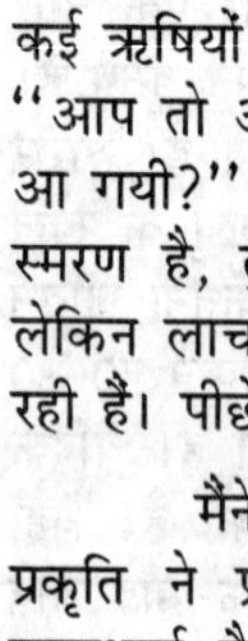

समाज-विज्ञानी वंशानुक्रम और वातावरण को व्यक्तितत्व-विकास का मुख्य सूत्र मानते हैं। मेरे रिश्तेदारों, पिता के मित्रों में कोई विज्ञानविद्, दार्शनिक, अर्थशास्त्री, संविधानविद् नहीं था।

मुझे सभी विषयों में रुचि है। मुझे किसी भी वरिष्ठ का कोई मार्गदर्शन नहीं मिला। सबकुछ प्रकृति की पाठशाला से मिला। जीवनभर माँगकर किताबें पढ़ी। अब हमारे पास सैकड़ों पुस्तकें हैं लेकिन पढ़ने का समय नहीं। पहले पढ़ाई के लिए एक कोठरी भी नहीं थी। लालटेन विधायक होने के बाद आई। तब मेरे अध्ययन और चिन्तन के बीज-सूत्र आखिरकार हैं क्या? क्या भाग्य होता है? क्या सबकुछ पूर्व निर्धारित है? क्या कई जन्म होते हैं? क्या, क्यों और कैसे जैसे प्रश्न घेरे रहते हैं। जीवन-रहस्यों की गुत्थी नहीं सुलझती। अमरत्व के रहस्य का क्या होगा?

संभवतः हमारे सभी पूर्वज-अग्रज मेरे व्यक्तित्व में अमर हैं। गायत्री मन्त्र के द्रष्टा ऋषि विश्वामित्र, महामृत्युंजय के द्रष्टा-कवि वशिष्ठ, शरीर से नहीं लेकिन परम्परा से हमारे व्यक्तित्व का हिस्सा हैं। मेरे पिता में उनके पिता की झाँकी है। उनके पिता के पिता आदि में पूर्वजों के प्रवाह और अंश हैं। मेरा प्रवाह मेरे पुत्र हैं, पौत्र हैं। कोई भी मनुष्य पूरा का पूरा यों भी नहीं बचता। शरीर प्रतिपल बदलता है। मेरे शरीर में 60 बरस तक 32 दाँत थे अब आधे हैं। 45 वर्ष की उम्र में सुंदर बाल थे, और रक्ताभ गाल थे। अब वैसा नहीं है। शरीर का मतलब ही है 'शीर्यते इतिशरीरम्'- जो जीर्ण-शीर्ण होता है वह शरीर है।

हम एक प्रवाह में हैं। परम्परा प्रथम व्यक्ति को 'मनु' कहती है। हमसब मनुष्य (मनुस्य) मनु के हैं। उन्हीं का विस्तार हैं। वही अंश बार-बार आगे बढ़ता है। बिल्कुल नदी की तरह। गंगा, गोमुख पर भागीरथी है। उसके बाद ऋषिकेश में निर्झर प्रवाह है। वे हरिद्वार में उन्मुक्त हैं। वे गंगासागर में परिपूर्ण हैं। वे प्रतिपल गंगा हैं। सागर पहुँचकर ही वे पूरा रूप खोती हैं, फिर सागर हो जाती हैं। इसके भी पहले उनका रूप प्रतिपल परिवर्तनीय है। वे गर्मी में क्षीण रहती हैं, वर्षा में मस्त होती हैं। जहाँ-जहाँ ठिठकती हैं, वहाँ-वहाँ तीर्थ हैं। वे इंजीनियर के लिए नदी हैं। पनबिजली का उपकरण हैं। वे पुरोहित-पंडे के लिए व्यवसाय हैं। वे श्रद्धालु की माँ हैं। वे सगर-पुत्रों की मोक्षदाता हैं। वे आस्थावान का धीरज हैं। वे भारत की संस्कृति का प्रतीक हैं, पहचान हैं, लेकिन सागर में वे अरूप हैं। अग्निदेव ताप लाते हैं। वरुण देव वायु-दबाव बनाते हैं। वे बादल बनती हैं। आकाश को शीतल करती हैं। वे फिर से गोमुख आती हैं। ठोस बनती हैं, हिमशैल हो

जाती हैं। फिर गोमुख, फिर भागीरथी, फिर ऋषिकेश और फिर हरिद्वार। ऐसे ही हमसब शिशु, बालक, युवा, वृद्ध। इसी प्रवाह में बने रहना संसार है, इस प्रवाह से मुक्ति संभवतः मोक्ष है। प्रश्न तब भी शेष रहते हैं कि क्या मोक्ष है?

संवेदनशीलता मनुष्य का उत्कृष्ट गुण है। संवेदनशील मनुष्य तरल, सरल सुचालक होते हैं। वे कीट-पतिंग के दुःख में भी भावुक होते हैं। मैं भी बहुधा ऐसे अवसरों पर गहन रूप में व्यथित हुआ हूँ। एकबार कार-यात्रा में रेलवे क्रासिंग बंद थी। हम फाटक खुलने की प्रतीक्षा में थे। सड़क पर हमारे दायीं ओर पक्षियों के मांस की दुकान थी। दुकानदार के सामने पिजड़े में बंद पक्षी परस्पर सटे हुए बैठे थे। वह एक-एक पक्षी पिजड़े से निकालता था। गड़ासे से काटता था। पक्षी फड़फड़ाता, गर्दन काटी जाती। शेष पक्षी सहम जाते, अपनी बारी की विवश-प्रतीक्षा में शेष पक्षियों की विवश, लाचार पथराई आँखें देख रहा था। फाटक अभी नहीं खुला था। ट्रेन आ रही थी। वह गड़गड़ाते-जैसे मुझे रौंदते हुए निकल गई। मैं अधमरा अनुभव कर रहा था। व्यथित, विवश, लाचार। व्यथा बताने के लिए शब्द नहीं। न तब थे और न अब। अमरत्व का विचार भी रक्त से लथपथ था।

व्यथा के पहाड़ से चित्त कुचलने वाली घटनाएँ बहुत हैं। ऐसे ही एक रेलवे क्रॉसिंग पर हमारे सामने ट्रक खड़ा था। ट्रक में ठसाठस गोवंश लदे थे। हमारे अंगरक्षक ने बताया कि ये काटने के लिए स्लॉटर हाउस ले जा रहे हैं। संभवतः उन्हें अपने मारे-काटे जाने का पूर्वाभास था। 'पशु' मनुष्य की तुलना में ज्यादा संवेदनशील होते हैं। मनुष्य भी जन्मतः संवेदनशील होते हैं। 'बुद्धि' संवेदना को क्षीण करती है। मनुष्य अतिरिक्त बुद्धिमान हो गए हैं, लेकिन मैं अब भी संवेदनशील हूँ। गोवंश की लाचार, कातर दृष्टि हमारी ओर थी। आँखें सजल, हमारी ओर टकटकी। उनकी व्यथा का पहाड़ हमारे ऊपर। हम व्यथा के समुद्र में डूबते-उतराते रहे, निरुपाय। संविधान के पन्ने फड़फड़ा रहे थे। नीति-निदेशक तत्वों वाला पन्ना सामने आ रहा था बारंबार। संविधान के इसी भाग में गोवंश-संरक्षण के निर्देश हैं। लेकिन यह बात अलग है। हमारी व्यथा की बात भी अलग है।

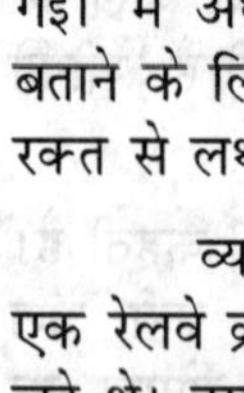

जीवन सुंदर है। स्वतःस्फूर्त है। पूरी उम्र का जीवन नैसर्गिक अधिकार है। जन्म, तरुणाई,

सतत् वृद्धि के बाद वृद्धावस्था और फिर विदाई। हम मनुष्य जीवनदाता, विधाता नहीं हैं। जीवन प्रकृति की अनुकम्पा है। हम प्रकृति के नियमों में हस्तक्षेप के अधिकारी नहीं हो सकते। जीवन छीनना प्रकृति-सृष्टि के विरुद्ध अपराध है। प्रकृति ने विपुल सृजन किया है। सबका जीवन-चक्र निर्बाध चलना चाहिए। यह विचार आदर्श कहकर टाला जा सकता है लेकिन जीवन का यथार्थ यही है। जीवन का अर्थ संवेदना में है। व्यथा भी प्राकृतिक है। मैं अपनी व्यथा को लेकर हीनभाव में नहीं हूँ। कुछ कर न पाने की व्यथा निस्संदेह पीड़ादायी है। मनुष्य जीना चाहता है, प्रकृति-चक्र में लगातार जीने की व्यवस्था है। प्रत्येक सृजन ब्रह्म की ही गतिविधि है। काव्य-सृजन ऐसा ही आनंद है। कवि के लिए काव्य की प्रत्येक पंक्ति पुत्र या पुत्री हैं। पुत्र अपने माँ-पिता का नाम-यश आगे बढ़ाते हैं। कविता भी अपने रचनाकार को अमर करती है। निराला की 'शक्ति पूजा' या तुलसीदास के 'रामचरित मानस' ने किसी भी पुत्र की तुलना में ज्यादा अमरत्व दिया है। शेली, कीट्स अपनी कविताओं में अमर हैं। कम्बन और वाल्मीकि का अमरत्व स्वतः-सिद्ध है। कलाएँ भी कलाकारों की पुत्र-पुत्रियाँ हैं।

कला-चिन्तक अर्न्स्ट फिशर ने ठीक ही 'सृजनात्मकता को मनुष्य के अमरत्व का मानवीय प्रयास' बताया है। सृजन और जीवन पर्यायवाची हैं। काल-आबद्ध जीवन विसर्जित होता है लेकिन सृजन अमर रहता है। विश्वामित्र नहीं हैं लेकिन उनका देखा, रचा 'गायत्री मंत्र' अमर है। वशिष्ठ नहीं हैं लेकिन उनका 'महामृत्युंजय काव्य' अमर है। वह महामृत्युंजयी भी हैं। अथर्वा 'भूमिसूक्त' में अमर हैं। अमरत्व हमारी जिजीविषा है। सृजन इस अमर तत्व की कुंजी है। परमात्मा भी इसीलिए अमर है कि वह बिना रुके, बिना थके रोज कुछ न कुछ बनाए जा रहा है। विश्वकवि रवीन्द्रनाथ टैगोर ने ठीक कहा था, "जब भी किसी बच्चे के जन्म की सूचना मिलती है। मैं आशावाद से भर जाता हूँ कि परमात्मा निराश नहीं हुआ। वह रोज नई प्रतिमाएँ गढ़े जा रहा है।" सृजन में अमरत्व है। सृजन 'काल' का भी अतिक्रमण करता है।

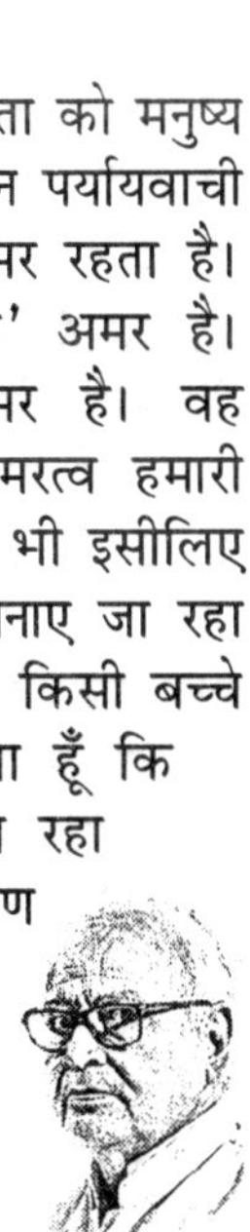

मैं लिखता हूँ। लिखना स्वांतःसुखाय ही नहीं होता। तुलसीदास की बात अलग है। उनका सृजन स्वांतःसुखाय है। स्वांतः अंतःकरण लोकमंगल

से भरापूरा था। उनका सृजन सर्वत्र व्यापक लोक को सुख से आपूरित करने वाला है। पक्षी भी गाते हुए देखे सुने जाते हैं। संभवतः उन्हें गीत-गायन से आनंद मिलता है। गाते समय पक्षियों के ध्यान में संभवतः अन्य पक्षी नहीं होते। संभव है कि वे होते भी होंगे लेकिन इसपर कोई शोध उपलब्ध नहीं है। कवि या सर्जक लेखक के सामने श्रोता और पाठक होते हैं। रवीन्द्रनाथ टैगोर ने बताया है कि "लेखक की रचना का प्रधान लक्ष्य पाठक-समाज होता है, रचना स्वयं रचयिता के लिए नहीं है।" मैं भी लिखता हूँ। पीछे लम्बे समय से कई समाचार-पत्रों में मेरे नियमित स्तम्भ हैं। मैंने दो दर्जन से ज्यादा पुस्तकें भी लिखी हैं। समाचार-पत्रों में लिखते समय मेरे मस्तिष्क में हजारों पाठक होते हैं। ऐसा लेखन प्रायः सामयिक होता है। लेकिन मैं भारत की संस्कृति और दर्शन को भी तात्कालिक संदर्भ से जोड़ता हूँ। पाठकों की चिंता कभी भी ओझल नहीं होती। प्रकाशित आलेख सार्वजनिक सम्पदा होते हैं। छपने के पूर्व वे लेखक के हैं। छपने के बाद सबके।

लेखक के लिए पाठक महत्वपूर्ण हैं। सभी पाठक बुद्धि की क्षमता में समान नहीं होते। सब भाषाविद् नहीं होते। इसलिए भाषा की सरलता और तरलता हमेशा अभीष्ट होती है। बेशक सभी रचनाएँ लेखक की बुद्धि और भाव से पैदा होती हैं, लेकिन लेखक की प्रेरणा का श्रोत भी महत्वपूर्ण होता है। कोई घटना, कोई राष्ट्रीय उपलब्धि या राष्ट्रजीवन को प्रभावित करने वाला कोई महत्वपूर्ण मामला सहित सब महत्वपूर्ण हैं। लेखन में विचार और भाव की अभिव्यक्ति होती है। अपने विचार या भाव को प्रकट करना मनुष्य की प्रवृत्ति है। हम लिखते हुए अपने भाव का प्रभाव विस्तीर्ण करते हैं और विचारों का भी। हमारे जीवनकाल की सीमा है। अच्छी रचना इस सीमा का अतिक्रमण करती है। जीवन क्षणभंगुर है, लेकिन सृजन सतत् प्रवाह है। सर्जक, रचयिता का शब्द-संधान दीर्घकाल तक अजर रहता है और कुछ अंश में अमर भी। सर्जक-भाव और विचार की नई सृष्टि रचता है।

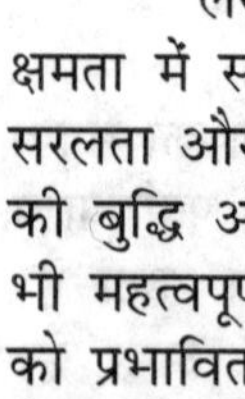

सम्प्रति साहित्य में भी सामयिकता की माँग रहती है। मैं सामयिकता के प्रति सजग रहता हूँ। सामयिकता निरपेक्ष नहीं है। यह प्राचीनता का विस्तार है। प्राचीनता को छोड़कर सामयिकता का सुंदर विवेचन नहीं हो सकता। मैं लिखते समय सामयिक में

दीर्घकालिक जोड़ता हूँ। हम प्राचीन राष्ट्र हैं। सामयिकता के लोभ में हम इतिहास की उपेक्षा नहीं कर सकते। वैदिक ऋषि, कवियों की सर्वमंगल भावना को नहीं छोड़ सकते। सामयिकता भी प्रतिपल बूढ़ी होती जाती है। सामयिक और प्राचीनता के द्वन्द्व व्यर्थ हैं। जो शाश्वत है वह सर्वकालिक है। शाश्वत पर समय का प्रभाव नहीं पड़ता। वह अजर-अमर है। शाश्वत दृष्टि से किया गया लेखन भी सर्वकालिक होता है। सामयिक दृष्टि से किया गया सृजन अल्पकालिक होता है। शाश्वत सदा से है, सदा रहता है। वह नित्य है। राष्ट्र-जीवन में तमाम आदर्श व मूल्य शाश्वत होते हैं और तमाम सामयिक। सामयिक मूल्य काल-प्रभाव में नष्ट होते रहते हैं। ऐसे सृजन के प्रभाव भी अल्पकालिक होते हैं।

अखबारों में छपने वाले आलेखों या स्तम्भ-लेखन में सामयिक विषयों का विवेचन बढ़ा है। यह अच्छी बात है। अपने समय की गतिविधियों से अवगत होना जनसामान्य की स्वाभाविक इच्छा होती है, लेकिन कोई भी परिस्थिति अतीत से मुक्त नहीं होती। वह अतीत का ही विस्तार होती है। इसलिए सामयिकता के विवेचन में भी अतीत की भूमिका को उपेक्षित नहीं किया जा सकता। समाज की गतिशीलता के लिए सूचना के साथ ज्ञान भी चाहिए। आधुनिक पत्रकारिता सूचना से समृद्ध है। हम आँकड़ों के भार से दब रहे हैं। सूचनाओं का विस्फोट हो रहा है, लेकिन प्रीति और सामाजिक सौमनस्य के तत्व गायब हैं। आधुनिक मनुष्य के पास हजारों सूचनाएँ हैं, लेकिन मनुष्य नितान्त अकेला है। पत्रकारिता को मनुष्य के अकेलेपन की पड़ताल करनी चाहिए। समाज का सत्य, शिव और सुन्दर भी अखबार के पन्ने पर लाना हम पत्रकारों की जिम्मेदारी है। मैं अपने स्तम्भ-लेखन में प्रायः वैदिक समाज के उदाहरण देता हूँ। अग्रज आधुनिक चिंतकों को भी उद्धृत करता हूँ। अरविन्द, विवेकानन्द, गांधी, अम्बेडकर, लोहिया और डॉ॰ हेडगेवार की याद दिलाता हूँ। ऐसे सभी महानुभावों ने भारतीय संस्कृति को समृद्ध किया है। सांस्कृतिक प्रवाह से कटी सूचना तथ्य तो हो सकती है, लेकिन लोकमंगल का अधिष्ठान नहीं हो सकती। कुछ विद्वान आधुनिकता के प्रति आग्रही हैं। पत्रकारिता आधुनिक ही होती है उसे अतिअल्पकालिक, नितान्त सामयिक न होकर दीर्घकालिक सरोकारों की दृष्टि से विकसित किया जाना चाहिए।

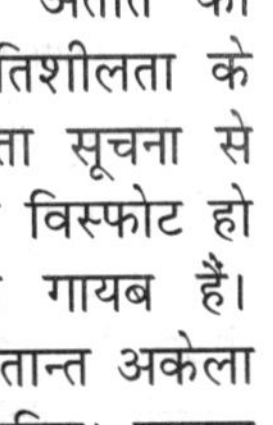

कवि-लेखक अपने सृजन के माध्यम से दिक्काल का अतिक्रमण कर सकते हैं, करते भी हैं। ऐसे सृजन अपने-आप दूर-दूर की भौगोलिक यात्रा करते हैं। सृजन से श्रोता-पाठक प्रभावित-आनंदित होते हैं। वे सृजन के साथ सर्जक को भी यशस्वी बनाते हैं। बेशक यश-प्राप्ति लोकेषणा है। लेकिन ऐसी एषणा कवि-लेखक को नए सृजन के लिए प्रेरित भी करती है। दीर्घकाल तक प्रभाव डालने वाले सृजन के लेखक-कवि का यश भी दीर्घकालिक होता है। शाश्वत मूल्यों से जुड़ा लेखन, लेखक को अमरत्व देता है।

कालिदास, व्यास, कम्बन, सुब्रह्य भारती आदि रचनाकार अमरता की श्रेणी में गिने जा सकते हैं। वे हमारे सामने सदेह उपस्थित नहीं हैं, लेकिन उनका प्रभाव हमसब पर आधुनिक काल में भी पड़ रहा है। सर्वकालिक साहित्य में प्रभाव डालने की क्षमता ज्यादा होती है। सामयिक लेखन भी कम प्रभाव नहीं डालता। स्वाधीनता-संग्राम के समय भारत में विपुल लेखन हुआ। निस्संदेह यह सामयिक था, लेकिन इसने स्वाधीनता संग्राम को गति दी थी। स्वाधीनता-संग्राम राष्ट्रवादी था। इसके पक्ष में विपुल लेखन हुआ। यह लेखन भी बेशक सामयिक था, लेकिन भारत के प्राचीन मूल्यों से युक्त था। 'आनंदमठ' बंकिमचंद्र ने लिखा था। यह सामयिकता में था। इसमें आया वंदेमातरम् भी एक तरह से सामयिक था, लेकिन इसमें अंतर्निहित सर्वकालिक तत्वों के कारण यह अमर हो गया। बंकिमचंद्र को भी अमर यश मिला। संविधान-निर्माताओं ने वंदेमातरम् को राष्ट्रगीत घोषित किया।

लेखक और कवि भी समाज का हिस्सा है। इनमें से कुछ समाज या राज्य-व्यवस्था से असंतुष्ट होते हैं। कुछ संतुष्ट हैं। दोनों वृत्तियों के पाठक या श्रोता इसी समाज में हैं। अनेक पर्यावरण से असंतुष्ट हैं। दुनिया की कोई भी समाज-व्यवस्था परिपूर्ण नहीं है। सभी समाज-व्यवस्थाओं में सुधार की गुंजाइश है। डॉ० अम्बेडकर ने अपने लेखन में भारतीय समाज-व्यवस्था की तीखी आलोचना की है। यह आलोचना सही भी है। विवेकानंद ने भी समाज-व्यवस्था की आलोचना की है, साथ में इसे आदर्श बनाने के लिए लोकमत के संस्कार पर भी जोर दिया है।

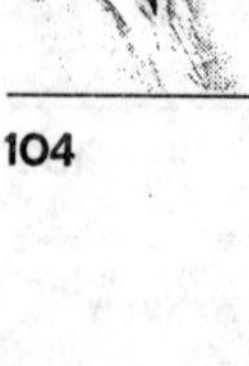

सामान्यतया सौन्दर्यबोध को काव्य-सृजन का प्रेरक माना जाता है, वाल्मीकि के चित्त में

कविता का जन्म हुआ। रामायण के लेखन ने वाल्मीकि को अमर बनाया। सृजन ब्रह्म-कर्म है। भारतीय चिंतन का ब्रह्म सृष्टि-सर्जक है। वह प्रतिपल नया सृजन करता रहता है। कवि और लेखक भी सर्जक हैं। ब्रह्म सृजन के कारण अमर है। कवि लेखक भी सृजन के कारण अमरत्व पाते हैं।

मैं अपने संवेदनों का भोक्ता हूँ और द्रष्टा भी। मैं संसार के सौंदर्य व दुःखों का भी भोक्ता-द्रष्टा हूँ। संवेदन, सौंदर्य और व्यथा 'सृजन प्रेरक' होते हैं, लेकिन हमारे अंतस् में काव्य नहीं उगता। मैंने शरद पूर्णिमा और प्रकृति का मधुर संवाद सुना है। मैंने पक्षियों का प्रेमालाप देखा है। मधु-संचयी मधुकरों को तमाम फूलों से रस एकत्रित करते देखा है। मैंने काव्य को मंत्र होते सुना है। प्रकृति के तीनो गुणों सत्व, रज और तम की रासलीला मैंने देखी है। मैंने मेघों को धरती तक आते और माता पृथ्वी से बतरस करते भी देखा-सुना है। मधु और मधुमयता की अद्वय प्रीति का मैं साक्षी हूँ।

मैंने स्वयं को स्वयं द्वारा अपमानित करते भी देखा है। मैं बुद्धि और भाव की कलह व प्रीति का भी साक्षी हूँ। मैंने काव्य, गीत, मंत्र का मधुरस अघाकर पीया है। रूप, रस, रंग, ध्वनि और स्पर्श के रास्ते मैंने मधु के साथ गरल भी पीया है। संवेदना-परिवार के सभी प्रेरक-तत्वों से मेरी अंतरंगता है लेकिन मेरे चित्त में काव्य और गीत नहीं उगे। सृजन-कार्य नहीं खिला। जानता हूँ कि अमरत्व 'सृजन-वृक्ष' का ही फल है। भाग्यशाली हूँ कि इस फल की गंध मुझे बहुधा आकर्षित करती है। घनीभूत व्यथा के बावजूद।

अभिमत

विद्यानिवास मिश्र

संस्कृत के प्रकाण्ड विद्वान, जानेमाने भाषाविद्, हिन्दी के वरिष्ठ साहित्यकार और सम्पादक ('नवभारत टाइम्स' और 'साहित्य अमृत')

समाचार–पत्रों में इधरबीच जो वैचारिक लेख प्रकाशित हो रहे हैं; उनमें हृदयनारायण दीक्षित के विचार स्वागत–योग्य हैं। उ.प्र. के सूचना विभाग से प्रकाशित, पण्डित दीनदयाल उपाध्याय पर केन्द्रित उनकी एक पुस्तक पढ़ने को मिली। उपाध्याय जी को देखने की दीक्षित जी की कला और दृष्टि चमत्कृत करती है। दीक्षित जी उसी उन्नाव जनपद की हवा–माटी की पैदावार हैं; जहाँ के डॉ. रामविलास शर्मा थे। कह सकता हूँ कि हृदयनारायण दीक्षित, डॉ. रामविलास शर्मा के राष्ट्रवादी संस्करण हैं।

नाचता अध्यात्म

स्वयं से प्रभावित

मैं

मूल बात है हमारा अपना भाव। हम-सब स्वयं से प्रभावित हैं। अन्य महानुभावों के विचार हमारे लिए आदरणीय हैं, लेकिन वे उधार के हैं। वे हमारे व्यक्तित्व का अविभाज्य अंश नहीं बन सके हैं। दोहरा दूँ कि मैं स्वयं से ही प्रभावित हूँ। इसी प्रभाव में हमारे जीवन की गति है।

स्वयं से प्रभावित मैं

प्रत्येक मनुष्य में भाव होते हैं। भाव का प्रभाव भी होता है। मनुष्य अपने भाव से दूसरों को भी प्रभावित करते हैं और दूसरों से प्रभावित भी होते हैं। भाव-शक्ति का आधार तर्क नहीं होते। तर्क-वितर्क का आधार बुद्धि है। भाव-शक्ति और बुद्धि अलग-अलग हैं। मनुष्य प्रेम में पड़ते हैं। दुःखी होते हैं। मित्र तर्क देते हैं। प्रेम-प्रसंगों से होने वाले सामाजिक अपयश का वर्णन करते हैं। प्रेमी तर्क नहीं सुनते। ज्ञानी तर्क के आधार पर व्यक्ति या वस्तु का विवेचन करते हैं। ज्ञानी प्रायः प्रेमी नहीं होते। लेकिन प्रेमी अपने भाव के प्रभाव में होते हैं। वे अपने भाव के प्रभाव में जीवन की भी परवाह नहीं करते। राष्ट्रभाव को लेकर भारत में चन्द्रशेखर आजाद व भगत सिंह आदि अनेक क्रान्तिकारी शहीद हुए। हम-सब पर ऐसे प्रतिष्ठित व्यक्तित्वों के प्रभाव भी पड़ते हैं। महान व्यक्तित्व हमारे भाव-जगत के साथ ही विचार-जगत पर भी प्रभाव डालते हैं। हम उनके प्रभाव में आते हैं, लेकिन हम-सबकी जीवनचर्या पर सबसे बड़ा प्रभाव हमारा ही होता है।

एक बड़ा पुस्तक मेला था। मैं लेखक के रूप में आमंत्रित था। मुझसे साहित्य-सृजन पर अनेक प्रश्न पूछे गये, फिर अंतिम प्रश्न पूछा गया "आप वरिष्ठ राजनेता हैं, लेखक-स्तम्भकार भी हैं। आप किससे प्रभावित है?" प्रश्न गंभीर था। मैंने मन ही मन इस प्रश्न की मीमांसा की। मैंने कहा कि मैं सबसे ज्यादा स्वयं से प्रभावित हूँ। मैंने अपने जीवन में तमाम शुभ और अशुभ कर्म किए हैं। ऐसे सारे कर्म मैंने अपने प्रभाव में ही किए हैं। मेरे मन, वचन, कर्म पर मेरा अपना प्रभाव ही पड़ा है। मैं

स्वयं से प्रभावित रहा हूँ। सबका जीवन 'मैं' के पक्ष में गतिशील रहता है। सामाजिक क्षेत्र में साथ-साथ मिलकर कर्म करना चाहिए। यहाँ 'हम' की भूमिका है। हम के साथ अनेक 'मैं' सक्रिय रहते हैं। सभी मनुष्य स्वयं के प्रभाव में होते हैं, लेकिन अधिकांश सामाजिक कार्यकर्ता यह तथ्य प्रकट नहीं करते। वे किसी प्रतिष्ठित महानुभाव से प्रभावित होने की बात करते हैं।

अधिकांश राजनैतिक कार्यकर्ता भी किसी वरिष्ठ नेता या विचारक का प्रभाव बताते हैं। ऐसा सही भी है। गांधी, मण्डेला आदि ने लाखों को प्रभावित किया है। बेशक हम-सब समाज के तमाम वर्तमान या निवर्तमान महानुभावों से प्रभावित होते हैं। प्रकृति के तमाम रूपों को देखते हैं। हम उनसे भी प्रभावित होते हैं, लेकिन ऐसे प्रभाव अल्पकालिक होते हैं। वस्तुतः हम स्वयं के प्रभाव में होते हैं। स्वयं के प्रभाव में ही हम दूसरों से प्रभावित होते हैं, लेकिन दूसरों के प्रभाव की सीमा है। नए विचार, पुराने प्रभावों को ध्वस्त या मजबूत करते हैं। यह स्वयं के अपने प्रभाव तक सीमित है।

मनोनुकूल वक्तव्य प्रिय लगते हैं। प्रिय लगने का कारण मनोनुकूलता है। हम-सब वरिष्ठों के भाषण या वक्तव्य सुनते हैं। वक्ता कभी कभी हमारे मन की बात भी कहते हैं। हम वक्ता की प्रशंसा करते हैं। वक्ता मूलतः अपने मन की बात करते है लेकिन उसके मन की बात हमारे मन से मिलती है। हम प्रसन्न होते हैं। हम मनोनुकूल वक्तव्य सुनकर ही वक्ता से प्रभावित होते हैं।

दूसरे से प्रभावित होने का मुख्य कारण हमारा स्व-भाव ही होता है लेकिन हमारा स्वभाव निरपेक्ष नहीं है। प्रकृति में कोई भी सत्ता निरपेक्ष नहीं। प्रकृति का प्रत्येक अंश परस्परावलम्बन में है। सभी मनुष्य पदार्थ हैं। सबका शरीर पदार्थ है लेकिन इस पदार्थ में प्राण भी है। प्राण प्रत्यक्ष नहीं है। मनुष्यों की गतिविधि से प्राण स्पंदन का पता चलता है। एडिंगटन ने लिखा है कि "सोच-विचार के प्रथम चरण में समझता था कि विश्व एक पदार्थ है। मुझे बाद में ज्ञात हुआ कि जगत पदार्थ नही विचार है।" जगत वास्तव में एक विचार है, लेकिन इस विचार में भी पदार्थ का साझा है। यह जिस सीमा तक पदार्थ है, उस सीमा तक विज्ञान का विषय है। इसके बाद विचार है। तब इसका विषय दर्शन

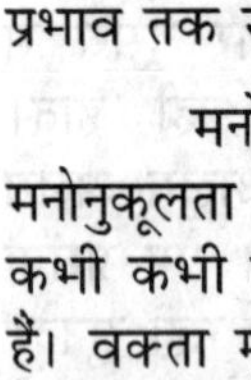

है। दर्शन के निष्कर्ष भिन्न-भिन्न होते हैं। हमारी दार्शनिक अनुभूतियाँ भी भिन्न-भिन्न होती हैं। हमारे मन की मूल अनुभूति निर्णायक होती है। सभी मनुष्य अपनी मूल अनुभूति के प्रभाव में होते हैं अर्थात स्वयं से प्रभावित।

मैं वयोवृद्ध कहा जाता हूँ। भारतीय परम्परा में वृद्धावस्था सम्माननीय है। वृद्धों के पास जीवन-जगत के अनुभव होते हैं। हम ऋषियों के काल्पनिक चित्र बनाते हैं। चित्रों में बुढ़ापे के रंग भरते हैं। ऋषियों के युवा चित्र नहीं मिलते। हम ऋषियों की वृद्धावस्था को अनुभव व अनुभूति से जोड़ते हैं। हम देवों के भी काल्पनिक चित्र बनाते हैं। श्रीकृष्ण के चित्र को नाचते-गाते, रासलीला करते देखते हैं। श्रीकृष्ण सम्पूर्ण अस्तित्व धारण करते हैं। उनकी शैशवास्था व तरुणाई मोहित करती है। हम भारतवासी तरुण ईश्वर को पसंद करते हैं। श्रीराम मर्यादा पुरुषोत्तम कहे गए हैं। श्रीकृष्ण और श्रीराम भारतीय आध्यात्मिक-चित्त के प्रतीक हैं। वे सतत् युवा हैं।

नई तकनीक से सबका चित्र बनाना सर्वसुलभ है। युवा का चित्र सुंदर हो सकता है लेकिन युवा बने रहने की समय-सीमा है। चित्र स्थिर होते हैं। तरुणाई का चित्र वृद्धावस्था से भिन्न होता है। कोई हमेशा युवा नहीं रह सकता। बुढ़ापा आता ही है। बाल श्वेत होते हैं। दाँत साथ छोड़ जाते हैं। बाल काला रंगने की तकनीक आ गई है। शिशु की सुंदरता दिव्य होती है और तरुण की भी, लेकिन इनके पास अनुभव नहीं है। जीवन के अनुभव वृद्धावस्था में पूर्ण होते हैं। बुढ़ापा जीवन की साँझ है। इस साँझ का अपना सौन्दर्य है। अनुभवी वृद्ध अपनी ही अनुभूति से प्रभावित होते हैं।

समाज-सेवक दूसरों की सेवा को श्रेष्ठ बताते हैं। यह यश देती है लेकिन दूसरों की सेवा करना स्वाभाविक नहीं है। कोई भी दूसरा हमारे स्व का भाग नहीं होता। हमारे जीवन का अंतर्तम् हिस्सा स्व है। बहुत लोग घर छोड़कर संन्यासी हो जाते हैं। भारत में संन्यासी आदरणीय हैं। हम उन्हें घर-परिवार त्यागते हुए देखते हैं। घर-परिवार सबके प्राथमिक राग हैं। ऐसे राग स्वाभाविक हैं। पारिवारिक राग को त्यागने वाले वस्तुतः अपने विचार के लिए ही सक्रिय होते हैं। अपने विचार के लिए कर्म करना स्वाभाविक

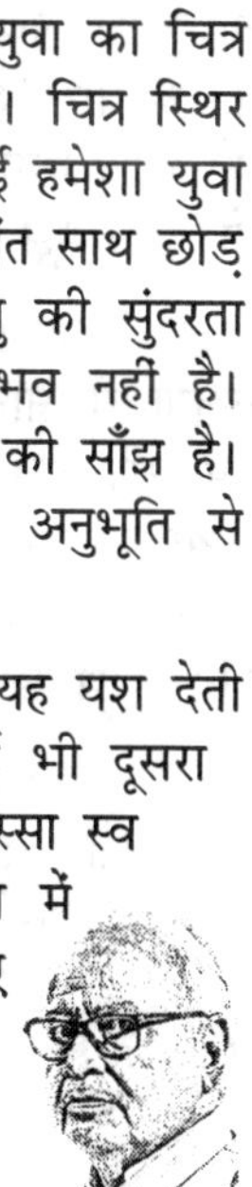

है। दूसरों का हित-साधन स्वाभाविक नहीं है। हमारा 'स्व' सतत् विस्तारमान भी हो सकता है।

हम इकाई हैं और अस्तित्व अनंत। स्वयं को अनंत का भाग जान लेने से दूसरापन समाप्त हो जाता है। समूचा अस्तित्व हमारे स्व का भाग हो जाता है। तब हमारे द्वारा किए जाने वाले सभी कार्य हमारे अपने कार्य हो जाते हैं। भारतीय चिंतन में 'स्व' के लिए काम करना स्वार्थ कहा जाता है। इसी तरह सम्पूर्ण अस्तित्व के लिए काम करना परमार्थ है। परमार्थ, स्वार्थ का ही अनंत विस्तार है। स्वार्थ प्रारम्भ है और परमार्थ अंतहीन अंत।

गीता में 'स्वभाव ही अध्यात्म' कहा गया है- स्वभावो अध्यात्म उच्यते। स्वभाव का प्रभाव ही निर्णायक होता है। याज्ञवल्क्य प्रतिष्ठित विद्वान थे। उन्होंने इस तथ्य का सुंदर वर्णन किया है। उनकी दो पत्नियाँ थीं। एक थी मैत्रेयी और दूसरी कात्यायनी। मैत्रेयी ब्रह्मवादिनी थी। कात्यायनी सरल प्रज्ञावान स्त्री थी। याज्ञवल्क्य ने कहा "मैत्रेयी! गृहस्थाश्रम त्यागना चाहता हूँ, इसलिए तुम्हारे और कात्यायनी के साथ धन का बँटवारा कर दूँ।" (वृहदारण्यक उपनिषद 4.5.2) मैत्रेयी ने धन-सम्पदा को व्यर्थ बताया और कहा "श्रीमान, जो कुछ अमृतत्व का साधन जानते हों, वही मुझे बताइए।"

कथा उत्तर वैदिक काल की है। उस समय धन-सम्पदा की तुलना में ज्ञानार्जन की वरीयता थी। धन, जीवन-संचालन का सहायक उपकरण था। कथा प्रेरक है। प्रत्यक्षत: स्वयं मेरे मन पर इस दार्शनिक कथा की छाया है। यह कथा मेरे अन्तर्मन का हिस्सा है। इस कथा का भाव अनूठा है और मैं स्वयं अपने अंत:करण से प्रभावित हूँ। कथा हमारे अंत:करण से मिलती जुलती है।

कथा में सर्वथा नया दार्शनिक विचार है, लेकिन हमारे मन में और मन के विवेचन में ऐसा ही भाव पहले से ही उपस्थित है; इसलिए यह खूबसूरत लगता है। याज्ञवल्क्य ने मैत्रेयी से कहा "मैत्रेयी, तू पहले से ही मेरी प्रिय है। इस समय भी तूने मेरी प्रसन्नता बढ़ाई है।" यहाँ प्रसन्नता का कारण सुंदर प्रश्न है। प्रश्न से प्रसन्न याज्ञवल्क्य ने कहा- "मैं प्रसन्नतापूर्वक इसकी व्याख्या करूँगा।" (वही 4.

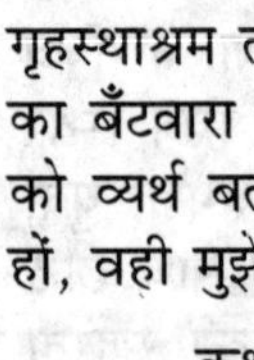

5.5) इसी काल की कई उपनिषदों में निर्देश है कि ब्रह्मज्ञान, योग्य शिष्य या पुत्र को ही देना चाहिए लेकिन यहाँ प्रिय पत्नी को ज्ञान देने की बात है। पत्नी मैत्रेयी, शिष्य की भूमिका में है। याज्ञवल्क्य ने यहाँ पूरी प्रेम-व्यवस्था को निजी प्रयोजन से जोड़ा है। उन्होंने कहा- ''अरी मैत्रेयी! यह निश्चय है कि पति के प्रयोजन के लिए पति प्रिय नहीं होता, अपने ही प्रयोजन के लिए पति प्रिय होता है। स्त्री के प्रयोजन के लिए स्त्री प्रिया नहीं होती, अपने ही प्रयोजन के लिए स्त्री प्रिया होती है। पुत्रों के प्रयोजन के लिए पुत्र प्रिय नहीं होते, अपने ही प्रयोजन के लिए पुत्र प्रिय होते हैं; पशुओं के प्रयोजन के लिए पशु प्रिय नहीं होते, अपने ही प्रयोजन के लिए पशु प्रिय होते हैं।'' यहाँ निजी प्रयोजन पर जोर है। निजी प्रयोजन की सिद्धि ही सांसारिक जीवन का ध्येय है।

स्वयं से प्रभावित होना स्वाभाविक है। अधिकांश लोग अकारण ही मित्रों को अपनी उपलब्धियाँ नहीं सुनाते हैं। याज्ञवल्क्य ने आगे कहा ''लोकों के प्रयोजन के लिए 'लोक' प्रिय नहीं होते। अपने ही प्रयोजन के लिए लोक भी प्रिय होते हैं। देवों के प्रयोजन के लिए देव प्रिय नहीं होते, अपने ही प्रयोजन के लिए देव प्रिय होते हैं।'' सही कहा है। देव-स्तुति और उपासनाएँ सुख और अपनी प्रसन्नता के लिए की जाती हैं। यही बात उन्होंने वेदों के लिए भी कही, ''वेदों के प्रयोजन के लिए वेद प्रिय नहीं होते, अपने ही प्रयोजन के लिए वेद प्रिय होते हैं।'' मुझे भी वेद प्रिय हैं। वे मेरी जिज्ञासा और प्रश्नाकुलता में मार्गदर्शक हैं। उन्होंने आगे कहा, ''भूतों के प्रयोजन के लिए भूत प्रिय नहीं होते, अपने ही प्रयोजन के लिए भूत प्रिय होते हैं, सबके प्रयोजन के लिए सब प्रिय नहीं होते, अपने ही प्रयोजन के लिए सब प्रिय होते हैं।'' यहाँ अपने प्रयोजन की महत्ता है।

अस्तित्व के रूप और कृत्य सबको प्रभावित करते हैं। ऐसे प्रभाव प्रत्यक्ष हैं, लेकिन इस प्रभाव के कारक हमारे भीतर हैं। हमारा अंत:करण ही हमको किसी अन्य से प्रभावित होने या अप्रभावित होने का प्रेरक होता है।

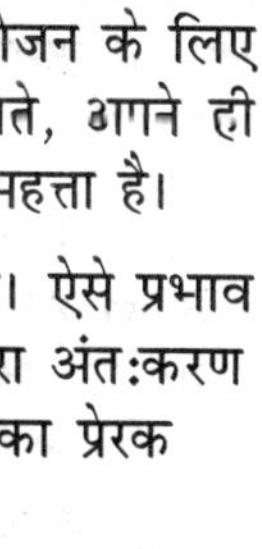

मै बिना संकोच कहता हूँ कि मेरे ऊपर मेरा प्रभाव ही प्रथमा है। मैं अपने प्रभाव के कारण ही वस्त्रों का चयन करता हूँ। पुस्तकों का चयन भी मैं स्वयं से प्रभावित होने के कारण करता हूँ। दर्शन पढ़ता हूँ। वैज्ञानिक दृष्टिकोण से भी वेद-उपनिषद का

जिज्ञासु हूँ। मै अपने प्रयोजन के लिए मन, वचन, कर्म से सक्रिय हूँ। अपने प्रयोजन का निर्णय मै स्वयं अपने प्रभाव में करता हूँ। भिन्न-भिन्न विषयों पर लिखता हूँ। लोग प्रसन्न होते हैं। मै अपनी प्रशंसा सुनकर स्वाभाविक ही प्रसन्न होता हूँ।

मेरे ऊपर मेरे लेखन का भी प्रभाव पड़ता है। मैं लेखन में आदर्श आचार-विचार व व्यवहार की चर्चा करता हूँ। स्वयं भी वैसा ही आदर्श व्यवहार-पालन करने का प्रयास करता हूँ। सांस्कृतिक विषयों पर मेरे लेखन को लोकमंगल-संवर्द्धक कहा जाता है। लोकमंगल का संवर्द्धन मेरा इष्ट है। मै स्वयं से प्रभावित होने के कारण ऐसा सृजन करता हूँ। मैं स्वयं को प्यार करता हूँ। स्वयं अपने 'स्वयं' को शुभकामना देता हूँ। यहाँ दो स्वयं नहीं हैं तो भी दो स्वयं प्रतीत होते हैं। एक 'स्वयं' प्रभाव डालता है, दूसरा 'स्वयं' प्रभावित होता है। मेरा अंतर्मन खण्डित नहीं है। मैं स्वयं एक ही हूँ। मेरा अंत:करण ही मुझे प्रभावित करता है और वही प्रभावित भी होता है।

राजनैतिक कार्यकर्ता कठोर परिश्रम करते हैं। अनेक कार्यकर्ता राष्ट्र-निर्माण का दावा करते हैं। अनेक समता, समरसता व सामाजिक न्याय की बात करते हैं। वे अपने काम को पार्टी का काम बताते हैं। उनके परिश्रम से राष्ट्र-निर्माण संभव है और पार्टी की मजबूती भी, लेकिन इस परिश्रम की पृष्ठभूमि इतनी ही नहीं है। राष्ट्रनिर्माण, उनका स्वप्न भी हो सकता है। क्या यही सही नहीं है कि वे अपना स्वप्न पूरा करने के लिए ही कठोर परिश्रम करते हैं। परिश्रम का मूल, स्वयं के प्रभाव का विस्तार है।

मेरे अनुभव में संसार के सारे गोचर प्रपंच स्वयं के प्रभाव में ही गतिशील हैं। ऋग्वेद में सृष्टि की पूर्व-स्थिति का वर्णन है। बताते हैं कि "तब न सत् था और न असत्। न रात्रि न दिवस। केवल वह एक था और वायुहीन दशा में अपनी क्षमता के बल पर स्वयं स्पंदित था- अनादीवातं स्वधया तदेकं।" यहाँ स्वधया, स्वयं की इच्छा और क्षमता है। सृष्टि की पूर्व-स्थिति शून्य नहीं है। शून्य से सृजन सम्भव नहीं है। ऋषि बताते हैं कि केवल एक वह है। वह वायु-शून्य स्थिति में भी स्पंदित है। उसपर किसी का प्रभाव नही है। तब प्रभावित करने वाले रात्रि, दिवस, और आकाश भी नहीं हैं। केवल वह

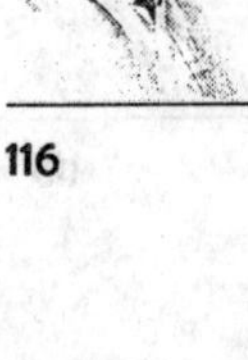

एक है। वह स्वयं से ही प्रभावित है।

प्रकृति किसी से प्रभावित नहीं है। वह स्वयं से ही प्रभावित है। झमाझम वर्षा के लिए कहा जाता है कि वह पृथ्वी की प्यास बुझाने के लिए होती है। मेरा मन कहता है कि वर्षा का चरित्र अहेतुक है। प्रयोजनहीन है। मेघ अपनी मस्ती के प्रभाव में वर्षा करते हैं। वायु-प्रवाह सभी प्राणियों को स्पर्श करते हैं। सुख देते हैं। वहीं आँधी-तूफान बनकर ध्वंस भी करते हैं। सुखी या दु:खी करना उनका ध्येय नहीं है। वे प्रयोजनहीन हैं। दार्शनिक इमैनुअल कांट ने एक सुंदर शब्द 'परपजलेस परपज' इस्तेमाल किया है। हिन्दी में इसे उद्‌देश्यविहीन उद्‌देश्य कह सकते हैं। जान पड़ता है कि वायु भी स्वयं के प्रभाव में अहेतुक प्रवाहित है। जन-सामान्य में कहावत चलती है- सुनो सबकी, करो अपने मन की। संसार का प्रत्येक अंश हम-सबको प्रभावित करता है, लेकिन अंतत: अपना प्रभाव ही निर्णायक है।

संसार का प्रभाव बड़ा है। प्रकृति में अनेक घटक हैं। कुछ सुंदर है और कुछ दु:खदाता हैं। दु:खदाता विषयों के प्रभाव में जीवन आनंद से नहीं भरता। आनंद के लिए तमाम परिश्रम किए जाते हैं। पशु-पक्षी स्वभाव के अनुसार जीते हैं। जब मन करता है तब गाने लगते हैं। वे मनुष्य की तुलना में ज्यादा आनंदित दिखाई पड़ते हैं।

मनुष्य के पास बुद्धि है। बुद्धिमान प्राय: उदास रहते हैं। बुद्धिमान नाचते हुए नहीं दिखाई पड़ते। विवाह जैसे घरेलू मांगलिक अवसरों पर भी नहीं। वे नाच-गाने से दूर रहते हैं। बुद्धि और अहंकार उन्हें ऐसे सहज आनंद से भी वंचित करते हैं। हम-सब पृथ्वी के अंश हैं। पृथ्वी अपनी धुरी पर नाचते हुए चलती है। वह अपने स्वभाव के प्रभाव में नाचती है। उसे नाचते हुए चलने के लिए किसी ने विवश नहीं किया है। स्वभाव में जीना आनंद है। लेकिन कुछ संगठित समाज स्वभाव में जीने का अवसर नहीं देते।

अस्तित्व का स्वभाव महत्वपूर्ण है। प्रकृति के गुण अपना प्रभाव डालते हैं। यह बात कपिल के सांख्य-दर्शन में है। मनुष्य और प्रकृति के मध्य अंतर्विरोध भी होते हैं। सामाजिक अंतर्विरोध स्वभाव के अनुसार जीने में बाधक हैं। इस व्यथा से पीड़ित कुछ लोग भक्ति

की शरण में जाते है। भक्ति के लिए दो की जरूरत पड़ती है। पहला उपास्य और दूसरा उपासक या भक्त। भक्ति, आराध्य के समक्ष सम्पूर्ण आत्मसमर्पण है। तमाम भक्त अराधना में नाचते-गाते भी हैं। भक्ति-सूत्रों के अनुसार इस कार्रवाई में निजता समाप्त हो जाती है। भक्त और भगवान एक हो जाते हैं। संन्यास इससे भिन्न है। संन्यासी प्रायः सांसारिक, सामाजिक आचार-शास्त्र नहीं मानते। वे संसार और समाज की विसंगतियों के प्रभाव में नहीं आते। जान पड़ता है कि वे स्वयं अपने स्वभाव में ही जीते हैं और स्वभाव अध्यात्म है। संन्यासी सम्माननीय हैं। ज्ञान-मार्गी, ज्ञान को सर्वोच्च मानते हैं। माना जाता है कि ब्रह्म के जानकार, ब्रह्म हो जाते हैं। बौद्धिक लोग तमाम स्रोतों से सूचनाएँ एकत्रित करते हैं। उनका विश्लेषण व विवेचन करते हैं।

जगत गतिशील है। संसार में प्रतिपल घटनाएँ व दुर्घटनाएँ होती हैं। राजनीतिक गतिविधियों के अम्बार हैं। अंतर्ताना (इंटरनेट) तकनीक में सूचनाओं का विस्फोट है। यहाँ शोध की बड़ी सुविधा है, लेकिन बोध की कोई सुविधा नहीं है। सूचना और ज्ञान में मूलभूत अंतर है। अस्तित्व की दृश्य व अदृश्य कार्रवाई और उससे मनुष्य का सम्बंध, ज्ञान है। इसके लिए स्वयं का बोध जरूरी है।

ज्ञानी पूर्वज, जीवन और मृत्यु के रहस्यों के अनावरण में संलग्न थे। उन्होंने मनुष्य और ब्रह्माण्ड की संरचना एक समान बताई है। 'शतपथ ब्राह्मण' के रचनाकार मनुष्य की संरचना पर आश्चर्यचकित थे। लिखा है कि मनुष्य को कौन जानता है? मेरा त्रिनम्र मत है कि मनुष्य को केवल स्वयं से प्रभावित मनुष्य ही जान सकता है। हम स्वयं को जानकर ही अस्तित्व का ज्ञान पा सकते हैं। मनुष्य-शरीर की बात अलग है। चिकित्सा-विज्ञानी शारीरिक संरचना जानते हैं, लेकिन मनुष्य-मस्तिष्क की तमाम जानकारियाँ अभी भी अधूरी हैं।

मनुष्य जटिल संरचना है। मनुष्य का अंतःकरण भी अज्ञेय है। इसे पूरी तरह नहीं जाना गया। मेरे मन में इसको लेकर तमाम प्रश्न हैं- मेरे चित्त में क्रोध का केन्द्र कहाँ है? मनोभावों का उद्भव कैसे होता है? हम गलत कर्म के लिए लज्जित होते हैं। प्रश्न है कि लज्जित होने की कार्रवाई का संचालन कैसे होता है?

शरीर में प्रेम का केन्द्र क्या है? क्या प्रेम हमारी भौतिक गतिविधि है? क्या प्रेम वास्तव में कोई घटना है? क्या प्रेम होता है? क्या प्रेमभाव आध्यात्मिक है? स्वयं द्वारा किए गए किसी कार्य पर पश्चात्ताप होने की गतिविधि का केन्द्र क्या है? सौन्दर्यबोध का कारण क्या है? हम रूप, रस, गंध से क्यों और कैसे प्रभावित होते हैं? आस्था और श्रद्धा भी प्रत्यक्ष नहीं है। यहाँ सारे प्रश्न-प्रतीक व्यक्ति-व्यक्ति में भिन्न हैं। सभी व्यक्ति लज्जित नहीं होते। सभी मनुष्य प्रेमी नहीं होते। सभी व्यक्ति पश्चात्ताप नहीं करते। सबके स्वभाव भिन्न हैं। स्वभाव ही महत्वपूर्ण है। स्वभाव की भिन्नता के कारण प्रत्येक मनुष्य अनूठा और अद्वितीय है। कोई भी मनुष्य दूसरे जैसा नहीं है। स्वभाव का प्रभाव दर्शनीय है और विवेचन-विश्लेषण के योग्य भी है। मैं पूरे जीवन अपने ऊपर पड़ने वाले बाह्य व आंतरिक प्रभावों का विवेचन करता रहा हूँ। विवेचन भी एक कर्म है। क्या इसका प्रेरक तत्व स्वभाव है। स्वभाव ही महत्वपूर्ण है।

दरअसल बाह्य प्रभाव हम-सबको रिमोट की तरह संचालित करते हैं। हम टेलीविजन उपकरण जैसे हो जाते हैं। हम स्वयं अपने स्वामी, मालिक या मौलिक नहीं रह जाते। किसी ने अपशब्द कहे, हम क्रोध में आ गए। क्रोध करने की हमारी योजना नहीं होती। किसी के द्वारा कहे गए अपवचन रिमोट जैसा काम करते हैं और हम टी०वी० की तरह बजने लगते हैं। उत्तप्त हो जाते हैं। किसी ने प्रशंसा की और हम गद्गद् हो गए।

हमारा अनुभव भी मजेदार है। मेरे आलेख छपते हैं। किसी मित्र ने प्रशंसा की। हम प्रसन्न होते हैं। ऐसी प्रसन्नता हमारी अपनी नहीं है। प्रशंसा में प्रसन्न होना हमारा भाव है। हमारे ऊपर पड़ने वाले बाह्य प्रभाव प्रसन्न या दुःखी करते हैं। हम बाह्य प्रभावों के बंधन में होते हैं लेकिन मैं निश्चिंत हूँ। हमारे ऊपर, हमारे आंतरिक भावों का प्रभाव है। बाहर का नहीं। हम स्वयं से ही प्रभावित हैं। स्वयं के पक्ष में ही हमारी सारी गतिविधियाँ हैं।

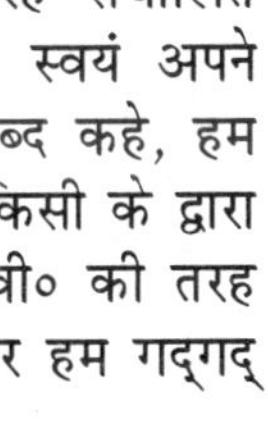

मैं एक राष्ट्रीय राजनैतिक दल का कार्यकर्ता हूँ। यह दल मुझे प्रभावित करता है। यह हमारे राजनैतिक विचारों के लिए काम करता है। हम इस दल में सक्रिय हैं कि यह हमारे राष्ट्रभाव का प्रतिनिधि

है। इसके लक्ष्य हमारे स्वभाव और स्वप्नों के अनुकूल हैं।

लेखक व पत्रकार अपने सृजन में तमाम वरिष्ठ चिन्तकों के विचार उद्धृत करते हैं। हम भी अपने विचार या भाव के समर्थक-चिंतकों को उद्धृत करते हैं। उनके उद्धरण हमारे मूल-भाव की पुष्टि करते हैं। मूल बात है हमारा अपना भाव। हम-सब स्वयं से प्रभावित हैं। अन्य महानुभावों के विचार हमारे लिए आदरणीय हैं, लेकिन वे उधार के हैं। वे हमारे व्यक्तित्व का अविभाज्य अंश नहीं बन सके हैं। दोहरा दूँ कि मैं स्वयं से ही प्रभावित हूँ। इसी प्रभाव में हमारे जीवन की गति है।

उक्ति

नरेन्द्र कोहली

प्रसिद्ध हिन्दी साहित्यकार। उपन्यास, व्यंग्य, नाटक, कहानी और निबंध-लेखन में सिद्धहस्त। पौराणिक व ऐतिहासिक चरित्रों पर विशाल लेखन। 'शलाका सम्मान', 'पं. दीनदयाल उपाध्याय सम्मान' व 'पद्मश्री' से सम्मानित।

हमारे यहाँ चिन्तन-दर्शन की अनवरत चल रही परम्परा है। हमारे विषय-चयन को परम्परावादी कहने वाले भी, मेरी पुस्तकों को पढ़ने के बाद चुप्पी साध लिए। हृदयनारायण दीक्षित को उनकी पुस्तक 'सांस्कृतिक राष्ट्रदर्शन' से जाना। अवतारवाद की उनकी पड़ताली अवधारणा प्रभावित की। वे भगवद्गीता में डार्विन के सिद्धान्तों को पढ़ते हैं। तमाम अवतारों को उसी सिद्धान्त पर सिद्ध करते हैं। दीक्षित जी का अध्ययन विशाल है। मेरी शुभकामनाएँ हैं उनके लिए।

नाचता अध्यात्म

संशय

प्रश्न और तर्क

मैं सक्रिय राजनीति में हूँ। पत्रकारिता-स्तम्भकारिता में भी सक्रिय हूँ। मेरे लिए दोनो क्षेत्र संवेदना के ही हैं। दोनो के बीच द्वन्द्व है। मेरी राजनीति भी लोकमंगल की सर्जना है। बेशक राजनीति आक्रामकता माँगती है और सर्जना विनम्रता। कभी-कभी राजनीति की आक्रामकता भी समाज को दीर्घकालिक लाभ पहुँचाती है।

संशय
प्रश्न और तर्क

संसार प्रत्यक्ष है। संसार समझने के लिए प्रकृति-प्रदत्त पाँच इन्द्रियाँ हैं। आँख से देखते हैं, कानों से सुनते हैं। त्वचा से स्पर्श करते हैं। जीभ से स्वाद लेते हैं और नाक से सूँघते हैं। संक्षेप में रूप, रस, गंध, ध्वनि और स्वाद ही संसार समझने के उपकरण हैं। मन को इनका स्वामी बताया गया है। दृश्य पर मन न लगे तो देखना व्यर्थ हो जाता है। गीत-संगीत में मन न लगे तो सुनना बेकार। यही बात सभी इन्द्रियों पर लागू होती है। पढ़ता-सुनता आया हूँ कि इन्द्रियों से प्राप्त सूचना मस्तिष्क तक जाती है। मस्तिष्क निर्णय लेता है। मस्तिष्क में लाखों कोष हैं। इसमें अध्ययन-अनुभव के संग्रह हैं।

रेने डेकार्ट (1596-1650) प्रतिष्ठित बुद्धिवादी दार्शनिक थे। बुद्धिवादी दार्शनिक इन्द्रियों से प्राप्त अनुभव को वास्तविक ज्ञान नहीं मानते थे। उनके मतानुसार वास्तविक ज्ञान बुद्धि-प्रत्ययों (कंसेप्ट) से ही संभव है। मनुष्य की बुद्धि को कुछ मौलिक सत्यों की जानकारी जन्म के साथ ही मिलती है। ऐसा कम या ज्यादा सभी मनुष्यों में होता है। जनचर्चा में इसे गॉड-गिफ्टेड कहा जाता है। वह परंपरा से प्राप्त बुद्धि का विवेचन करता है और नया जोड़ता है। डेकार्ट अपने दर्शन में प्रभुत्व और परंपरा के विरोधी थे। उन्होंने दो धारणाओं की स्थापना की। पहली धारणा के अनुसार 'बुद्धि में यथार्थ-ज्ञान प्राप्त करने की अपूर्व क्षमता' है। दूसरी धारणा के अनुसार 'मनुष्य की बुद्धि में यथार्थ-ज्ञान को अयथार्थ से पृथक करने की कसौटी' भी है। उन्होंने बुद्धि की इन दोनो क्षमताओं को 'बुद्धि का स्वाभाविक प्रकाश' कहा है। विश्लेषण और संश्लेषण द्वारा सत्य तक

पहुँचना प्राचीन ज्ञान-परम्परा में भी है।

डेकार्ट के अनुसार बुद्धि के दो कार्य हैं। उन्होंने पहले को 'इन्ट्यूशन' कहा है। प्रयाग विश्वविद्यालय के दर्शन विभाग के अध्यक्ष डॉ० जगदीश श्रीवास्तव ने 'इनट्यूशन' को हिन्दी में प्रतिभान कहा है। यह शब्द उचित भी है। भान आंतरिक अनुभव से प्राप्त ज्ञान है। उन्होंने प्रतिभान की परिभाषा भी की है, "प्रतिभान से हमारा तात्पर्य इन्द्रियों के अस्थिर साक्ष्य से नहीं है और भ्रामक निर्णय से भी नहीं। भ्रामक निर्णय दोषपूर्ण कल्पना-विधान से उत्पन्न होते हैं। प्रतिभान-धारणा विशुद्ध और सजग बुद्धि से प्राप्त होती है। तब संशय या अनिश्चितता नहीं रह जाती।" उन्होंने बुद्धि का दूसरा कार्य निगमन या डिडक्शन बताया है।

बुद्धि द्वारा किसी विषय पर खण्डशः विचार-निगमन होता है। लेकिन यह शुद्ध बुद्धि से ही संभव है। बुद्धि विभिन्न कारणों से दोषपूर्ण भी हो सकती है। अंधविश्वास में बुद्धि शुद्ध नहीं रहती, तब बुद्धि निगमन का कार्य नहीं कर पाती। डेकार्ट के अनुसार बुद्धि को शुद्ध रखना, भ्रमों और पूर्वाग्रहों से मुक्त रखना निगमन के लिए आवश्यक है। इसके लिए उन्होंने 'सुव्यवस्थित' संशय की जरूरत बताई है कि "हमें अपने सभी मतों पर तब तक संशय करना चाहिए जब तक हम उनकी प्रामाणिकता के प्रति आश्वस्त न हों।" डेकार्ट का 'संशय' ज्ञान का साधन है। ब्रिटिश दार्शनिक फ्रांसिस बेकन ने भी चिंतन को पूर्वाग्रहों से मुक्त रखने का विचार दिया है। डेकार्ट का 'संशय' महत्वपूर्ण है। मै विद्यार्थी-जीवन से ही संशयी हूँ। डेकार्ट का 'सुव्यवस्थित संशय' मैंने 35 वर्ष की आयु के बाद पढ़ा। अब मेरे मन में अपने संशय को लेकर भी संशय है कि विद्यार्थी-जीवन में ही मेरे चित्त में संशय का जन्म क्यों हुआ था?

पाश्चात्य दर्शन में बुद्धिवाद है, अनेक विद्वान बुद्धिवादी हैं। भारतीय चिंतन में बुद्धि की महत्ता वैदिककाल में ही विकसित हो चुकी थी। यहाँ बुद्धि, साध्य नहीं है, यह ज्ञान-प्राप्ति का साधन है। गीता (2.39) में श्रीकृष्ण, अर्जुन से कहते हैं, "मैंने सांख्य (दर्शन) के अनुसार ज्ञान का विवेचन किया है, अब बुद्धि-योग बताता हूँ। सुनो! ऐसे ज्ञान से तुम कर्म-बंधन से मुक्त हो जाओगे।" इस श्लोक में सांख्य का अर्थ ज्ञान-प्राप्ति की विश्लेषण-पद्धति है। कपिल इस दर्शन के प्रवर्तक हैं। सांख्य-पद्धति डेकार्ट के बुद्धिवादी दर्शन के

'निगमन' जैसी है। गीता का बुद्धियोग, डेकार्ट, स्पिनोजा आदि दार्शनिकों के बुद्धिवाद से उच्चतर है। गीता (10.10) में प्रसंग भक्ति का है। भक्ति में आस्था और विश्वास अपरिहार्य है। माना जाता है कि भक्ति की पूर्णता में आराध्य ईश्वर या भगवान की प्राप्ति संभव है। लेकिन गीता के इस श्लोक में प्रीतिपूर्वक सतत् भक्ति करने वाले को बुद्धि-योग की प्राप्ति होती है। ''सतत् युक्तानां भजतां प्रीतिपूर्वम्।'' यह श्लोक काफी रोचक है। यहाँ भक्ति का परिणाम भगवान का दर्शन नहीं, बुद्धि-योग है और बुद्धि-योग की यात्रा में तर्क-संशय की उपयोगिता है ही।

प्रकृति को ध्यान से देखने का अपना आनंद है, लेकिन देखने और दर्शन करने में आधारभूत अंतर है। देखने का सामान्य उपकरण आँखें हैं। हम आँख से देखने के साथ सुनना, सूँघना, स्पर्श और स्वाद भी जोड़ सकते हैं; लेकिन दर्शन में ज्ञान-मीमांसा है, बुद्धि है। सोच-विचार की आगमन-निगमन-प्रणाली है। विश्लेषण विवेचन हैं। तर्क-पद्धति है। निर्णय लेने तक संदेह और संशय है। अनुभवों से प्राप्त सत्य हैं और तथ्य भी हैं। विज्ञान द्वारा खोजे गए सूत्र व आविष्कार हैं। वैज्ञानिक सत्य प्रयोगसिद्ध भी हैं। दर्शन और विज्ञान, जिज्ञासा और तर्क को महत्व देते हैं। भारत में तीर्थ-यात्राएँ होती हैं। मंदिर और मूर्तियों के दर्शन की परंपरा है। हम मूर्ति और मंदिर देखते हैं लेकिन इस आस्तिक कर्म को दर्शन करना कहते हैं। मूर्ति को देखने और दर्शन करने में अंतर है। देखने में मूर्ति पत्थर या धातु है। प्रेमी और श्रद्धालु, मूर्ति के पत्थर या धातु पर ध्यान नहीं देते। वे मूर्ति के भीतर देव का दर्शन करते हैं। भौतिक विज्ञान के पास ऐसी आस्तिकता का औचित्य नहीं है। दर्शनशास्त्र में भी इसका समाधानपरक उत्तर नहीं है। यह भक्तिभाव का प्रभाव है और यह प्रभाव कमजोर नहीं होता। कमजोर होता तो प्रभावित कैसे करता? संशयी विद्यार्थी ऐसे प्रभावों का विवेचन करते हैं।

बुद्धि, ज्ञान का उपकरण है। बुद्धि के प्रयोग में समग्र दृष्टि का ही उपयोग है। ज्ञान-प्राप्ति के लिए अखण्ड और कुशाग्र बुद्धि जरूरी है। कुशाग्र का अर्थ कुश का अग्र या नुकीला भाग होता है। खंडित बुद्धि संसार को खण्डित, विभाजित देखती है। अखण्ड बुद्धि से प्राप्त ज्ञान भी अखण्ड होता है। अखण्ड और कुशाग्र बुद्धि के लिए गीता (2.41) में 'व्यवसायात्मिका' और खण्डित बुद्धि के लिए

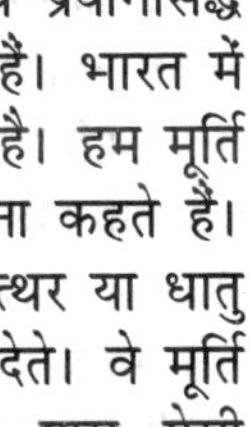

'अव्यावसायिक' शब्द प्रयोग हुआ है, ''व्यवसाय-आत्मिक बुद्धि एक ही है। इस बुद्धि का ध्येय एक होता है। जिनकी बुद्धि अपने प्रयोजन में आत्मिका है, वे लक्ष्य के प्रति दृढ़-प्रतिज्ञ होते हैं। जो ऐसे नहीं हैं, उनकी बुद्धि अनेक शाखाओं में विभाजित रहती है। बहुशाखा ह्यनन्ताश्च, वुद्धयो अव्यावयिनाम।'' संसार में अनेक रूप हैं लेकिन अस्तित्व एक अखण्ड है। कुछ लोग रूपों में विभाजित अस्तित्व को विभक्त देखते हैं और शुद्ध बुद्धि वाले विभाजित प्रतीत होने वाले अस्तित्व को अखण्ड-अविभाजित देखते हैं। गीता में अविभाजित देखने वाले को सही बताया गया है- यः पश्यति, सः पश्यति।

प्रकृति सुंदर संरचना है। इसके रहस्य जटिल हैं। मनुष्य की आंतरिक संरचना और भी जटिल है। मैं विद्यार्थी की तरह सत्य जानने का प्रयास करता हूँ, लेकिन मेरे मन में निष्कर्षों के प्रति संशय बना रहता है। जीवन की लम्बाई व गहराई से अनुभव बढ़े हैं। कामनाएँ जस की तस हैं। लोभ घटे हैं। यश-लिप्सा बढ़ी है। राग बढ़ा है। द्वेष घटा है। क्या इसका कारण अनुभूतियाँ हैं? इसपर संशय है। मैं इस संशय का कारण जानना चाहता हूँ। प्रत्येक कार्य का कारण होता है। संशय का भी कारण होना चाहिए। संशय के कारण अनेक हैं, लेकिन मुख्य कारण सत्य के अनुसंधान में संशय का सदुपयोग करना है। 75 वर्ष का जीवन बीत गया। संभवतः बढ़ी उम्र के कारण जीवन-वीणा के सुर गहन हुए हैं। गीत-संगीत लहालोट करते हैं। सौन्दर्य-बोध बढ़ा है। संसार के प्रति आसक्ति घटी है। सुखद स्मृतियाँ न सोने देती हैं, न जागने। यश-लिप्सा की बात तो पूछिए मत। कई अखबारों में मेरे लेख छपते हैं। हम अखबार में सुबह-सुबह अपना ही नाम खोजते हैं। अपना लेख पढ़ते हैं। मन ही मन अपनी ही वाह-वाह करते हैं। कुछ मित्र फोन करते हैं। वे हमारे लेख की प्रशंसा करते हैं। हम आनंदित होते हैं। इस लिप्सा का कारण समझ में नहीं आता। लाखों बार छपने के बाद भी यह तृष्णा वैसी ही क्यों है? मैं इसपर संशयी हूँ। लिप्सा उचित नहीं होती, लेकिन अपना मत प्रसारित करने की लिप्सा में अच्छा लिखने का प्रयास करते हैं।

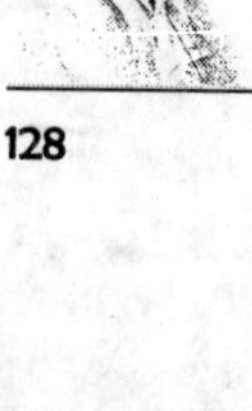

हमारी प्रसन्नता दूसरों पर निर्भर है। लोग मुझे विद्वान कहते हैं। हम प्रसन्न होते हैं। अपना रचा सुख-संसार छोटा है। मित्र लोग प्रशंसा करते हैं

हम उनके कहे अनुसार स्वयं को विशिष्ट समझते हैं। स्वयं को छलते हैं। स्वयं को छलकर खुश होते हैं। सोचता हूँ, 'क्या यही सुख है?' मेरा संशयी चित्त व्यथा देता है। मैं अकेला संशयी नहीं हूँ। अनेक ज्ञान-अभीप्सु संशयी हैं। महाभारत का नायक अर्जुन भी संशयी था। गीता, महाभारत का एक अध्याय है। यह अनेक प्रश्नोत्तरों से भरा-पूरा है। श्रीकृष्ण ने अर्जुन को संसार के रहस्य समझाए। अर्जुन का मन विषादग्रस्त था। मेरा, हम-सबका मन भी प्रायः विषादग्रस्त रहता है, इसलिए अर्जुन के प्रश्न हमारे प्रश्न भी हैं। श्रीकृष्ण के उत्तर हम-सबके लिए भी उपयोगी हैं। वे तर्कपूर्ण समाधान करते प्रतीत होते हैं, लेकिन संशय बना रहता है। वेद और उपनिषद गीता से पहले के हैं। ऋग्वेद की बातें प्राचीनतम हैं। दोनो की तुलना में गीता आधुनिकतम है।

मैंने गीता के ढेर सारे भाष्य पढ़े। श्रद्धा से पढ़े, तर्क से पढ़े और प्रतितर्क से भी। जीवन कर्म-प्रधान है। हम सबको वास्तविक कर्म-फल न मिलने की शिकायत रहती है। 'कर्मण्येवाधिकारस्ते' का श्लोक चलन में है, "कर्म में अधिकार है, फल में नहीं।" मन प्रश्न करता है कि क्या यही सिद्धांत ठीक है? विज्ञान के अनुसार ऊर्जा अक्षय-अविनाशी है। ऊर्जा का बदला रूप कर्म है। कर्म का बदला रूप फल। गीता की मानें तो हम-सब को कर्म-स्वतंत्रता मिली हुई है। क्या हम मनचाहा कर्म कर सकते हैं? मन, इन्द्रिय और लोभ, कर्म पर प्रभाव डालते हैं। गीता भी इस बात को सिद्ध करती है। 18 वें अध्याय के 14 वें श्लोक में कर्म-सिद्धि के 5 कारण बताये गये। अधिष्ठान, कर्ता, कर्म और चेष्टा ये 4 कारण हैं, पाँचवा है देव। कर्मफल की प्राप्ति का कारण अकेला मनुष्य ही नहीं है। अधिष्ठान, देश, क्षेत्र पहला कारण है। कर्त्ता दूसरा कारण है। कर्म-कुशलता भी एक कारण है। लगातार प्रयास-चेष्टा भी फल दिलाते हैं। लेकिन पाँचवाँ कारण दैव बड़ा व्यापक है। कुछ लोग दैव का एक अर्थ भाग्य करते हैं। किये गए कर्म से ज्यादा मिलना सौभाग्य, कम मिलना दुर्भाग्य कहा जाता है। मेरे मत में गीता के दैव में प्रकृति की समस्त शक्तियों की सम्मिलित ऊर्जा है। प्रकृति के सारे प्रपंच अपने अनुसार चलते हैं। इन सारे प्रपंचों की सम्मिलित ऊर्जा का हस्तक्षेप है दैव।

मैं अस्तित्व के प्रति आस्तिक हूँ। हमारी आस्तिकता पंथिक अंधविश्वास नहीं है। विज्ञान

व दर्शन ने इसे सुदृढ़ आधार दिया है। कर्म-फल के सिद्धांत पर संशय प्रतीत होता है। यह सिद्धांत बहुत स्पष्ट नहीं जान पड़ता। संभवतः इसीलिए कर्म-अधिकार के साथ फल की इच्छा को गलत बताया गया है। मेरे मन में कर्म स्वतंत्रता के अधिकार को लेकर भी संशय है। कर्म करने की इच्छा महत्वपूर्ण है। यह इच्छा भी स्वतंत्र नहीं है। इसके पहले दुःख-निवारण या सुख-प्राप्ति की इच्छा होती है। इस तरह भौतिक या पराभौतिक उपलब्धियों की प्राप्ति की इच्छा भी सम्बद्ध होती है। ऐसी ही तमाम अभिलाषाएँ कर्म के लिए प्रेरित करती हैं। कर्मफल की इच्छा स्वाभाविक है। यह कोई विकार नहीं है। कर्मफल में अनासक्ति हमारे चित्त की उच्चतर दशा हो सकती है, लेकिन अपने कर्म का परिणाम सभी की स्वाभाविक अभिलाषा है। इसलिए जीवन कर्म-प्रधान है।

उपनिषदों में ज्ञान 'प्रश्न' है। आचार्य से शिष्य की अपेक्षा है कि मुझे वह ज्ञान दें, जिससे सब कुछ जाना जा सके। ज्ञान सर्वोच्च लब्धि है। इसे प्राप्त करने की इच्छा ही आचार्य के पास जाने की प्रेरणा देती है। अध्ययन-यात्राएँ होती हैं। पुस्तकें पढ़ी जाती हैं। ज्ञान-प्राप्ति की जिज्ञासा में संशय, तर्क-प्रयोग व अभ्यास आदि उपकरण हैं। आधिभौतिक विषयों की ज्ञान-यात्रा कठिन है। यहाँ तर्क-संशय भी एक बड़ा उपकरण है, लेकिन कर्मफल की अभिलाषा यहाँ भी है। गीता (4.38) में कहा गया है कि "ज्ञान के समान पवित्र-शुद्ध कुछ भी नहीं है। योग-सिद्ध इसे प्राप्त करता है।" यहाँ योग उपकरण है। ज्ञान-प्राप्ति कर्मफल है। कर्म-फल की इच्छा स्वाभाविक है। कर्मफल की इच्छा प्रेरक होती है।

संशय और श्रद्धा परस्पर विरोधी जान पड़ते हैं। मैं दोनो का उपयोग करता हूँ। संशय, अश्रद्धा नहीं है। यह अंधविश्वास भी नहीं है। संशय ज्ञान-यात्रा का उपकरण है। इसकी उपलब्धि श्रद्धा है। श्रद्धा का अर्थ है सत्य-ज्ञान के प्रति संपूर्ण विश्वास। श्रद्धा का विकास अचानक नहीं होता। पहले विषय का ज्ञान होता है। ज्ञान, सिद्धि होती है। प्रमाण, प्रत्यक्ष होते हैं। सम्बन्धित विषय का विवेचन व मीमांसा श्रम-साध्य है। लेकिन गीता (4.41) में कहते हैं, "श्रद्धावान व जितेन्द्रिय, ज्ञान प्राप्त करता है। ज्ञान प्राप्त करते ही ज्ञानी परमशांति प्राप्त करता है।" यहाँ श्रद्धा और इन्द्रिय-विजय, ज्ञान-प्राप्ति की पात्रता है। इसी से ज्ञान-प्राप्ति है। मेरा संशयी मन कहता है कि

श्रद्धा-प्राप्ति के उपाय भी जरूरी हैं। वास्तविक श्रद्धा-प्राप्ति का एक मात्र मार्ग ज्ञान है। ज्ञान से प्राप्त श्रद्धा वास्तविक होती है। अज्ञानी की श्रद्धा अंधविश्वास है। गीता (4.40) में संशयी को कड़ी सजा सुनाई गई है, "अज्ञानी व अश्रद्धालु संशयात्मा नष्ट हो जाती है - संशयात्मा विनश्यति। संशयात्मा के लिए संसार में कहीं भी सुख नहीं है।"

मैं संशयी हूँ। खूब पढ़ता हूँ। पढ़ाई की जानकारियाँ स्वयं हमारा अनुभव नहीं हैं। ये उधार की हैं। मैं पढ़े-सुने पर यों ही विश्वास नहीं करता। इसलिए तर्क का सहारा लेता हूँ। कभी-कभी तर्क भी प्रामाणिक नहीं होते। इसलिए तर्क के प्रयोग में सतर्क भी रहता हूँ। जानता हूँ कि हमारे जीवन-अनुभव भी सत्य की यात्रा में उपयोगी हो सकते हैं। संशय तब भी बने रहते हैं। तो क्या मेरे जैसे संशयी के लिए ज्ञान-प्राप्ति के द्वार सदा के लिए बंद हैं। गीता यही बताती है। मैं आर्तभाव में हूँ। चाहता हूँ कि संशय मिटे। संशय और जिज्ञासा ही सहारा है। मेरी अभिलाषा है कि अस्तित्व घूँघट खोले। सत्य के दर्शन हों। संशयात्मा में आत्मा के पहले संशय 'विशेषण' है। आत्मा अमर बताई गयी है और संशयात्मा विनाशशील। अमर आत्मा, संशय के कारण ही विनष्ट कैसे हो सकती है? गीता के श्लोक में प्रयुक्त आत्मा स्वयं का पर्याय है। अमर आत्मा का नहीं। आशावादी हूँ कि संशय अपना काम पूरा करेंगे। वे काम पूरा करके ही नष्ट होंगे। आत्मा से संशय का पर्दा हटेगा।

अर्जुन ने कृष्ण से तत्वज्ञान पाया। गीता के अनुसार अर्जुन का मोह नष्ट हो गया। स्मृति, लब्ध हो गयी। अर्जुन ने कहा, "नष्टोमोहा स्मृति लब्धा तव प्रसादात्मान अच्युत, हे आच्युत आपके प्रसाद से मोह नष्ट हुआ, स्मृति उपलब्ध हुई।" मेरा संशयी मन प्रश्न करता है, "तब प्रसाद क्या है?" मुझे लगता है कि पृथ्वी सभी तत्वों को अपनी ओर खींचती है तो गुरुत्वाकर्षण, वैसे ही दिव्यता ऊर्ध्वमुखी बनाती है, दिव्यता से भर देती है तो प्रसाद। अग्नि दिव्यता है। अग्नि ऊपर जाती है। उसमें डाली हुई हवि भी अग्नि ऊपर ले जाती है। प्रकाश भी दिव्यता है। इसी तरह आशा और धैर्य महत्वपूर्ण है। निराशा अवसाद है। सत्य से द्वन्द्व विषाद है। सत्य की लब्धि प्रसाद है। अर्जुन को स्मृति की लब्धि हुई। अर्जुन ज्ञानी हो गया, लेकिन दार्शनिक समस्या तब भी शेष थी।

द्रोणाचार्य के मारे जाने से अर्जुन

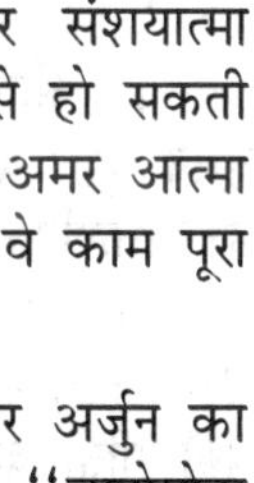

एकबार फिर व्यथित था। उसने युधिष्ठिर पर झूठ बोलने का आरोप जड़ा कि युधिष्ठिर ने धर्मराज होकर भी झूठ के सहारे गुरु का वध करवाया है। वह धृष्टद्युम्न से लड़ गया। वह अपराधबोध से ग्रस्त था। उसने कहा "हमारी आयु का अधिकांश भाग बीत गया। इसी से हमारा मस्तिष्क खराब हो गया। हमलोगों ने महान पाप कर डाला।" (द्रोणपर्व 192.44) यहाँ बड़ी आयु को बुद्धि या मस्तिष्क खराब होने का कारण बताया गया है। जो भी हो, अर्जुन एकबार फिर मोहग्रस्त था। उसे फिर प्रबोधन की आवश्यकता पड़ी। इसबार भीम ने उसे समझाया "13 वर्ष के संचित अमर्ष (क्रोध) को पीछे करके तुम धर्म की अभिलाषा करते हो! कौन तुम्हारी पूजा करेगा?" (वही 197.7) भीम ने कौरवों के अत्याचार याद कराये। द्रौपदी का अपमान स्मरण कराया। प्रतिकार-भाव जगाया, तब अर्जुन शांत हुआ। आगे कर्ण पर ठीक से वार न करने के लिए युधिष्ठिर, अर्जुन पर गुस्साए। गांडीव त्याग देने को कहा। अर्जुन दोबारा क्रोधित हो गया। अर्जुन ने कृष्ण से कहा कि "गांडीव त्याग देने की बात अपमान है। मैं इन्हें क्षमा नहीं कर सकता।"

श्रीकृष्ण ने अर्जुन को क्रोध की भूमिका बतायी, "हे अर्जुन! तुमने वृद्धों की सेवा नहीं की। इसलिए तुम्हें बिना अवसर ही क्रोध आया है।"(कर्णपर्व) यहाँ बड़ी बात कही गई है। वृद्धों के पास जीवन के गहन अनुभव हैं। वे अपने अनुभव सेवकों को हस्तान्तरित करते हैं। वे काम-क्रोध सहित सभी चित्तवृत्तियों को दूर करने का उपदेश देते हैं। कृष्ण यहाँ गीता-दर्शन वाली भूमिका में नहीं हैं। गीता के श्रीकृष्ण के अनुसार क्रोध विकार है। क्रोध बुरा है, लेकिन युद्ध के दौरान श्रीकृष्ण के अनुसार क्रोध की उपयोगिता है। क्रोध उपयोगी है। श्रीकृष्ण ने बताया कि इसे उचित अवसर पर आना चाहिए। अर्थ यह निकला कि वरिष्ठों की सेवा करो, तो क्रोध ठीक समय, ठीक अवसर पर आता है। वरिष्ठों का आदर न करो और यों ही जीवन बिताओ, तो क्रोध अक्सर आता है।

काम, क्रोध, लोभ निःसंदेह विकार हैं। लेकिन जीवन में काम की भूमिका है। काम ऊर्जा है, कामना से सर्जना है, गीत है, रस, रंग और सुगंध है। जीवन में क्रोध की भी भूमिका है। क्रोध शत्रु-संहारक है। लोभ की भी भूमिका है, जीवन में अर्थ का भी महत्व है। यह सब जान लेने, समझ लेने, बाँच लेने के बावजूद मैं विषादग्रस्त रहता

हूँ। मन संशयी है। अर्जुन से धीरज मिलता है। गीता-ज्ञान का असर न उस पर पड़ा, न मेरे ऊपर। मैंने गीता का भाष्य लिखा। गीता को समझने का प्रयास भी किया, लेकिन प्रश्नाकुलता बढ़ती ही जा रही है। मैंने वृद्धों को सम्मान दिया, लेकिन क्रोध कुसमय आता है। विकार आते हैं। मैं धीरज-पूर्ण प्रतीक्षा में अधीर हूँ। धीर के साथ अधीर। लेकिन मेरे संशय प्रतीक्षा में भी बाधा डालते रहते हैं। मैं सत्य को लेकर बेचैन रहता हूँ।

संशय स्थिर नहीं होने देता। जीवन-रहस्यों के अध्ययन, संशय के कारण निष्कर्ष तक नहीं पहुँचने देते। नए प्रश्न उठाते हैं। जानता हूँ कि संशय व्यथा देते हैं तो भी मैं संशयी हूँ। संशय और प्रश्नाकुलता की व्यथा में मैं हजारों वर्ष जीने के अनुभव से गुजरा हूँ। मार्क्स और ऐंगेल्स ने कम्युनिस्ट घोषणापत्र में सर्वहारा, गरीब-मजदूर की शक्ति बतायी, "सर्वहारा वर्ग केवल अपने को पुनर्जीवित नहीं करता, अपने साथ पूरी कौम को, पूरे समाज को पुनर्जीवित करता है।" लेकिन भारतीय चिंतन में गरीब भी भारतीय समाज का ही अंग है। यहाँ का समाज गतिशील है। यहाँ वर्ग-अस्मिता नहीं है। वर्ग-संघर्ष वाम विचार की कल्पना है। यहाँ स्वयं का विश्लेषण होता रहता है और आंतरिक शक्तियों का जागरण भी। समाज का जागरण भी स्वयं को पुनर्जीवित करता है। कम्युनिस्ट विचार का पुनर्जीवन गरीब-सर्वहारा के सामान्य जीवन को मुर्दा मानकर चलता है। मुर्दे ही पुनर्जीवित होते हैं, जीवित के पुनर्जीवित होने के प्रश्न ही नहीं उठते। भारत के ऋषियों ने इसके लिए एक प्यारा शब्द 'द्विज' गढ़ा। द्विज का मतलब होता है, दुबारा जन्म। यह मार्क्स-ऐंगेल्स के शब्द 'पुनर्जीवन' जैसा नहीं है।

भारत में द्विज की अनुभूति दूसरी है। एक जन्म जैविक है। माँ जन्म देती है। परिवार पालता है। नाम देता है। संस्कार देता है। अपने ईर्ष्या, द्वेष, बुद्धि-विवेक थोपता है। फिर शुरू होता है, आत्म का विश्लेषण। बेचैनी बढ़ती है। प्रश्न उठते हैं, प्रश्नाकुल चित्त यथास्थिति पर प्रहार करते रहते हैं। संशय और तर्क के कारण यथास्थितिवादी समाज असुविधा में फँसते हैं। नई सच्चाईयाँ हाथ लगती हैं। नए अनुभव नई सच्चाई लाते हैं। जो पहले सच लगता है, वही झूठ हो जाता है। द्विज का मतलब माँ से मिले जन्म के बाद अपने भीतर से ही अपना पुनर्जन्म है। अपने भीतर से अपना दुबारा जन्म

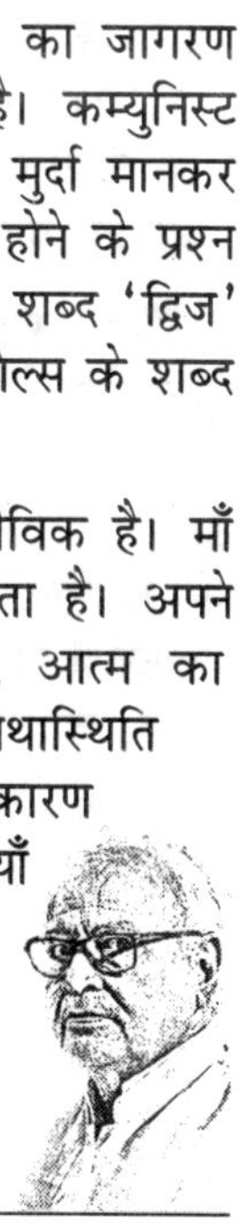

लेना आसान काम नहीं है। जन्म के लिए गर्भ चाहिए। गर्भ के लिए क्षेत्र चाहिए। क्षेत्र में उर्वरता और ग्राह्यता चाहिए। द्विज बनने की प्रक्रिया में स्वयं के चित्त को माँ का गर्भ बनाना होता है।

व्यक्ति के भीतर दो जन्मदाता हैं। उसमें माँ है, उसमें पिता हैं। अलग-अलग देखें तो समर्पण मातृत्व है, संरक्षण पितृत्व है। हम-सबका जन्म माँ-पिता की समर्पण निधि है। द्विजत्व के लिए भी अपने द्वैत का समर्पण चाहिए। द्वैत की स्थिति में ज्ञान, निष्कर्ष तक नहीं पहुँचता। द्विज में हमारे भीतर से ही हमारा दूसरा जन्म होता है। भीतर के छंद सक्रिय हो जाते हैं। ऋत, सत्य, रस प्रत्यक्ष हो जाते हैं। अहं-शून्यता और समय-शून्यता की दीप्ति उगती है। एक ज्योतिर्मय आभा प्रकाश-स्नान कराती है। भारत ने इसे द्विजत्व कहा, लेकिन यह निष्कर्ष भी मेरा नहीं है। मैंने द्विज को देखा नहीं है। बेशक तद्विषयक तमाम अध्ययन कर चुका हूँ। संशय जस के तस हैं। दुनिया में तमाम वैज्ञानिक शोध हुए हैं। लगातार हो रहे हैं। विज्ञान समृद्ध हो रहा है लेकिन लोगों के जीवन में वैज्ञानिक दृष्टिकोण का विकास नहीं हुआ। प्रख्यात वैज्ञानिक आईस्टीन ने स्पष्ट किया है, "जिसने भी उन उपकरणों व विधियों का व्यवहार करना सीख लिया है, जो प्रत्यक्ष या अप्रत्यक्ष रूप में वैज्ञानिक प्रतीत होते हैं, मैं उन्हें वैज्ञानिक नहीं मानूँगा। मै उन व्यक्तियों की बात कर रहा हूँ जिनमें वैज्ञानिक मानसिकता जीवंत है।"

वैज्ञानिक दृष्टिकोण महत्वपूर्ण है। विज्ञान और वैज्ञानिक दृष्टिकोण में अंतर है। विज्ञान प्रकृति की गतिविधि की खोज करता है। लेकिन वह वैज्ञानिक शोध से प्राप्त सत्य के सदुपयोग पर गंभीर नहीं होता। वैज्ञानिक दृष्टिकोण का सम्बंध लोक-मंगल से है। इस दृष्टिकोण के समर्थक अंधविश्वासी नहीं होते। वे जिज्ञासा, तर्क और संशय के उपकरणों से समृद्ध होते हैं। आईस्टीन के अनुसार "जो विषय-वस्तु सामने है, वह इन्द्रियों से प्राप्त अनुभव है, जो सिद्धांत इसकी व्याख्या करता है, वह मानवकृत है। वह अनुकूलन की श्रमसाध्य प्रक्रिया है- पूर्वानुमानित, पूरी तरह अंतिम नहीं, यह सदा प्रश्नों और संदेहों से ग्रस्त रहने वाली होती है।" वैज्ञानिक दृष्टिकोण में प्रश्नों और संदेहों की उपयोगिता है। प्रश्न और संदेहों से अंध विश्वास टूटते हैं। ऋग्वेद प्रश्न-जिज्ञासा और संदेहों वाले विवरण से भरा-पूरा है। अनेक ऋषियों के

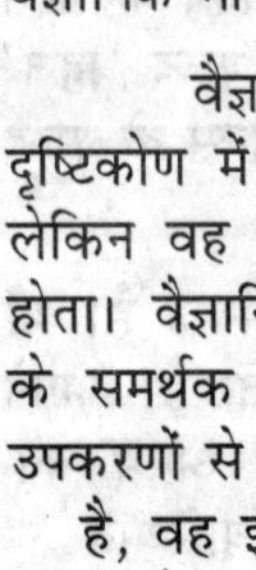

चित्त में प्रकृति-रहस्य न जान पाने की व्यथा है। ऋग्वेद में दर्शन और विज्ञान के जन्म और विकास के सूत्र हैं।

सामाजिक विकास के प्रथम चरण में दर्शन और विज्ञान अलग-अलग नहीं थे। प्रयोगशाला वाला विज्ञान बहुत बाद का है। ज्ञान-प्राप्ति की इच्छा व प्रयास अंतहीन है। वैज्ञानिक दृष्टिकोण और प्रचलित पंथिक विश्वासों में सहमति नहीं होती। विज्ञान से उपलब्ध जानकारी कभी अन्तिम नहीं होती। तमाम वैज्ञानिक, विज्ञान के ही निष्कर्ष को संशोधित करते रहते हैं। विज्ञान से उपलब्ध ज्ञान अंतिम नहीं होता। ज्ञान-विज्ञान सतत् विकासशील अनुशासन है। पंथिक विश्वास प्रचारित-प्रसारित अपने ज्ञान को अंतिम सत्य मानते हैं। पंथिक विश्वासी अपने ज्ञान को दैवीय बताते हैं। जो दैव-ज्ञान को नहीं मानते, वे उन्हें दंडित करने की योजना बनाते रहते हैं। पंथिक विचार में तर्क, संदेह व जिज्ञासा की गुंजाइश नहीं है। वैदिक ज्ञान में देवों पर भी तमाम प्रश्न हैं। जिज्ञासा है और संशय भी है। यूरोप के अनेक दार्शनिक भी देवों के सम्बन्ध में संशय का साहस नहीं जुटा सके। यूनानी दार्शनिक सुकरात को देवों पर प्रश्न करने के लिए मृत्युदण्ड दिया गया था।

प्रकृति में परिवर्तन होते रहते हैं। आज का विश्व इसके पहले के विश्व के विकास का परिणाम है। प्रकृति सतत् परिवर्तनशील है, लेकिन लगभग 18वीं सदी के अन्तिमकाल तक यूरोप के वैज्ञानिक और दार्शनिक प्रकृति के परिवर्तनों के बारे में सजग नहीं थे। वे यह मानते थे कि प्रकृति सदा से ऐसी ही है। यह बात ठीक है कि प्रकृति सदा से है लेकिन प्रतिपल परिवर्तनीय भी है। भारतीय चिंतन के अनुसार प्रकृति सदा से ऐसी नहीं है। आधुनिक विश्व, प्राचीन विश्व के विकास का परिणाम है। यूरोपीय विद्वानों ने यह बात बाद में स्वीकार की। एंगिल्स ने लिखा है कि ज्ञान के क्षेत्र में और वस्तु, पदार्थ के विवेचन में 18वीं सदी के पूर्वार्द्ध का प्रकृति-विज्ञान यूनान के प्राचीनकाल से ज्यादा ऊँचाई पर है, लेकिन इस सामग्री पर सैद्धान्तिक रूप से अधिकार करने में, सामान्य दृष्टिकोण में यूनानी प्राचीनकाल से इतने ही नीचे हैं। प्राचीन यूनानी दर्शन में सृष्टि के जन्म के लिए किसी एक आदितत्व पर गहन विचार हुआ है यही विचार भारतीय चिंतन में आदिकाल के भी हैं।

सृष्टि-निर्माण के सम्बन्ध में भी

विवेकपूर्ण ऋषियों की जिज्ञासा गहरी है। वह विनम्रतापूर्वक प्रश्न करते हैं, "कौन जानता है, कौन बतायेगा कि यह सृष्टि कैसे और कहाँ से उत्पन्न हुई। देवता भी सृष्टि के बाद ही उत्पन्न हुए हैं।" (10.129.16) वैदिक ऋषियों के चिंतन में जिज्ञासा है। ऋग्वेद में ऐसे अनेक प्रश्न सूर्य के बारे में भी हैं। ऋषियों के संशय मजेदार हैं। कहते हैं कि "सूर्य बिना सहारे के नीचे की ओर उन्मुख होकर प्रकाश देते हैं। वह ऊपर की ओर भी उन्मुख हैं। वह नीचे क्यों नहीं गिरते" कभी ऋषि के मन में संशय-जिज्ञासा है। सूर्य के बारे में जिज्ञासा है कि वह रात्रि के समय कहाँ रहता है। ऋग्वेद (1.164.4) में जिज्ञासा है जो स्वयं अस्थिविहीन है लेकिन अस्थिवानों की पोषक है। उसे जन्म लेते किसने देखा है? इसी तरह का एक संदर्भ-प्रश्न पृथ्वी के बारे में भी है कि भूमि का प्राण और रक्त कहाँ है। सम्पूर्ण लोकों और भूमि के केन्द्र के बारे में भी प्रश्न हैं कि सम्पूर्ण भुवनों का केन्द्र कहाँ है? आकाश, पृथ्वी, अग्नि, जल और वायु भारतीय चिंतन में पाँच महान भूत हैं। वे इन-सबके बारे में भी प्रश्न पूछते हैं। प्रश्न, तर्क और संशय के विवरण में कहीं-कहीं वह निरुपाय दिखाई पड़ते हैं और कहीं-कहीं अपनी ओर से ही पूरी जानकारी देते हैं। जिज्ञासा और संशय, शोध का उपकरण बने रहते हैं।

उदासी, मनुष्य के लिए परमात्मा का सर्वोत्तम उपहार है। मैं और मैं की भेट उदासी है। मैं और भविष्य की इच्छा तनाव है। मैं और प्रकृति की अनुकूलता सुख है। मैं और प्रकृति की प्रतिकूलता दुःख है। मैं और संसार माया है। मैं और मैं की मुठभेड़ वेदना है। मैं और सत्य की मुठभेड़ विषाद है। सत्य की प्राप्ति प्रसाद है। स्वयं मैंने विषाद का अनुभव पाया है। प्रसाद का सुख-रस पीया है। अवसाद से मेरी आत्मीयता है। उदासी मेरा स्थायी भाव है। आक्रोश प्रकृति है। मौज-मस्ती में रहना, हँसना, हँसाना व संशयी बने रहना मेरा सामाजिक भाव है। संशय हमारी बौद्धिक पूँजी है।

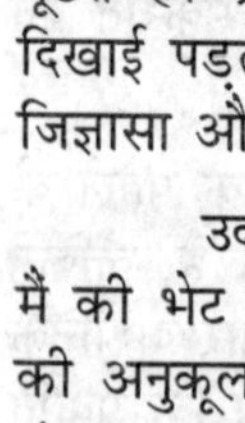

स्तम्भकारिता ने बड़ा यश दिया है। अपरिचित मित्रों की संख्या बढ़ी है। प्रशंसा-पत्र आते हैं। अच्छे विद्यार्थी, प्रतियोगी मेधावी केवल स्तम्भकारिता के ही चलते मिलते हैं। मैं सक्रिय राजनीति में हूँ। पत्रकारिता-स्तम्भकारिता में भी सक्रिय हूँ। मेरे लिए दोनो क्षेत्र संवेदना के ही हैं। दोनो के बीच द्वन्द्व है। मैक्सिम गोर्की ने पते की बात

कही थी, "जो साहित्य-रचना कर सकता हो उसे अपना समय राजनीति में नहीं बर्बाद करना चाहिए।" ठीक बात है कि राजनैतिक व्यस्तता, सृजन में बाधक है। सर्जक राजनीतिक कामकाज को भी सृजन बनाते हैं। मेरी राजनीति लोकमंगल की सर्जना है। बेशक राजनीति, आक्रामकता माँगती है और सर्जना 'विनम्रता'। कभी-कभी राजनीति की आक्रामकता भी समाज को दीर्घकालिक लाभ पहुँचाती है। इसलिए सर्जक की आक्रामकता भी विनम्रता है और पदलोलुप की विनम्रता भी आक्रामकता है। आप मुझे किसी भी श्रेणी में रख सकते हैं।

अविंत

विष्णुकान्त शास्त्री

विद्वान समीक्षक जुगलकिशोर जैथलिया ने पं. हृदयनारायण दीक्षित की एक पुस्तक पर चर्चा की। मैं उसको पढ़ा। आस्थावान व श्रद्धायुक्त प्रपालन के कारण 'अध्यात्म' के प्रति भावुक रहा हूँ। अध्यात्म के गूढ़ विषयों को दीक्षित जी अपने आलेखों में इतनी सरसता से गूँथते हैं कि मुझे अपने आध्यात्मिक गुरु स्वामी अखण्डानन्द सरस्वती जी की बरबस याद आ जाती है। प्रातःस्मरणीय स्वामी जी मुझे आध्यात्मिक विषयों पर बोलने हेतु सदैव प्रेरित करते थे, और कहते थे कि सहज टिप्पणियों के माध्यम से बोलोगे तो प्रभावी वक्ता बनोगे। मैं कोशिश करने लगा था। 'रसवृन्दावन' नामक पत्रिका का सम्पादकीय लिखते समय मेरा यही प्रयास रहता था। पं. हृदयनारायण दीक्षित जैसे विद्वानों को पढ़ने का अवसर पहले मिला होता तो, सम्भवतः मैं और प्रभावी अध्यात्म-मीमांसा कर पाता। सहजता और सरसता का प्रभाव देखना हो तो दीक्षित जी को पढ़ा जाना चाहिए।

राजनीतिज्ञ, समाजसेवक और साहित्यकार। विधायक (पश्चिम बंगाल), सांसद (राज्यसभा), भाजपा के प्रदेश अध्यक्ष (पश्चिम बंगाल) व राष्ट्रीय उपाध्यक्ष, हिमाचल प्रदेश व उत्तर प्रदेश के राज्यपाल रहे। साहित्य के क्षेत्र में वृहद् चिन्तन। 'आचार्य रामचंद्र शुक्ल सम्मान' से सम्मानित।

नाचता अध्यात्म

जिज्ञासा

और स्वप्न-जिज्ञासा

जिज्ञासा और संशय की जोड़ी बेचैन करती है। प्रकृति में अनेक रहस्य हैं। प्रकृति के रहस्य विस्मयकारी हैं। सृष्टि के रोचक प्रपंच प्राचीनकाल से ही मनुष्य की जिज्ञासा हैं। मेरा स्वप्न है कि कोई ज्ञानी मिले। स्वप्न-रहस्य बताये। स्वप्न यह भी है कि स्वप्न के देवता ही स्वप्न में आएँ, दर्शन दें। स्वप्न-रहस्य पर हमारा मार्गदर्शन व प्रबोधन करें। स्वप्न-जिज्ञासा की व्यथा समाप्त करें।

जिज्ञासा
और स्वप्न-जिज्ञासा

प्रकृति प्रत्यक्ष है। प्रत्यक्ष प्रकृति का विकास हुआ है। इसे जिसने भी बनाया है, पूरे मन से बनाया है। प्रकृति रूपों से भरीपूरी है। ज्योतिर्मय चन्द्र, तेजस्वी सूर्य और ग्रह-नक्षत्र। ब्रह्माण्ड-विज्ञानी स्टीफेन हॉकिंग्स के निष्कर्ष हैं कि ऐसे ही सूरज, चाँदों, तारों वाले लाखों सौरमण्डल हैं। यह सब जानकर विस्मय होता है। क्या अन्य सौरमण्डल भारतीय पौराणिक चिंतन के लोक हो सकते हैं? पृथ्वी में तमाम वनस्पतियाँ हैं। वन, उपवन हैं। कुछ सचेत रूप में तैयार किए गए पार्कों में और कुछ मनुष्य द्वारा द्वारा लगाए गए बागों में हैं; लेकिन ज्यादातर प्रकृति की स्वाभाविक शक्तियों द्वारा निर्मित हैं। भरीपूरी सदा-तरुण नदियाँ हैं। निर्जल नदियाँ भी हैं। पर्वत हैं, हिमालय आसमान छूता है। विंध्य पर्वत-श्रृंखला प्राचीनतम है, यहाँ देवी-उपासना का विंध्य-आँचल है। ऋषिकेश, बद्री, केदार, आनंद-मगन करते हैं। प्रकृति पूरे मन से ही खिलती है। झीलें हैं, ज्यादातर भूतकाल हो गयीं, बची-खुची इतिहास होने को तत्पर हैं। पक्षी हैं, नृत्यकर्त्ता मोर घटे हैं, कोयलें अभी भी गाती हैं। गौरैया निष्कलुष रूप में फुदकती हैं। अब इनकी संख्या घटी है। कौआ चतुर है। तोता-मैना पिजड़ों में ही दिखाई पड़ते हैं। पशुओं का विराट जगत है, हाथी, ऊँट, बकरी, भैंस और बन्दर, कुत्ते हैं ही। करुणा और वात्सल्य का रूप गायें भी हैं। कीट-पतिंग हैं, उनके अपने चंचल हावभाव हैं। साँप-बिच्छू भी हैं। सबकी तरफ ध्यान जाता है। उन्हें जानने की इच्छा होती है। जिज्ञासा बढ़ती है। उपलब्ध जानकारियों पर संशय भी बढ़ते हैं।

जिज्ञासा और संशय की जोड़ी बेचैन करती है। प्रकृति में अनेक रहस्य हैं। प्रकृति के रहस्य विस्मयकारी हैं। सृष्टि के रोचक प्रपंच प्राचीनकाल से ही मनुष्य की जिज्ञासा हैं। वर्षा साधारण प्राकृतिक कार्यवाही है लेकिन वर्षा का पूरा का पूरा दृश्य जिज्ञासा पैदा करता है। वर्षा-कारक बादल कहाँ से आते हैं? कैसे आते हैं? इन्हें कौन प्रेरित करता है? सूर्य अरबों वर्ष से तप रहे हैं। जलने के लिए ईंधन की आवश्यकता होती है। क्या सूर्य का ईंधन अनंत है? क्या वह कभी समाप्त हो सकता है? समाप्त हो जायेगा तो क्या होगा? ऐसे प्रश्न वैज्ञानिकों के लिए भी पहेली हैं। आकाश में तारे हैं। इनके प्रकाश का स्रोत क्या है? ये कैसे बने? क्या इन्हें किसी शक्ति ने बनाया है? क्या ये सदा से हैं? साधारण मनुष्य भी अपने परिवेश में तमाम तरह की जिज्ञासा रखते हैं। संसार में रहना है तो संसार की जानकारी जरूरी है। जानकारी की इच्छा प्रगाढ़ होकर जिज्ञासा बनती है। संसार का सम्पूर्ण ज्ञान प्राप्त करना कठिन हो सकता है लेकिन जीवन के लिए उपयोगी है। अनेक लोग जीवनभर जिज्ञासु बने रहते हैं। भारत में आस्तिकता-आस्था के प्रश्न भी जिज्ञासा के घेरे में रहते हैं। क्या अस्तित्व का व्यक्त भाग संपूर्ण है? या इसका कोई अप्रकट भाग भी है? व्यक्त प्रकट और अव्यक्त अप्रकट के संम्बंध क्या हैं? प्रकट व्यक्त ही काल-गति में अव्यक्त होता रहता है? जिज्ञासा भाव-जगत के प्रति भी है। क्रोध को कौन उकसाता है? प्रेम का केन्द्र या प्रेरक कौन है? सुंदरता का केन्द्र कहाँ है? क्या वह हमारे भीतर है? या सुन्दर दिखाई पड़ने वाली वस्तु के भीतर है? ऐसे लाखों प्रश्न हमारी बुद्धि को मथते रहते हैं।

संसार बड़ा है। आयतन में भी, रूप-विविधता में भी। मानव शिशु-जन्म के समय अबोध रहता है; फिर इन्द्रिय-बोध बढ़ता है। माँ का परिचय आदि-अनादि और प्रगाढ़ है। कमोवेश पिता का भी। शिशु संसार में रूप देखता है। प्रश्न-प्रतिप्रश्न उठते हैं। शिशु-हृदय में विस्मय-बोध उगता है। बच्चे माँ-पिता से प्रश्न करते हैं, यह क्या है? वह क्या है? संसार से परिचय बढ़ता है। कौतूहल रहता है और इसी से जन्म लेती है 'जिज्ञासा'। जिज्ञासा के लिए आयु-बंधन नहीं।

'जिज्ञासा' मेरा प्यार है। यह विस्मय की पुत्री है। संशय की बहन है, ज्ञान की माता है और विज्ञान की यात्रा में भी प्रेरक है। जिज्ञासा मेरी

प्रेरक-शक्ति है; लेकिन अर्जित शक्ति नहीं है। मैं 4-5 बरस की उम्र से ही जिज्ञासु हूँ। यह हमारे व्यक्तित्व का प्रगाढ़ हिस्सा है। मेरे पिता तुलसीकृत रामकथा पढ़ लेते थे। उन्होंने मुझे असीम प्यार किया। गाँव में पूरब की ओर आखिरी घर है, सो भोर का सूरज हमारे ऊपर ही पड़ता था। मैंने चार बरस की उम्र में पूछा "सूरज सुबह इधर से ही क्यों आता है? सायं पश्चिम में क्यों अस्त होता है?" पिता जी का उत्तर था "ऐसा सदा से होता है और भगवान के कारण होता है?" मैंने पूछा भगवान कहाँ रहते हैं? पिता ने उत्तर दिया "वे कण-कण में हैं।" मैंने फिर पूछा। उन्होंने डाँट दिया। दोपहर अम्मा ने पिता से कहा "खाना तैयार है, जल्दी नहाइए, भगवान को भी नहलाइए। जल्दी आइए।" पिता जी नहाकर छोटी-छोटी मूर्तियों पर पानी डाल रहे थे। मैंने पूछा क्या यही भगवान हैं? उन्होंने फिर डाँटा और कहा "इनके सामने हाथ जोड़ो", मैंने हाथ जोड़े और उदास हो गया। मेरी जिज्ञासा अशांत रही।

सूर्य पूरब से आते हैं, पश्चिम में अस्त होते हैं। क्यों होते हैं? यह मेरे बचपन की जिज्ञासा थी। ऐसे प्रश्न सभी बच्चों के मन में उठते हैं। ऐसी जिज्ञासाएँ प्राचीनकाल से ही हैं। ऋग्वेद (1.35.7) में भी इसी तरह की जिज्ञासाएँ हैं, "सूर्य रात्रि के समय (इस समय) कहाँ है? कौन जानता है कि इस समय उसने अपनी किरणें कहाँ फैलाई हैं?" सभी मनुष्य ईश्वर या भगवान को जान लेने की इच्छा करते हैं। अधिकांश लोग आस्था के कारण ईश्वर मान लेते हैं। खोज नहीं करते। अधिकांश लोग अनास्था के कारण ईश्वर को खारिज कर देते हैं और खोज नहीं करते। मैं सोचता हूँ कि दोनो गलती करते हैं। यों ही मान लेना अंधविश्वास है। बिना जाने ही 'न मानना' भी अंधविश्वास है। ईश्वर को जान लेने की जिज्ञासा उचित है। पूर्वज बता गए हैं कि ईश्वर हमारे इन्द्रिय-बोध से परे है।

ईश्वर आस्था है। दुनिया में अनेक विश्वास हैं। आस्थाएँ तरह-तरह की हैं। सारी आस्थाएँ संसार को ईश्वर का बनाया मानती हैं। वही विधाता है। आस्तिक और नास्तिक दोनों के लिए ईश्वर एक जिज्ञासा है। विज्ञान और तर्क के सूत्र इस जिज्ञासा को बढ़ाते हैं। मैं विज्ञान का विद्यार्थी रहा हूँ। दर्शनशास्त्र का विद्यार्थी विधायक चुने जाने के बाद बना। विज्ञान व दर्शन की पढ़ाई से 'जिज्ञासा'

की यात्रा में सहायता मिली। मैंने अच्छा विधायक बनने के लिए संविधान और विश्व संसदीय परम्परा का भी अध्ययन किया। प्रश्न-जिज्ञासा संसदीय परंपरा में भी है।

ईश्वर रूप, गुण या द्रव्य नहीं है। इसीलिए इन्द्रिय-गोचर नहीं है। हमारी भाषा में एक शब्द है प्रत्यक्ष। कहा जाता है कि प्रत्यक्ष के लिए प्रमाण की जरूरत नहीं होती। प्रत्यक्ष प्रति और अक्ष मिलाकर बना है जो आँख के सामने है वह प्रति-अक्ष है। संस्कृत में अक्ष का अर्थ इन्द्रिय भी है। वे पाँच हैं। इसलिए किसी भी एक इन्द्रिय से पकड़ में आने वाला तत्व वास्तविक हो सकता है; लेकिन ईश्वर इन्द्रिय-बोध में नहीं आता। उपनिषद के ऋषि बताते हैं कि वह इन्द्रिय-बोध से परे है; इसलिए उसके रूप, गुण का वर्णन नहीं हो सकता। तब भी ईश्वर जिज्ञासा है। बचपन में जिज्ञासु होना स्वाभाविक है लेकिन 75 वर्ष से ज्यादा के जीवन में एक समान ऐसी ही जिज्ञासा का बने रहना भी एक जिज्ञासा है।

ऋग्वेद का एक सूक्त (1.129) बड़ा दिलचस्प है, "तब न सत था, न असत। तब सबको आवरण में ढकने वाला क्या था?" यहाँ प्राचीन ज्ञान की सृष्टि-जिज्ञासा के सूत्र हैं और इनका सुंदर विस्तार है। सृष्टि-रचना का वर्णन है लेकिन जिज्ञासा है कि "सृष्टि जिससे बनी है, वह उसे धारण करता है या नहीं, आकाशों में बैठा वह सृष्टि-अध्यक्ष भी यह बात जानता है या नहीं? सम्भव है वह भी यह बात न जानता हो।" ऋषि-कथन में यहाँ सृष्टि के अध्यक्ष को जान लेने की जिज्ञासा है। सृष्टि-रचना के बारे में अनेक मत हैं। पंथिक और मजहबी धारणाएँ भी हैं लेकिन भारत के अतिरिक्त दुनिया के किसी विचार-परिवार में ऐसी जिज्ञासा नहीं है।

सुने गए शब्द, प्रकृति के रूपचित्त में संवेदना जगाते हैं। जानने की इच्छा बढ़ती है। जिज्ञासा मनुष्य-जीवन का सौभाग्य है, ज्ञान की शुरुआत का प्रथम तत्व है। भारत का मन सनातन काल से जिज्ञासु है। सृष्टि के मूल तत्व के बारे में जानने की वैदिक जिज्ञासा भी रोचक है। ऋषि प्रश्न करते हैं, "अजन्मे प्रजापति के रूप में एक तत्व कैसा है?" फिर उत्तर देते है "मै यह बात नहीं जानता, लेकिन जानकार लोगों से जानना चाहता हूँ।" (ऋ0.1.164.6) यहाँ अज्ञान का स्वीकार है लेकिन जानकार लोगों से जान लेने की इच्छा है।

जिज्ञासा भारतीय दर्शन की नींव है। ब्रह्मसूत्र वेदांत दर्शन का मुख्य स्तम्भ है। यह 'अथातो ब्रह्म जिज्ञासा' से प्रारम्भ होता है, पूर्वमीमांसा भारत के 6 दर्शनों में से एक है। यह 'अथातो धर्म जिज्ञासा' से प्रारम्भ होता है। उपनिषद् साहित्य का उद्भव भी 'जिज्ञासा' से हुआ है। 'गीता' भारतीय दर्शन का सारसंग्रह है। यह एक अंधे राजा धृतराष्ट्र की जिज्ञासा से प्रारम्भ होती है और अर्जुन की जिज्ञासा में विस्तार पाती है। जिज्ञासा-प्रेरित कर्म-सक्रियता व बोध भारतीय जीवन-शैली के मुख्य उपकरण हैं। पतंजलि ने दो शब्दों में कहा 'अभ्यास और वैराग्य'। जिज्ञासा तब भी रहती है, क्या अभ्यास और वैराग्य एक साथ संभव है?

वैराग्य तटस्थता है। यह आंतरिक समृद्धि का फल है। अभ्यास संलिप्तता है लेकिन वैराग्य यों ही नहीं आता। पहले जिज्ञासा होती है, फिर बोध आता है। इसके पहले बौद्धिकता आती है। बौद्धिकता के साथ अहमन्यता भी आ सकती है। बोध के पहले बौद्धिकता की व्यर्थता आती है। इसके पहले अपने ज्ञान के प्रति आग्रह रहते हैं; लेकिन सबसे पहले जिज्ञासा आती है। ज्ञान-यात्रा के सभी चरणों में जिज्ञासा की तीव्रता चाहिए। जिज्ञासा छूटी, ज्ञान-यात्रा टूटी। जिज्ञासा तर्क जुटाती है, फिर काट देती है। प्रतितर्क लाती है, उसे भी निर्मूल कर सकती है।

मैं बचपन से ही आस्तिक व जिज्ञासु हूँ। भारतीय चिंतन में वेद के निन्दक नास्तिक बताए गए हैं। मैं वेदों के प्रति आस्तिक हूँ। पिताजी बचपन में हमारी जिज्ञासा से परेशान रहते थे। मैं जिज्ञासा के कारण तमाम प्रश्न करता था। बेकार के कागज, बोर्ड पढ़ता था। माता-पिता गंगा-स्नान की यात्रा पर जा रहे थे। उन्होंने साथ चलने को कहा। मैंने पिताजी से आग्रह किया कि यात्रा में रास्ते के बोर्ड, इमारतें या पत्थरों पर लिखा हुआ हिस्सा मुझे पढ़ लेने का मौका दें तो मैं भी आपके साथ चल सकता हूँ। मुझे बोर्ड या पोस्टर पढ़ने में बड़ा मजा आता था। 'लाइफब्वाय है जहाँ, तंदुरुस्ती है वहाँ' वाला पोस्टर मेरे कॉलेज के सामने ही लगा था। गंगा-स्नान के लिए मैं बैलगाड़ी से माता-पिता के साथ अपने जिले के बक्सर तीर्थ की यात्रा में था। उत्तर प्रदेश के गंगा तट पर बक्सर है। ऐतिहासिक महत्व का स्थान भी है। यहाँ पड़ोस में 1857 के स्वाधीनता संग्राम में ब्रिटिश सैनिकों ने राव रामबख्श सिंह को फाँसी दी थी। गंगा इसी

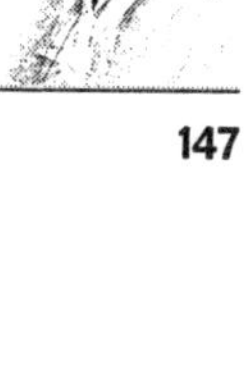

स्थान से होकर गुजरती है। इस यात्रा में अम्मा के मन में गंगा थी। उनका मन गंगा था। सड़क पर तमाम बैलगाड़ियाँ थीं। पिताजी अपनी बैलगाड़ी को आगे निकालने की प्रतिस्पर्धा में थे। मैं सड़क के बोर्ड देख रहा था। 16 किलोमीटर बाद एक ग्राम पिंजरा आया। यहाँ सड़क विभाग का एक बड़ा बोर्ड था, मैंने पिताजी से रुकने के लिए कहा, वे नहीं रुके। मैं रोने लगा। उन्होंने हड़काया, फिर पुचकारा। दूसरा गाँव बिहार आ गया। वे नहीं रुके। लोन नदी का पुल आया। यहाँ फिर बोर्ड। मैंने रोका। वे नहीं रुके। मैं चिल्लाया। उन्होंने मुझे पीट दिया। बात बिगड़ गयी। माता-पिता झगड़ गये। पुल पीछे एक किलोमीटर छूट गया था। मैं रो रहा था। सुलह हुई। गाड़ी सड़क के किनारे रुक गयी। पिताजी मुझे पैदल लेकर पुल पर आये। मैंने लोन नदी का विवरण पढ़ा। याद हो गया। वे खुश, हम खुश। मैंने शेष लगे बोर्ड को वापसी में पढ़ा लेने का वादा करवाया। अब 75 वर्ष की उम्र में सोचता हूँ कि मैं सभी बोर्ड या पत्थर क्यों पढ़ता था? क्या नियति के कारण? क्या विधाता ने यह काम मुझे किसी योजनावश सौंपा है, यह प्रश्न भी मेरी जिज्ञासा का महत्वपूर्ण हिस्सा है। कुछ वर्ष पूर्व उड़ीसा गया था। मैंने समुद्र के किनारे कोणार्क मंदिर पर लिखी इबारतें नोट की। अशोक के शिलास्तम्भों को ध्यान से पढ़ा। इसके अध्ययन पर रोमिला थापर ने बहुत परिश्रम किया है।

जिज्ञासा की बेचैनी में लिखित-प्रकाशित शब्द राहत देते हैं। एक व्यापारी पिता जी के पास गाँव आये। वे सिगरेट पी रहे थे। मैंने पिताजी से पूछा ''सिगरेट क्यों पी जाती है?'' वे बोले ''तुम गधे हो।'' यह कोई उत्तर नहीं था। मैंने डिब्बी उठाई। उन दिनों कैंची सिगरेट (सिजर्स) का बड़ा नाम था। वैसे चार मीनार भी चलती थी। मैंने बाद में पिता जी को बताया कि कैंची सिगरेट को डब्ल्यू0डी0 एण्ड एच0ओ0 विल्स बनाते हैं उन्होंने पूछा ''तुमने कैसे जाना?'' मैंने जानकारी का घमण्ड बघारा ''डिब्बी पर लिखा था, मैंने पढ़ लिया।'' वे खुश हुए और कहा कि लेकिन आगे से डिब्बी नहीं छूना। मैंने फिर ज्ञान बघारा, ''और 'बालक बीड़ी' को भगवानदास शोभालाल जैन बनाते हैं।'' उन्होंने कहा ''ठीक है लेकिन बंडल नहीं छूना।'' मैंने कहा ''और तिक्का माचिस को 'वेस्टर्न इण्डिया मैच कम्पनी' बनाती है।'' वे मुझे उदास होकर देखने लगे। मैंने छक्का लगाया ''और 'लक्स' साबुन को

हिन्दुस्तान लीवर बनाते हैं।" वे नाराज हो गये "तो यही तुम्हारी पढ़ाई है। कोर्स याद करो साबुन, बीड़ी, सिगरेट बेकार है।" मैं उन्हें कैसे समझाता कि यह 'जिज्ञासा' है। मैंने तब तक जिज्ञासा का नाम भी नहीं सुना था।

ऋग्वेद मेरा सर्वाधिक प्रिय ग्रंथ है। यह गहन जिज्ञासा से भरा-पूरा है। यहाँ जिज्ञासा अनंत है। प्रश्न-दर-प्रश्न हैं। जिज्ञासा ही जिज्ञासा है। मरुद्गण देवता हैं। ऋषि जिज्ञासु हैं कि इनमें वरिष्ठ कौन है?(1.37.6) ऋषि को लगता है कि इन्द्र अकेले जाते हैं। जिज्ञासा है कि कहाँ जाते हैं? (1.165.3) इन्द्र ऋग्वेद में प्रतिष्ठित देवता हैं। सबसे ज्यादा मंत्र स्तुतियाँ उन्हें ही अर्पित हैं। जिज्ञासा है कि-इन्द्र कहाँ रहते हैं? (8.1.7) पृथ्वी और जल के बारे में जिज्ञासा है कि भूमि के प्राण कहाँ हैं? (1.164.4) जल का प्रथम प्रवाह क्या है? अदिति सर्वशक्तिमान देव हैं। देवता ढेर सारे हैं। ऋषि की जिज्ञासा है कि कौन देवता अदिति से मिलवाने में सक्षम है? (1.24.1) हम सब दुःखी होते हैं। समाज में शुभ करने वाले परेशान रहते हैं, अच्छे लोग दुःखी रहते हैं। ऋषि अश्विनी देव से पूछते हैं, "जो यज्ञ नहीं करते वे क्यों बड़े बन जाते हैं?" (1.82.3) यज्ञ सत्कर्म है। सत्कर्मी छोटे हो गये, दुष्कर्मी बड़े? जिज्ञासा स्वाभाविक है। विश्वकर्मा सृष्टि के रचनाकार देवता कहे जाते थे। लेकिन ऋषि की जिज्ञासा है कि "विश्वकर्मा का अधिष्ठान क्या था? वह सृष्टि-रचना के समय कहाँ बैठे? धरती-आकाश को बनाने के लिए, लकड़ी आदि के लिए, उन्होंने किस वृक्ष का इस्तेमाल किया?" (10.81.2-4) यहाँ देवता भी जिज्ञासा के दायरे में हैं। ऋग्वेद के ऋषियों की जिज्ञासा किसी को नहीं छोड़ती। न इन्द्र को, न अग्नि को, न मरुद्गणों को और न विश्वकर्मा को। मेरी जिज्ञासा अनंत है। ऋषि पृथ्वी, आकाश से प्रश्न करते हैं "शाश्वत नियमों का लोप कहाँ हो गया? अब उन नियमों का पालन कौन करता है। पृथ्वी और आकाश हमारी जिज्ञासा शांत करें।"(1.105.4)

मेरे बचपन की जिज्ञासा अपने-आप आयी। अध्ययन के बाद इसे शांत होना चाहिए था, लेकिन बढ़ती गयी। अब जिज्ञासा यह है कि मेरी शिशु-अवस्था वाली जिज्ञासा कहाँ से आई? क्या पैदा होते ही मैं जिज्ञासु हो गया? सभी शिशु जिज्ञासु होते हैं? विषयों में फर्क होता है। मेरा पौत्र पतंजलि 2 बरस का था। तब बोल नहीं

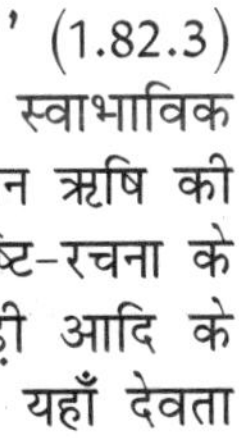

पाता था। मेरा चश्मा छीनता था, गौर से देखता था, पहले आँखों में लगाता था। यह अनुकरण हुआ। यहाँ विकासवाद के सूत्र हैं। वह उसे तोड़ता है, फेंक देता है, फिर देखता है, यह जिज्ञासा है, वह विश्लेषण के जरिए सत्य जानना चाहता है। कनेर के फूलों की तरफ बढ़ता है, तोड़ता है, टुकड़े-टुकड़े अलग करता है। मुझसे कुछ कहता है, शायद पूछता हो कि रंग कहाँ से आये? या इनका रचना-पदार्थ क्या है? मैं भाषा नहीं पकड़ पाता, लेकिन जिज्ञासा स्पष्ट है। तीन-चार बरस की उम्र होने पर, पूछने लगा कि देर रात तक क्यों पढ़ते हैं? रोज कहाँ जाते हो? बंदूक क्यों रखते हो? 6 वर्ष की उम्र में मेरे दूसरे पौत्र नमामि ने पूछा "आप निमंत्रण क्यों नहीं अटेण्ड करते? मेरे बर्थडे में क्यों नहीं आये?" पहला प्रश्न-अंश बड़ी जानकारी की इच्छा है? दूसरा सम्भवतः शिकायती है।

मेरे सहयोगी अजय प्रताप सिंह बन्दर, बिल्ली, तोता आदि के भी प्रेमी हैं। अजय से हाथ मिलाने वाले व्यक्ति पर भी बन्दर खौरियाता है। क्यों खौरियाता है? बिल्ली मेरी गोद में आती है। मैं उसकी आँखों में झाँकता हूँ आँखें निष्कलुष हैं। क्यों हैं? कुत्तों के व्यवहार की चर्चा ऋग्वेद से लेकर महाभारत में भी है। हमारी पालतू कुतिया का व्यवहार भी जिज्ञासा बढ़ाता है। वह मेरे पास बैठती है। मुझे चाहती है। लेकिन अचरज है कि लिखते-पढ़ते समय वह शान्त और चुप, दूर रहती है। मैं प्रवास से लौटता हूँ तो गेट पर ही काफी देर तक कुकुहाती है। शायद कुछ कहती है। हम उसकी भाषा नहीं जानते। लेकिन भाषा यहाँ बेमतलब है। मैं उसे थोड़ी देर तक दुलराता हूँ वह प्रसन्न होती है। प्रेम की ऐसी प्यास और तृप्ति का रहस्य भी जिज्ञासा है। वह सहलाने से तृप्त होती है। फिर चली जाती है। उपनिषद्, वेद और दर्शन, इस कार्रवाई के रहस्य जानने में मेरी कोई सहायता नहीं करते। बिल्ली कुत्ते की पीठ-पेट पर विश्राम करती है। कुत्ता बिल्ली में पुराना झगड़ा है। यहाँ मेरे घर में दोनो की बेबूझ प्रीति है। मैं इसका रहस्य नहीं जान पाता।

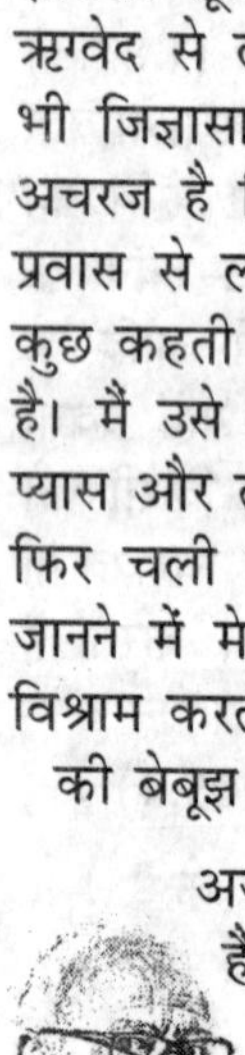

अजय का व्यक्तित्व रहस्यपूर्ण है। दर्शन, मनोविज्ञान के जानकार हैं। उनके प्रश्न अनूठे होते हैं। उन्होंने पूछा "पुनर्जन्म क्या है?" मेरे पास सीधा उत्तर नहीं है। मैं स्वयं इस प्रश्न पर जिज्ञासु हूँ। संसार में दुःख-सुख के गाढ़े होने पर उनके प्रश्न तीखे और पैने होते हैं। मैं उनकी जिज्ञासा और प्रश्नों का समाधान नहीं कर पाता हूँ। वे 25

बरस से मेरे साथ अनासक्त सहयोगी हैं। उनकी वैयक्तिक निष्ठा के रहस्य का समाधान नहीं कर पाता। सोचता हूँ इसके स्रोत क्या हैं? सभी प्राणी स्वयं के प्रति सजग रहते हैं; तब अजय प्रताप पर स्वार्थ का नियम लागू क्यों नहीं होता? वे मनुष्य-जीवन के 'स्व-अर्थ' में निराले अपवाद हैं। मैं पूरे जीवन से घूम रहा हूँ, पढ़ रहा हूँ। लेकिन ऐसे अपवाद वाले किसी दूसरे व्यक्ति को मैं नहीं जानता।

पुनर्जन्म की बात ही लीजिए, पुनर्जन्म की अवधारणा वेद, कपिल के सांख्य दर्शन सहित उपनिषद और बौद्ध दर्शन की भी अनुभूति है। सभी सिद्धांत पूर्व जन्म के कर्म को इस जन्म के फल तक विस्तार देते हैं। मेरी जिज्ञासा है कि तब प्रथम जन्म के संस्कार कहाँ से आये? आखिरकार हमारा, आपका, सबका कोई प्रथम जन्म भी होना ही चाहिए। प्रकृति में गुण है। हम सब प्रकृति से निर्मित हैं, हम सबमें भी गुण है। कपिल का सांख्य दर्शन और गीता का तत्व बताता है कि गुण ही गुणों के साथ मिलकर सक्रिय है। हमें निर्लेप रहना चाहिए। इसका मतलब हमारे सामने निर्लेप रहने की कर्म-स्वतंत्रता है? अगर है तो गुण-शक्ति छोटी है, हम बड़े हैं; लेकिन मूलभूत प्रश्न यह है कि हम हैं कौन?

दर्शन की पढ़ाई और अनुभूतियों ने मुझे प्रत्येक वस्तु और प्राणी का अध्येता बनाया है। पिता 90 वर्ष के हुए। मैं उन्हें ध्यान से देखता था। वे बड़ी उम्र में भी मकान बनाने में, गृहस्थी सजाने में जुटे रहते थे? सोचता हूँ, उन्हें संसार से ऊब क्यों नहीं आई? गहन जिजीविषा के स्रोत क्या हैं? तब मैं क्यों ऊब गया? 90 वर्षीय पिता में संसार-आसक्ति है, उनका 76 वर्षीय पुत्र होकर भी मुझमें वैसी ही संसार-आसक्ति क्यों नहीं है? कहीं कोई सूत्र ऐसा है जो पकड़ में नहीं आता।

उपनिषद मेरी प्रीति है। उपनिषद-साहित्य ऐसी ही जिज्ञासा से भरा-पूरा है। केन उपनिषद में उठाए गए प्रश्न जिज्ञासा से भरे पूरे हैं। बाकी उपनिषदों में ब्रह्म और प्राण जैसी जिज्ञासाएँ हैं। केन का ऋषि 'मन' से शुरुआत करता है। केन उपनिषद की प्रश्नावली संसारी है। जीवन इसी जगत में है। कामनाएँ यहाँ इसी संसार में हैं, उनकी पूर्ति इसी दुनिया में होनी है। मोक्ष भी इसी संसार में, इसी संसार से मुक्त होकर मिलता है। संसार भी एक सत्य है। इसलिए निरा सांसारिक प्रश्नों को दार्शनिक दृष्टि से जाँचने वाली यह उपनिषद

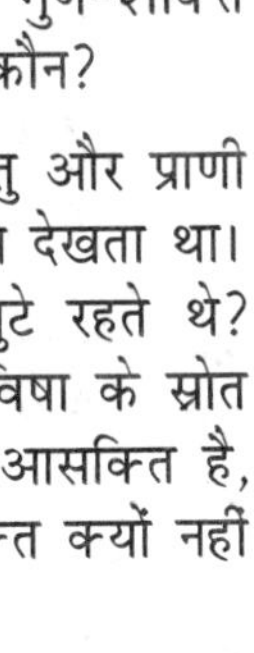

अपने-आप में अनूठी है। केनोपनिषद में 24 मंत्र हैं। केनोपनिषद की पहली जिज्ञासा (पहला मंत्र) मजेदार है "केनेषितं पतति प्रेषितं मनः- यह मन किसके द्वारा प्रेरित होकर काम करता है।" कोई बड़ा प्रश्न नहीं? सीधी बात है। मन गति करता है। ऋषि इसके प्रेरक को जानना चाहते हैं। यही प्रश्न मुझे भी कचोटता है। फिर दूसरा प्रश्न, यह प्राण किसकी प्रेरणा और इच्छा से काम करता है? किससे जुड़कर गति करता है? तीसरा- हम किसकी इच्छा से बोलते हैं? चौथा- आँखों को काम में लगाने वाला कौन है और पाँचवाँ- कौन है वह जो कानों को सुनने के लिए प्रेरित करता है? फिर इन सारे प्रश्नों के उत्तर हैं। पहले जिज्ञासा। फिर उत्तर।

अथर्ववेद में ब्रह्म प्रकाशन सूक्त है। यह सूक्त और भी सामान्य प्रश्न उठाता है। मसलन केन पार्ष्णी- किसके द्वारा एड़ियों और घुटनों को भरा गया? अंगुलियों, इन्द्रियों के छिद्रों और तलवों को किसने पोषण दिये? (मंत्र 1), किसने अलग-अलग जाँघें बनायी (मंत्र 2) पेट, कूल्हों, जंघाओं और घुटनों के ऊपर चार तरह से धड़ किसने जोड़ा? वे कौन देव हैं- कति देवा। कितनी तरह के देवता हैं जिन्होंने स्तन-भाग कोहनी, कंधे और पसलियाँ जोड़ीं? (मंत्र 4), ऋषि मनुष्य के शरीर के प्रति जिज्ञासु है। शरीर-रचना को देखकर आश्चर्यचकित होते हैं, फिर देवताओं के बारे में सोचते हैं "किस देवता ने एक मुख, दो आँख, दो कान, दो नाक, 7 छिद्र बनाये? (मंत्र 6), जीभ को लेकर प्रकट आश्चर्य मजेदार है "जीभ को जबड़ों के बीच किसने रखा? उसमें प्रभावपूर्ण वाणी का आश्रय किसने बनाया? (मंत्र 7), प्रश्नावली लम्बी है लेकिन है पुलकित करने वाली। "प्रिय-अप्रिय वाणी, निद्रा, स्वप्न, पीड़ा, थकावट, आनंद और हर्ष किस देव के प्रभाव से पुरुष में आये? (मंत्र 9), इसी तरह रूप सौंदर्य, महिमा, नाम-कीर्ति, गतिशीलता, ज्ञान-इच्छा किन देवों ने प्रतिष्ठित किये? (मंत्र 12)

अथर्ववेद के ऋषि जन्म-मृत्यु की जिज्ञासा भी करते हैं, "जन्म-मृत्यु का विस्तार और ऊषा-प्रकाश किसने किया। (मंत्र 16), फिर ऐसे सारे प्रश्नों के संकेतात्मक उत्तर हैं। लेकिन सूक्त की समाप्ति के एक मंत्र पहले ऋषि कहते हैं, "उसे निश्चित ही ब्रह्मज्ञानी जानते हैं।" अथर्ववेद की परम्परा में केन उपनिषद के ऋषि भी तमाम

प्रश्नों के उत्तर देते है, "जो कानों का भी कान है, मनों का भी मन है। प्राणों का भी प्राण है। वाणी की भी वाणी है, आँखों की भी आँख है, उसी को जानकर मनुष्य अमरत्व पाता है।" आगे कहते हैं कि "लेकिन यह कान, मन, प्राण, वाणी और आँख उसका ज्ञान नहीं करवा सकते।" ऋषि इस जानकारी का श्रेय परम्परा को देते है। "हम पूर्वजों से ऐसा ही सुनते 'शुश्रुम पूर्वेषां' आये हैं।" तमाम तरह से ज्ञान-संकेत देने के बाद कहते हैं, "नाहं मन्ये सुवेदेति- मैं नहीं मानता कि जानता भी हूँ। नो न वेदेति वेद च- और न ही यह कहता हूँ कि मैं नहीं जानता।" आगे कहते हैं "इसलिए जानता हूँ कि मैं नहीं भी जानता।" जीवन-रहस्यों का उद्घाटन और साथ में ईमानदार वक्तव्य कि मैं पूरा नहीं जानता। अज्ञान-बोध ही ज्ञान-यात्रा का प्रारम्भ है।

मैं परिश्रमी विद्यार्थी हूँ। सैकड़ों पुस्तकों से गुजरते हुए कभी-कभी स्वयं को ज्ञानी समझने लगता हूँ, लेकिन मेरी सभी जानकारियाँ मेरे अपने मूल्यांकन में ही अर्द्धसत्य लगती हैं। अथर्ववेद के ऋषि कहते हैं "निश्चित ही सारी बातें ब्रह्मज्ञानी ही जानते हैं।" इस उत्तर से संतोष नहीं मिलता। तब ब्रह्मज्ञान का क्या हो? कैसे मिले ब्रह्मज्ञान? यह ब्रह्म है क्या? ब्रह्मज्ञान कठिन है। इसे कहा नहीं जा सकता। केन के ऋषि कहते हैं "जिसे वाणी से बता पाना कठिन है लेकिन जो वाणी को अभिव्यक्ति देता है वही ब्रह्म है।" माना जाता है कि वक्ता का एक-तिहाई आशय ही श्रोता तक पहुँचता है। बोलना 'वाणी' के जरिए होता है। वाणी भाषा को माध्यम बनाती है। भाषा 'अक्षर-ध्वनि' में प्रकट होती है। शब्द के सार्वजनिक बोध अर्थ देते हैं। दृश्य जगत की वस्तुओं के रूप को नाम देकर भाषा-जगत भिन्न दृष्टि देता है। नाम और रूप मिलकर परिचय बनते हैं पर ऐसा परिचय रूप और नाम तक ही सीमित रहता है। छांदोग्य उपनिषद में सनत कुमार ने नारद को नाम और रूप की महिमा बतायी, साथ में सीमा भी।

सारे मनुष्य एक जैसे हैं, पर भावबोध और कर्म, तप, विचार की दृष्टि से प्रत्येक मनुष्य अद्वितीय और अनूठा है। ऐसे वैशिष्ट्य का वर्णन करने के लिए भी भाषा के भिन्न नाम-रूप और रूपक हैं। सत्य रूप नहीं होता, होता भी है। वह अल्पकाल में एक रूप होता है, दीर्घकाल में "रूपं रूपं प्रतिरूपो वभूव:" वही

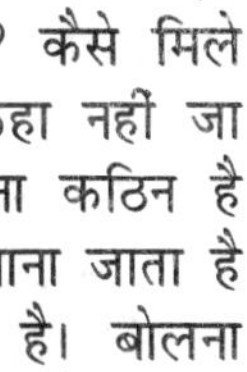

सत्य तरह-तरह के रूप प्रतिरूप में प्रकट होता है। भाषा रूप का वर्णन करती है। आँखें रूप देखती हैं, बुद्धि अपनी समझ के अनुसार अर्थ निकालती है। आँखें रस्सी को साँप देखती हैं, बुद्धि साँप समझकर डराती है। असलियत जानकर पछताती भी है। परमसत्य फिसल जाता है। मेरे साथ अब तक ऐसा ही हुआ है। हर बार लगा कि अब अंतिम निष्कर्ष है, अब बात पूरी है लेकिन निष्कर्ष में हम अज्ञान के अंधे कुँए में फिर से फेंक दिए जाते हैं। भाषा की शक्ति सीमित है। अदृश्य-अव्यक्त रहस्यों का वर्णन दृश्य जगत की उपमा से ही सम्भव होता है। चीनी संत लाउत्से ने ठीक कहा "सत्य कहा नहीं जा सकता, कहने के प्रयास के दौरान वह अर्द्धसत्य हो जाता है।"

मैं उदास रहता हूँ। संसार सुख देता है, दु:ख भी देता है। राजनीति मालाएँ देती हैं। 'मालाएँ' और 'जिन्दाबाद' दिमाग खराब करते हैं। मैं माला और जिन्दाबाद से संतृप्त हूँ, लेकिन आनंदित नहीं हूँ। मूल कारण क्या है? आनंद के स्रोत यही हैं। सत्य की जिज्ञासा बेचैन करती है। ज्ञान-बेचैनी पहले निरी मूर्खता लगती है लेकिन धीरे-धीरे रस देती है, जीवन को काव्य बनाती है, छन्द से परिपूर्ण करती है। मनुष्य और बाक़ी प्राणी-जगत में जिज्ञासा के अंतर हैं। मानव-शिशु बचपन से ही जिज्ञासु होता है। बच्चे भी ऋषियों जैसे दार्शनिक प्रश्न उठाते हैं। माँ-बाप समझ के अनुसार उत्तर देते हैं, प्राय: टाल देते हैं। समाज उन्हें पंथ, मत, मजहब के प्रति आस्था देते हैं। बने-बनाए शत्रु व मित्र भी देते हैं। निरर्थक सूचनाओं के दबाव में जिज्ञासा की पौध सूख जाती है।

उपनिषद-साहित्य में ज्ञान की परिभाषा है "जिसे जान लेने के बाद कुछ भी जानने या पाने को शेष न रहे, वही ज्ञान है।" तो वास्तविक ज्ञान केवल जानकारी की ही इच्छा का अंत नहीं है, यह संसार की सारी अभिलाषाओं का भी अंत है। भारत ने इसी को मुक्ति कहा। भारत में जिज्ञासा का मतलब ज्ञान की बेचैनी है। संसार को जान लेने की बेचैनी है, संसार के सार और असार को भी देख लेने की अकुलाहट है।

वैदिक काल के ऋषि इसीलिए मंत्र-द्रष्टा कहलाये। उन्होंने मंत्र देखे। गीता में कृष्ण और अर्जुन की बातचीत में एक प्रमुख बात 'परम-तत्व' भी है। कृष्ण कहते (गीता 11.48) हैं "परमतत्व का

ज्ञान वेद, यज्ञ, दान अथवा कर्मकाण्ड से नहीं होता।'' फिर कैसे होता है? कृष्ण बताते हैं (वही 54) ''अनन्य अनुभव से ही ज्ञान आता है। जब जिज्ञासा, ज्ञाता और ज्ञेय एक हो जाते हैं तभी ज्ञान आता है।''

भारत का मन-दर्शन जिज्ञासा से बना। मैं इसी क्षेत्र का विद्यार्थी हूँ। पत्रकारिता ने नाम दिया, यश दिया, प्रतिष्ठा दी। राजनीति ने पद दिये, नेतागिरी वाला कद दिया। लेकिन गहन जिज्ञासा के कारण अशांत हूँ। तमाम जिज्ञासाएँ हैं। प्रकृति के रहस्य पकड़ में नहीं आते। एक जीवन पूरा हो रहा है। ज्ञान-ज्योति नहीं उगी। प्रतीक्षा है कि कोई दिव्यता आये। वरुण देव के गुप्तचरों की तरह कोई अदृश्य रूप से दबे पाँव ही आये। स्वयं यम ही आयें, मेरे प्रश्नों के उत्तर दें और साथ ले जायें। लेकिन सृष्टि-रहस्य के प्रश्नों का समाधान करें। अभीप्सा गहन है, व्यथा आकाश से उँची और समुद्र से गहरी है। मैं आर्तभाव में हूँ। क्यों हूँ? यह भी विशेष जिज्ञासा है। मैं ज्ञान के सम्बंध में इतना ही जानता हूँ कि इस सम्बन्ध में कुछ भी नहीं जानता। अज्ञान-बोध से जिज्ञासा और भी गहराती है। कुछ भी न जानने की जानकारी ही हमारी पूँजी है। इसी में गहन जिज्ञासा का विस्तार है और जिज्ञासा हमारी वास्तविक सम्पन्नता है।

प्रत्येक मनुष्य स्वप्न देखता है। पशु-पक्षी स्वप्न देखते हैं कि नहीं देखते, यह प्रश्न अभी तक अनुत्तरित है। स्वप्न और उनके परिणाम छात्र-जीवन से ही हम-सबकी जिज्ञासा हैं। नींद के समय आये हुए स्वप्न एक नया संसार होते हैं। उनमें पहले से जागृत अवस्था में देखे हुए अथवा कभी नहीं देखे हुए दृश्य आते हैं। स्वप्न जागृत अवस्था में भी देखे जाते हैं। गाँधी जी ने स्वतंत्र भारत का स्वप्न देखा था। डॉ0 हेडगेवार ने सांस्कृतिक राष्ट्र के परम वैभव का। डॉ0 लोहिया भी कम स्वप्नदर्शी नहीं थे। वे अपने लेखन व भाषण में 'स्वप्न' शब्द का प्रयोग भारत के सुन्दर भविष्य के लिए करते थे। ऐसे स्वप्न गहन अभिलाषा बनते हैं और संकल्पबद्ध होकर यथार्थ बनते हैं। सभी युवा स्वप्न देखते हैं। मैंने भी अपनी तरुणाई के समय अनेक स्वप्न जागते और सोते समय देखे हैं। स्वप्नों के रहस्य की जिज्ञासा मेरे मन में बचपन से ही थी। आखिरकार स्वप्न कहाँ से आते हैं? उन्हें कौन गढ़ता है? क्या स्वप्न भेजने वाला हमसे भिन्न है? क्या वही हमारे भीतर स्वप्न भेजता है? हमारा मनोसंसार ही स्वप्न रचता है? मैं अभी तक इस प्रश्न का

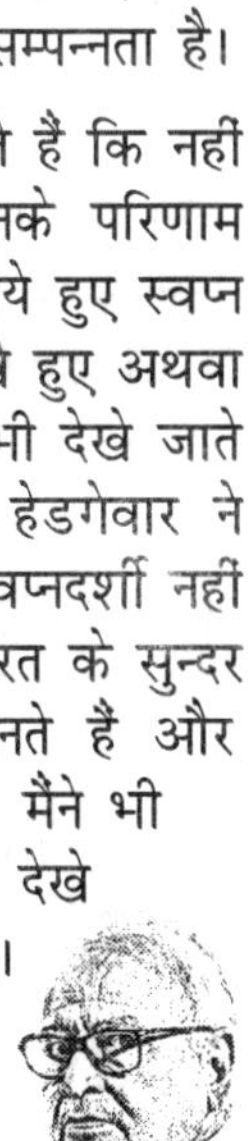

उत्तर खोज नहीं पाया।

ज्योतिष विज्ञान से सम्बन्धित पंचांग आदि में शुभ और अशुभ स्वप्नों की सूची होती है। इसमें स्वप्न देखने के परिणाम भी बताए जाते हैं। स्वप्नों की परिणाम-सम्बन्धी कई किताबें हमने पढ़ीं, लेकिन मेरी जिज्ञासा जस की तस है कि स्वप्न क्यों आते हैं। इनका कारण क्या है। मैंने स्वयं सोते समय स्वप्नों में पहले न देखे गये दृश्य पर्वत, नदियाँ आदि देखे हैं। गाँव के वरिष्ठ बताते थे कि सोते समय प्राण निकलकर बाहर जाते हैं। प्राण इधर-उधर घूमते, नई जगहें देखते हैं। मैं इस बात को स्वीकार नहीं करता, लेकिन सही उत्तर मेरे पास भी नहीं है। अनेक लोग दिन में किसी विषय को गहराई से सोचने को ही रात्रि के स्वप्न का कारण बताते हैं।

मैंने अपने समझने के लिए स्वप्नों के तीन विभाजन किये हैं। पहला, दिन में गहराई से सोचने के कारण रात्रि में उसी विषय से सम्बन्धित देखे गये स्वप्न। दूसरा, किसी विषय के सम्बन्ध में बिल्कुल न सोचने के बावजूद पहले से न देखे गये, न सोचे गये दृश्यों का स्वप्न में दर्शन और तीसरा, रात्रि में गाढ़ी निद्रा के दौरान देखे गये स्वप्नों का दो या तीन दिन में जैसे का तैसा घटित होने वाले स्वप्न। यहाँ बाद के दोनों स्वप्न विस्मयकारी हैं। मूलभूत प्रश्न है कि क्या स्वप्न में भविष्य की घटनाओं के संकेत भी होते हैं? अगर ऐसा है तो यह और बड़ी उलझन है। तब प्रश्न है कि क्या सृष्टि की सभी घटनाएँ पूर्वनियोजित हैं।

मैंने ऐसे अनेक स्वप्न देखे हैं जो बाद में सच निकले। वर्तमान उम्र में भी बहुधा ऐसे स्वप्न देखता हूँ। मैं जीवन में सबसे पहले देखे गये ऐसे एक स्वप्न का उल्लेख करता हूँ। मैं उन्नाव शहर में बी०एस०सी० प्रथम वर्ष का छात्र था। साप्ताहिक छुट्टी में साइकिल से 58 किलोमीटर दूर गाँव आता था। गाँव में एक सुबह तैयार होने के बाद मैं एक सहपाठी मित्र की प्रतीक्षा में नीम के पेड़ के नीचे दिन में नौ बजे सो गया। स्वप्न देखा कि बस दुर्घटना हो गयी। मित्र ने जगाया, मैंने स्वप्न सुनाया। हम दोनो सायकिल से चल पड़े। 12 किलोमीटर तक चलकर अप्रैल की धूप तपने लगी। आगे बस से चलने की योजना बनी। बस पर सायकिलें रखी गयीं, टिकट ले लिया गया। तभी तीसरे सहपाठी आ गये। उन्होंने बस-यात्रा के खर्च पर भाषण

झाड़ा। हमने टिकट लौटाया। तीनों मित्र सायकिल से चले। बस चली गयी। हम लोग डेढ़ घंटे बाद उन्नाव के निकट पहुँचे। रास्ते में वही बस दुर्घटनाग्रस्त थी। हमारे मित्र ने स्वप्न याद कराया। मैं भौचक था, वही दृश्य, जस का तस?

प्रख्यात मनोवैज्ञानिक सिगमण्ड फ्रायड ने 'साइकोएनालिसिस' पुस्तक में 'दमित इच्छाओं' को स्वप्न-निर्माण का केन्द्र बताया है। मनुष्य में अनन्त इच्छाएँ होती हैं। सामाजिक वातावरण और सभ्यता के कारण अनेक इच्छाएँ वार्तालाप का विषय भी नहीं बन पातीं। फ्रायड के अनुसार मनुष्य का काम-केन्द्र 'लिविडो' मस्तिष्क के सहयोग से चित्र गढ़ता है। यही स्वप्न है। उनकी मानें तो सोते समय देखे गये स्वप्न दिन के समय देखे गये स्वप्नों का नाट्य रूपांतरण, चित्र-रूपक हैं।

सिगमण्ड फ्रायड ने मनोविश्लेषण पर अद्‌भुत काम किया। फ्रायड के अनुसार मन तीन स्तरीय होता है। उन्होंने पहले स्तर को चेतन बताया। चेतन हिस्सा हर समय सक्रिय रहता है। इसके बाद की परत है पराचेतन। यहाँ स्मृतियाँ हैं। अनुभव हैं। सूचनाएँ हैं। फ्रायड तीसरे को अचेतन नाम देते हैं। यहाँ आदिम प्रवृत्तियाँ हैं। काम-सम्बन्धी उन्मुक्त इच्छाएँ हैं।

फ्रायड के अनुसार स्वप्नों में बहुधा अचेतन का विस्फोट होता है। बहुत सतर्कता के बावजूद बोलने, लिखने और काम करने में होने वाली गलतियाँ भी इसी हिस्से के संकेतों के कारण होती हैं। पर फ्रायड के इस हिस्से की उतनी चर्चा नहीं हुई जितनी 'लिविडो' नामक इच्छा की। यौनेच्छा-कामभाव का केन्द्र फ्रायड का 'लिविडो' है। फ्रायड के अनुसार 'लिविडो' जीवन की मूल प्रवृत्ति है। मानसिक विकास की प्रेरणा है। वही व्यक्तित्व का मूल केन्द्र भी है। फ्रायड इससे ज्यादा कुछ नहीं बताते। लगता है कि निष्कर्ष अधूरे हैं।

'स्वप्नों का रहस्य' मेरी गहन जिज्ञासा है। निद्रा सभी प्राणियों की आवश्यकता है। यह शक्तिदात्री भी है। निद्रा रहस्यपूर्ण है। निद्रा और जागरण के संसार भी भिन्न हैं। हम जागते हुए इसी प्रत्यक्ष भौतिक संसार में होते हैं। इसी विश्व के सुख-दुःख भोगते हैं और लोकव्यवहार करते हैं। हम जागे हुए भोजन

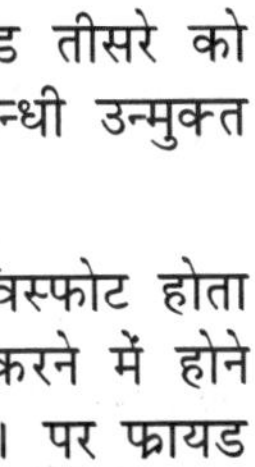

करते हैं। निद्रा-स्वप्न में भी भोजन करते हैं। दोनो के भोजन भिन्न हैं। हम जागते हुए लड़ाई-झगड़ा करते है और स्वप्न में भी। दोनो के झगड़े भी भिन्न हैं। जागते हुए स्वप्न झूठ लगते हैं। स्वप्न के समय यह संसार नहीं होता। इसलिए स्वप्न प्राचीनकाल से ही भारतीय जिज्ञासा के महत्वपूर्ण प्रश्न रहे हैं। निद्रा और स्वप्न पर वैदिक साहित्य में तमाम सामग्री है।

प्रश्नोपनिषद् (4.1) में ऋषि पिप्पलाद से गार्ग्य ने निद्रा और स्वप्न से जुड़े प्रश्न पूछे, ''निद्रा में मनुष्य-शरीर में रहने वाले कौन देवता सोते हैं, कौन जागते रहते हैं? कौन देवता स्वप्न की घटनाओं को देखते हैं? निद्रा में सुख का अनुभव किसे होता है? कौन देवता स्वप्न की घटनाओं को देखता है?'' प्रश्नों में देवता शब्द मनुष्य के अन्दरूनी अंगों के लिए आया है। यहाँ देखने, सुनने, छूने स्वाद लेने आदि की इन्द्रियाँ देवता कही गयी हैं। गाढ़ी निद्रा के बाद सुख प्राप्त करने वाले देव अथवा अंग की जिज्ञासा भी मजेदार है। स्वप्न और निद्रा प्रत्यक्ष भौतिकवाद के ही प्रश्न हैं। निद्रा बेशक जीवन की जैविक कार्रवाई है लेकिन इसके आने, न आने और प्रगाढ़ रूप में आने के मुख्य सूत्र अब तक आधुनिक विज्ञान की भी कार्यकारण श्रृंखला से बाहर है। यहाँ प्रश्नकर्ता की जिज्ञासा मनोरम है और शरीर-विज्ञान की कार्य प्रणाली से ही जुड़ी हुई है।

सभी मनुष्य के चित्त में 'प्रश्नगर्भ' होता है। उत्तम और सुन्दर प्रश्न का उत्तर भी उत्तम व सुन्दर होता है। गीता में अर्जुन के सभी प्रश्न बेहद सुन्दर हैं, इसीलिए श्रीकृष्ण द्वारा मिले सभी उत्तर भी बहुत सुन्दर व उत्तम हैं। पिप्पलाद ने उत्तर में कहा, "सूर्यास्त के बाद सारी किरणें लौटकर उसी तेजपुंज में समा जाती हैं। सूर्योदय होने पर वे फिर से सब ओर फैल जाती हैं। इसी प्रकार निद्रा के समय सारी इन्द्रियाँ या देवता श्रेष्ठ देव, यानि मन में विलीन हो जाते हैं। इस कारण यह जीवात्मा न सुनता है, न देखता है, न सूँघता है, न स्वाद लेता है, न स्पर्श करता है न बोलता है, न शारीरिक सुख लेता है और चलता भी नहीं है। लोग कहते है कि वह सो रहा है।'' (वही, 4.2) यहाँ सारी इन्द्रियाँ मन में विलीन बतायी गयी हैं। प्रश्न है कि तब क्या सोते समय मन ही शेष बचता है? पतंजलि ने योगसूत्र (1.10) में निद्रा को चित्त की वृत्ति कहा है।

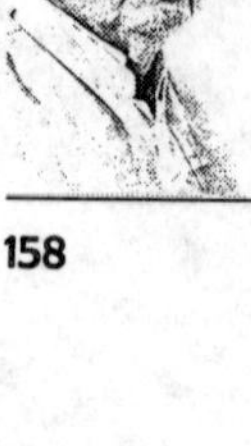

पतंजलि और पिप्पलाद के बोध का तल एक है। दोनो के अनुसार निद्रा में मन का विलय नहीं होता। यहाँ थोड़ी जटिलता है। मन ही प्रश्न करता है कि मन का कार्यव्यापार चलते रहते, गाढ़ी निद्रा का सुख कैसे मिल सकता है? आगे (प्रश्नोपनिषद 4.3) निद्रा को यज्ञ-प्रतीक बनाकर समझाते हैं, ''मनुष्य-शरीर नगर है। यहाँ पंचप्राण अग्नियाँ जागती रहती हैं। शरीर में प्राण की अपानवृत्ति ग्राहपत्य अग्नि है। व्यान दक्षिणाग्नि और मुख्य प्राण आहवनीय। यज्ञ में आहवनीय अग्नि ग्राहपत्य से उठाकर लायी जाती है।'' यहाँ सारा प्रपंच प्राण का है। प्राण अपने पाँचो रूपों में सोते समय भी जागता रहता है और शरीर का अन्तःव्यापार या यज्ञ चला करता है। शरीर का अन्तःव्यापार ही अध्यात्म है लेकिन हमसब अपने भीतर की इस आध्यात्मिक गतिविधि पर ध्यान नहीं देते। ब्रह्माण्ड या प्रकृति के प्रपंच बड़े रहस्यपूर्ण हैं।

भारतीय चिन्तन में पिण्ड और ब्रह्माण्ड एक जैसे बताये गये हैं- यथा पिण्डे तथा ब्रह्माण्डे। ऋग्वेद में भी सृष्टि-कार्य को यज्ञ बताया गया है। मनुष्य प्रकृति का भाग है। शरीर के भीतर भी यज्ञ जैसा कार्य-व्यापार चलता दिखाई पड़ रहा है। पिप्पलाद बताते हैं, ''श्वास का निकलना और भीतर जाना यज्ञ-आहुतियाँ हैं। श्वास-ऊर्जा या प्राण का पूरे शरीर में समभाव से पहुँचाना 'समान' कहा जाता है। यज्ञ प्रतीक में यही 'होता' या हवन करने वाला ऋत्विक है। मन यजमान है। इच्छित फल ही उदान है। यह उदान प्राण ही इस मन या यजमान को निद्रा के समय हृदयक्षेत्र की गहराइयों या ब्रह्मलोक में ले जाता है।'' (वही 4.4) इस मन्त्र में सोते समय मन की स्थिति का सुस्पष्ट वर्णन किया गया है। निद्रा के समय अन्य इन्द्रियाँ मन में विलीन होती हैं। प्राण उदान मन को हृदयप्रदेश में ले जाता है। इसका अर्थ यही है कि तब मन भी हृदय के अन्तःप्रदेश में होने के कारण अपनी मूल चंचल प्रवृत्ति से मुक्त रहता है। पतंजलि के योग सूत्रों में निद्रा एक चित्तवृत्ति है। यह वृत्ति निद्रा के समय भी है। पिप्पलाद की अनुभूति में निद्रा के समय मन हृदय-प्रदेश में होता है। यहाँ पंतजलि का अतिक्रमण दिखाई पड़ता है। लेकिन ऐसा है नहीं। पतंजलि योग के माध्यम से जिस सुख की बात करते हैं, उसमें चित्तवृत्ति-निरोध का लक्ष्य है। चित्तवृत्ति-निरोध में जागृत अवस्था में भी निद्रा जैसा सुख मिलता है। पिप्पलाद ने गाढ़ी निद्रा के सुख

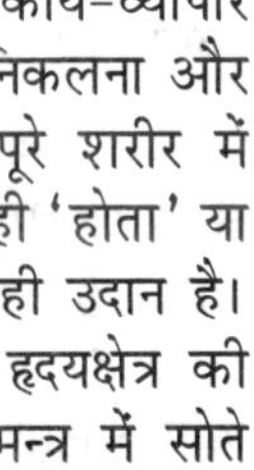

की सही विवेचना की है।

स्वप्न-जिज्ञासा

अब जिज्ञासा स्वप्न की। पिप्पलाद ने बताया है, "स्वप्न में जीवात्मा अपनी महिमा का अनुभव करता है। वह देखे हुए या न देखे हुए को देखता है। वह सुने हुए या न सुने हुए को बार-बार सुनता है। वह देश और दिशाओं के अनुभवों को बार-बार अनुभव करता है। वह विद्यमान और अविद्यमान को भी देखता है। स्वयं ही सबकुछ बनकर भी देखता है; लेकिन जब यह मन उदानवायु के प्रभाव में हो जाता है तब उदानवायु मन को हृदयप्रदेश में ले जाता है; तब जीवात्मा स्वप्न नहीं देखता। उस समय निद्रा में जीवात्मा को सुख का अनुभव होता है।" (वही, 4.5 व 6)

स्वप्न के उद्‌भव में मन का हिस्सा है। जैसे यह मन हृदयप्रदेश से जुड़ा वैसे ही स्वप्न तिरोहित। स्वप्न सोते समय ही नहीं देखे जाते। जागते हुए स्वप्न देखने वाले भी होते हैं। उस समय भी मन ऐसे स्वप्न रचता है। जागृत दशा में बुद्धि की सक्रियता के बावजूद स्वप्न देखने का काम चलता है। मन-संकल्प शिव हो तो जागते समय स्वप्न नहीं आते। मन-संकल्प शिवतत्व-परिपूर्ण हो तो सोते समय भी स्वप्न नहीं आते।

पिप्पलाद ने प्राणों का यथार्थवादी विज्ञान ही समझाया है। देवता अनुभूति हैं। भारतीय अनुभूति में सूर्य, चन्द्र और पृथ्वी आदि देवता हैं। ये सब साकार हैं। मन, इन्द्रिय, वायु, तेज आदि देवताओं का आकार या आयतन नहीं है। प्रश्नोपनिषद् में इन्द्रिय, मन, प्राण, तेज आदि देवता कहे गये हैं। गार्ग्य ने इन्हीं देवों पर प्रश्न पूछे थे। एक प्रश्न था कि ये सब किसमें प्रतिष्ठित हैं? पिप्पलाद ने बताया कि "पक्षी दिनभर घूमने के बाद वृक्ष पर बसेरा करते हैं, आराम से रहते हैं। वैसे ही पृथ्वी, आदि देवता आत्मा में रहते हैं, पृथ्वी के साथ उसकी तन्मात्रा-स्पर्श और आकाश के साथ आकाश की तन्मात्रा शब्द भी आत्मतत्व में

रहते हैं।'' (वही 4.7 व 8) यहाँ तन्मात्रा शब्द जटिल है। यह पदार्थ का अतिसूक्ष्म गुण है जैसे पृथ्वी की तन्मात्रा गन्ध, जल की तन्मात्रा रस और वायु की तन्मात्रा रस। आगे कहते हैं आँख और देखने की शक्ति, सुनने और सुनी गयी ध्वनि, रस और रसना के विषय, बुद्धि और बुद्धि के साथ ज्ञेय, मन और मनन शक्ति, प्राण और प्राण द्वारा धारण किये जाने वाले विषय भी आत्मा में रहते हैं। (वही, 8) आगे सुन्दर मन्त्र में कहते हैं, ''एष हि द्रष्टा, स्प्रष्टा, श्रोता, घ्राता, रसयिता, मन्ता, बोधा, कर्त्ता विज्ञानात्मा पुरुष, परे अक्षर आत्मनि तिष्ठति- देखने, सुनने, सूँघने, रस लेने, मनन करने, बोध पाने, काम करने वाले विज्ञान-पुरुष आत्मा में रहते हैं।'' (वही, 9)

स्वप्न पूरे जीवन से हमारी मनोवैज्ञानिक उलझन हैं। फ्रायड ने व्यक्ति के अचेतन पर काम किया था। एक अन्य प्रतिष्ठित मनोवैज्ञानिक एडलर युंग ने समष्टि और विश्व-अचेतन की भी धारणा बनाई। वे भारतीय दर्शन पर मोहित थे। युंग की ज्यादातर अवधारणाएँ और कमोवेश फ्रायड का भी निष्कर्ष वैदिक धारणाओं से मिलते हैं। फ्रायड का केन्द्रीय विचार कामेच्छा (लिविडो) है। ऋग्वेद (10.129.4) में कहते हैं, ''तत् अग्रे काम सं अवर्तत- सृष्टि-रचना में सबसे पहले 'काम' पैदा हुआ।

फ्रायड ने लगभग 150 वर्ष पहले स्वप्नों को कामेच्छा से जोड़ा। उनके तीन हजार वर्ष पूर्व अथर्ववेद (9.2) में काम देवता हैं। यहाँ प्रार्थना है कि ''जो दुःस्वप्न हमारे मन-क्षेत्र और नेत्र के लिए श्रेयस्कर नहीं, उन्हें शत्रुओं के पास भेजें।'' अथर्ववेद के ऋषि स्वप्न-प्रभाव की भी चर्चा करते हैं। यही हमारी जिज्ञासा और बेचैनी है। अथर्ववेद के ऋषि स्वप्न-रहस्यों के जानकार थे। कहते हैं ''विद्म ते सर्वाः परिजाः- हे स्वप्न! हम तुम्हारे परिजनों को जानते हैं। हमारी यशस्विता द्वारा दुःस्वप्नों से रक्षा करो। (अथर्ववेद 9.56.6) आगे मंत्र (9.57.5) में कहते हैं ''दुःस्वप्न से उत्पन्न कुप्रभाव को आप हमसे दूर रखें।'' यहाँ स्वप्नों के प्रभाव का सीधा उल्लेख है।

मैं जम्मू स्थित वैष्णव देवी के दर्शनार्थ गया था। मन्दिर के पहले कटरा नामक स्थान पर मैंने किताबों की दुकानें खोजी, वहाँ मेरे लिए रोचक सामग्री नहीं मिली। मैंने सड़क पर पुरानी किताबें बेचने वाले के पास से 'डिक्शनरी आफ ड्रीम्स' नाम की

पुस्तक खरीदी। मिस्र तंत्र-सूत्र के आधार पर लिखी यह किताब दिलचस्प है। राजधानी लखनऊ के एक मित्र से स्वप्नों पर चर्चा हो रही थी। उन्होंने अपना सपना बताया ''स्वर्ण की तरह चमकते एक साँप ने उनका पीछा किया। वे डरे। साँप ने काट लिया। उनकी नींद खुल गयी।'' मैंने उन्हें बताया ''अध्ययन के अनुसार आपको अनपेक्षित आर्थिक लाभ होना चाहिए।'' उन्होंने तीसरे दिन बताया कि आपका कथन सही निकला। बेशक यह संयोग हो सकता है। लेकिन किताब यही कहती है।

मै बहुधा स्वप्न में पुलिस टीम देखता हूँ। इंस्पेक्टर, सब इंस्पेक्टर मुझसे कहते है ''आपका पुराना वारंट है। बहुत हो गया। आप जमानत नहीं कराते। आज मैं गिरफ्तार करूँगा।'' और नींद खुल जाती है। 'डिक्शनरी आफ ड्रीम्स' और मेरे स्वप्न-विश्लेषण के अनुसार पुलिस टीम को स्वप्न में देखना 'दिनभर का तनाव, झगड़ा-झंझट है। वही होकर रहता है। स्वप्न का भावार्थ सच निकलता है। मै इस स्वप्न का और भी गहन विश्लेषण करता हूँ। यह बार-बार आता है। प्रत्येक बार स्वप्न में यह आता है कि लीजिए पहले स्वप्न में यही देखा था, अब सही हो गया। यानी नया स्वप्न पुराने स्वप्न को अपनी सत्यता का पुख्ता आधार बनाता है। मेरे ऊपर कोई मुकदमा नहीं है, कोई वारंट नहीं है। सवाल यह है कि बार-बार वही बात स्वप्न का हिस्सा क्यों बनती है?

सृष्टि रहस्यपूर्ण है। यह जगत भौतिक इकाई ही नहीं है। स्वप्न बेशक भौतिक मस्तिष्क के पटल पर आते हैं लेकिन कई दफा भविष्य की बातें कह जाते हैं। स्वप्न-विश्लेषण मेरी जिज्ञासा है। मैने इस विषय के अध्ययन में परिश्रम भी किया है। मैंने परिपूर्ण स्वस्थ दशा में होते हुए भी अगले सप्ताह के लिए अपने बीमार हो जाने की भविष्यवाणी अपने परिजन अजय प्रताप सिंह को बताई है। वे सतर्क हुए। हम भी सतर्क रहे। लेकिन बीमारी आई। पुस्तक में स्वप्न में गंदा पानी, गंदी नाली का बहाव देखना अस्वस्थ होने का पूर्व संकेत बताया गया है। इसी तरह निर्मल और स्वच्छ जल-बहाव शुभ संकेत माना गया। यहाँ अंधविश्वास नही, अध्ययन और विश्लेषण के तत्व हैं। मेरा वैज्ञानिक दृष्टिकोण और तार्किक स्वभाव अपना काम करता है और प्रकृति अपना काम करती है। मैंने अपने अध्ययन के लिए अपने ही सैकड़ों स्वप्नों की सूची बनाई, और उनके परिणाम की भी।

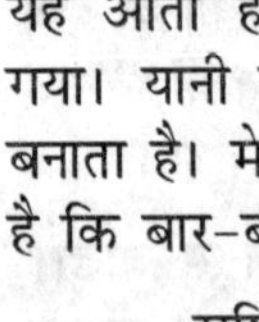

कहते हैं व्यापारी स्वप्न में नोट गिनता है, योद्धा चोट और नेता वोट। हम तरुणाई में रोमांस वाले स्वप्न देखते रहे लेकिन बस-दुर्घटना जैसे स्वप्न भी आये। पहले हिस्से की उलझन फ्रायड ने सुलझाई। बाद वाले स्वप्नों का क्या करें? अब मैं जागते हुए स्वप्न नहीं देखता। पाँच बार विधायक हो गया, मंत्री और विधानसभा अध्यक्ष।

लेखन ने मेरी औकात से ज्यादा यश दिया है, बावजूद इसके अपना लेख छपने तक तीव्र आकांक्षा बनी रहती है। अपने छपे लेख के स्वप्न और भी रहस्यपूर्ण हैं। लेख भेजने के बाद कई बार मुझे लगा कि लेख में प्रधानमंत्री या अन्य किसी पर तीखी टिप्पणी है। मेरा यह लेख नहीं छपेगा। फिर छपने के एक दिवस पूर्व वाली रात सोते समय यही विचार गहराया। फिर स्वप्न आया "अखबार हाथ में। मैं सम्पादकीय पृष्ठ पलटता हूँ। यहाँ कई आलेख हैं लेकिन अस्पष्ट हैं। मैं बाकी अखबार पलट रहा हूँ। कुछ भी पठनीय नहीं है। मैं सोच रहा हूँ कैसा अखबार? कुछ भी पठनीय नहीं।" ऐसे स्वप्न अक्सर 6-7 बजे सुबह ही आये। मैं जाग गया। नेता की आदत और छपास की भूख। मैंने सम्पादकीय पृष्ठ खोला, अपना लेख, अपना नाम, अपना चित्र। मन में अपना ही जिन्दाबाद लगाया। लेकिन स्वप्न का क्या करें? 'डिशनरी आफ ड्रीम्स' के अनुसार स्वप्न में आप छपे, तो वास्तव में नहीं छपेंगे। इसी तरह स्वप्न में आप कहीं भाषण देते हुए वाह-वाही पाये, तो वास्तव में नहीं पाएँगे।

उलझन जस की तस है। जिज्ञासा को अशांत करती रहती है। स्वप्न भविष्य के संकेत हैं तो क्या भविष्य सुनिश्चित है। भविष्य सुनिश्चित है तो दिखाई पड़ना चाहिए। लेकिन भविष्य कोई द्रव्य नहीं है, कोई ऊर्जा भी नहीं है। तब भविष्य के इन संकेतों की व्याख्या क्या है? अमेरिकी वैज्ञानिक कार्लसागन ने 'कास्मोस' (ब्रह्म) में लिखा "अब तक जो सृष्टि बनी है, जो आज है, और जो आगे होगी, वह सब 'कास्मोस' (ब्रह्म) है। ऋग्वेद (1.89.10) में अदिति के लिए कहा गया है "जो हो गया, जो है और जो होगा, वह सब अदिति है।" फिर पुरुष सूक्त (1.90.2) में कहा गया है "पुरुष एवेदं सर्व यद् भूतं यच्च भव्यम- जो भूत है और भविष्य में होगा वह सब पुरुष है।" फिर अथर्ववेद (19.55.2-3) में कहा गया है "कालो ह भूतं भव्यं च- समय ही बीता हुआ है और समय ही भविष्य है। काल से वायु और

पृथ्वी की गति है। दिव्यलोक भी काल में है।'' भारतीय परम्परा की जड़ें गहरी हैं। विज्ञान का खोजा हुआ आधा-अधूरा है। प्राचीन भारतीय ऋषियों और तत्वज्ञानियों के निष्कर्ष आधुनिक वैज्ञानिकों के निष्कर्षो से मिलते हैं।

स्वप्न-रहस्यों की जानकारी की मेरी प्यास गहरी है। विज्ञान, दर्शन, उपनिषद और स्वप्न भी इसी जानकारी के सहायक उपकरण हैं लेकिन सृष्टि-रहस्यों का ओर-छोर नहीं। मैं स्वप्नों का रहस्य जानने के स्वप्न जागते हुए दिन में बहुधा देखता हूँ। मेरा स्वप्न है कि कोई ज्ञानी मिले। स्वप्न-रहस्य बताए। स्वप्न यह भी है कि स्वप्न के देवता ही स्वप्न में आएँ। दर्शन दें। स्वप्न-रहस्य पर हमारा मार्गदर्शन व प्रबोधन करें। स्वप्न-जिज्ञासा की व्यथा समाप्त करें।

उक्ति

प्रभाष जोशी

भारत के मन व चरित्र को समझने के लिए हमें वैदिक इतिहास और प्राचीन भारतीय वाङ्मय में झाँकना होगा। हृदयनारायण दीक्षित ने 'भारतीय संस्कृति की भूमिका' में प्राचीन वाङ्मय के आधार पर भारतीय लोकमानस के गढ़ाव को सिद्ध किया है। सिर्फ आस्था अथवा अविश्वास के बल पर हमें इतिहास-लेखन की अनुमति नहीं मिलनी चाहिए। तर्क और अनुसन्धान के बल पर दीक्षित जी भारतीय संस्कृति के महात्म्य को रेखांकित करते हैं। भारतीय मन और चरित्र का मूल ऐसे ही चिन्तकों के कारण सुरक्षित है।

हिन्दी पत्रकारिता के शिखर-पुरुष। 'जनसत्ता' के यशस्वी सम्पादक रहे। राजनीति और क्रिकेट-पत्रकारिता के विशेषज्ञ। अनेक पुस्तकें प्रकाशित। 'शलाका सम्मान' से सम्मानित।

नाचता अध्यात्म

प्रतीक्षा
का अन्तर्संगीत

प्रतीक्षा का सम्बन्ध कालगति से है। जो-जो घटित होगा वह अज्ञात है। सृजन भी पूरी संतुष्टि नहीं देता। लगता है अभी गीत अधूरा है। पूरे जीवनकाल में नियति के कहे अनुसार नाच रहा हूँ, लेकिन परिधि से केन्द्र की दूरी नहीं घटी। प्रतीक्षा है और अस्तित्व से स्तुति भी है कि मेरे कर्मों द्वारा लोक-मंगल के निमित्त मेरे जीवन का सर्वोत्तम प्रकट हो। सत्य के साक्षात्कार की भी प्रतीक्षा है। पूर्ण धैर्य के साथ धैर्यपूर्ण प्रतीक्षा है।

प्रतीक्षा का अन्तर्संगीत

अस्तित्व विराट है। इसकी अपनी गतिविधि है। अस्तित्व के अंश भी इसी के भीतर अपने-अपने प्रेम से सक्रिय हैं। मनुष्य कर्म करते हैं, कर्मफल की प्रतीक्षा करते हैं। कर्मफल-प्राप्ति में समूचे अस्तित्व की भागीदारी होती है। अस्तित्व की अनुकूलता से जीवन में शुभ, प्रतिकूलता से अशुभ घटित होता है। सभी जीव सुख चाहते हैं। आनंद की अभिलाषा करते हैं। भविष्य में सुख मिलने या अच्छे दिन की आशा, प्रतीक्षा बनती है। प्रतीक्षा गहन आस्तिक अध्यात्म-भाव है। पूर्वजों ने प्रतीक्षा के साथ धैर्य जोड़ा है। धैर्य भारतीय धर्म के दस प्रमुख लक्षणों में पहला है। प्रकृति की शक्तियाँ भी धैर्य का पालन करती हैं और प्रतीक्षारत रहती हैं।

पृथ्वी, मेघ-पर्जन्य की प्रतीक्षा में रहती है। बीज धरती पर पड़ते ही उगने की प्रतीक्षा करते हैं। पौधे, पत्तियाँ धारण करने के लिए प्रतीक्षारत रहते हैं। वे फूलों के खिलने की प्रतीक्षा में होते हैं। सभी जीव सुख-प्राप्ति के लिए प्रतीक्षारत रहते हैं। प्रिय-मिलन की प्रतीक्षा और अप्रिय से बचने की भी। नदियाँ वर्षा की प्रतीक्षा में रहती हैं। बछड़ा अपनी माता गाय से मिलने की प्रतीक्षा में रहता है। रात्रि, सूर्यास्त की प्रतीक्षा में रहती है कि कब सूर्यदेव विदा हों और मैं अपनी प्रकृति के अनुसार अंधकार का सृजन करूँ। इसी तरह ऊषा भी रात्रि की प्रतीक्षा करती है। ऋग्वेद में रात्रि को ऊषा की बड़ी बहन बताया है। बड़ी बहन रात्रि विदा होती है। छोटी बहन ऊषा आ जाती है। ऊषा भी सूर्योदय की प्रतीक्षा करती है। आहार से जीवन की गति है। इसलिए प्रतिदिन आहार

की प्रतीक्षा रहती है। प्रतीक्षा प्रत्येक जीव और मनुष्य की प्राकृतिक भावभूमि है। शुभ-प्राप्ति की प्रतीक्षा में धैर्य महत्वपूर्ण है।

मनुष्य कर्म करते हैं। कर्मों के परिणाम भी आते हैं। कुछ लोग कर्म-परिणाम से संतुष्ट होते हैं और कुछ लोग असंतुष्ट। मनुष्य अपनी इच्छा के अनुसार कर्मफल चाहते हैं लेकिन इच्छानुसार ही कर्मफल नहीं मिलते। इच्छानुसार कर्मफल को सफलता कहा जाता है। 'सफल' का अर्थ है 'परिणाम का फल सहित होना।' फल न मिले तो असफलता। कर्मठ लोगों के जीवन में एक बार जीवन का 'सर्वोत्तम' फल अवश्य प्रकट होता है। गीतों के रचनाकार जीवन में अनेक गीत गाते या लिखते हैं। नृत्यकर्ता भी अवसर-अनुरूप नाचते हैं, लेकिन उनके सृजन में कभी न कभी एक अवसर अवश्य आता है, जब कोई एक गीत या नृत्य सर्वोत्तम हो जाता है। साहित्य में भी ऐसा ही होता है और कारीगरी या अन्य श्रमपूर्ण कार्यों में भी। कुशल वक्ता के भी सभी वक्तव्य श्रेष्ठ नहीं होते। वे स्वयं अपने किसी वक्तव्य को सर्वोत्तम मान रहे होते हैं, लेकिन जरूरी नहीं कि वही वक्तव्य सर्वोत्तम हो। सृजन में सत्य, शिव और सौन्दर्य की अभिव्यक्ति उपास्य है। इसीलिए सबको, कवि, सर्जक, कलाकार मूर्तिकार, प्रशासनिक अधिकारी, किसान, कारीगर को भी सर्वोत्तम की प्रतीक्षा रहती है। प्रतीक्षा भविष्य का वर्तमान-चिंतन है।

प्रकृति की कार्रवाई नियमबद्ध है। सूर्योदय नियमबद्ध होता है। जीवन-चक्र नियमबद्ध है- जन्म, शैशव, तरुणाई, वृद्धावस्था और मृत्यु सुनिश्चित है। इनकी प्रतीक्षा करते समय नियम ध्यान में रहते हैं; लेकिन सुख, समृद्धि और यश आदि की प्राप्ति के अवसर सुस्पष्ट नियमों से चालित नहीं दिखाई पड़ते। इसलिए प्रतीक्षा का सदुपयोग संभव है। प्रतीक्षा दैनिक जीवन का महत्वपूर्ण भाव है। प्रतीक्षा अधीर हो सकती है और धैर्ययुक्त भी। अधीर प्रतीक्षा में उतावलापन होता है। मनोदशा स्वाभाविक नहीं रहती। प्रतीक्षा के लिए प्रशांतचित्त विवेक और अस्तित्व पर विश्वास का सहारा चाहिए।

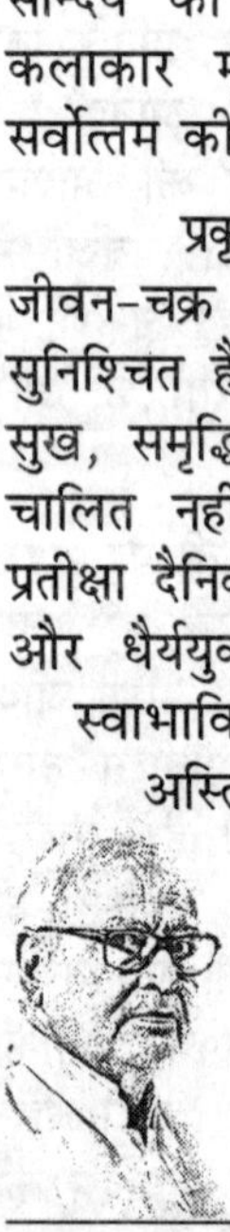

विवेक-सम्मत प्रतीक्षा, धैर्य को जन्म देती है। प्रतीक्षा और धैर्य भाई-बहन जान पड़ते हैं। प्रकृति के अंशों की निरन्तर गति के कारण समय का बोध होता है। ऋतुएँ इसी का परिणाम हैं। ग्रीष्म में सावन की प्रतीक्षा रहती है। सावन में वर्षा की प्रतीक्षा रहती है।

वर्षा की रिमझिम में गीत उगते हैं, सो सावन में गीतों की भी प्रतीक्षा रहती है। सावन में भादो के आगमन की प्रतीक्षा रहती है। तब श्रीकृष्ण जन्मोत्सव सहित अनेक उत्सवों की प्रतीक्षा रहती है। फिर ग्रीष्म में सर्दी की प्रतीक्षा और शरदऋतु में शरद-पूर्णिमा की प्रतीक्षा। भारतीय काल-गणना में प्रथम मास चैत्र है और अन्तिम फाल्गुन। लेकिन पूर्वजों को शरद की प्रतीक्षा रहती थी। उन्होंने काल-गणना के अनुसार जीवन में 100 शरद जीने की प्रतीक्षा की थी। उन्होंने 100 वर्ष नहीं कहा। 100 शरद कहा है। शरद के बाद बसन्त की प्रतीक्षा स्वाभाविक है। हम-सब प्रतीक्षा के प्रेम-बंधन से बँधे हुए प्रतीत होते हैं। प्रेमी प्रतीक्षारत रहते हैं। पहले प्रेमी प्रेम-पत्रों की प्रतीक्षा करते थे, अब मोबाइल से आने वाले संदेशों की प्रतीक्षा रहती है।

बसन्त, ऋतुओं का राजा है। तब पूरी प्रकृति उमंगमय होती है। दिक्काल भी बसन्त की उमंग और मनुष्य के चित्त की रंग-तरंग में गति-मगन होते हैं। बसन्त किसी की प्रतीक्षा नहीं करता। लेकिन हम-सबको ऋतुराज बसन्त की प्रतीक्षा रहती है। सौन्दर्य-आनन्द के देवता कामदेव पूरी प्रकृति को आच्छादित करते हैं। वे अनंग हैं। प्रकृति में पैठ जाते हैं। प्रकृति का प्रत्येक अंग स्पंदन-कंपन में होता है। कवियों ने बसन्त पर बहुत कुछ लिखा है, लेकिन प्रकृति का कोई भी रूप स्थायी नहीं होता। जो आता है सो जाता है। बसन्त भी आता है और जाता है। लेकिन मदनोत्सव की स्मृति छोड़ जाता है। सो हम लोगों को बसन्त-उत्सव से जुड़े होली महोत्सव की प्रतीक्षा होने लगती है।

होली महाउल्लास लाती है। पूरी प्रकृति रसमय हो जाती है। मैं भी बसन्त और होली की प्रतीक्षा करता हूँ। होली रंग, तरंग, उमंग का पर्व है। शीतकाल विदा हो रहा होता है। ग्रीष्म और होली का संधिकाल प्यारा है। ग्रीष्म होली की विदाई की प्रतीक्षा किया करती है फिर आता है चैत्र प्रतिपदा में नव-संवत्सर का उत्सव। संवत्सर सृष्टि-सृजन का प्रथम दिवस माना जाता है। सृष्टि व्यक्त होने के पहले भी किसी न किसी रूप में विद्यमान थी। प्रकृति सदा से है। सदा रहती है। रूप परिवर्तित हुआ करते हैं। सृष्टि के पूर्व भी प्रकृति थी। वेद और विज्ञान की पुस्तकों में ऐसा उल्लेख आया है। सोचता हूँ कि अप्रकट प्रकृति भी प्रकट होने के लिए उपयुक्त मुहूर्त की प्रतीक्षा में रही होगी।

वैदिक पूर्वजों ने गाया है कि तब सत् नहीं था। असत् भी नहीं था। आकाश भी नहीं था, न मृत्यु थी और न जीवन। तब क्या था? सूक्ष्म रूप में केवल 'वह' था। उसने प्रतीक्षा की। उसने प्रतीक्षा के बाद आये मनचाहे मुहूर्त में स्वयं को प्रकट किया। गति हुई और समय का जन्म हुआ। प्रकृति अव्यक्त से व्यक्त दशा में आयी। यही भारतीय अनुभूति का संवत्सर है। हम-सबको नव संवत्सर की प्रतीक्षा रहती है।

प्रतीक्षा सबके मन में रहती है। ईश्वर-विश्वासी प्रतीक्षा में रहते हैं कि परमात्मा सबकुछ ठीक कर देंगे। शुभ और सुन्दर की प्रतीक्षा करते रहते हैं। गीता में भी श्रीकृष्ण का आश्वासन है। आश्वासन के अनुसार धर्म-व्यवस्था की ग्लानि को व्यवस्थित करने के लिए वह अवतार लेते हैं- यदा यदा ही धर्मस्य ग्लानिर्भवति। मुझे ग्लानि शब्द का अर्थ धर्म का पराभव नहीं जान पड़ता। ग्लानि एक मनोभाव है। यह अशुभ कर्मो के लिए पश्चाताप है। ग्लानि हमारे अंत:करण को शुद्ध करती है। आस्तिकों को दीर्घकाल से ईश्वर के अवतार की प्रतीक्षा है। यह प्रतीक्षा तर्क का विषय भी बनती है। धर्म की ग्लानि को ठीक करने के लिए ईश्वर के अवतार होते हैं; तो क्या विश्व में तमाम रक्तपात और अव्यवस्था के बावजूद ईश्वर-अवतरण का अवसर अभी नहीं आया। गीता के अतिरिक्त रामचरित मानस में भी तुलसीदास ने लिखा है। "जब-जब होई धर्म की हानी, बाढ़हि अधम असुर अभिमानी, तब-तब प्रभु धरि मनुज शरीरा।" आस्तिकों के मन में ईश्वर-अवतार की प्रतीक्षा सही है।

भक्ति, परमसत्ता के प्रति परमप्रेम है। प्रेम में भी मिलन की प्रतीक्षा रहती है और भक्ति में भी। एक पुराणकथा है। एक भक्त दीर्घकाल तक विष्णु की अराधना, उपासना कर रहा था। वह विष्णु के दर्शन की प्रतीक्षा कर रहा था। नारद भारतीय परपंरा के निराले नायक हैं। वे सभी लोकों की यात्रा करते हैं। वे समय से परे हैं। वे ऋग्वेद में हैं। उपनिषद् काल में हैं। रामकथा में हैं। वीणा लेकर पल में यहाँ, पल में वहाँ। वे नाचते-गाते अध्यात्म के प्रतीक हैं। वे विष्णुभक्त के निकट से निकले। भक्त ने नारद को प्रणाम किया। उसने नारद से सहायता माँगी कि "देवऋषि आप विष्णु के उपासक हैं। विष्णु के पास आपका आना-जाना है। आप भगवान विष्णु से पूछिए कि मुझे कब दर्शन देंगे। मैं उनके दर्शन की प्रतीक्षा कर रहा हूँ।" नारद ने सहायता

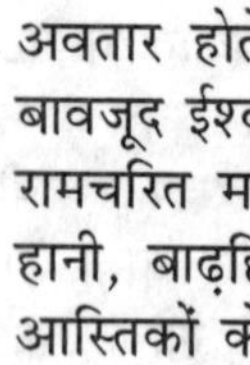

का वचन दिया। वह विष्णु के पास पहुँचे। भक्त की अभिलाषा बतायी। नारद ने विष्णु से पूछा "कृपा करके बताइए कि आप उसे कब दर्शन देंगे, वह दीर्घकाल से प्रतीक्षारत है।" विष्णु ने कहा कि जिस तरह से वह कर्मकाण्ड आदि के द्वारा उपासना कर रहा है उस तरह से हजार, दो-हजार वर्ष बाद ही उसका तप पूरा होगा। नारद लौटे। भक्त के पास पहुँचे। भक्त ने नारद से पूछा कि हमारे संदेश पर भगवान विष्णु ने क्या उत्तर दिया? नारद ने बताया कि आपकी उपासना-पद्धति से तो हजार-दो हजार वर्ष लग सकते हैं।

भक्त आनंदित हो गया। झूम उठा। भाव-विह्वल हो गया। उसने नारद से कहा कि यह शुभ सूचना है। मुझे दो हजार वर्ष बाद विष्णु के दर्शन मिलेंगे। इस प्रसन्नता में वह नाचने लगा। अध्यात्म नृत्य हो गया और नृत्य अध्यात्म। प्रतीक्षा दिक्काल की अतिक्रमण कर गई। वह स्वयं प्रेमपूर्ण हो गया। प्रेम पक गया। भक्ति बन गया। भक्ति चरम पर पहुँची। दो हजार वर्ष की प्रतीक्षा उसके लिए छोटी बात थी। भक्ति की पूर्णता देखकर विष्णु प्रकट हो गये। नारद ने विष्णु से कहा कि आपने मुझे झूठा सिद्ध कर दिया। कहाँ दो हजार वर्ष की बात कही थी और आप अभी प्रकट हो गये। विष्णु ने कहा कि इसकी प्रतीक्षा में एक विशेष भाव-अवस्था घटित हुई। अब इसका प्रेम पूर्ण हो गया है सो मैं आ गया। प्रेमी की प्रतीक्षा-पूर्णता में समय का अतिक्रमण होता है। प्रतीक्षा में समय होता है। प्रेमपूर्णता में समय का कोई अर्थ नहीं होता।

सामान्य प्रतीक्षा में दिक् और काल अपना काम करते हैं। गहन प्रेम में दिक्काल के प्रभाव घटते जाते हैं। प्रेम ही पूर्ण होकर भक्ति बनता है, तब प्रतीक्षा में दिक्काल का कोई महत्व नहीं होता। प्रतीक्षा गहन रूप में आध्यात्मिक कर्तव्य है। यह वर्तमान का गीत है और सुंदर भविष्य की आशा। जीवन के सभी आयामों में इसका महत्व है। इसका जन्म अभिलाषा से होता है। धैर्य इसे परिपक्व करता है और प्रतीक्षा बनाता है। प्रेम का संबंध रूप से है और रूप हमेशा अस्थायी होता है। संसार की सारी उपलब्धियाँ प्रतीक्षा के भीतर हैं। प्रेम और भक्ति भी।

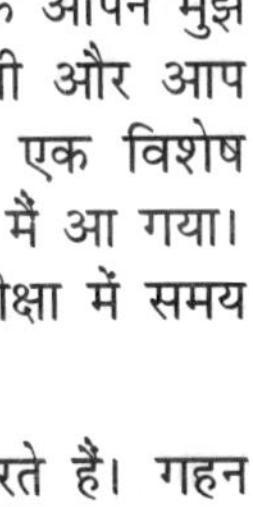

मैं पूरे जीवन से प्रतीक्षा में हूँ। बचपन में युवा होने की प्रतीक्षा थी। वैसे पढ़ता-सुनता आया हूँ कि नियति अपना काम किया करती है। सब

काल के अधीन हैं, लेकिन यहाँ कर्म को धर्म बताया गया है। इसलिए मैं श्रेष्ठ कर्म के अवसर की प्रतीक्षा भी करता था और कर्म-फल की भी। अपने कर्मो के परिणाम की प्रतीक्षा सबको रहती है। स्कूल में पढ़ते हुए आचार्य की प्रतीक्षा थी। सायंकाल छुट्टी की प्रतीक्षा। प्रतीक्षा थी कि जल्दी छुट्टी मिले और घर जाऊँ। खेतों से पिता के लौटने की प्रतीक्षा। स्कूली शिक्षा में परीक्षा का समय आने की प्रतीक्षा। परीक्षा के बाद परीक्षा-परिणाम जानने की प्रतीक्षा। राजनीतिक क्षेत्र में काम करते हुए मंच, माला-माइक की प्रतीक्षा। चुनाव-परिणाम की प्रतीक्षा। यात्राओं में रेल, बस या वायुयान की प्रतीक्षा। अच्छे दिन आने की प्रतीक्षा। युवा हो जाने के बाद पूर्ण परिपक्व हो जाने की प्रतीक्षा। लिखे हुए आलेखों के पत्र-पत्रिकाओं में प्रकाशित होने की प्रतीक्षा अब भी रहती है।

प्रतीक्षा हमारा स्थायी भाव है। शायद सबका भी है। लेकिन वृद्धावस्था की प्रतीक्षा कोई नहीं करता। सुनता आया हूँ कि वृद्धावस्था 55 या 60 वर्ष के आसपास आती है। शरीर अशक्त होता है। जीवनदीप की ज्योति कम होने लगती है। जीवन-वीणा का संगीत मद्धम होने लगता है। अनुभवों का मधुकोष उफनाता है। अध्यात्म संगीतबद्ध होता है। वृद्धावस्था का सौन्दर्य खिलता है।

मैं 50 वर्ष पूरे करते हुए ही वृद्धावस्था का दर्शन करने की प्रतीक्षा में रहा हूँ। शरीर, मन, बुद्धि और स्वयं को जाँचता रहा हूँ। प्रत्येक अंश को ध्यान से देखता रहा हूँ। वृद्धावस्था आने के मुहूर्त को टकटकी लगाये देखता रहा हूँ। अपने पर हँसी आती है कि शैशव, तरुणाई और वृद्धावस्था ढोल बजाकर नहीं आते। वृद्धावस्था भी स्वाभाविक रूप में आयी। लेकिन उसके शुभागमन की मुहूर्त पकड़ नहीं पाया। कभी नहीं लगता कि मेरे जीवन में पूरी-पूरी वृद्धावस्था आ गई है, लेकिन शरीर बुद्धि से चुगली करता है। शरीर बुद्धि को ही सूचित करता है। बुद्धि कहती है कि यह वृद्धावस्था ही है। आप इसी की प्रतीक्षा कर रहे थे। मेरा मन तब भी नहीं मानता। बताते हैं कि वृद्धावस्था में दृष्टि व स्मृति क्षीण होती है। लेकिन मेरी दृष्टि और स्मृति स्वस्थ है। आँखों की ज्योति पुष्ट है, लेकिन शुभचिंतक मेरी वृद्धावस्था की ओर ध्यानाकर्षण कराते रहते हैं। वह भी मुझे दीन बताकर नहीं। वे मेरी प्रशंसा करते हैं कि इस उम्र में भी आप बहुधा दो-ढाई सौ किलोमीटर की

कार-यात्रा करते है। अगला कहता है कि इस उम्र में भी आप रात दो-ढाई बजे तक लिखते-पढ़ते हैं। हवाई जहाज में चढ़ते-उतरते अपरिचित लोग कहते हैं आप बुजुर्ग हैं, पहले आप उतरिए। लोक मुझे वृद्धावस्था की सुविधाएँ व प्रशस्ति-पत्र देता रहता है। वह मुझे किसी न किसी बहाने वृद्ध सिद्ध करता रहता है। ऐसे में मेरी जीवन-दृष्टि प्रभावित होती जान पड़ती है लेकिन जीवन-दृष्टि कभी वृद्ध नहीं होती।

पुनर्जन्म-धारणा और विश्वास के कारण एक से ज्यादा जीवन की अपेक्षा-प्रतीक्षा स्वाभाविक है। वैसे पुनर्जन्म की प्रतीक्षा करने वाले लोग दिखाई नहीं पड़ते। पुनर्जन्म के पहले मृत्यु है। मृत्यु जीवन का ही हिस्सा है। जीवन का पूर्ण विराम। जीवन सबको बाँधकर रखता है। यही जीवन तमाम रूप, रस, गंध के आस्वाद व प्रिय-अप्रिय के अनेक अवसर देता है। अवसरों का सदुपयोग सुखद परिणाम दे सकता है। इससे आशा बढ़ती है। आशा से प्रतीक्षा बढ़ती है। आत्मविश्वास भी बढ़ता है। ऐसी सारी उपलब्धियाँ अल्पकालिक होती हैं। जागृत बोध में संसार के सभी भोगों की व्यर्थता दिखाई पड़ती है। सामान्यतया कर्मठ लोग वृद्धावस्था तक अपने शरीर पर ध्यान नहीं देते। वे सांसारिक उपलब्धियों के लिए सतत् कर्म करते रहते हैं। शरीर के अंग अशक्त होते जाते हैं। अच्छा होता कि हम स्वस्थ शरीर के साथ वृद्धावस्था में प्रवेश करते।

मैंने शरीर की सामान्य जरूरतों की उपेक्षा की। भोजन शरीर का निर्माता है, ऐसा जानते हुए भी मेरी दिनचर्या अस्त-व्यस्त रही है। उपनिषद मेरे प्रिय हैं। उपनिषदों में अन्न की प्रशंसा है। अन्न न मिले तो प्राण साथ छोड़ देते हैं। अन्न भी अध्यात्म का भाग है। मैंने अन्न की प्रतीक्षा नहीं की। जीवन कर्म-प्रधान रहा, तमाम तरह की व्यस्तताएँ रही हैं, सो जीवन अस्त-व्यस्त रहा है।

मैंने स्वस्थ शरीर के साथ वृद्धावस्था में प्रवेश नहीं किया। वृद्धावस्था में शरीर वैसे भी जीर्ण होता है। मन के तल पर अवसाद-विषाद बढ़ते हैं। इनका प्रभाव शरीर पर पड़ता है। शरीर ही भोग, रोग, योग, संयोग, वियोग का उपलब्ध है। वृद्धावस्था में शरीर स्वयं ध्यानाकर्षण करता है। हम अच्छे स्वास्थ्य की प्रतीक्षा करते हैं। लेकिन मेरा मन सत्य, शिव और सुंदर की प्रतीक्षा में चंचल रहता है। पूरे जीवन शरीर की चिंता नहीं की। अब काफी

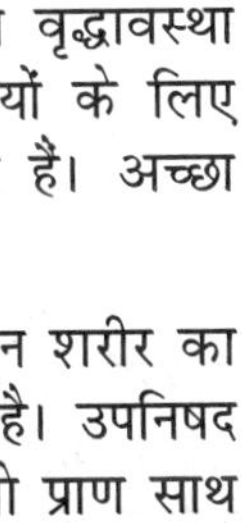

देर हो चुकी है। नियति खुलकर खेल रही है। मैं तटस्थ द्रष्टा हूँ। पूर्ण संतुष्ट। हमारा अध्यात्म अनुभवों का प्रसाद है। जीवन गीत जारी है।

आहार का अर्थ सामान्यतया भोजन होता है लेकिन इन्द्रिय-द्वारों से हमारे भीतर जाने वाले सभी प्रवाह आहार हैं। आहार व्यापक धारणा है। मनुष्य में पाँच इन्द्रियाँ हैं। आँख से देखे गए विषय हमारे भीतर जाते हैं और संवेदना जगाते हैं; इसलिए दृश्य भी आहार हैं। कान से सुने गए शब्द और सारी ध्वनियाँ भी आहार हैं। संगीत आनंदित करता है और गीत भी। अपशब्द-गाली, सुभाषित या संगीत पदार्थ नहीं होते, तब भी वे हमारे भीतर रासायनिक परिवर्तन लाते हैं। ध्वनियाँ भी हमारा आहार हैं। हम-सबके मन में मधुर गीत-संगीत सुनने की प्रतीक्षा रहती है।

हम नाक से सूँघते हैं। सुगंध या दुर्गन्ध से हम प्रसन्न-अप्रसन्न होते हैं, हमारा मन बदलता है। गंध भी आहार है। हम-सबके मन में सुगंध की भी प्रतीक्षा रहती है। इसी तरह स्पर्श भी आहार है। प्रियजन का स्पर्श भी संवेदना जगाता है। हम प्रिय पशु कुत्ता, बिल्ली को सहलाते हैं, वह प्रसन्न होता है। हम प्रसन्न होते हैं। स्पर्श भी आहार है। अन्न-भोजन भी आहार है। इससे रक्त-मांस, हड्डी, मज्जा और ओज-तेज बनता है।

छान्दोग्य उपनिषद में आहार-विषयक सुंदर मंत्र है, "आहारशुद्धौ सत्वशुद्धि। सत्वशुद्धौ ध्रुवा स्मृतिः। स्मृति लाभै सर्व ग्रन्थीनां विप्रमोक्षः- आहार की शुद्धि से हमारे जीवन की सत्व-शुद्धि है। सत्व-शुद्धि से स्मृति मिलती है। स्मृति-प्राप्ति से समस्त ग्रन्थियाँ खुल जाती हैं।" इसी भाव वाला श्लोक गीता में भी है। यहाँ आहारों की शुद्धि का परिणाम बताया गया है।

सत्व हमारे समूचे व्यक्तित्व का रस है। वृहदारण्यक उपनिषद में ऐसा ही शब्द है अर्क। सत्व-शुद्धि का परिणाम स्मृति की प्राप्ति है। स्मृति अतीत का स्मरण है। पुनर्जन्म की बात छोड़ दें तो सबका अतीत जन्म से प्रारम्भ होता है। अतीत की घटनाएँ हमारे मस्तिष्क में होती हैं, लेकिन जन्म के पहले भी हमारा अस्तित्व है। हम माँ के गर्भ में होते हैं, जीवन्त होते हैं, हमारे मस्तिष्क में उस काल की भी स्मृतियाँ होनी चाहिए। महाभारतकार ने गर्भ की स्मृति पर ध्यान

दिया है। अभिमन्यु ने गर्भ में रहते हुए ही चक्रव्यूह-भेदन का मर्म जान लिया था। वैज्ञानिक बताते है कि जीवन की हलचल गर्भधारण के कुछेक दिन बाद ही प्रारम्भ हो जाती है। ऐसी स्मृति भी हमारे मस्तिष्क में सुरक्षित होगी। गर्भ में आने के पहले की स्मृति का स्मरण भी संभव है। उपनिषद के ऋषि इसी स्मृति की प्राप्ति का उल्लेख करते हैं। जीवन-धारण का प्रथम क्षण बड़ा महत्वपूर्ण होगा; लेकिन आहार-शुद्धि से वही स्मृति मिल जाती है। शुद्ध आहार स्वस्थ जीवन का आधार है। इसलिए शुद्ध आहार की भी प्रतीक्षा स्वाभाविक है, लेकिन हमारा आहार अशुद्ध है।

शब्द-आहार या बतरस में शुभ की चर्चा कम होती है। अशुभ की चर्चा में सबकी रुचि है। हम किसी की प्रशंसा करते हैं। तत्काल कुतर्क होंगे- ऐसा असंभव है, सब भ्रष्ट हैं। किसी को भ्रष्ट और चरित्रहीन बताओ, सब सुनने को तैयार हैं। शुद्धता कोई जीवनमूल्य नहीं। हम दिनभर अशुद्ध सुनते हैं। श्रीराम पुरुषोत्तम हैं, लेकिन वामपंथी विद्वान श्रीराम पर भी संदेह करते हैं। रावण पर कोई संदेह नहीं। श्रीराम व श्रीकृष्ण पर संदेह है, उन्हें काव्य-कल्पना कहा जाता है लेकिन रासलीला पर किसी को संदेह नहीं। जर्मनी में हिटलर की तानाशाही रही है, भयावह रक्तपात हैं। कुछ लोग हिटलर की चर्चा में भी आनंदित होते हैं। राम, कृष्ण, अरविन्द, विवेकानंद, गांधी 'शुद्ध' के प्रतीक हैं और हिटलर, औरंगजेब जैसे क्रूर अशुद्ध के प्रतीक हैं। शुद्ध स्वीकार्य नहीं। अशुद्ध प्रिय है। हमारे वार्तालाप का आहार भी अशुद्ध है।

प्रतीक्षा अस्तित्व पर विश्वास है। आस्तिक की श्रद्धा है। प्रतीक्षा का परिणाम स्वयं-सिद्ध है। शुभ की प्रतीक्षा करना मानव-स्वभाव है। वर्तमान परिस्थिति से पीड़ित-व्यथित के लिए भविष्य का आलम्बन सहायक होता है। प्रगाढ़ प्रतीक्षा में सुखद भविष्य की आश्वस्ति होती है। अच्छे दिन आने की पुलक होती है। प्रकृति जड़ नहीं है। प्रकृति का प्रत्येक अंश गतिशील है। यह गतिशीलता ऋजु- सीधा मार्ग नहीं अपनाती। यह चक्रीय है। पूर्वजों ने संभवतः इसीलिए कालगति के प्रतीक को चक्र कहा है। इस चक्रीय गति का अंत व प्रारम्भ एक ही होते हैं। सुख-दुःख बारी-बारी आते हैं। अस्तित्व में दोनो की उपस्थिति है। कवि रहीम ने ठीक गाया है, "रहिमन चुप ह्वै बैठिए, देखि

दिनन का फेर, जब नीके दिन आइहैं, बनत न लगिहैं देर।'' रहीम ने चुप रहकर प्रतीक्षा करने का संदेश दिया है। प्रतीक्षा व्यर्थ नहीं जाती। अस्तित्व के घर में प्रतीक्षारत रहने वाले आस्तिकों के लिए भी विशेष स्थान है। वेटिंग रूम यहाँ भी है।

प्रतीक्षा एक साधना है। प्रतीक्षा करने वाला व्यक्ति यह मानकर चलता है कि उसकी प्रतीक्षा उसे कर्मफल अवश्य दिलाएगी। प्रतीक्षा की साधना में ध्यान जैसी एकाग्रता घटित होती है। उसका ध्यान विषय-विशेष पर ही केन्द्रित रहता है। यह एकाग्रता कर्मफल को सुनिश्चित करती है। ध्यान-एकाग्रता उसकी प्रतीक्षा को कर्मफलदाता भी बनाती है। प्रतीक्षा अकर्मण्य होकर चुप बैठने का आचरण नहीं है। प्रतीक्षा में सतत् कर्म और कर्मफल के प्रति सक्रिय वैराग्य भी घटित होता है।

प्रतीक्षा का सीधा अर्थ है कर्मफल की प्रतिभूति। प्रतीक्षा का मूलभाव राज्य-योग की समाधि जैसा है। अंकगणित की तरह यहाँ दो और दो, चार ही होते हैं। प्रतीक्षा करने वाले के मनोभाव सकारात्मक होते हैं। चित्त् में शुभ प्राप्ति की संभावना गहरी होती है। प्रतीक्षा का चरित्र अन्तर्संगीत जैसा है। दुनिया के सभी साधकों ने प्रतीक्षा की मनोभावना में रहकर इच्छित कर्मफल प्राप्त किया है। प्रतीक्षा एक सात्विक मनोकामना है। मैंने स्वयं अपनी मनोअभिलाषा के लिए लम्बे समय तक प्रतीक्षा की है। प्रतीक्षा में शुभ घटित होने के लिए अस्तित्व की शक्ति पर विश्वास की आवश्यकता होती है।

सन् 1975 में संवैधानिक आपातकाल था। मौलिक अधिकार निलम्बित थे। लाखों लोगों को असहमति के कारण जेल में डाल दिया गया था। सबपर फर्जी मुकदमे थे। मै भी अपनी विचारधारा की प्रतिबद्धता के कारण जेल में था। लोग सहमे हुए थे। भयभीत थे। जेल से छूटने की आशा नहीं थी। ऐसा बन्दी-जीवन अंधकारपूर्ण था। हमलोगों को दूर-दूर तक प्रकाश की किरण नहीं दिखाई पड़ती थी। देश की सभी जेलों में बन्द सामाजिक कार्यकर्ताओं के मन में निराशा थी। परिस्थितियाँ विपरीत थीं। मैंने और मेरे जैसे अनेक लोगों ने अस्तित्व की गतिविधि पर विश्वास किया। हमलोगों ने प्रतीक्षा की। प्रतीक्षा से आत्मविश्वास बढ़ा। अंततः लोकसभा के चुनाव आए। चुनाव के समय सभी विपक्षी नेता जेल में थे। जो बाहर थे उन्हें

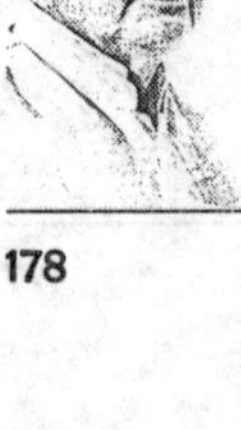

चुनाव-प्रचार में हिस्सा लेने से रोका गया। किसी को भी विश्वास नहीं था कि एकतरफा चुनाव-प्रचार के बावजूद सत्तापक्ष पराजित होगा, लेकिन 1977 के लोकसभा चुनाव में सत्तापक्ष पूरी तरह से पराजित हुआ। उस समय प्रतीक्षा का चमत्कार मैंने स्वयं अनुभव किया है। सत्तापक्ष की पराजय के बाद आपातकाल हटाया गया और जेल में बन्द सभी राजनैतिक बन्दी रिहा हुए।

प्रतीक्षा और आशा दोनो परिजन जान पड़ते हैं। आस्तिकता से पूर्ण आशा में आत्मबल बढ़ता है। आशा आत्मविश्वास बढ़ाती है। ऐसा आत्मविश्वास प्रतीक्षा की समयावधि में धैर्य देता है और प्रतीक्षा का अंतर्संगीत भीतर-ही-भीतर अपना काम करता है। भारतीय पुराणों में धैर्यपूर्ण प्रतीक्षा की अनेक कथाएँ हैं। उनके प्रयत्न, प्रतीक्षा की शक्ति पाकर फलदाता रहे। प्रतीक्षा एक अंतर्भाविना है। यह संपूर्ण व्यक्तित्व को सकारात्मक रूप में प्रभावित करती है और गहन जिजीविषा की शक्ति बढ़ाती है। प्रतीक्षा में संयम होता है, आशा होती है। निराशा नहीं होती। अस्तित्व की सकारात्मक शक्तियों पर विश्वास रहता है और अस्तित्व कभी गलती नहीं करता है। संसार में सबको अपने-अपने हिस्से की यश-सिद्धि और परसिद्धि मिलती ही है।

प्रतीक्षा हमारे अंतर्मन का उत्सव है। इस उत्सव का अपना आनन्द है। प्रतीक्षा में विचलन नहीं होता है। पराजय का भाव भी नहीं होता है। संसार का गणित प्राय: नियतिवादी है। नियतिवादी मानकर चलते हैं कि सबकुछ पहले से निर्धारित है। यहाँ हाथ-पैर मारने का कोई लाभ नहीं, लेकिन प्रतीक्षारत लोग नियतिवादी नहीं होते। उन्हें अपनी प्रतीक्षा पर और प्रतीक्षा के कारण स्वयं पर आत्मविश्वास होता है। वह जिस परिणाम की प्रतीक्षा करते हैं वह समूचे व्यक्तित्व की प्रतीक्षा-शक्ति पाकर परिणाम देता ही है। गंभीर और असाध्य बीमारियों में कुछलोग निराश हो जाते हैं। वह स्वस्थ होने की प्रतीक्षा नहीं करते हैं और निराश होकर पराजय स्वीकार कर लेते हैं। लेकिन आस्तिकता से पूर्ण प्रतीक्षा में चमत्कार घटित होते हैं और लोग आश्चर्यजनक ढंग से स्वस्थ हो जाते हैं।

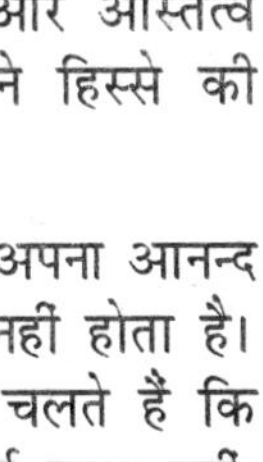

प्रकृति की गतिविधि में तमाम कर्णप्रिय ध्वनियाँ हैं। वायु के झोंकों, नृत्य-मगन वृक्षों की ध्वनि उत्तम श्रवण-आहार है और कोयल की

बोली भी प्रिय है। ऋग्वेद के ऋषियों ने मेंढक-ध्वनि में भी सामगान सुने थे। बच्चों की बोली से कर्णप्रिय और श्रवण-आहार क्या होगा? उनका तुतलाना सम्मोहनकारी है। हम ऐसे जीवंत दृश्यों पर ध्यान नहीं देते। गालियाँ याद रखते हैं, सुभाषित नहीं सुनते। सुनकर भूल जाते हैं। प्राचीन ज्ञान सुना हुआ है। यह भी आहार है। वेदों का एक नाम श्रुति है। सुना हुआ शब्द-आहार है। यह भी प्रभाव डालता है।

प्रकाश की सूक्ष्म तरंग भी परिवर्तन करती है। आधुनिक दृश्य-आहार और भी भयावह है। आँखें शुद्ध सौन्दर्य की प्रतीक्षा करती रहती हैं, लेकिन आधुनिक जीवन में सौन्दर्यबोध की जगह नहीं। सिनेमा दृश्य-श्रव्य-कथा आधुनिक माध्यम है। यह प्रभाव डालता है। मारपीट, हिंसा, तोड़फोड़ खतरनाक दृश्य-आहार है। आकाश में उगे मेघ देखने में हमारी रुचि नहीं। वर्षा की हरीतिमा या बसंत की मधुरिमा के दृश्य हमारा आहार नहीं बनते। स्कूल जाते छोटे बच्चों को हम ध्यान से नहीं देखते लेकिन सड़क पर जाता किन्नर हमारा प्रिय दृश्य-आहार है। प्रकृति के रूपों में पौष्टिक दृश्य-आहार है। नदी का प्रवाह, किसी सकरी गली का दाँए-बाँए मुड़ना, बहुत दूर-दूर तक खेतों ही खेतों का होना, इसी बीच में एक अकेले पेड़ का मस्त-मस्त लहराना हमारा दृश्य-आहार नहीं बनता। हम ऐसे दृश्यों का रसपान नहीं करते। हम पक्षियों को ध्यान से नहीं देखते। उनकी निर्दोष आँखों से आँख नहीं मिलाते। उनके बच्चों का शुद्ध सौन्दर्य नहीं देख पाते।

चरक संहिता में आहार को जीवों का प्राण कहा गया है- "वह अन्न-प्राण मन को शक्ति देता है, शरीर की सम्पूर्ण धातुओं व बल-वर्ण और इन्द्रियों को प्रसन्नता देता है।" (चरक संहिता, काशीनाथ शास्त्री की हिन्दी व्याख्या, चौखम्भा पृष्ठ 366) यहाँ सुख और दुःख की दिलचस्प परिभाषा है "आरोग्य अवस्था (बिना रोग) का नाम सुख है और रोग अवस्था (विकार) का नाम दुःख है।" (वही 133) बताते हैं "भोजन से उदर पर दबाव न पड़े, हृदय की गति पर अवरोध न हो, उदर में क्रूरता न हो, इन्द्रियाँ (भी) तृप्त रहें।" (वही 562-63) गीता में सत्व, रज और तम के अनुसार भोजन को तीन प्रकार का बताया गया, लेकिन चरक की स्थापना है "सत्व, रज और तम के प्रभाव में मन तीन तरह का दिखाई पड़ता है परन्तु वह एक है।" (वही 118) बताते

है "जब मन और बुद्धि का समान योग रहता है, मनुष्य स्वस्थ रहता है, जब इनका अतियोग, अयोग और मिथ्या योग होता है तब रोग पैदा होते हैं।" (वही 122)

इस तरह स्वास्थ्य और रोग में भोजन ही नहीं मन और बुद्धि के योग की ही महत्ता है, लेकिन इसका उल्टा भी है "ओज (वीर्य) क्षय होने पर भय बढ़ता है, चिन्ता बढ़ती है, इन्द्रियाँ पीड़ित करती हैं, शरीर का वर्ण बदल जाता है।" (वही 242) मन बड़ा कारक है। मनोनुकूल स्थान पर भोजन करने के अतिरिक्त लाभ हैं, "मन-अनुकूल स्थान पर भोजन से मानसिक विकार नहीं होते। मन के अनुकूल स्थान और मनोनुकूल भोजन स्वास्थ्यवर्द्धक हैं।" (वही 559) हम-सबको मनोनुकूल भोजन की प्रतीक्षा रहती है। दुर्भाग्य से आधुनिक काल में भोजन सम्बंधी प्राचीन ज्ञान ही व्यर्थ कहा जाता है। फास्ट फूड की संस्कृति है। मांसाहार के नये तरीके आये हैं। शराब की खपत बढ़ी है। नये-नये रोग बढ़े हैं। तनाव बढ़े हैं। क्रोध बढ़ा है, क्रोधी बढ़े हैं। तनावग्रस्त और क्रोध से भरेपूरे लोग शुभ की प्रतीक्षा नहीं कर सकते।

चरक संहिता (शारीर स्थानम्- श्लोक 118 से 125 तक) में रोगों का वर्णन है। यहाँ शब्द, स्पर्श, रूप (दृश्य) रस और गंध के 'अतियोग और अयोग' रोग के कारण हैं। ध्वनि शब्द के बारे में कहते हैं, "अत्यंत उग्र शब्द सुनने, कम सुनने अथवा हीन शब्दों को सुनने से श्रवणेन्द्रियाँ जड़ हो जाती हैं।" कठोर, भयजनक, गाली, अशस्त, अप्रिय शब्दों को मिथ्यायोग कहते हैं। स्पर्श पर टिप्पणी है, "कीटाणु विषैली वायु आदि का स्पर्श गलत है।" रूप के विषय में कहते हैं, "अप्रिय दृश्य आँख के लिए कष्टकारी है।" बहुत दूर से देखने और अतिनिकट से देखने को भी गलत बताया गया है। गंध के बारे में कहते हैं "उग्र गंध अतियोग है। कोई गंध न सूँघना अयोग है।" रस के बारे में बताते हैं "किसी रस का विशेष सेवन अतियोग है।" यहाँ शारीरिक रोगों का विवेचन है। इनके मानसिक और बौद्धिक प्रभावों का विवेचन भी है। भोजन की दृष्टि से शरीर, मन, बुद्धि और प्रज्ञा के निर्माण में अन्न की भूमिका है। तैत्तिरीय उपनिषद की 'भृगुवल्ली' में वरुण द्वारा पुत्र भृगु को दिया गया उपदेश है। भृगु ने पिता वरुण से ब्रह्म की जिज्ञासा की। वरुण ने कहा, "अन्न, प्राण, नेत्र, कान, मन और वाणी

ब्रह्म-प्राप्ति के द्वार हैं।'' भृगु ने निश्चय किया ''अन्न ब्रह्म है- अन्नं ब्रह्ममेति व्यजानत। प्राणी अन्न से बढ़ते हैं। मृत्यु के बाद अन्न-क्षेत्र पृथ्वी में समा जाते हैं।'' अन्न महत्वपूर्ण है। दुनिया के सभी देश अन्न की आत्मनिर्भरता के लिए प्रयास करते रहते हैं; और इसकी प्रतीक्षा भी करते रहते हैं।

भौतिकवादी विद्वान उपनिषद साहित्य को भाववादी बताते हैं। अन्न भौतिक पदार्थ है, ऋषि की अनुभूति में ब्रह्म है। एक मंत्र में कहते हैं ''यह व्रत-संकल्प है कि अन्न की निन्दा न करें- अन्नं न निन्द्यात्। अन्न ही प्राण है। प्राण ही अन्न है। यह शरीर भी अन्न है। शरीर और प्राण का अंतर्सम्बंध है। अन्न ही अन्न में प्रतिष्ठित है। जो यह जान लेता है, वह महान हो जाता है- महान् भवति, महानकीर्त्या। (7वां अनुवाक) फिर बताते हैं ''यह व्रत है कि अन्न का अपमान न करें- अन्नं न परिचक्षीत, तद् व्रतम्।

तैत्तिरीय उपनिषद में कहा गया है कि जल भी अन्न है। जल में तेज है, तेज जल में प्रतिष्ठित है, अन्न में अन्न प्रतिष्ठित है। जो यह जानते हैं वे महान होते हैं, कीर्तिवान होते हैं।'' (8वां अनुवाक्) फिर कहते हैं ''यह व्रत है कि खूब अन्न पैदा करें- अन्नं बहुकुवएत। पृथ्वी अन्न है, आकाश अन्नाद है। आकाश में पृथ्वी है, पृथ्वी में आकाश है। जो यह बात जानते हैं वे अन्नवान हैं और महान बनते हैं।'' (9वां अनुवाक) अंतिम मंत्र बड़ा प्यारा है ''यह व्रत है कि घर आए अतिथि की अवहेलना न करें। तमाम रीति से अन्न का प्रबंध करें। अतिथि से श्रद्धापूर्वक कहें- अन्न तैयार है। इस कार्य को ठीक से करने वाले के घर अन्न रहता है। इसी कार्य को मध्यम तरह से करने वाले के घर मध्यम और साधारण रीति से यह कार्य करने वाले के घर साधारण अन्न-भंडार ही रहता है।'' (10वाँ अनुवाक) यहाँ आहार का अर्थ अन्न है। आहार की शुद्धता में भाव-प्रवण अतिथि-सत्कार भी है। यह आहार का अध्यात्म है।

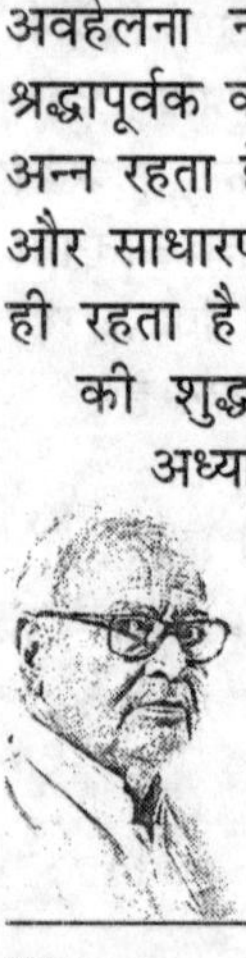

उत्तरवैदिक काल का खूबसूरत ग्रन्थ है प्रश्नोपनिषद। यहाँ अन्न को प्रजापति ब्रह्म बताया गया है- अन्नं वै प्रजापति। ऐतरेय उपनिषद में कहते हैं, ''सृष्टि-रचना के पूर्व 'वह' अकेला था, दूसरा कोई नहीं था। उसने सृजन की इच्छा की- स ईक्षत् लोकान्नु

सृजा इति। उसने लोक रचे। लोकपाल रचे। फिर इच्छा की कि अब लोक और लोकपालों के लिए अन्न-सृजन करना चाहिए। उसने अन्न बनाये।'' उपनिषदों में शरीर अन्नमय कोष है। योग सूत्रों में भी शरीर को अन्नमय कोष कहा गया। भारत में अतिप्राचीन काल से अन्न का अध्यात्म लोकप्रिय रहा है।

आहार को सुस्वाद बनाने की परम्परा प्राचीन है। ऋग्वेद में 'मधु' उत्तम स्वाद का प्रतीक है। मनुष्य जो खाता है, उसी का श्रेष्ठतम अतिथि को खिलाता है और श्रेष्ठतम खाद्य को ही देवों को अर्पित करता है। ऋग्वेद में यव (जौ), धाना और धान्य शब्दों का बहुत प्रयोग हुआ है। भुना हुआ अन्न करम्भ कहा गया है लेकिन धाना भी भूना जाता है। ऋषि इन्द्र को भुना हुआ धाना भेंट करते हैं। स्तुति है ''दिवे-दिवे धाना: सिद्धि- रोज आओ, धाना पाओ।'' अग्नि भी धाना से खुश होते हैं। वे धाना पाकर धान्य (सम्पदा) देते हैं।

ऋग्वेद में पूषन् देव पोषण देते हैं, बुद्धि तेज करते हैं। ऋषि उन्हें 'करम्भाद्' कहकर स्तुति करते हैं। पूषन भुने हुए अन्न के प्रेमी हैं। इन्द्र भी 'करम्भ' प्रेमी हैं लेकिन उन्हें धाना, करम्भ, अपूप (पुआ, पूड़ी) सोम एक साथ भी दिए जाते हैं। ऋषि 'अपूप' (पूड़ी, पुआ) खिलाने के लिए इन्द्र के साथ मरुद्गणों को भी न्यौता देते हैं। अग्नि, इन्द्र और वरुण दिव्य प्राकृतिक शक्तियों के रूप-विधान हैं। यह अलग बात है कि देवता यह खाद्य सामग्री खाते थे या नहीं खाते थे लेकिन वैदिक आर्यो की दृष्टि में सर्वोत्तम खाद्य सामग्री यही है। देवता भी सुस्वादी भोजन की प्रतीक्षा करते बताए गए हैं।

शरीर मुख्य संरचना है। इसके प्राणमय, मनोमय, विज्ञानमय और आनंदमय कोष शरीर से जुड़े हुए हैं। शरीर की कमजोरी का प्रभाव अन्य कोषों पर भी पड़ता है, यह स्थापना छान्दोग्य उपनिषद में है। इसी तरह प्राण, मन, विज्ञान, चेतन व आनंद का प्रभाव भी शरीर पर पड़ता है। इसलिए अन्न-आहार भी पूरे व्यक्तित्व पर प्रभाव डालते हैं। गीता में भी भोजन की चर्चा है। श्रीकृष्ण बताते हैं, ''आयु, प्राणशक्ति, बल, निरोगता, स्वास्थ्य और आनंद को बढ़ाने वाले, मधुर, स्निग्ध भोजन पोषक और रुचिकर होते हैं। वे सात्विक लोगों को प्रिय होते हैं।'' आहार मनुष्य का आधार है। गीता की स्थापना है कि

दु:ख और शोक भी आहार से ही आते हैं। ऋग्वेद से लेकर समस्त बाद के साहित्य में आहार की शुद्धि पर जोर है।

अन्न ही काया का निर्माता है, इसी से ऊर्जा है, इसी से प्राण और जीवन भी। डॉ0 सत्यकेतु ने 'प्राचीन भारतीय इतिहास का वैदिक युग' पुस्तक में 'भोजन' और 'मांसभक्षण का प्रश्न' शीर्षक से वैदिक समाज के खानपान का विवेचन किया है। लिखते हैं, ''वैदिक युग में आर्यों के मुख्य भोज्य पदार्थ अन्न, कन्द, मूल, फल, दूध और घृत थे। वैदिक साहित्य में प्रधानतया ब्रीहि, यव, तिल माश-उड़द, श्यामाक (साँवक-साँवा), सरसों और गन्ने का उल्लेख मिलता है जिन्हें कृषि द्वारा उत्पन्न किया जाता है। ब्रीहि (धान) अनेक प्रकार के होते थे। तंदुल का उल्लेख भी है। यह चावल का बोध कराता है। भोजन के लिए उबाले गए तंदुलों को 'ओदन' कहते थे।'' उन्होंने ऋग्वेद (8.77.10) के हवाले से 'क्षीरपाकमोदनम्'-दूध में पकाए चावल का भी उल्लेख किया है।

वैदिक आर्य अतिरिक्त संवेदनशील थे, अतिरिक्त जिज्ञासु थे। कीट-पतिंगों के प्रति भी ममत्व से भरे थे। वे पशुपालक थे, गोपालक थे, कृषक थे। वे अन्न दूध और फलों पर निर्भर थे, लेकिन कुछेक विद्वानों ने आर्यों को मांसभक्षी बताया है।

मार्क्सवादी चिंतक डॉ0 रामविलास शर्मा ने आर्यों के मांसभक्षी होने के आरोप को गलत बताया है। उन्होंने 'भारतीय संस्कृति और हिन्दी प्रदेश' में लिखा ''पुरोडाश, अपूप, धाना आदि के उल्लेखों से पता चलता है कि ये मुख्यत: कृषि-जीवी समाज के लोग थे। खेती से जौ की उपज होती थी, उसी में दूध मिलाकर वे देवों को भेंट करते थे और स्वयं उसे ग्रहण करते थे। गायें पालते थे लेकिन गोपालन मुख्य व्यवसाय नहीं था। मुख्य धन्धा खेती था, गो-पालन उसके अंतर्गत था।

ध्यान देने की बात यह है कि बार-बार देवों को अनाज की, घी-दूध की चीजें भेंट की गई हैं। मांस का उल्लेख एक बार भी नहीं है।'' डॉ0 शर्मा ने बताया है कि ''ऋग्वेद में धाना और धान्य शब्दों का प्रयोग भी अनेक बार हुआ है। मैकडनल और कीथ ने लिखा है कि धाना नियमित रूप से सोम के साथ मिश्रित किए जाते थे और कभी-कभी आर्यजन इन्हें भूनकर भी खाते थे।''

आधुनिक भारत में स्वास्थ्य के प्रति जागरूकता बढ़ी है लेकिन आहार की शुद्धि के आदर्श भुला दिए गये हैं। आहार की शुद्धता का प्राचीन विज्ञान ध्यान देने योग्य है। आहार की शुद्धता प्रेय है। आहार का दर्शन, रोगरहित, दीर्घायु की गारंटी है। यह गीत गाता अध्यात्म है। इसी मार्ग के अनुसरण में जीवन का आनंद है।

हमारी दिनचर्या में आहार की आचार संहिता का अभाव है। मैं शुद्ध सात्विक भोजन की प्रतीक्षा करता रहता हूँ। लेकिन अति आधुनिक समाज में पूड़ी-पराठा भी कंपनियाँ घर तक पहुँचा रही हैं। हमारे तमाम मित्र रेडीमेड भोजन के अभ्यस्त हो गए हैं। घर में भोजन की प्रतीक्षा का आनंद दूसरा ही है। यही शरीर, मन, बुद्धि को पोषक तत्व देता रहा है; लेकिन मैं इसका लाभ नहीं उठा सका।

शुभ की प्रतीक्षा में रहने के बावजूद मैंने भरपूर जीवन जीया है। प्रतीक्षा का सम्बन्ध कालगति से है। जो-जो घटित होगा वह अज्ञात है। मन कहता है कि प्रतिदिन 17-18 घण्टे काम करने के बावजूद जीवन का सर्वोत्तम अभी प्रकट नहीं हुआ है। लगता है अभी गीत अधूरा है। पूरे जीवनकाल में नियति के कहे अनुसार नाच रहा हूँ। लेकिन परिधि से केन्द्र की दूरी नहीं घटी। नृत्य भी अधूरा है। जीवन-कर्म अधूरे हैं।

मेरा मुख्य क्षेत्र राजनीति है। भिन्न-भिन्न पदों के दायित्वों का निर्वहन मैंने परिश्रमपूर्वक किया है। लेकिन इसमें भी जीवन का सर्वोत्तम प्रकट नहीं हो सका है। मैंने अनेक वैचारिक पुस्तकें लिखी हैं। वैदिक साहित्य का अनुशीलन किया है। लगता है कि अब भी जीवन का सर्वोत्तम सृजन प्रकट नहीं हो सका है।

कविता हृदय के भाव-जगत को प्रकट करने का श्रेष्ठ माध्यम है। मैं चाहकर भी काव्य-सृजन नहीं कर पाया। मैं किसी भी क्षेत्र में सर्वोत्तम प्रकट न कर पाने के लिए स्वयं को उलाहना दिया करता हूँ। प्रतीक्षा है और अस्तित्व से स्तुति भी है कि मेरे कर्मों द्वारा लोक-मंगल के निमित्त मेरे जीवन का सर्वोत्तम प्रकट हो।

मेरे सतत् कर्मों से लोकमंगल की सिद्धि हो, यही प्रतीक्षा है। सत्य के साक्षात्कार की भी प्रतीक्षा है। बहुत हो गया भागते-दौड़ते। इसलिए अब नाचते-गाते अध्यात्म के साथ सत्य-दर्शन की

प्रतीक्षा है। इस प्रतीक्षा में अधीरता नहीं है। पूर्ण धैर्य के साथ धैर्यपूर्ण प्रतीक्षा है।

अकिंत

विवेकी राय

हृदयनारायण दीक्षित जी से कभी नहीं मिला; किन्तु वे अपने लेखन के माध्यम से मेरे मन के अत्यन्त करीब हैं। उनके वृहद् ज्ञान को प्रणाम करता हूँ। हमारे जैसे साहित्य के विद्यार्थी को उनकी विचार-प्रक्रिया और उनकी लेखन-शैली प्रभावित करती है। उनकी तीन-चार पुस्तकों को भी पढ़ा, लेकिन 'दैनिक जागरण' में अनवरत प्रकाशित होने वाले उनके स्तम्भ भी वैसी ही गम्भीरता रखते हैं। वे मेरे प्रिय विषय 'ग्राम' और 'संस्कृति' के वर्तमान में सबसे बड़े विशेषज्ञ हैं। उनको मैं ललित चितेरा और उत्कृष्ट चिन्तक मानता हूँ।

हिन्दी और भोजपुरी के सुप्रसिद्ध साहित्यकार। पच्चासी से अधिक पुस्तकें प्रकाशित। उत्तर प्रदेश सरकार द्वारा 'साहित्य-भूषण', 'महात्मा गांधी' व 'यश भारती' सम्मान से सम्मानित।

नाचता अध्यात्म

दोहरा व्यक्तित्व

साहसी स्पष्टता

सृजन, सुख देता है। मूलभूत प्रश्न है कि तब मैं राजनैतिक कार्यकर्ता क्यों हूँ? दरअसल राजनीति में रहकर जरूरतमन्दों की मदद हो जाती है। विचार के लिए जन-अभियान की सुविधा रहती है शायद इसीलिए गांधी जी भी राजनीति में आये, इसीलिए डॉ0 अम्बेडकर आये, इसीलिए तिलक, सुभाष भी आये, इसीलिए दीनदयाल उपाध्याय जैसे निष्कलुष लोग भी यहाँ आये। शायद इसीलिए मैं भी राजनीति में हूँ।

दोहरा व्यक्तित्व

साहसी स्पष्टता

सत्य सदा से है। यह प्रलय में भी नष्ट नहीं होता। काल उसे बूढ़ा नहीं कर सकता। वह सदा से है। नित्य है। यह एकसाथ नूतन और पुरातन है। अपनी मूल प्रकृति में वह चिरन्तन भी है। सत्य अस्तित्व का यथार्थ है। सत्य बोलना ऋत-नियम का पालन है। ऋत प्रकृति की व्यवस्था है। कर्ता सतत् कर्म करते हैं। वे कर्म-फल के भोक्ता हैं। कर्तापन, भोक्तापन ही मनः संसार है। हमारा मन संसार की छाया है। जगत गतिशील है। मन भी गतिशील है, इसकी गति मापना असम्भव है इसलिए इसे चंचल कहा गया है। अस्तित्व में अनुकूल और प्रतिकूल साथ-साथ हैं। प्रकाश और अंधकार दोनो हैं। यहाँ शुभ और अशुभ भी साथ-साथ हैं। शुभ की परिभाषा कठिन है। सामान्यतया 'सर्वभूतहित' को शुभ जाना गया है लेकिन हम स्वहित को शुभ देखते हैं और विपरीत को अशुभ। सत्य और असत्य की लड़ाई की चर्चा प्राचीनकाल से है। मुझे इस लड़ाई की वास्तविकता पर संशय है।

असत्य होता नहीं। सत्य ही होता है, यही अस्तित्व है। इसे ही उपनिषदों में ब्रह्म कहा गया है। ब्रह्म सत्य है, सत्य ब्रह्म है। यही एकमेव है। तब अस्तित्वविहीन असत्य और अस्तित्वगत सत्य की लड़ाई कैसे सम्भव है। जो है नहीं उससे लड़ाई कैसी? जान पड़ता है कि हम अपनी धारणा में अविभाजित एक सत्य को विभाजित देखने की गलती करते हैं। ऐसा स्वाभाविक है। मन भी संसार की छाया-अनुसार विभाजित रहता है। अखंड मन संकल्प का केन्द्र होता है। उसमें विकल्प और विपर्यय नहीं होते। लेकिन खंडित मन में द्वन्द्व रहते हैं। मन ही मन से टकराता है।

मेरा अपना मन ऐसा ही है। मेरे मन में बहुधा अन्तर्द्वन्द्व होते हैं। हम अकेले होकर भी दो हैं। दो ही क्यों मेरे भीतर कई 'मैं' हैं। शायर निदा फाजली ने लिखा है "हर आदमी में होते हैं दस-बीस आदमी, जिसको भी देखना हो, कई बार देखना।" मेरे भीतर भी ऐसा ही है। अन्तर्विरोध व्यथित करते हैं। मैं स्वयं से लड़ता हूँ। हमारे भीतर स्वयं की स्वयं से मुठभेड़ होती है। भीतर महाभारत चलता है। मैं ही पांडव, मैं ही कौरव। इस अन्तर्द्वन्द्व में मैं कभी नहीं जीतता। मैं ही हारता हूँ बार-बार। कभी-कभी जीतने का उत्सव मनाने की तैयारी करता हूँ लेकिन जीत, हार में बदल जाती है। मैं स्वयं से ही युद्ध करता हूँ। आहत विषादग्रस्त।

'विजय' मानसिक स्थिति है और 'पराजय' भी। अजेय होना बड़ी लब्धि है। नीत्से ने बहुत मजेदार बात कही थी- दुनिया में मुझे कोई हरा नहीं सकता, क्योंकि मैं लड़ाई ही नहीं करता। नीत्से का आधा वक्तव्य अहंकारपूर्ण लगता है 'कोई हरा नहीं सकता', लेकिन कारण आनन्दवर्द्धक है- 'क्योंकि मैं लड़ाई ही नहीं करता।' विजय की इच्छा में लड़ाई की इच्छा गुँथी हुई है। लड़ाई की इच्छा में विजय की अभिलाषा होती है। लेकिन हारने के लिए भी लड़ाई जरूरी है। क्रिकेट के खेल में ढेर सारे खिलाड़ी हारने के लिए भी लड़ते हैं। मैच-फिक्सिंग में भी लड़ाई होती है।

मन, संकल्प का केन्द्र है। मन की एकाग्रता का योग 'मनोयोग' है। मनोयोग चर्चित शब्द है। यहाँ मन के साथ योग जुड़ा हुआ है। मनोयोग साधने की कार्रवाई स्वयं से स्वयं का संघर्ष नहीं है। यह स्वयं द्वारा अपनी ही सम्पूर्ण शक्तियों को संगठित करने का काम है। हम-सबके भीतर एक गाँव या नगर जैसी व्यवस्था है। सब हमारे व्यक्तित्व के भाग हैं। वे परस्पर सम्बन्धित भी हैं, लेकिन शक्तियाँ बिखरी हुई हैं इसलिए व्यक्ति में अंतर्विरोध है।

मैं सार्वजनिक जीवन में हूँ। राजनैतिक कार्यकर्ता हूँ। राजनीति में छवि का महत्व है। किसी वस्तु या व्यक्ति के सम्बन्ध में आमजनों की संक्षिप्त धारणा या मत को छवि कहते हैं। छवि का जन्म और विकास लोक में होता है। राजनेता के कथन, आचरण व व्यवहार, लोक में ही होते हैं। लोक इसी आधार पर राजनेता के सम्बन्ध में अपनी संक्षिप्त राय बनाता है, व्यक्त करता है। लोग

कहते हैं कि विधायक जी कान के कच्चे हैं या सरल हैं या त्यागी हैं, भ्रष्ट हैं; आदि-आदि।

आमजन राजनेता की छवि अपने दृष्टिकोण से बनाते हैं। राजनेता अपने ढंग से अपनी छवि बनाते हैं। सँवारते हैं। मीडिया-प्रबंधन करते हैं। एक छवि प्रायोजित है, करुणामयी, क्षेत्र-राष्ट्र के विकास को बेचैन, समता, ममता, समरसता जैसे शब्द-आभूषणों वाला कण्ठहार। मगर पद, प्रतिष्ठा, मंच, माला, माइक का लोभ। जिन्दाबाद और अपनी प्रशंसा सुनने की इच्छाएँ प्रायः भीतर रहती हैं। अधिक होशियार राजनेता इनको ऊपर नहीं लाते। ऐसी इच्छाएँ 'अचेतन मन' में रहती हैं। बाहर सबकी प्रशंसा, सुन्दर व्यवहार लेकिन भीतर कुछ और। लोकतन्त्र की कृपा से मनुष्य जाति में हम भिन्न प्रजाति जैसे हैं। मैं स्वयं इसी वर्ग का हिस्सा हूँ।

मेरा मनसतन्त्र भरी जवानी में राष्ट्रनिर्माण, सामाजिक पुनर्गठन, गरीबों की सेवा, गहन संवेदनशीलता और करुणा जैसी भावनाओं के अग्नि-अंधड़ से बना। प्रतिपल करुणा, प्रतिक्षण संवेदना, हरेक क्षण आक्रोश और उसका जलजला। भीतर सुलगता ज्वालामुखी, चेहरे पर गरम लावा की तमतमाहट। जैसा बाहर वैसा भीतर, लेकिन सफल सार्वजनिक जीवन की अपेक्षाएँ भिन्न हैं। यहाँ अप्रिय सत्य नहीं चलता। अब कोशिश करता हूँ कि अप्रिय सत्य न बोलूँ। लेकिन बुद्धि-युक्ति साथ नहीं देती। प्रकृति जीत जाती है। प्रायोजित संस्कार काम नहीं आते। पहली बार विधायक बनने के बाद कामकाजी लोगों की भीड़ सुबह से ही बढ़ गयी। देर रात एक बजे तक पढ़ने व व्यस्त रहने की लत के कारण सुबह देर तक सोने की आदत है। सुबह साढ़े पाँच बजे ही आए लोगों ने शोर मचाया। मैंने दरवाजा खोला। काम पूछा। उन्होंने बताया एक ट्रांसफर है, ये अपने हैं। मैंने स्वाभाविक उत्तर दिया "ये लोग तो साढ़े दस-ग्यारह बजे के पहले दफ्तर नहीं आते, मेरे घर सुबह कैसे आ गये?" आगन्तुक खफा हो गये। मैं अस्पताल या पुलिस-समस्या को इमरजेन्सी मानता था और आज भी मानता हूँ। लेकिन सरकारी अधिकारियों कर्मचारियों के स्थानांतरण कराने या रुकवाने में हमारी रुचि नहीं है। ऐसे कामों को सामान्य समय में ही सुनता रहा हूँ। आज भी यही स्थिति है।

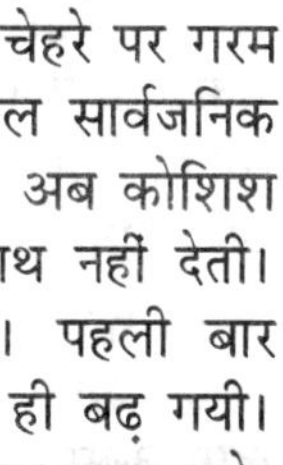

सच बोलने के कारण मेरे व्यवहार को लेकर दुष्प्रचार हो गया। मुझे सहयोगियों ने

सचेत किया। एक माफिया मिलने आये। उन्हें पुलिस तंग कर रही थी। उन्होंने कहा कि मेरे बूढ़े पिता को थाने में बिलावजह बैठाए हैं। पिता की क्या गलती है? मैंने कहा "मेरे पिता जी को अधिकारी प्रणाम करते हैं। पिता जी साधारण खेतिहर हैं। उनकी योग्यता कम है। उन्हें यह प्रणाम उनके बेटे के यश के कारण मिलता है। आपने अपराध किये हैं। आपके पिता को दारोगा ले गया।" वे चिढ़ गये। बोले "इलेक्शन में पता लगेगा।" मैंने कहा "इलेक्शन दूर है, मैं अभी से तैयार हूँ।" मित्र बार-बार मृदुभाषी बनाने का प्रयास करते रहे। मैं जस का तस बोलता था। यह सरल, निश्छल व्यक्तित्व था; लेकिन बदनामी बढ़ती गयी। गड़बड़ छवि, राजनीति के लिए खतरनाक होती है। एक मित्र ने कहा "हाईकोर्ट में मुकदमा है। जज को फोन करो।" मैंने कहा "संविधान में न्यायपालिका स्वतंत्र है, हम न्यायपालिका को टेलीफोन नहीं करते।" मित्र ने लौटकर अपने गाँव में मुझे अपशब्द कहे "दीक्षित के पास जाना बेकार है वह संविधान पढ़ाता है।" यह बातें 1985-86 की हैं।

मैंने वरिष्ठों की शरण ली। मैंने कई बार सांसद, विधायक रह चुके एक दल के वरिष्ठ नेता को कष्ट सुनाया। उन्होंने कहा "सामने आये व्यक्ति को 'केस' की तरह डील करो। जैसे डॉक्टर के लिए हर मरीज केस होता है। भाव न जोड़ो। केवल सुनो। राय न दो। हाँ-हाँ करो। आश्वासन दो। तनावमुक्त रहोगे।" मैंने कहा "जटिल है मेरे लिये।" उन्होंने कहा बिल्कुल आसान। अभी देखना, मैं करके दिखाऊँगा। दो-तीन लोग उनसे मिलने आये। उन्होंने पिताजी का हालचाल पूछा। आगन्तुक ने बताया कि पिताजी तो कब के स्वर्ग सिधार गये। आपने शोक भी व्यक्त किया था। वे शांत रहे, लज्जित नहीं हुए। कुशल लोग लज्जित नहीं होते। आगन्तुक ने काम बताया। उन्होंने 'हूँ', दूसरे वाक्य में 'हाँ' और लगातार अच्छा, हाँ, हूँ वगैरह किया। आगन्तुक चलने लगे, उन्होंने पूछा "और सब ठीक है न?" अब मेरी बारी थी। मैंने कहा "यह घोर बेईमानी है। आपने ध्यान से सुना ही नहीं।" वे बोले "गौर से ही सुना। तुम्हारी तरह मैंने स्वयं को व्यथा नहीं दी।"

एक आदरणीय कैबिनेट मन्त्री थे। मैं उनके घर पर चाय पी रहा था। एक व्यक्ति ने मुकदमे में हाईकोर्ट में सिफारिश का आग्रह किया। उन्होंने कहा "मुकदमा नम्बर बताओ, तारीख बताओ।" मेरे लिए नया

अनुभव था। उसने एक फोटोकॉपी दी। उन्होंने पी0ए0 से कहा ''बहुत जरूरी है, निजी फाइल में रखो।'' वह चला गया। मैंने पूछा ''क्या आप हाईकोर्ट में भी सिफारिश करते हो।'' उन्होंने कहा ''यार हृदयनारायण, तुम खूब पढ़ते हो, लेकिन प्रैक्टिकल नहीं हो। कोई और बात करो।'' मैंने कहा ''पहले मुझे यही बात बताओ, मैं भी इसी समस्या से जूझता हूँ।'' उन्होंने हँसते हुए कहा ''जैसे मैंने अभी इस समस्या का समाधान किया, वैसे ही तुम भी अपनी डायरी में केस नम्बर वगैरह लिखना शुरू करो। मुकदमा जीतेगा तो कहना, मैंने कहा था, इसीलिए हो गया, न जीते तो कहना कि जज बड़ा घमंडी था।'' मेरा प्रशिक्षण जारी था।

मैं अभी भी प्रत्येक वरिष्ठ-कनिष्ठ राजनेताओं की जनसम्पर्क की शैली को गौर से देखता हूँ। छवि गढ़ने में झूठ का प्रयोग ध्यान से देखता हूँ। वही मन्त्री जी विधानसभा की लॉबी में मिले। मेरा एक काम था। मैंने बताना शुरू किया। उन्होंने कहा ''यार स्लिप में लिखो। मैंने स्लिप दी।'' बगल में फोन था। मैंने कहा 'मिलाऊँ!' वे बोले, ''मैं कह दूँगा। यकीन रखो।'' मैंने याद कराया ''यह वही नुस्खा तो नहीं है?'' वे जोर से हँसे। हँसी में 'हास्यरस' नहीं था। वे ताड़ गये कि यह ताड़ गया। उन्होंने कहा ''उसदिन तुम जनसम्पर्क का फार्मूला पूछ रहे थे। नोट करो- 'डोन्ट' से नो, 'नेवर' से नो, नहीं शब्द का इस्तेमाल कभी नहीं।'' राजनेता प्रायः इनकार नहीं करते।

मेरे व्यक्तित्व के मूल में उपयोग का स्थान नहीं है। मेरे भीतर ज्वालामुखी तपता रहा है। जान पड़ता है कि मेरे व्यक्तित्व में अग्नि-प्रधानता रही है। भीतर अग्नि, बाहर भी अग्नि। लेकिन राजनैतिक सफलता की अपनी जरूरतें हैं। मैं स्वभाव के विपरीत चतुर होने के लिए प्रयासरत हुआ। अभ्यासरत भी हुआ। मैं अनावश्यक रूप से मुस्कुराने लगा। हवाई जहाज में चाय-बिस्कुट पूछने वाली कन्या की तरह। लेकिन अक्सर गड़बड़ी हो जाती थी। जैसे प्रत्येक द्रव का एक क्वथनांक- उबलने का एक खास तापमान होता है वैसे ही प्रत्येक मनुष्य के गरमाने का भी एक अंतिम बिन्दु होता है। मेरा उबलने का बिन्दु पहले बहुत नीचे था, अब बहुत ऊपर है। पहले में जल्दी उबल जाता था, अब नहीं उबलता। एक पी0सी0एस0 अधिकारी का स्थानांतरण हो गया। उन्होंने बताया कि पत्नी बीमार है। मैं यह नहीं

जानता था कि बड़े अधिकारियों की पत्नियाँ और परिजन स्थानांतरण-ऋतु में ही क्यों बीमार होते हैं। बाद में पता चला कि ट्रांसफर-ऋतु में बीमारियाँ बढ़ती हैं। मैंने उनसे कहा "ऐसा हो ही नहीं सकता। आपकी पत्नी बीमार हो ही नहीं सकती।" उन्होंने ढेर सारे चिकित्सकीय प्रमाण-पत्र रख दिये। मैंने कहा "नई जगह यहाँ से अच्छे डॉक्टर मिलेंगे?" वे नाराज हो गये, उनके सिफारिशी मेरे राजनैतिक मित्र तब से लम्बी छुट्टी पर हैं। मुझे छोड़ गये।

मैं दोहरा व्यक्तित्व बनाने में जुट गया। मित्र लोग स्थानांतरण वाला कर्मचारी लाये। उसकी पत्नी बीमार बताई गयी। मैंने लम्बी साँस ली। जैसे उसकी बीमारी का संक्रमण हमपर भी आ गया। मित्र खुश हो गये। मैंने चिट्ठी लिखी। मित्र और भी खुश हो गये। मैं अकेले हुआ तो मेरा असली 'मैं' मेरे नकली 'मैं' से भिड़ गया। घमासान हो गया। मैं और मैं का एनकाउण्टर। मैं थका, टूटा, उदास सुबह उठा। कामकाजी आ गये। मुझे गुस्सा आया 'इतनी सुबह?' लेकिन मैं मुस्कराया "किस ट्रेन से आये, सुबह ट्रेन पकड़ने में काफी दिक्कत हुई होगी। वे गद्‌गद। मैं खुश। ट्रेनिंग रंग ला रही थी। एक नया चतुर व्यक्तित्व जन्म ले रहा था।

मैं बीमारी में भी काम करता हूँ। डाक्टरों ने खाना छुड़वा दिया। सेब खाए जा सकते थे। मैं निर्वाचन क्षेत्र में एक दुकान पर मित्रों के साथ सेब खा रहा था। कुछ लोग मुझे खोज रहे थे। उन्होंने मेरे एक मित्र से पूछा "दीक्षित जी कहाँ होंगे?" मेरे मित्र ने उनसे कहा "वह जो सेब खा रहे हैं वही दीक्षित जी हैं। विधायक हो गये। सो सेब उड़ा रहे हैं।" मुझे पता चला। मैं आहत था। एक अधिवक्ता मित्र ने मुझे सलाह दी "रोड पर सेब, मिठाई सब बन्द। विधायक की तरह रहिए। रोड पर भूखे-भूखे। एकांत में माल उड़ाइए।" 'कड़वा सच' विस्थापित होता है और 'झूठ की मधुरता' का बाजार बढ़ता है।

क्या सफल राजनीति के लिए दोहरा व्यक्तित्व जरूरी है? सामान्य जन प्राय: निष्कलुष होते हैं। वे सीधी-सपाट छवि पसंद करते हैं लेकिन राजनेता से 'ना' सुनना पसंद नहीं करते। देशी पिस्तौल के आरोप में सरेआम पकड़े गए लोगों के परिजन मेरे पास आए। मैंने कहा, "अब कुछ नहीं हो सकता।" वे सच बोलने पर खफा हुए। इसीलिए ज्यादातर नेता 'प्रयास करता हूँ' जैसे वाक्य

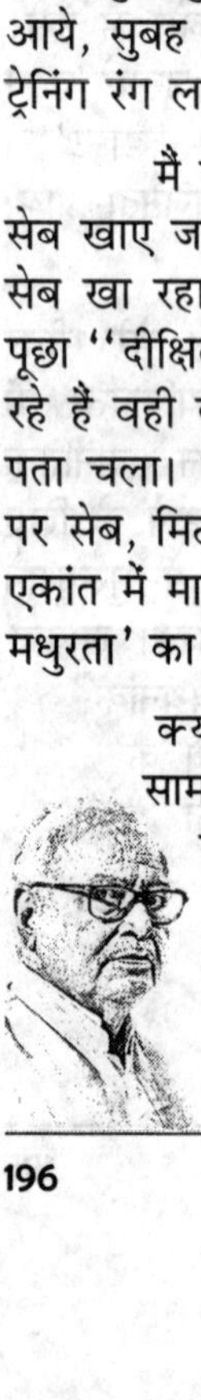

बोलता है, लेकिन आधुनिक मोबाइल ने 'प्रयास' के झूठ की पोल खोल दी है। नेता से हर दो मिनट बाद सवाल होता है "क्या बात हो गयी? हो गयी तो क्या हुआ?" वगैरह। आम जनता आक्रामकता पसंद करती है। अफसर, पुलिस और काम करने वाले सारे केन्द्रों पर हल्ला बोलने वाले नेता आम जनता को अच्छे लगते हैं। मेरा स्वभाव पहले आक्रामक था। लेकिन इसका कारण नेतागिरी नहीं थी। मैं संवेदनशील हूँ।

मैं नौकरशाही को संवेदनहीन मानता था-हूँ। वह गरीब-पीड़ित के साथ सामान्य शिष्टाचार भी नहीं बरतती। मैं बैंक के शाखा-प्रबंधक से फोन पर समय लेकर मिला। वे मेरा लेखन पसंद करते थे। उन्होंने 'मोस्ट वेलकम' कहा। सुअर-पालन का व्यापार करने के इच्छुक तीन दलित गरीब मेरे साथ उनके चैम्बर में घुसे। उन्होंने मुझसे हाथ मिलाया और उन तीनों से कहा 'बाहर बैठो।' फिर मुझसे कहा 'पहले ठंडा हो जाये।' मैंने कहा "इन तीनों को सुन लीजिए। मुश्किल से दो मिनट लगेंगे। उचित हो तो मदद करना।" वे बोले "पहले कोल्डड्रिंक फिर काम की बातें।" हमारे उनके बीच वरीयता क्रम को लेकर असहमति थी। यह कोई बड़ी बात नहीं थी। कार्य-प्राथमिकता सर्वोपरिता उनके लिए महत्वहीन थी। मैं मन से तैयार हो गया लेकिन इसी क्षण उन्होंने उन तीनों को डाँट दिया, "तुम लोग अभी तक बाहर नहीं गये। चले हो बैंक से कर्ज लेने और यहाँ नंग-धड़ंग खड़े हो।" वे फटी धोती पहने थे। ऊपरी वस्त्र नहीं थे। उनके साथ दुर्व्यवहार हो गया। मेरी संवदेना का लावा फूट पड़ा। मैंने जोर से कहा "यह नहीं जायेंगे, पहले आप इन्हें सुनिये।" उन्होंने कहा "कोई जबर्दस्ती है, ये पहले बाहर जायें।" मैंने कहा "इन्हें सुनना आपकी ड्यूटी है। काम करना, न करना आपका अधिकार है।" वे बोले "आप जबरिया काम कराना चाहते हैं।" मैंने प्रतिवाद किया "नहीं, कदापि नहीं, आप ही गरीबों को अपमानित कर रहे हैं।" उन्होंने चिल्लाकर स्टाफ बुला लिया। मैं स्टाफ के घेरे में था। मैंने स्टाफ को समझाया "ये केवल सुन लें, हम चले जायें।" एक स्टाफ ने कहा "एक्चुअली, तरीका गलत है"। मैंने अंतिम रेखा खींची "आप सुनेंगे। ये बाहर नहीं जाएँगे।" प्रबंधक ने अंतिम निर्देश सुनाया, "पुलिस बुलाइए।" मैं प्रबंधक को घसीटता हुआ थाने में ले गया। जो स्टाफ पहले आक्रामक था, वह मूकदर्शक हो गया। मैंने इंसपेक्टर से कहा कि "ये मेरे

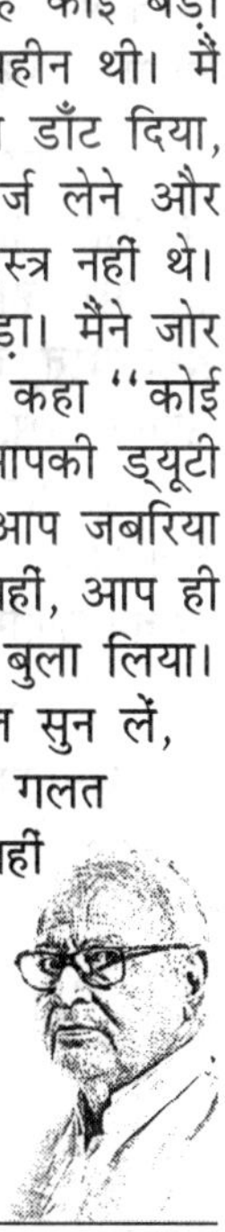

विरुद्ध कोई रिपोर्ट लिखाना चाहते हैं, आपको बुलवा रहे थे। मैं स्वयं इन्हें ले आया, रिपोर्ट मेरे ऊपर होनी है, इसलिए मैं भी आ गया।" थाने में पंचायत जुटी। मामला खत्म हो गया। मैं दुःखी था, मेरा 'मैं' और मेरा नेता 'मैं' फिर आमने-सामने था। बड़े लोग अधनंगे गरीबों के साथ क्यों गलत व्यवहार करते हैं? किया क्या जाये? मैंने जो किया क्या वह ठीक था? मेरे मन ने कहा गलत था। तब क्या गरीबों को बाहर निकालने के निर्देश का पालन करना चाहिए था? मन ने कहा, वह भी गलत था। तब सही मार्ग है क्या? भारतीय जनतंत्र में हमारी व्यथा का समाधान और मेरे प्रश्न का उत्तर नहीं है।

संवेदना और स्वभाव का पूरा दमन होता भी नहीं। किया जाता है तो दमन का विस्फोट होता है। दुःखद है नकली सौम्यता, नकली हावभाव और सबकुछ ओढ़ा हुआ। द्वन्द्व गहरा है। मैं और हम का द्वन्द्व। असली मैं और नकली मैं का द्वन्द्व। राष्ट्रसेवा और राजनीति का द्वन्द्व। निष्कलुष विचार-संस्कार और पद-प्रतिष्ठा का द्वन्द्व। हम स्वयं से प्रश्न करते हैं कि क्या हम विचारधारा और राष्ट्रभाव के लिए काम करते हैं? या पद प्राप्ति के जुगाड़ के लिए ही? द्वन्द्व-प्रतिद्वन्द्व।

मार्क्स ने द्वन्द्वात्मक भौतिकवाद का सिद्धांत बताया था, लेकिन मैं द्वन्द्वात्मक अध्यात्मवाद की पीड़ा में हूँ। यह ठीक कि पीड़ा कष्टदायी है। मेरी हालत शेक्सपियर के नाटकों के प्रमुख नायकों जैसी है। वे द्वन्द्व-ग्रस्त होकर मानसिक व्यथा में जाते हैं। शेक्सपियर ने भारतीय उपनिषद-साहित्य से लाभ नहीं उठाया। इसीलिए उसके अधिकांश नायक घनीभूत पीड़ा के शिकार हुए। मैं भारतीय दर्शन के कारण पागल होने से बच गया। दोहरा व्यक्तित्व शुभ नहीं होता। लेकिन राजनैतिक क्षेत्र में इसकी उपोगिता है।

ईसवी सन् 1970-80 के आसपास की बात है। मैं भारतीय जनसंघ का कार्यकर्ता था। मेरे गाँव के पड़ोस में एक कांग्रेसी नेता थे। मैं उनसे उम्र में छोटा था। उन्हें प्रणाम करता था। वे भी मुझे सम्मान देते थे। वे ब्लॉक कांग्रेस कमेटी के पदाधिकारी थे। मैं जनसंघ की जिला कार्यसमिति का मंत्री था। वे बहुधा मुख्यमंत्री और कई मंत्रियों के अपने संपर्क की चर्चा करते थे। एकबार मजेदार घटना हुई। उन्होंने सुबह मुझे बताया कि वे बीती रात लखनऊ में थे।

मुख्यमंत्री ने रोक लिया। कहा- "देर हो गई है। भोजन करो। मेरे आवास पर रुको।" मैंने याद दिलाया कि बीती रात हम और आप एक साथ निमंत्रण में थे। लखनऊ में आप थे ही नहीं। वे खिसिया गए। उन्होंने कहा राजनीति में ऐसी बातें जरूरी होती हैं। नौकरशाही में प्रभाव बढ़ता है।

मैं दीर्घ काल तक प्रश्नों से बेचैन रहा हूँ। बाहर झूठ का आवरण और भीतर से सत्य की पुकार। झूठ बड़ा और सत्य छोटा और खोटा। ईशावास्योपनिषद (मंत्र 15) के ऋषि की व्यथा गहरी है, "हिरण्ययेन पात्रेण सत्यस्यायिहितं मुखं- ज्योतिर्मय स्वर्ण पात्र से सत्य का मुख ढका हुआ है। हे पूषन देव आप यह आवरण हटाइए। मैं सत्य धर्मा आपके दर्शन करना चाहता हूँ- सत्यणर्माय दृष्टये।" मैं भी सत्यनिष्ठ हूँ। लेकिन राजनैतिक हिरण्यमय पात्र से सत्य का मुख ढका हुआ है।

मुझे दोहरा व्यक्तित्व दुःखी रखता है। मैं मन ही मन पद-प्रतिष्ठा की राजनीति से मुक्त हो रहा हूँ। यह राजनीति तनाव में रखती है। साहित्य-सृजन सुख देता है। मूलभूत प्रश्न है कि तब मैं राजनैतिक कार्यकर्ता क्यों हूँ? दरअसल राजनीति में रहकर जरूरतमन्दों की मदद हो जाती है। विचार के लिए जन-अभियान की सुविधा रहती है शायद इसीलिए गांधी जी भी राजनीति में आये, इसीलिए डॉ0 अम्बेडकर आये। इसीलिए तिलक, सुभाष भी आये, इसीलिए दीनदयाल उपाध्याय जैसे निष्कलुष लोग भी यहाँ आये। इसीलिए मैं भी राजनीति में हूँ।

शुकदेव सिंह

आज जब 'घृणा' के प्रचार-प्रसार का साधन 'ग्रन्थों' को बनाया जाता है; तब हृदयनारायण दीक्षित जैसे विद्वान 'ग्रन्थों' को जागरूकता और प्रेरणा का स्रोत सिद्ध कर रहे हैं। दरअसल किसी भी धर्म, परम्परा या पूजा के लिए 'ग्रन्थ' कृपा बरसाने या मार्गदर्शन के लिए ही होता है। 'ग्रन्थों' के कृपालु-तत्व को अंधविश्वास से बाहर निकालकर समाज में प्रसारित करना, आज के त्रासद दौर की बड़ी समाजसेवा है। दीक्षित जी राजनीतिक क्षेत्र में भी सक्रिय हैं इसलिए 'समाजसेवा' उनका धर्म है। वेद, उपनिषद और पुराण-साहित्य से समाजोपयोगी तत्वों को निकालकर लेखों व पुस्तकों के माध्यम से समाज को दे रहे हैं। यह दोहरी समाजसेवा है। हृदयनारायण दीक्षित की यह साधना, उनको संतों की श्रेणी में ला-खड़ा करती है।

संत-साहित्य के मर्मज्ञ। दर्जभर से अधिक पुस्तकें प्रकाशित। अनेक सम्मानों से सम्मानित।

नाचता अध्यात्म

संस्कृति

और संस्कृत

भारतीय संस्कृति का विकास और कथन संस्कृत में हुआ था। हिन्दी ने उसे आगे बढ़ाया। संस्कृत को मृतभाषा कहने वाले मित्र दयनीय हैं। भाषा कभी नहीं मरती। उसे बोलने वाले ही प्राण व तेज-रहित होते हैं। हिन्दी, संस्कृत की उत्तराधिकारी है। बेशक विदेशी सत्ता ने संस्कृति व संस्कृत को दुर्बल बनाया लेकिन संस्कृत को मिटाया नहीं जा सकता। संस्कृत अमरत्व का संधान है।

संस्कृति और संस्कृत

प्रकृति सृजन-गुणों से भरी-पूरी है। यहाँ प्रतिपल नवसृजन है। प्रकृति सदा से है, सदा रहती है। सतत् सृजनरत रहती है। रोज कुछ न कुछ रचती है। कभी नई पौध, उसपर नई कली, कभी फूल, कभी नवसुगंध। प्रकृति प्रतिपल नई है। पुनर्नवा। बार-बार नए रूप में हमारे सामने आती है। हम प्रकृति के रूपों को, उसके गोचर प्रपंचों को देखकर आह्लादित होते हैं। कभी-कभी विस्मय भी होता है। मनुष्य प्रकृति का अंग है। प्रकृति ने वातावरण दिया है, धरती दी है, आकाश दिया है, नदियाँ दी हैं, चाँद दिए हैं, तारे दिए हैं, जीवन दिया है। यह प्रकृति का दिया, गढ़ा हुआ वातायन है। हमलोग प्रकृति की योजना के अनुसार कर्मरत रहते हैं।

मनुष्य प्रकृति का अंग है और आनन्द का प्यासा है। जम्बूद्वीप भरतखण्ड में प्रकृति के रूप, रस, गंध के रहस्यों के प्रति वैदिककाल से पहले ही जिज्ञासा का वातावरण था। यहाँ प्रश्न और जिज्ञासा का जन्म पहले हुआ। प्रश्न, काल-जिज्ञासा की अनुभूति से धर्म का विकास बाद में हुआ। वैदिक धर्म, वैदिक दर्शन का विकास है। पंथ और अंधविश्वास का वातावरण कभी नहीं रहा।

एक वातायन प्रकृति ने दिया है। एक वातायन प्रकृति से संगति करते हुए अथवा प्रकृति के अन्तर्विरोधों से संघर्षरत मनुष्य ने गढ़ा। प्रकृति के रोचक प्रपंच बहुधा मनुष्य को अनुकूल वातावरण देते हैं। जहाँ अनुकूल नहीं होती वहाँ मनुष्य स्वयं प्रकृति के वातायन के अनुसार अपना

अनुकूलन कर लेता है। कहीं-कहीं मनुष्य और प्रकृति के बीच अन्तर्विरोध भी है। मनुष्य उन अन्तर्विरोधों से निपटने के लिए तमाम उपकरणों और उपायों की भी शोध करता है। एक वातावरण प्रकृति का है, दूसरा प्रकृति के वातावरण के साथ रहते हुए मनुष्य ने बनाया है। पूर्वजों ने सत्य, शिव और सुन्दर के तत्वों से ओतप्रोत एक नया वातावरण स्वयं रचा है। इस रचना में मनुष्य ने प्रत्यक्ष भौतिक-बोध के साथ अनुभूति का सद्प्रयोग भी किया है। पूर्वजों के रचे इस वातायन का नाम संस्कृति है।

भारतीय संस्कृति वैदिक-दर्शन, प्रकृति-संविधान व मनुष्य की आनन्द-अभीप्सु चेतना का परिणाम है। मनुष्य-रचित इस वातायन या संस्कृति की प्रशंसा भारत में ऋग्वेद और उसके रचनाकाल से भी बहुत पुरानी है। हमारे पूर्वजों ने आकाश को पिता कहा है। दुनिया के किसी भी चिंतन में आकाश पिता नहीं हैं। प्राचीन यूनानी दर्शन में आकाश को तत्व नहीं माना जाता था। भारतीय बोध में पृथ्वी माता हैं। भारतीय चिंतन-बोध में सम्पूर्णता के अनेक नाम हैं। ऋग्वेद में उसका नाम पुरुष है। अदिति भी है। उपनिषदों में ब्रह्म है। परवर्ती साहित्य में श्रीराम हैं। भारतीय चिंतन में इस पूरे ब्रह्मांड को एक विराट इकाई माना गया है। अदिति और पुरुष संपूर्णता के अर्थ में आए हैं। ऋग्वेद का ऋषि अदिति के बारे में कहता है, 'यत्भूतं भव्यं च'। जो पीछे हो गया है और आगे होने वाला है, वह सब यही है। पुरुष के बारे में कहता है 'पुरुष एवेदं सर्व यद्भूतं भव्यं च'। जो हो गया है, जो आगे होगा, सब यही है। इसी आधार पर, इसी अनुभूति पर भारत के राष्ट्रजीवन का शीलाचार, राष्ट्रजीवन की चिंतन-पद्धति, हमारे जीवन का दृष्टिकोण, हमारा रहन-सहन, हमारे गीत, संगीत, काव्य, हमारी जीवनशैली का निर्माण हुआ है।

एक वातायन हमें प्रकृति ने दिया। एक वातायन हमारे पूर्वजों ने गढ़ा। पूर्वजों द्वारा रचित वातायन 'संस्कृति' कहलाया। संस्कृति, मनुष्य के अपने श्रम-तप का परिणाम है। सारी साधनाओं का सर्वोत्तम अंश है। सारी साधनाओं का उच्चतम मधु है। मधु प्रकृति के साहचर्य में रहने का, प्रकृति की शक्तियों के कोप से बचने का, चिंतन-मनन का। इसी दृष्टिकोण के आधार पर समूचे विश्व को परिवार जाना गया। इसे ही संस्कृति कहा गया है। संस्कृति की परिभाषा अनेक हैं। सबकी अपनी-अपनी अलग परिभाषा हो सकती है,

लेकिन सारांश यही है कि प्रकृति को समझते हुए हमारे पूर्वजों ने सम्यक अध्ययन, सम्यक चिंतन, सम्यक अनुभूति-प्रयोगों द्वारा जो रस-तत्व विश्व के लिए गढ़ा, उसका नाम भारतीय संस्कृति है। अंग्रेजी में संस्कृति को कल्चर कहते हैं। कल्चर और संस्कृति दोनो पड़ोसी भी नहीं हैं। कल्चर में कल्ट है। कल्ट मतलब शैली, पंथ। वह संस्कृति का पर्यायवाची नहीं हो सकता। संस्कृति मनुष्य की सहस्रों वर्ष प्राचीन साधनाओं का सर्वोत्तम प्रसाद है। भारतीय संस्कृति में निरन्तरता भी है। ऋग्वेद के रचनाकाल के पहले से ही यहाँ विश्व को परिवार जानने की संस्कृति रही है। ऋग्वेद से लेकर आज तक यह निरन्तरता भंग नहीं हुई। इस संस्कृति का प्रगटीकरण सभ्यता में हुआ। कला, काव्य, साहित्य और स्थापत्य प्रत्यक्ष साक्ष्य हैं।

भारतीय संस्कृति हमारे पूर्वजों का सृजन है। इसमें मनुष्य और अस्तित्व की प्रीति है, इसलिए भारतीय संस्कृति को विश्ववारा भी कहते हैं। भारतीय राजनीति ने इसे सामासिक संस्कृति कहा है। कुछेक ने साझी और कुछेक ने गंगा-यमुनी भी बताया, लेकिन संस्कृति संपूर्ण भारत की सामूहिकता का सत्-चित्-आनंद है और सत्य, शिव, सुन्दर भी। इसे सामासिक कहना अनुचित है। इसके भीतर पंथ, क्षेत्र आधारित विभाजन देखना और भी गलत है। कुछ मित्र इस संस्कृति में कुछ प्रतिशत इस्लाम और कुछ प्रतिशत इसाइयत और बहुलांश हिन्दू संस्कृति का रसायन खोजते हैं। हमारे देश में स्वाधीनता-संग्राम के बाद आई राजसत्ता ने संस्कृति के पहले एक शब्द लगाया, सामासिक। जब देश में आपातकाल था, उस समय संविधान में कर्तव्यों की सूची जोड़ी गई थी। उस सूची में भी 'सामासिक संस्कृति' की बात कही गई थी। इस विचारधारा के विद्वान इस देश की संस्कृति को एक संस्कृति नहीं मानते हैं। वे इसे मिली-जुली संस्कृति कहते हैं, लेकिन सही बात यही है कि भारतीय राष्ट्रभाव एक संस्कृति, एक जन, एक राष्ट्र की धारणा पर खड़ा हुआ है। यह वैदिक संस्कृति है। इस संस्कृति की धारा अविच्छिन्न है। कुछ इतिहासकार जिनका झूठ अब खुल चुका है, वह वैदिक समाज को बाद में और हड़प्पा को इतिहास के कालक्रम में पहले रखते हैं। अब यह सिद्ध हो गया है कि ऋग्वैदिक सभ्यता और संस्कृति प्राचीन है, हड़प्पा उसी का विस्तार है।

हजारीप्रसाद द्विवेदी जी के प्रति श्रद्धावनत होते हुए निवेदन करना है कि उन्होंने भी भारत

की संस्कृति को कई संस्कृतियों का जोड़ बताया है। मै द्विवेदी जी के श्रीचरणों में प्रणाम करते हुए कहता हूँ कि भारत की संस्कृति कई संस्कृतियों का जोड़ नहीं है। यह संस्कृति पहले से प्रवाहमान है। उसमें लोग आए। भिन्न-भिन्न विचार के लोग आए। हमने उन्हें अपनाया, उन्होंने हमें अपनाया। हमने ज्यादा इसलिए अपनाया, क्योंकि हमारी संस्कृति विशेष प्रकार की थी। अपनत्व की संस्कृति, अपनाने की संस्कृति थी। कम्पोजिट कल्चर का यह विषय काफी समय से लंबी चर्चा का विषय रहा है।

सुप्रीम कोर्ट में संतोषानंद बनाम मानव संसाधन विभाग का मुकदमा था। सुप्रीम कोर्ट ने 'कम्पोजिट कल्चर' शब्द की व्याख्या की। व्याख्या अपने-आप में बहुत महत्वपूर्ण है। सुप्रीम कोर्ट ने बताया है "जो हमारी विरासत है, पूर्वजों से जो हमें प्राप्त हुआ है, पूर्वजों की उस विरासत का असली विवरण संस्कृत में है। सामासिक संस्कृति और कुछ नहीं बल्कि संस्कृत की परंपरा ही है।" प्राचीन संस्कृति का शीलाचार, विचार-विविधता, तत्वज्ञा, जम्बू द्वीप भरतखंड में विकसित हुई और संस्कृत में कही गई। वही भारत की संस्कृति है।

संस्कृति सतत् सृजन-कर्म है। भाषा सतत् सृजन-कर्म का सबसे बड़ा फल है। भाषा, मनुष्य जाति की अद्‌भुत लब्धि है। मनुष्य ने भाषा गढ़ी। भाषा ने मनुष्य भी गढ़े। भाषा सामाजिक सम्पदा है। जानना कठिन है कि मनुष्य के मुख से पहली बार वाणी कब निकली? समाज ने वाणी के ध्वनि-प्रतीकों को सार्वजनीन बोध का उपकरण बनाया होगा। भाषाई ध्वनि-प्रतीक संसार और मनुष्य के अन्तस का विवरण देने वाले सार्वजनिक उपकरण बने। संप्रति अक्षर, शब्द और वाक्य में गठित अर्थमूलक ध्वनि-प्रतीक भाषा कहे जाते हैं। भाषा सामूहिक सम्पदा है।

अनेक विद्वान संस्कृत को डेड लैंग्वेज मानते हैं। मैक्समूलर ने मूल्यवान लिखा है। 'व्हाट इंडिया कैन टीच अस' नामक किताब में वह भारत के बारे में कहते हैं- "यदि मैं संसार में किसी ऐसे देश की खोज करूँ, जहाँ प्रकृति ने पृथ्वी के किसी हिस्से में संपत्ति, शक्ति और सुंदरता का वरदान दिया है, तो मैं भारत की ओर इंगित करूँगा। यदि मुझसे कोई पूछे कि किस आकाश के नीचे मानव-मस्तिष्क ने अपने श्रेष्ठतम वरदानों को अत्यंत पूर्णता से विकसित

किया है और जीवन की तमाम समस्याओं का सामाधान पाया है, जो उनका भी ध्यान आकर्षित करता है जिन्होंने प्लेटो और कांट का अध्ययन किया है, तो मैं फिर से भारत की ओर इशारा करूँगा।"

समाज के जन्म के अनेक सिद्धांत हैं। भगवान या देवों द्वारा समाज बनाने की बात अलग है। समाज के जन्म और विकास में भाषा और संवाद की ही भूमिका है। समाज के जन्म का सामाजिक समझौते के सिद्धांत के अनुसार लोगों में अराजकता थी, परस्पर अन्तर्विरोध थे। व्यथित लोगों ने पंचायत की। परस्पर समझौता या अनुबंध हुआ। इसी समझौते से समाज और राज का विकास हुआ। समझौते का मूल था संवाद, और संवाद का उपकरण थी भाषा। भाषा ही समाज-निर्माण का मुख्य उपकरण थी। वाद-विवाद-संवाद ने समाज को मजबूत बनाया। भारतीय इतिहास के ऋग्वैदिक काल में सभा-समितियाँ थीं। सभा में बोलने वाले सभेय और सभ्य जाने गए। सभ्य और असभ्य का मूल उपकरण भी भाषा ही थी। यह भाषा संस्कृत थी, और है। उत्पादन प्रणाली में परिवर्तन आए। कृषि व्यवस्था आई। व्यापार बढ़ा। उद्योग आए। सांस्कृतिक रिश्तों के साथ आर्थिक रिश्तों का विकास हुआ। संस्कृत हर पल साथ थी। संस्कृति, सभ्यता, उद्योग, व्यापार और ज्ञान-विज्ञान का उपकरण भी संस्कृत ही थी। भारतीय सभ्यता और संस्कृति का ज्ञान संस्कृत और अन्य भारतीय भाषाओं में उगा।

विश्व-साहित्य में भारतीय साहित्य का विशेष स्थान है, मैक्समूलर कहते हैं- "मुझसे कोई पूछे कि किस साहित्य से सीख मिलेगी, जिससे हम अपना आंतरिक जीवन, अधिक मानवीय और अधिक शास्वत बना सकने का ज्ञान प्राप्त कर सकते हों, तो मैं भारत की ओर इशारा करूँगा।" आगे कहते हैं "जो भी नौजवान अपने जीवन का आनंद पाना चाहते हैं और वह अपने व दूसरों के लिए लाभदायक तरीके से अपना समय बिताना चाहते हैं, उसे मैं सलाह देना चाहता हूँ कि वह संस्कृत सीखें और अच्छी तरह से सीखें।"

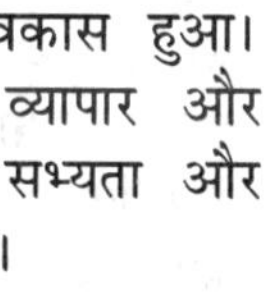

मैक्समूलर भारत के नहीं थे। वह संस्कृत-प्रेमी थे। उन्होंने ऋग्वेद का सुंदर अनुवाद किया। विलियम जोन्स ने कोलकाता में कहा था कि संस्कृत सबसे प्राचीन भाषा है। उसमें उन्होंने किन्तु लगा दिया था। मेरे लिए यह विचारणीय नहीं है। इसलिए कि जिस

इन्डो-यूरोपियन भाषा की बात चली थी, उसके बोलने वाले अभी तक मिले नहीं हैं। संस्कृत ने भारतीय संस्कृति को प्रवाहमान बनाया है।

रूपों से भरे इस विराट विश्व के अलावा मनुष्य का अन्तर्जगत भी रहस्यपूर्ण है। प्रेम, राग, द्वेष, ममत्व, अवसाद, विषाद और प्रसाद जैसे अनेक भाव, वस्तु या पदार्थ नहीं हैं। इनके रूप हैं नहीं। इन्हें नाम देना आसान नहीं है। भारत में भावजगत के तमाम स्पंदनों के लिए भी नाम हैं। ऐसा चमत्कार संस्कृत में ही ज्यादा है। यहाँ प्रत्यक्ष भौतिक जगत के साथ-साथ अव्यक्त जगत पर भी गहन चिन्तन हुआ। भौतिक जगत पर निरन्तर शोध चले और अव्यक्त पराभौतिक पर निरन्तर बोध। शोध-कर्म के लिए तमाम भाषाओं में शब्द हैं। नये शोध-निष्कर्षों के लिए नये शब्द गढ़ने में कोई कठिनाई नहीं होती।

संस्कृत की क्षमता विरल है। इसी सम्पदा के कारण भारत ने समाज, राष्ट्र जैसी संस्थाएँ गढ़ीं। भाषा महत्वपूर्ण सामाजिक उपकरण है लेकिन भाषा की परिभाषा करना कठिन है। परिभाषा में भी भाषा का ही प्रवाह होता है। भाषा अभिव्यक्ति है। 'भाषा' शब्द की उत्पत्ति संस्कृत की भाष् धातु से बताई गयी है और भाष् का अर्थ बताया गया है- व्यक्त वाणी। भाषा वाचिक ध्वनि-संकेत है। भाषा में रूपों के नाम प्रारम्भिक हैं, फिर क्रिया आदि जोड़े गये। ऋग्वेद का संकेत है कि भाषा मनुष्य का अपना कर्मफल है। कहते है "मेधावी जन बुद्धि-ज्ञानशक्ति से भाषा को सुसंस्कृत करते हैं।" भाषा लगातार संस्कृत हुई है। इसी से संस्कृति का विकास हुआ है।

भाषा का सतत् विकास हुआ है। भावों का रूप-आकार नहीं होता। पूर्वजों ने भावों को भी नाम-शब्द देने का काम किया। प्रीति, प्रेम, राग, ईर्ष्या, द्वेष, रुचि, अरुचि आदि भाव हैं। श्रद्धा, आस्तिकता, समर्पण, भक्ति आदि गहन अनुभूतियाँ हैं। ऐसे शब्द सम्बन्धित भावों के ध्वनि-प्रतीक हैं। भारतीय भाषाओं में विशेषकर संस्कृत में अनुभूतिपरक ध्वनि-प्रतीकों व शब्दों का कोष बड़ा है। उत्तर वैदिक काल तक आते-आते ही स्थूल जगत, भाव जगत व अनुभूत-अंतःकरण से जुड़े भिन्न-भिन्न तलों के लिए अलग-अलग शब्द उपलब्ध थे। ऋग्वेद में सम्पूर्णता के भाव के लिए 'अदिति' व 'पुरुष' जैसे देव-प्रतीक थे ही। उत्तरवैदिक काल में ब्रह्म

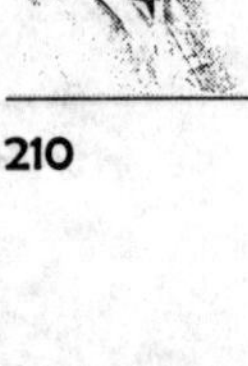

सम्पूर्णता का पर्याय बना। छान्दोग्य उपनिषद में इसके लिए 'भूमा' शब्द आया है। सौन्दर्य-अनुभूति को भी बताना आसान नहीं। संवेदना की अभिव्यक्ति दुरूह साधना है लेकिन संस्कृत भाषा का शक्ति-सामर्थ्य बड़ा है। यहाँ ध्वनियाँ हैं, शब्दों के अपने गुण हैं। वाक्यपद हैं। व्याकरण का अनुशासन है। संस्कृत की समृद्धि अनूठी है।

संस्कृत के अपने संस्कार हैं। यहाँ अनेक विचारधाराएँ हैं। लेकिन सत्य एक है। संस्कृत-ज्ञानी पूर्वजों ने अपनी भाषा-निधि के बल पर ही एक उदात्त संस्कृति और सभ्यता का निर्माण किया है। भाषा की ऐसी शक्ति यूरोप की भाषाओं में नहीं है, इसलिए संस्कृत-प्रेमियों को मार्क्सवाद अटपटा लगता है और अधूरा भी। हिन्दी की भी यही स्थिति है। हिन्दी-भाषी क्षेत्रों का भूगोल बड़ा है। संस्कृत सहित सभी भारतीय भाषाओं में 'धर्म' की समझ दूसरी है और यूरोप की भाषाओं में दूसरी। धर्म यहाँ प्रकृति और मनुष्य की धारक शक्ति है। कार्ल मार्क्स भारतीय धर्म से कम परिचित थे। उनके सामने इसाइयत थी। इसाइयत धर्म नहीं रिलीजन है। आस्था और विश्वास का ही विचार-संकुल। रिलीजन के अंधविश्वासी तर्क-दर्शन के विरोधी थे। मार्क्स ने रिलीजन को अफीम कहा। लेकिन अनुवाद में धर्म भी अफीम हो गया। रिलीजन और धर्म पर्यायवाची नहीं हैं।

संस्कृत, प्रकृति की शक्तियों से भी संवाद बनाने की भाषा है। नदियों से संवाद, ऋग्वेद का प्रतिष्ठित अंश है। विश्वामित्र नदी की तरफ से कहते हैं "हम वैसे ही झुके जाते हैं जैसे दूध पिलाने के लिए माता।" माता हमारे पिता की पत्नी ही नहीं है। माता जननी है। इसीलिए पृथ्वी माता है। जल माताएँ हैं। ऐसी अनुभूति और अभिव्यक्ति संस्कृत में ही संभव है। संस्कृत ही भारतीय संस्कृति की अभिव्यक्ति है। दुनिया का प्रथम अर्थशास्त्र कौटिल्य ने लिखा, संस्कृत में लिखा। संस्कृत एक समय लोकभाषा थी। मार्क्सवादी चिंतक, डॉ० रामविलास शर्मा ने भी कहा कि "संस्कृत लोकभाषा थी।" इसीलिए उस समय के विद्वान लेखकों ने संस्कृत को अपनी लेखनी का माध्यम बनाया। मैं भी अखबारों में लिखता हूँ, मेरी अनेक पुस्तकें हैं। मुझे पता चल जाए कि हिंदी को कम लोग पढ़ेंगे तब अपने विचार पहुँचाने के लिए मैं उसी भाषा में लिखूँगा जिस भाषा में लोग ज्यादा पढ़ेंगे। संस्कृत में

लाखों पुस्तकें हैं। एडम स्मिथ की इकोनॉमिक्स की किताब 18वीं-19वीं शताब्दी में आई। अर्थशास्त्र पर कौटिल्य की किताब दुनिया की पहली किताब थी। योग भारत का प्राचीन विज्ञान है। संस्कृत में उगा। खिला, महका। पतंजलि ने ईश्वर के बारे में बताया है कि समय के पार होने के कारण वह गुरुओं का गुरु है। संस्कृत में समय के पार की भावना और धारणा को शब्द देने की शक्ति है।

यूनान की नाट्य-परंपरा प्राचीन मानी जाती है। यहाँ भरतमुनि ने नाट्यशास्त्र संस्कृत में बहुत पहले ही लिख डाला था। योग-सूत्रों पर सबसे पहले भारत में काम हुआ। पतंजलि ने योगसूत्र लिखे। भाषा के अनुशासन पर सबसे पहले भारत में ही काम हुआ। पाणिनि ने अष्टाध्यायी लिखी। पतंजलि ने महाभाष्य लिखा। कामसूत्र वात्स्यायन का लिखा हुआ है। ऐसे ढेर सारे ग्रंथ संस्कृत में लिखे गए। ये ग्रंथ अन्तर्राष्ट्रीय स्तर पर प्रख्यात हुए हैं। अभिनय-कला भारत में ही विकसित हुई। भरतमुनि कहते हैं कि इसमें ऋग्वेद से पाठ्य अंश, यजुर्वेद से अभिनय, सामवेद से गान और अथर्ववेद से रस लिये गए। दर्शन, भारत में देखा गया। द्रष्टा महानुभाव ऋषि कहे गये। आयुर्विज्ञान भी संस्कृत में प्रकट हुआ। ज्ञान-विज्ञान और कला-कौशल सहित राष्ट्रजीवन के सभी अनुशासन संस्कृत में ही प्रवाहमान हुए। हम भारत के लोग संस्कृत की परम्परा में ही संस्कृत हुए। सांस्कृतिक हुए। सहमना और सहचित्त हुए। सामूहिक हुए। एक से अनेक हुए। अनेक से एक हुए। संस्कृत ने एक संस्कृति दी और एक संस्कृति ने एक राष्ट्र। मोलिनोवसी ने 1923 में ठीक कहा था "भाषा सामाजिक संगठन का काम करती है।" जर्मन भाषाविद् सामरलेट ने 1932 में यही बात दोहराई लेकिन भारत में संस्कृत इसी काम को सहस्रों वर्ष पहले से ही कर रही थी।

भर्तृहरि ने इसके भी पहले शब्द और अर्थ के सभी संकल्पों और विकल्पों को व्यवहारजन्य बताया था। आस्था ही नहीं, इहलौकिक कर्मों के संधान का उपकरण भी संस्कृत ही है। 'संधान' बड़ा प्यारा शब्द है। लक्ष्य-विशेष के प्रति सम्पूर्ण जीवन व ऊर्जा को झोंक देना संधान है। संधान जैसा शब्द दूसरी भाषा में नहीं है। अनुसंधान इसी का छोटा भाई जान पड़ता है, जैसे सचिव के साथ अनुसचिव या सार का पिछलग्गू अनुसार। संस्कृत में उल्लेखनीय अनुसंधान हुए

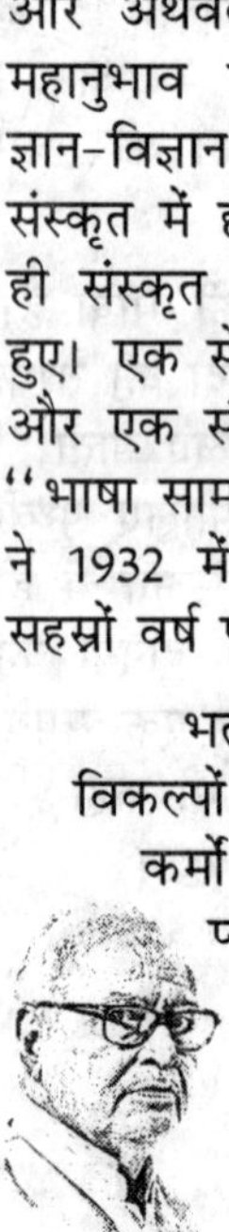

हैं। वे प्रशंसनीय और वरणीय भी हैं। सम्प्रति संस्कृत पर संकट है। इसलिए संस्कृति पर और भी बड़ा संकट है। अंग्रेजी के समर्थक संस्कृत को 'डेड लैंग्वेज' कहते हैं। संस्कृत गयी तो संस्कृति भी गयी। उनका उद्देश्य संस्कृति को मृत घोषित करना है। विलियम जोन्स ने संस्कृत को लैटिन आदि अनेक भाषाओं से समृद्ध बताया था, लेकिन संस्कृत को छोटा करने के लिए इंडो-यूरोपीय नाम की एक और प्राचीन भाषा का नाम उछाला था। बात 19वीं सदी की है। 21वीं सदी तक भी इस भाषा के बोलने वालों का अता-पता नहीं लगा।

मैक्समुलर ने कहा है, "संस्कृत-साहित्य के विशाल महाद्वीप का बहुत छोटा हिस्सा अभी तक खोजा गया है और अभी बहुत अज्ञात है।" संस्कृत साहित्य का आकार दुनिया की सभी भाषाओं से बड़ा है।

संस्कृत के माध्यम से एक नए तरह का सौन्दर्यबोध विकसित हुआ। ऐसा दुनिया के अन्य देशों के साहित्य में नहीं मिलता। कालिदास की तुलना यूरोप के किसी विद्वान से नहीं हो सकती। इस संस्कृत ने एक विशेष प्रकार का संस्कार दिया। यह संस्कार अपने-आप में अनूठे हैं। संस्कृत हमारी उपासना की भाषा है। वैदिक काल के देवताओं को कौन चुनौती दे सकता है? सूर्य प्रत्यक्ष हैं। चंद्र प्रत्यक्ष देवता हैं। नदियाँ देवता हैं, पृथ्वी माता है, आकाश पिता हैं। पर्जन्य वर्षा लाते हैं, प्रत्यक्ष हैं। इन देवताओं से बात करना और केवल इन्हीं से बात नहीं करना, वैदिक साहित्य में तमाम सुंदर प्रसंग मिलते हैं, जहाँ पर ऋषि-कवि मंडूकों से बात कर रहा है, वनस्पतियों से बात कर रहा है। कहता है कि वनस्पतियाँ शांत हों, अंतरिक्ष शांत हो, औषधियाँ शांत हों, आकाश शांत हो, जल शांत हो, सब शांत हों। इस तरह का विचार यूरोप के तमाम कवियों को पढ़ते हुए मुझे तो नहीं मिला।

प्रत्येक समाज की एक भाषा होती है। उस भाषा की एक संस्कृति होती है। संस्कृति की भी भाषा होती है। संस्कृत जैसी भाषा, संस्कृत जैसा भाषा-अनुशासन, दुनिया की अन्य भाषाओं में नहीं है। दुनिया के सारे लोगों ने इस बात को स्वीकार किया है। भारत का मन प्रकट हुआ संस्कृत में। भारत ने ज्ञान-विज्ञान में नई ऊँचाईयाँ पायीं संस्कृत में। अनंत और परम-व्योम जैसे शब्द संस्कृत-साहित्य में मिलते हैं। इनके समानार्थी शब्द दुनिया की

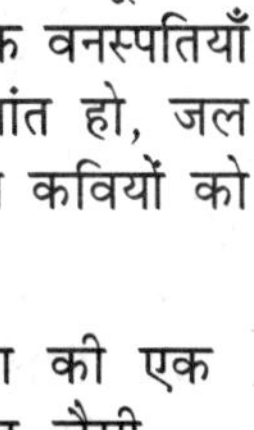

अन्य भाषाओं में नहीं मिलते हैं। ऋग्वेद में एक मंत्र है जिसमें धरती और आकाश को पहले मिला हुआ बताया गया है। उसके लिए 'रोदसी' शब्द आया है। हमारी भाषाओं में संस्कृत में एक शब्द दंपति है। ऐसा शब्द दुनिया की अन्य भाषाओं में नहीं मिलता। जोड़ा शब्द मिल सकता है। लेकिन यहाँ पति-पत्नी हैं, दोनों का एकात्म दंपति है।

भारतीय संस्कृति के प्रत्येक छोटे से छोटे, बड़े से बड़े तत्व का उद्देश्य लोकमंगल है। हम नवरात्रि में प्रार्थना करते हैं, देवी का आह्वान करते हैं, केवल अपने लिए नहीं करते हैं "सर्व मंगल मांगल्ये शिवे सर्वार्थ साधिके।" पूरे लोक के लिए, संस्कृति के अनुसार दूसरे लोक के लिए भी। सभी लोकों व सबके लोकमंगल के लिए संस्कृत और संस्कृति की उपयोगिता है। संस्कृत में अदृश्य जगत से भी संवाद बनाने की क्षमता है। इसीलिए वैदिक संहिता के संस्कृत में आए शब्दों को हम 'मंत्र' कहते हैं। मंत्रों में दृश्य से संवाद, अदृश्य से संवाद, भूत से संवाद, अनुभूत से संवाद है और संवाद का उद्देश्य है लोकमंगल। 'सुरसरि सम सबका हित होई'। इसी ध्येय पर भारतीय संस्कृति का ताना-बाना विकसित हुआ है।

संस्कृति में निरन्तरता है। संस्कृति के जो तत्व ऋग्वेद में दिखाई पड़ते हैं, संस्कृति के वही तत्व अथर्ववेद में दिखाई पड़ते हैं। शांति की प्रार्थना ऋग्वेद का ऋषि कर रहा है, शांति की प्रार्थना अथर्ववेद का ऋषि भी कर रहा है।

उत्तर वैदिक काल का सारा साहित्य, तत्व और ज्ञान के साथ लोकमंगल को अर्पित है। दुनिया के अन्य देशों में संस्कृति का वैसा विकास नहीं हो पाया, जैसा भारत में हुआ। इसका एक कारण है। उनके यहाँ पंथ, रिलीजन, सेक्ट, आस्था, इसका विकास पहले हो गया। भारत की धरती पर पंथ, रिलीजन, ग्रुप, समूह, सेक्ट, इसका विकास पहले नहीं हुआ, सबसे पहले यहाँ दर्शन का विकास हुआ। यहाँ जिज्ञासा पहले आई। समाधान बाद में आए। दुनिया की अन्य संस्कृतियों में समाधान पहले आए और जिज्ञासा के मुँह पर ताला डाल दिया गया। अन्य सभ्यताओं, संस्कृतियों में घोषणा की गई कि मैं जो कहता हूँ वही ठीक है। भारतीय संस्कृति में वैदिक काल में, उत्तर वैदिक काल में प्रश्न और जिज्ञासा को बढ़ावा दिया गया। प्रश्न और जिज्ञासा, तर्क और प्रतितर्क, न्याय और मीमांसा और सोचने के तमाम तरीके,

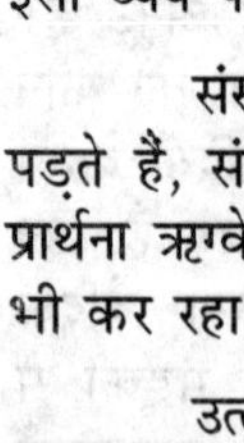

सोचने की सारी पद्धतियों के आधार पर जाँचकर वृहत्तर मानवता के हित में सांस्कृतिक धारा का विकास हुआ। नया जुड़ता रहा। काल-बाह्य हटता रहा। एक निरन्तरता बनी रही। ऋग्वेद से अथर्ववेद तक, और वही निरन्तरता बाद में उपनिषद-काल में दिखाई पड़ती है। वही निरंतरता महाभारत में दिखाई पड़ती है। वही निरन्तरता बाल्मीकि में दिखाई पड़ती है। वही व्यास में दिखाई पड़ती है। प्रसंग बदल जाते हैं, लेकिन विचार और संस्कृति का तत्व एक समान रहता है। आज का भारत उसी निरन्तरता में है।

कुछ विद्वान लोग दर्शन का जन्म यूनान में मानते हैं। प्राचीन यूनानी दर्शन के पितामह थेल्स, ईसा के चार सौ वर्ष पहले थे। इसी कालखंड में यहाँ बुद्ध-दर्शन था। प्राचीन संस्कृति की निरंतरता के सम्बंध में मार्क्सवादी विचारक-लेखक डी०डी० कोसंबी ने ईमानदारी से स्वीकार किया है कि "दुनिया के अन्य देशों में संस्कृति-सभ्यता की ऐसी निरन्तरता नहीं दिखाई पड़ती है, जैसी भारत में दिखाई पड़ती है।"

संस्कृत, प्रार्थना की भाषा है। विवाह और अन्य संस्कारों की भी। इसी तरह मुस्लिम मित्रों के यहाँ संस्कार आदि की भाषा अरबी है। रोमन कैथोलिक में लैटिन है। यहूदियों में हिब्रू है। आर्थोडाक्स इसाई ग्रीक का प्रयोग करते हैं। भिन्न-भिन्न सभ्यताओं में प्रार्थना और संस्कार की भाषाएँ भिन्न-भिन्न हैं। हरेक भाषा के संस्कार भी होते हैं। वैदिक भाषा प्राचीनतम है। संस्कृत की पूर्वरूपा। वैदिक समाज ने इसी भाषा को संवाद का माध्यम बनाया था। उन्होंने इसी भाषा-माध्यम को समाज-गठन का उपकरण भी बनाया है। इसी भाषा से दैनिक जीवन के कामकाज भी किए और इसी भाषा के माध्यम से सूर्य, चन्द्र, नदी, पर्वत और वनस्पति आदि से भी संवाद बनाया। यज्ञ में भी इसी भाषा का प्रयोग हुआ। वैदिक कर्मकाण्ड के एक मजेदार मंत्र में कहते हैं "यह स्वाहा अन्तरिक्ष तक पहुँचे, यह समुद्र को, और यह स्वाहा वनस्पतियों-औषधियों तक पहुँचे।" यहाँ समिधा को भिन्न-भिन्न भौगोलिक क्षेत्रों तक ले जाने की प्रार्थना है। ऋषियों ने संस्कृत में ही देव-स्तुतियाँ की थीं।

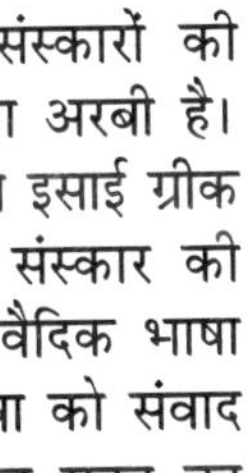

भारत के ज्ञान, विज्ञान, अर्थशास्त्र, आयुर्वेद, धनुर्वेद, नाटक, संगीत, कला, योगदर्शन और अनुभूति की भाषा संस्कृत है। संस्कृत से प्रीति

घटी। उसने नया रूप धरा। पाली, प्राकृत और अपभ्रंश होते हुए हिन्दी का विकास हुआ। अनेक भाषा-विज्ञानी विकास-क्रम में भिन्न मत भी रखते हैं। लेकिन प्राकृत के वैयाकरण 'वररुचि' ने लिखा है "प्रकृतिः संस्कृतं, तस्माद्‌द्भूतं प्राकृतं।" संस्कृत प्रकृति है। प्राकृत उसी से प्रकट हुई है। भारतीय संस्कृति का विकास और कथन संस्कृत में हुआ था। हिन्दी ने उसे आगे बढ़ाया। संस्कृत को मृतभाषा कहने वाले मित्र दयनीय हैं। भाषा कभी नहीं मरती। उसे बोलने वाले ही प्राण व तेज-रहित होते हैं। हिन्दी संस्कृत की उत्तराधिकारी है। बेशक विदेशी सत्ता ने संस्कृति व संस्कृत को दुर्बल बनाया, लेकिन संस्कृत को मिटाया नहीं जा सकता। संस्कृत अमरत्व का संधान है।

उक्ति

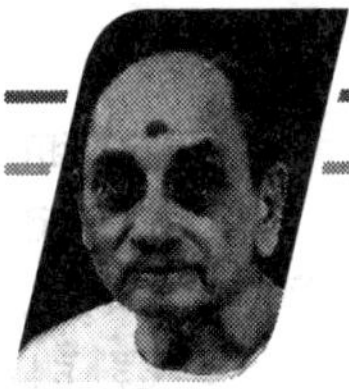

रेवाप्रसाद द्विवेदी

मैं हृदयनारायण दीक्षित को वर्षों से पढ़ रहा, परन्तु मिलने का अवसर इधरबीच मिला। वे गूढ़ विषयों पर भी कवियों की तरह सरस लिखते हैं और उनकी वाणी विशुद्ध मुग्ध निर्झरिणी है। देवी सरस्वती ने अद्भुत वागैश्वर्य से विभूषित किया है। दीक्षित जी उस प्रकृति के आराधक हैं, जिसकी गोंद में समस्त चर-अचर, स्थावर, जड्गम, अगुण-सगुण, अर्थ, अध्यवसाय, भूमि और विधान इत्यादि स्थित हैं। वे उस भारत-भूमि के उपासक हैं, जो दक्षिण में सागर से लेकर सुमेरु पर्वत पर्यंत विस्तृत और समुल्लसित है। दीक्षित जी जैसे मनीषी राजनीतिज्ञ सदियों में मिलते हैं।

संस्कृत-साहित्य के मूर्धन्य विद्वान। तीन महाकाव्य, बीस खण्डकाव्य और अनेक नाट्यकृतियों के रचनाकार। राष्ट्रपति पुरस्कार, वाचस्पति पुरस्कार, साहित्य अकादमी सम्मान, वाल्मीकि पुरस्कार और श्रीवाणी अलंकरण से सम्मानित।

नाचता अध्यात्म

लोकायत

और दक्षिणपंथ

सृष्टि को ध्यान से देखने वाले मनुष्य के चित्त में तमाम जिज्ञासाओं का उठना स्वाभाविक है। दृश्यमान जगत और उसके गोचर प्रपंच प्रत्यक्ष होने के कारण स्वाभाविक ही ठीक प्रतीत होते हैं। कुछ लोगों ने इसे ही अन्तिम सत्य मान लिया, लेकिन दर्शन और विज्ञान के क्षेत्र में कोई भी निष्कर्ष अन्तिम नहीं होता।

लोकायत
और दक्षिणपंथ

सामाजिक जड़ता ठीक नहीं होती। जड़ और स्थिर समाज उन्नति नहीं करते। समाज की गतिशीलता के लिए विचार जरूरी होते हैं। विचार-भिन्नता समाज को गतिशील बनाती है। लोग अपने विचार के पक्ष में लोकमत बनाने का प्रयास करते हैं। वाद-प्रतिवाद और संवाद चलते हैं। गतिशील समाज का प्राण है संवाद। अपनी विचारधारा के पक्ष में जनमत का बहुमत राजनीतिक क्षेत्र में भी उपयोगी है। बहुमत, सरकार का दावा करता है। संसदीय जनतंत्र में बहुमत वाला पक्ष ही सरकार चलाता है।

भारतीय राजनीति लोकमंगल का उपकरण है। संविधान-निर्माताओं ने यहाँ संसदीय जनतंत्र की राज-प्रणाली अपनाई है। यहाँ के सभी दल अपनी विचारधारा को देशहित का साधन बताते हैं। विचार-आधारित राजनीति मतदाता के लिए सुविधाजनक होती है। भिन्न-भिन्न दल अपनी विचारधाराओं के आधार पर कार्यकर्त्ता गढ़ते हैं और कार्यकर्त्ताओं के माध्यम से लोकमत बनाते हैं। यह एक आदर्श स्थिति है, लेकिन भारतीय राजनीति में मार्क्सवादी दल व राष्ट्रवादी भाजपा ही कार्यकर्त्ताओं को प्रशिक्षित करते हैं। वे विचार-आधारित लोकमत बनाने का काम करते हैं। देश की सबसे पुरानी पार्टी कांग्रेस भी स्वतंत्रता के पूर्व विचार-आधारित कार्यकर्त्ता-प्रशिक्षण शिविर चलाती थी। राष्ट्रवाद उसका विचार था। बहुत पहले समाजवादी दल भी विचार-आधारित प्रशिक्षण देते थे। धीरे-धीरे विचार-आधारित राजनीति घटी। जाति, पंथ, मजहब राजनीति के उपकरण बने। अब मार्क्सवादी और भाजपा ही अपने कार्यकर्त्ताओं को विचार-आधारित प्रशिक्षण देने

वाली पार्टियाँ बची है, लेकिन कम्युनिस्ट दल लुप्तप्राय है। सामान्य बोलचाल में भारतीय जनता पार्टी को दक्षिणपंथी व मार्क्सवादी समूहों को वामपंथी कहा जाता है, लेकिन वामपंथ और दक्षिणपंथ सुविचारित और व्यवस्थित विभाजन नहीं है।

दक्षिणपंथ और वामपंथ के नामकरण दरअसल एक सांयोगिक घटना का परिणाम है। सन् 1797 में फ्रांस की क्रांति के समय नेशनल असेम्बली दो भागों में बँट गयी थी। सम्राट लुई-16 ने बैठक बुलाई। फ्रांसीसी संसद में परम्परागत राजव्यवस्था को हटाकर लोकतंत्र लाने वाले व रूढ़ियों को न मानने वाले बाँई तरफ बैठे थे। परम्परा और रूढ़ि के आग्रही दाँये बैठे। यह सुविचारित और व्यवस्थित विभाजन नहीं था। मोटेतौर पर वामपंथ का विकास कार्लमार्क्स के व्यवस्थित विचार से हुआ था। माना जाता है कि यह राजशाही और पूँजीवादी तंत्र के शासन के विरुद्ध प्रतिक्रियात्मक विचारधारा है। इस विचारधारा में सामाजिक आर्थिक वर्गों की कल्पना की गयी है। वर्ग-संघर्ष को विकास का आधार बताया गया है। सर्वहारा की तानाशाही मार्क्सवाद की दृष्टि में आदर्श राजव्यवस्था है। ऐसी समाज-व्यवस्था के लिए हिंसा को भी उचित ठहराया गया है। वामपंथी लोकतंत्र नहीं मानते। भारत के माओवादी रक्तपात करते हैं। 20वीं सदी में चीन में माउत्सेतुंग ने लाखों लोगों को मौत के घाट उतारा था। रूस में लेनिन और जोसेफ स्टालिन के समय भी वामपंथ के आधार पर नरसंहार हुए थे। यह फ्रांस की राजक्रांति के बाद की बात है।

वामपंथ और दक्षिणपंथ की कोई सुव्यवस्थित परिभाषा नहीं है। माना जाता है कि दक्षिणपंथी समाज की ऐतिहासिकता भाषा, परम्परा और संस्कृति-विशिष्ट के आधार पर आदर्श समाज गढ़ने का प्रयास करते हैं। ऐसे समाज में वर्गीकरण या श्रेणीकरण नहीं होता। वर्ग-संघर्ष की कल्पना नहीं होती, लेकिन वामपंथी शोषण-मुक्त समाज का दावा करते हैं।

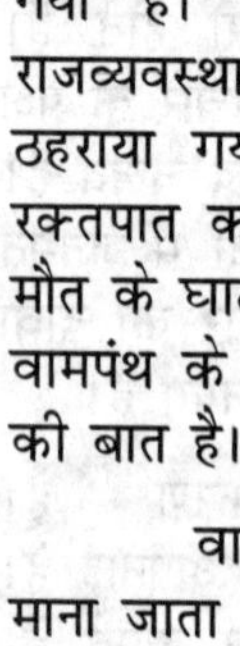

फ्रांस की राजक्रांति के समय की परिभाषा आधुनिक राजनीति में लागू नहीं होती। इस परिभाषा के अधीन भारत की कांग्रेस और भाजपा जैसी पार्टियाँ दक्षिणपंथी कही जाती हैं। कांग्रेस और भाजपा दोनो के शासन में गरीबों के कल्याण की तमाम योजनाएँ चलती रहीं। स्वंय पंडित जवाहरलाल नेहरू वामपंथी रुझान के

वरिष्ठ नेता थे। श्रीमती इंदिरागांधी ने बैंकों का राष्ट्रीयकरण किया था। क्या कांग्रेस को दक्षिणपंथी कहा जा सकता था। वह वामपंथी इसलिए भी नहीं है कि उसका चरित्र स्वाधीनता-संग्राम के समय से ही राष्ट्रवादी है और वामपंथी राष्ट्रवादी नहीं होते। भारतीय जनता पार्टी घोषित राष्ट्रवादी है। समाज के अंतिम व्यक्ति के उत्थान और विकास के लिए संकल्पबद्ध है। गरीब महिलाओं को निःशुल्क गैस कनेक्शन देना और बिजली कनेक्शन भी पहुँचाना दक्षिणपंथी कैसे हो सकता है? गरीबों के समर्थन में किये जा रहे प्रधानमंत्री नरेन्द्र मोदी के कार्य राष्ट्र-सर्वपरिता से जुड़े हैं। इनमें गरीब-कल्याण की भी सर्वोपरिता है। क्या इन्हें वामपंथी कहा जा सकता है? दक्षिणपंथ और वामपंथ का विभाजन ही अपने-आप में गलत हैं।

इंग्लैण्ड में लेबर पार्टी व कन्जरवेटिव पार्टी प्रमुख दल हैं। लेबर को वामपंथी और कन्जरवेटिव पार्टी को दक्षिणपंथी कहा जाता है लेकिन दोनो पार्टियाँ अपने काम में अपने-अपने ढंग से गरीब-समर्थक हैं। परिवर्तनवादी भी हैं। केवल वामपंथ ही परिवर्तनवादी विचार नहीं है। परिवर्तन प्रकृति का नियम है। समाज-व्यवस्थाएँ आदर्श नहीं होतीं। इसी तरह राजव्यवस्था या राजनैतिक विचारधाराएँ भी आदर्श नहीं होतीं। समाज, राजनीति और राजव्यवस्थाओं में संशोधन की गुंजाइश हमेशा बनी रहती है। सोद्देश्य परिवर्तन सबकी इच्छा होती है। दुनिया की सभी सरकारें सोद्देश्य परिवर्तन के लिए प्रयास करती हैं। जड़ता, पंथ-मजहब पर आधारित राजनीति में है। वह अपने प्रत्येक कर्म-विचार व ध्येय को मध्यकालीन पंथिक आग्रहों से जोड़ती है। वह आधुनिकता की भी विरोधी है। उनकी राजनीति के कारण सारी दुनिया में रक्तपात हैं। उनके संगठन सामाजिक परिर्वतन का उद्देश्य नहीं मानते। वे मध्यकाल की वापसी चाहते हैं। वे मजहबी धारणाओं के अलावा कोई भी विचार स्वीकार नहीं करते। युद्ध करते हैं। निर्दोषों का रक्तपात भी करते हैं। आतंकवाद ऐसी ही राजनैतिक विचारधारा का विस्तार है।

दक्षिणपंथ-वामपंथ काल-बाह्य धारणाएँ हैं। व्यर्थ हैं। सोद्देश्य सामाजिक परिवर्तन के लिए सबको काम करना चाहिए। सामाजिक रूढ़ियों के विरुद्ध भी संघर्ष की आवश्यकता है। ऐसा कार्य भारत में लम्बे अरसे से जारी है। मैं अनेक समाचार पत्रों में लिखता हूँ।

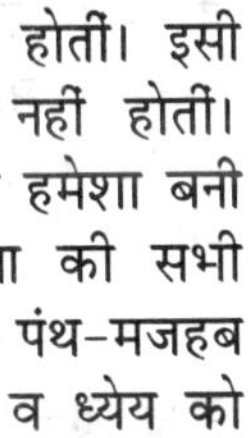

हमारे लेखन की प्रशंसा और आलोचना होती है। राष्ट्रीय राजधानी दिल्ली के कई पत्रकार मित्रों ने मेरे लेखन की प्रशंसा करते हुए कहा कि दक्षिणपंथी खेमे में आप सर्वाधिक प्रतिष्ठित लेखक हैं। यद्यपि यह मेरे लेखन की प्रशंसा थी, लेकिन मुझे दक्षिणपंथी कहा गया। मैंने उन्हें बताया कि हमारे लेखन में जातिभेद, वर्गभेद और रूढ़ियों पर आक्रामकता रहती है। मैं वर्तमान समाज-व्यवस्था में परिवर्तन के लिए कर्म और लेखन के माध्यम से संघर्षरत हूँ। बावजूद इसके मैं दक्षिणपंथी क्यों हुआ? मित्रों ने हँसते हुए कहा कि क्या फिर आप वामपंथी हैं? मैंने कहा ''मैं वामपंथी नहीं हो सकता। वामपंथी मान्यताओं में हिंसा है। वे भारतीय संस्कृति और परम्परा को लेकर भी आक्रामक हैं।'' मित्रों ने कहा कि आप वामपंथी नहीं है और दक्षिणपंथी भी नहीं हैं तो फिर आप हैं क्या? मैंने पूछा क्या किसी राजनैतिक-सामाजिक कार्यकर्ता का दक्षिणपंथी या वामपंथी होना जरूरी है? क्या तीसरा विकल्प नहीं है। बाएँ ही चलने से ध्येय तक नहीं पहुँचा जा सकता। यह बात अलग है कि आपका ध्येय लोकहित न होकर बाएँ चलना ही मुख्य ध्येय हो। कम्युनिस्ट मित्रों का ध्येय बाएँ चलना ही है। मैंने मित्र को उत्तर दिया कि बाएँ चलना या दायें चलना हमारा ध्येय नहीं है। सीधे गति करना, आगे बढ़ना, लोगों को आगे बढ़ने में सहायता करना, यही मार्ग भारतीय परम्परा में सर्वमान्य रहा है। यह परिवर्तनकामी भी है।

महाभारत की कथा में यक्ष ने युधिष्ठिर से यही पूछा था ''मार्ग क्या है- कः पंथा'' युधिष्ठिर ने बहुत सोच-समझकर उत्तर दिया ''वेद-वचन भिन्न-भिन्न हैं। ऋषि अनेक हैं। तर्क से कोई बात नहीं बनती। धर्म-तत्व छुपा हुआ है, इसलिए महापुरुषों द्वारा अपनाया गया पंथ ही श्रेष्ठ है।'' युधिष्ठिर के उत्तर में वामपंथ या दक्षिणपंथ नहीं है। पूर्वजों ने अपने अनुभव के आधार पर जो मार्ग चुना है वही हमारा मार्ग है। क्या यह कथन पुराना होने के कारण दक्षिणपंथी है। इस कथन में आगे बढ़ने का संकल्प है। ऋग्वेद के ऋषि ने भी गतिशील रहने के लिए प्रार्थना की थी, ''संगच्छध्वं संवदध्वं सं वोमनासि जानंताम्। हम साथ-साथ चलें। साथ-साथ वार्तालाप करते चलें। साथ-साथ मन मिलाकर चलें। ऐसा ही हमारे पूर्वज करते आये हैं।'' परस्पर विचार-विमर्श करते हुए प्रस्थान। चरैवेति। चरैवेति।

लोक में अनेक तरह के विचार होते हैं। कुछलोग ईश्वर को मानते हैं। उसे संसार-चक्र का नियंता भी मानते हैं। कुछलोग शरीर के भीतर आत्मा मानते हैं। शरीर को नश्वर और आत्मा को अविनाशी बताते हैं। पुनर्जन्म पर भी विश्वास करते हैं। कुछलोग प्रकृति के दिखाई पड़ने वाले प्रपंचों को ही सही मानते हैं। इन्हीं विचारधाराओं में से कुछ विद्वान-साधक नई विचारधारा का विकास करते हैं। लोक में सभी विचारधाराएँ चला करती हैं। कुछ विचारधाराएँ शास्त्र बनती हैं। शास्त्र विद्वानों के अनुभव होते हैं। अनेक शास्त्रों में तत्कालीन दर्शन व विज्ञान के आधार भी होते हैं, लेकिन दर्शन व विज्ञान जटिल होते हैं। इसलिए इनका प्रसार कम लोगों में होता है, लेकिन शास्त्र-रचयिता भी अपनी सामग्री लोक से ही प्राप्त करते हैं और लोक भी अपनी जिज्ञासा व शंका-समाधान के लिए शास्त्र से सामग्री लेता है। लोक और शास्त्र में टकराव देखने वाले लोग गलती पर हैं। शास्त्र में कही गई बातें अथवा उपलब्ध निष्कर्ष लोक से ही प्राप्त होते हैं। शास्त्र में अनुशासन होता है। व्यवस्था होती है। यह अनुशासन-व्यवस्था लोक को प्रभावित कर सकती है। नहीं भी कर सकती है। लोक सभी विचारधाराओं की प्रयोगशाला है।

भारतीय दर्शन परंपरा में लोकायत भी एक विचारधारा है। लोकायत को प्रत्यक्ष भौतिकवादी माना जाता है। शुक्र और वृहस्पति इस परंपरा के प्रवर्तक माने जाते हैं। प्रत्यक्ष संसार को देखकर प्रत्येक व्यक्ति अथवा विद्वान के मन में अपने-अपने ढंग से जिज्ञासा का विकास होता है। पंथिक आस्थाएँ जिज्ञासा को महत्व नहीं देती हैं। पंथिक आस्थाओं में संसार को जन्म देने व संचालन करने वाली कोई-न-कोई अदृश्य शक्ति मान ली जाती है। हम उसपर बहस नहीं कर सकते। इनमें संशय, तर्क और जिज्ञासा की भी गुंजाइश नहीं होती। लेकिन लोकायत भी अंधविश्वासी नहीं है। लोकायतवादी प्रत्यक्ष की सत्ता स्वीकार करते हैं। पुनर्जन्म, वैदिक दर्शन की अनुभूति है। यह विचार लोक में है लेकिन लोकायतवादी इसे नहीं मानते। व्यक्त जगत प्रत्यक्ष है। भारतीय चिंतन में व्यक्त के साथ अव्यक्त की सत्ता भी है। गीता के अनुसार यह व्यक्त जगत अव्यक्त से व्यक्त होता है और व्यक्त जगत फिर अव्यक्त होता है। लोकायतवादी इस प्राकृतिक सत्य को नहीं मानते। जगत शून्य से नहीं उगा। सृष्टि के प्रकट होने के पूर्व भी यह भिन्न

रूप में था। अव्यक्त था। अव्यक्त ही प्रकट होकर व्यक्त बना।

भारत में ऋग्वेद के रचनाकाल के पहले से ही प्रश्न, जिज्ञासा व तर्क की महत्ता है। सबके अपने विचार हैं। विचार-अभिव्यक्ति की स्वतंत्रता है। लगभग दस हजार पाँच सौ मंत्रों वाले ऋग्वेद में एक भी कथन में 'हमारी ही बात मानने का आग्रह' नहीं किया गया है। ऋग्वेद का काव्य और दर्शन लोक में ही उगा है। लोकमंगल इसका उद्देश्य है। लोकहित सभी ऋषियों का ध्येय है। इसमें दर्शन भी है। यह सच्चे अर्थों में लोकायत है। चार्वाक-दर्शन की कुछ बातें चर्चा का विषय रहती हैं। एक श्लोक में कहा गया है कि "यह संसार सुख के लिए है। उधार लेकर घी पीना भी अच्छा है। शरीर नष्ट हो जाने के बाद कुछ भी नहीं बचता। शरीर के बाद कुछ न बचना एक विचार है। शरीर नष्ट हो जाने के बाद प्राण या आत्मा का बचना भी एक विचार है। लोक में सभी विचार चला करते हैं।

हिन्दी साहित्य के विद्वान डॉ० गणेशनारायण शुक्ल ने लिखा है, "भौतिकवाद को मानने वाले प्रकृतिवादी हैं। भौतिकवाद के सामान्य सिद्धांत निम्नलिखित रूप से निर्धारित किए जा सकते हैं। 1. भौतिकवाद ईश्वर को नहीं मानता। अनीश्वरवादी है। 2. भौतिकवाद, प्रकृतिवादी और यांत्रिक है। 3. भौतिकवाद इंद्रियानुभववादी है। 4. भौतिकवाद, जीवन के उच्चतर मूल्यों को नहीं नकारता। सांसारिकता को महत्व देता है। 5. भौतिकवाद के अनुसार, जड़ द्रव्य ही मूलभूत तत्व हैं। इसी से सभी जड़ या चेतन की उत्पत्ति होती है। 6. भौतिकवाद, जड़ द्रव्य के साथ, गति को स्वीकारता है जो या तो जड़ द्रव्य में ही अंतर्भूत है या बाहर से प्राप्त होती है।" भौतिकवाद के समर्थन में, कुछ और बातें भी कही जाती हैं जैसे-शरीर और मन का विकास जिन तत्वों से होता है, वह सब भौतिक हैं। शरीर मुख्य है और वह भौतिक है। हमारे अनुभव में भौतिक वस्तुएँ उपयोगी सिद्ध होती हैं। ध्यान में जल्दी आती हैं। भौतिक वस्तुएँ प्रीतिकर लगती हैं। हम उनके लिए श्रम करते हैं। शक्ति की अनश्वरता का नियम भी भौतिकवाद के समर्थन में प्रस्तुत किया जाता है। इस नियम में कहा गया है कि शक्ति का कभी नाश नहीं होता, मात्र रूपांतरण होता है। यदि जीवन और चैतन्य को, शरीर के नियमों से भिन्न मान लिया जाए तो कहा जाएगा कि कुछ नई

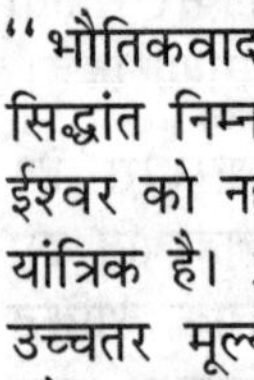

शक्ति का जन्म हुआ है। अत: भौतिकवादी मानते हैं कि जीवन और चैतन्य में निहित शक्ति भौतिक शक्ति का ही रूपांतरण है।''

जगत अपने सम्पूर्ण रूप में भी प्रत्यक्ष नहीं है। उसका बड़ा भाग अदृश्य और अव्यक्त है। भारतीय चिंतन में प्रत्यक्ष भौतिक जगत के साथ अप्रत्यक्ष चेतन के बारे में भी विचार किया गया है। ऋग्वेद में ऐसे चिंतन का उल्लेख है। फिर उत्तर वैदिक काल में विचार-समृद्धि का वातावरण था। सामान्यतया दो विचारधाराएँ दिखाई पड़ती हैं। एक भौतिकवाद दूसरा सर्वात्मवाद। भौतिकवादी अदृश्य और अव्यक्त को अस्वीकार करते थे। लेकिन सर्वात्मवादी या वेदान्ती दोनो को एकसाथ मिलाकर समग्रता में विचार करते रहे हैं। कुछलोगों को सर्वात्मवाद या वेदान्त भाववादी दिखाई पड़ता है, लेकिन सर्वात्मवाद में भाव-चेतन के साथ प्रत्यक्ष भौतिक जगत भी सम्मिलित है। किसी-किसी को सर्वात्मा अथवा ब्रह्म भौतिक जगत के भीतर व्याप्त दिखाई पड़ता है और किसी-किसी को यह पूरी प्रकृति ही ब्रह्म या सर्वात्मा के भीतर। पहली उपनिषद ईशावास्योपनिषद है। इसके प्रारम्भ में ही कहते हैं ''इस संसार के प्रत्येक अंश में ईश या ईश्वर व्यापक है।'' यहाँ संसार और ईश्वर दोनो है। ईश्वर या ब्रह्म संसार के अन्दर व्याप्त है। संसार उसमें मिलकर समाप्त नहीं हुआ। लेकिन भौतिकवादी प्रत्यक्ष को ही सत्य मानते थे। अप्रत्यक्ष को नकारने वाले इस चिंतन को लोकायत कहा गया है। वामपंथी इस विचार की प्रशंसा करते हैं। वामपंथी मित्र इससे भिन्न व्यक्त-अव्यक्त आदि के विचार को दक्षिणपंथी बताते हैं।

लोक की व्याप्ति बड़ी है। सामान्यतया प्रत्यक्ष विश्व को लोक कहते है, लेकिन भारतीय परंपरा में कई लोकों की चर्चा है। ऋग्वेद के पुरुष सूक्त में 'अमृत' लोक का उल्लेख है। बताते हैं, ''प्रत्यक्ष विश्व उस पुरुष की महिमा है। पुरुष इससे बड़ा है। विश्व उसका एक पाद (चरण) है। तीन भाग अमृत-लोक में है।'' लोक का विचार वैदिककाल से प्राचीन है। इसी परंपरा में स्वर्गलोक व मृत्युलोक की भी चर्चा होती है। यजुर्वेद के अंतिम अध्याय में कहा गया है ''आत्मविरोधी लोग असुरों के अंधकार-आच्छादित लोकों में बार-बार जाते हैं।'' ऐतरेय उपनिषद में 'आत्मा' को सृष्टि-सृजन का कर्त्ता बताया गया है। इस उपनिषद के प्रारंभ में कहते हैं कि आदि में

आत्मा अकेला था, दूसरा कोई नहीं था- आत्मा वा इदमेक एकाग्र आसीत। नान्यत्किंचनमिषत्। उसने लोकसृजन की इच्छा की- स ईक्षत लोकन्नु सृजा इति। उसने लोक बनाए- स इमांलोककन्नु सृजत। उसने द्युलोक और ऊपर के लोक, जल के नीचे के लोक और उसके ऊपर के लोक बनाए। तुलसीदास ने भी रामचरितमानस के गरुण-कागभुशुंडि संवाद में अनेक लोक बताए हैं। पुनर्जन्म के विश्वासी भी लोक-परलोक की बातें करते हैं।

प्रत्यक्ष लोक यह पृथ्वी है। हमसब इसी का भाग हैं। यह यथार्थ है। अन्य लोक दार्शनिक चिंतन के विषय हैं। वे प्रत्यक्ष नहीं हैं। हमारे इन्द्रियबोध द्वारा यथार्थ-सिद्ध नहीं है। दार्शनिक स्तर पर तमाम विचारधाराएँ हैं। प्रत्यक्ष को ही सृष्टि के गोचर प्रपंचों का कर्ता-धर्ता मानना भौतिकवाद कहा जाता है। भौतिकवाद में सृष्टि-रचना व विकास के लिए जड़ द्रव्य को ही आधारभूत माना गया है। आत्मा या चेतन की जरूरत नहीं है। भौतिकवादी पंथ, आस्था और ईश्वर जैसी सत्ता के प्रति विश्वास नहीं रखते हैं। भारत का चार्वाक-दर्शन इसी श्रेणी में है। इस विचार को नास्तिक कहा जाता है। सामान्यतया दार्शनिक ज्ञान-यात्रा में प्रमाण, अनुमान व सिद्ध-कथन तीन उपकरण हैं। प्रमाण प्रत्यक्ष होता है। अनुमान प्रत्यक्ष के आधार पर की गई कल्पना है। अनुमान प्रत्यक्ष की संगति में यथार्थ-सिद्ध होता है तो ठीक, वरना व्यर्थ। आप्त वचन या सिद्ध-कथन पूर्वजों के शब्द हैं, लेकिन भौतिकवाद में प्रत्यक्ष प्रमाण को ही मुख्य ज्ञान-साधन माना जाता है।

भौतिकवादी दर्शन प्राचीन है। ऋग्वेद के रचनाकाल में भी इसके बीज थे। डॉ० राधाकृष्णन के अनुसार "बुद्ध के पूर्व भी इस मत का पता मिलता है। ऋग्वेद की ऋचाओं में भी इसके अंकुर पाए जाते हैं। अनेक प्रमाण यह दर्शाते हैं कि बौद्ध मत के पूर्व भी भारत में विशुद्ध भौतिकवाद की घोषणा करने वाले लोग थे।" ऋग्वेद में जल से सृष्टि-विकास बताया गया है। अन्य विचार भी हैं। लेकिन तब दर्शन अपनी विकासशील दशा में था। भौतिकवादी दर्शन को भारतीय चिन्तन में चार्वाक-दर्शन कहा गया है। माना जाता है कि इसके प्रवर्तक ऋषि वृहस्पति हैं। कुछ विद्वानों के अनुसार वृहस्पति देव-कथाओं के पात्र हो सकते हैं। वास्तविक मनुष्य नहीं। लेकिन ऋग्वेद के एक

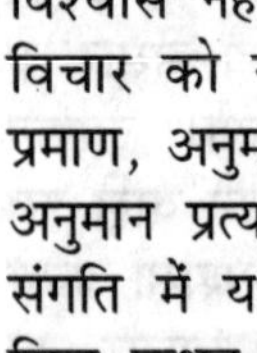

मंत्र (10.72.2) के रचनाकार लौक्य वृहस्पति हैं। इस मंत्र में कहा गया है कि "देवों से पूर्व-युग में असत् से सत् उत्पन्न हुआ।" असत् सृष्टि के पहले की स्थिति है। अव्यक्त दशा है। तब देवता भी नहीं हैं। देवता व्यक्त सृष्टि में प्रकट हो सकते हैं। मूल बात है असत् से सत् का उद्भव। इस उद्भव का कर्ता कोई आत्मा या देवता नहीं है। वृहस्पति की तरह उशना भी ऋग्वेद में हैं। उशना शुक्राचार्य हैं। चार्वाक-दर्शन में जल, अग्नि, वायु और पृथ्वी चार तत्व ही माने जाते हैं। आकाश को वह लोग तत्व या पदार्थ नहीं मानते थे। प्रत्यक्ष को ही सब कुछ मानने के कारण किसी समय यह बहुत लोकप्रिय रहा होगा। लोकप्रियता के कारण ही सम्भवतः इसे लोकायत दर्शन भी कहते हैं। लोकायत शब्द लोक और आयत से बना है। लोक का अर्थ सुस्पष्ट है। आयत का अर्थ व्याप्ति है।

वैदिक काल के बाद भी दार्शनिक यथार्थवाद की एक धारा है। महाकाव्य-काल में भी भौतिकवादी विचार हैं। महाभारत इतिहास है। इतिहास प्रत्यक्ष घटनाओं का विवरण होता है। महाभारत का समाज ऋग्वेद के समाज की तुलना में अव्यवस्थित है। ऋग्वैदिक समाज के आदर्श व जीवन-मूल्य महाभारत में नहीं हैं। तब तमाम अंतर्विरोध बढ़ चुके थे। संपदा प्राप्ति के लिए एक ही परिवार के दो पक्ष कौरव व पाण्डव युद्ध लड़े। युद्ध में आस्तिकता व धर्म की धज्जियाँ उड़ीं। चार्वाकों ने आस्था-आस्तिकता को चुनौती दी थी। वैदिक धर्म के विकास में दर्शन मुख्य स्रोत था। दर्शन की सुदृढ़ नींव से विकसित धर्म, विवाद और आलोचना के लिए खुला रहा। धर्म की इसी दार्शनिक क्षमता के कारण चार्वाक-समूह अपने अभियान में सफल नहीं हुए, लेकिन लोकायत के परिणाम-स्वरूप सत्य की खोज का नया वातावरण बना। भौतिकवाद का भूला-बिसरा विचार भी प्रकट हुआ। महाभारत के गीता वाले अंश में सभी विचारधाराएँ हैं। यहाँ एक भिन्न प्रकार के एकेश्वरवाद की प्रतिष्ठा है। महाभारत में सम्पदा को लेकर भीषण युद्ध का वर्णन है। लेकिन इसके साथ ही महाभारत व उस समय के साहित्य में अनेक दर्शन भी हैं। महाभारत में ही कालवाद या नियतिवाद भी है। अनेक पात्र लोकायत की भी आधारशिला पर खड़े होकर अपना तर्क प्रस्तुत करते दिखाई पड़ते हैं। डॉ॰ राधाकृष्णन ने 'भारतीय दर्शन' (खण्ड- 1, पृष्ठ 219) में लिखा है कि, "यह युग बौद्धिक रुचि के प्रति प्रबल रूप में

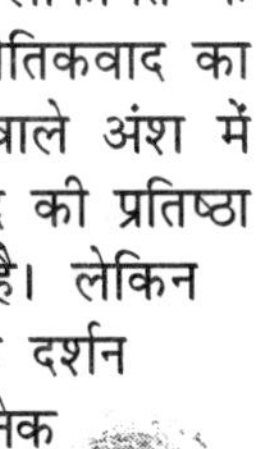

जागरूक था, जिसमें प्रचुर मात्रा में दार्शनिक स्फूर्ति और अन्यान्य क्षेत्रों के विकास उपलब्ध होते हैं। उस युग की नैतिक प्रेरणा का ठीक-ठीक वर्णन करना कठिन है। उस समय की जनता आध्यात्मिक और आधिभौतिक समस्याओं के साथ संघर्ष करती हुई पायी जाती है। यह अनियमितताओं और पारस्परिक विरोधों से भरपूर था।" उन्होंने सही लिखा है। वैदिक काल की तुलना में आर्थिक गतिविधियाँ बढ़ चुकी थीं। कृषि का पर्याप्त विकास हो चुका था। छोटे समूह या गण, सम्पदा सहित अन्य कारणों से टूट रहे थे। गण विस्तृत होकर जन बनने की प्रक्रिया में थे। वैदिक अनुभूति के साथ सत्य की खोज का नया वातावरण था, लेकिन इसका प्रभाव बौद्धिक वर्ग में था।

डॉ० राधाकृष्णन ने इस काल की निराशाजनक सूचना दी है। लिखा है, "जीवन की अद्‌भुत अनिश्चितता और संदिग्धता, संसार को व्यवस्थित सिद्ध करने के लिए किये गये परस्पर-विरोधी प्रयत्न, मनमाने पंथों और मतों को भटका देने वाली अव्यवस्था और विचार की समाप्ति, जिसका निर्माण दु:खों में ग्रस्त और भय से त्रस्त किसी भी नये और अपरीक्षित मार्ग को प्राप्त करके प्रसन्न हो जाने वाली मनुष्य जाति ने किया है।" यह काल-खण्ड नि:संदेह अनेक विचारधाराओं से भरापूरा है, लेकिन जीवन में अव्यवस्था नहीं है। वैदिक परम्परा के प्रभाव से व्यवस्था में सतत् प्रवाह है। अनुभव द्वारा सिद्ध जीवन-मार्ग भी अपरीक्षित नहीं है। सम्भवत: इसीलिए महाभारत-काल के समाप्ति के समय राजा का नाम जानबूझकर परीक्षित रखा गया है। डॉ० राधाकृष्णन ने स्वयं ही लिखा है, "इस प्रकार दर्शनशास्त्र सम्बंधी परीक्षणों के इस युग में नई-नई पद्धतियाँ सामने लायी गई। एकमत विश्वास की प्रतिद्वंद्विता में दूसरा मत लाया गया। एक आदर्श की प्रतिद्वंद्विता में दूसरा आदर्श विचारधाराओं के स्वभाव में केवल अकेले एक ही विचार के प्रभाव से नहीं अपितु अनेक विचारों से संगठित शक्ति के द्वारा परिवर्तन किया गया।" यह शुभ लक्षण है कि कई मत आपस में संवादरत् थे। डॉ० राधाकृष्णन के अनुसार मतों और आदर्शों में प्रतिद्वंद्विता थी, लेकिन इसे प्रतिद्वंद्विता कहना उचित नहीं। यह विचार-विमर्श और दार्शनिक संवाद का युग कहा जाना चाहिए। भौतिकवाद का जन्म और विकास किसी विचार या मत की प्रतिक्रिया से नहीं हुआ। मनुष्य का जन्म

जैविक है। प्रत्यक्ष है। भौतिक है। शैशव-काल से लेकर मृत्युपर्यन्त मनुष्य भौतिक संसार से प्रत्यक्ष रूप में सम्बंधित रहता है। भौतिक दृष्टि प्राचीन है। भौतिकवाद भी प्राचीन है। लेकिन भारतीय चिंतक भौतिक से परे अदृश्य जगत के प्रति भी जिज्ञासु थे। उन्होंने भूत के साथ चेतन या आत्मा का भी विचार किया। भारतीय चिंतन-परंपरा में किसी भी मत को दबाने की कोई बात नहीं है। भौतिकवाद, आध्यात्मिकवाद की प्रतिक्रिया नहीं है। प्रतिक्रिया का विचार यूरोपीय है। रेनेसां या पुनर्जागरण, अंधविश्वासों के विरुद्ध प्रतिक्रिया था। कार्ल मार्क्स के विचार भी अंधविश्वास के विरुद्ध प्रतिक्रिया-मूलक थे। भारतीय अध्यात्म का जन्म और विकास जिज्ञासा और दर्शन से हुआ। अध्यात्म यहाँ सुखद अनुभूति है। साधारण अनुभूति नहीं। नाचती-गाती अनुभूति।

सृष्टि को ध्यान से देखने वाले मनुष्य के चित्त में तमाम जिज्ञासाओं का उठना स्वाभाविक है। दृश्यमान जगत और उसके गोचर प्रपंच प्रत्यक्ष होने के कारण स्वाभाविक ही ठीक प्रतीत होते हैं। कुछ लोगों ने इसे ही अन्तिम सत्य मान लिया, लेकिन दर्शन और विज्ञान के क्षेत्र में कोई भी निष्कर्ष अन्तिम नहीं होता। इसलिए यहाँ जैन और बुद्ध सहित आठ दर्शनों का विकास हुआ। जैनदर्शन में स्यादवाद या संदेहवाद का विकास हुआ। संदेहवाद ज्ञान-यात्रा में सहायक होता है। यह जिज्ञासा का ही एक भाग है। भूत जड़ द्रव्य है। आत्मा चेतन है। भौतिकवादी आत्मा या चेतन के अस्तित्व से इनकार करते थे। वैज्ञानिक न्यूटन के अनुसार ''मनुष्य की इंद्रियाँ जिन संवेदनों को ग्रहण करती हैं, वे स्पंदनों के माध्यम से स्नायुओं से होते हुए मस्तिष्क तक पहुँचते हैं; इसलिए संश्लिष्ट चिंतन इन स्पंदनों का समवाय मात्र है। मनुष्य के आवेग और भाव उन सादे विचारों के योग के अलावा कुछ नहीं हैं जो संसर्ग द्वारा संयुक्त होते हैं।'' इसका अर्थ है कि सोच-विचार भौतिक कार्रवाई है। चिंतन-व्यापार केवल भूत पर निर्भर है। इस विचार में भूत और आत्मा, मनुष्य में ये दो तत्व नहीं हैं। मनुष्य पूर्णतः भौतिक है। मार्क्सवादी चिंतक डॉ० रामविलास शर्मा की टिप्पणी है कि ''बुद्ध के समय में जो भौतिकवाद भारत में प्रचलित था, वही काफी समय बाद इंग्लैंड में पुनर्जीवित हुआ।''

संसार की घटनाएँ कारण-कार्य श्रृंखला में हैं। घटनाक्रम की अनिवार्यता का यह सिद्धांत

भी लोकप्रिय था। घटनाक्रम की अनिवार्यता से यह विचार दृढ़ होता है कि ईश्वर सबकुछ कर सकता है और वह सबकुछ पहले से जानता है। नैतिकता सामाजिक जीवन की आधारशिला है। आत्मनिर्णय की स्वतंत्रता के अभाव में मनुष्य में नैतिक क्षमता नहीं होगी। सही-गलत में चुनाव करने का अधिकार मनुष्य की बुद्धि में निहित है, वह इंद्रियों की प्रतीति का परिणाम नहीं है। नियतिवाद में सबकुछ पूर्व-निर्धारित है। इसमें आत्मनिर्णय का अधिकार नहीं है। मनुष्य के लिए प्रेरणा अनिवार्य है। प्रेरणाओं के बिना मनुष्य इच्छा नहीं कर सकता। मनुष्य प्रेरणाओं में चुनाव कर सकता है। चार्वाक-मत के अनुसार ''मृत्यु से शरीर और आत्मा दोनों का नाश हो जाता है।'' पुनर्जीवन के सिद्धांत या विश्वास में आत्मा को अविनाशी मानना होगा। अविनश्वर आत्मा के बिना पुनर्जन्म संभव नहीं है। मनुष्य कर्म करने में स्वतंत्र है। उसे अपने कर्मों का फल भोगना होगा, चाहे वह अनेक जन्मों में भोगे।

प्रकृति का सर्वाधिक विकसित अंश मनुष्य है। जैविक विविधता भी विचारणीय है। प्रत्येक पीढ़ी की गुणसूत्र-सामग्री में परिवर्तन संभव है। किसी जीव-श्रेणी की विविधता उसके जीवित बने रहने की संभावना है। जीवित बने रहने की जितनी क्षमता छोटे जीवों में है, उतनी मनुष्य में नहीं है। सभ्यता के विकास के साथ मनुष्य के जैविक रूप में भी परिवर्तन संभव है। प्रौद्योगिकी के कारण जीवन-शैली बदलती है। हमारे शरीर की रासायनिक गतिविधियाँ भी बदलती हैं। सामाजिक जीवन के अनेक पक्षों के दबाव, महत्वाकांक्षा और प्रतिद्वंद्विता के सामने मानवजाति स्वयं को जैविक रूप से अक्षम पाती है। हम चिंता, हृदयरोग और सामाजिक कारणों से बीमारियों से पीड़ित होते हैं। बहुत-सी घातक बीमारियाँ आधुनिक सभ्यता का परिणाम हैं। इनसे जैविक ह्रास होता है। इस ज्ञान को इच्छा-शक्ति से जोड़ना है और इस ह्रास के सामाजिक कारणों को खत्म करना है। ऐसे कारणों की खोज करना आवश्यक है जिनसे मनुष्य स्वस्थ जीवन बिता सके। यहाँ नियतिवाद नहीं है। यहाँ भौतिकवादी कर्म-स्वतंत्रता है। संशय का भी महत्व है। यह ज्ञान-यात्रा का प्रेरक है। संशयवाद विकल्प देता है। विकल्प की ओर ध्यान दिलाता है। विशेष घटनाक्रम और उसका विकल्प दोनो भूत और ऊर्जा के एक ही रूप में, कार्य-कारण परंपरा के एक ही स्तर पर, अस्तित्व में आते हैं।

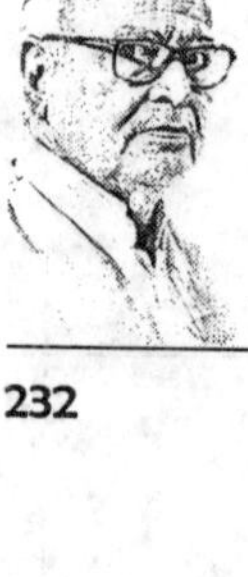

इस तरह नियतिवाद पर प्रश्न और संदेह स्वाभाविक है। कौटिल्य के द्वारा लिखे गये अर्थशास्त्र में भी लोकायत की चर्चा है। कौटिल्य ने अर्थशास्त्र के प्रारंभ में ही वृहस्पति व शुक्र को नमस्कार किया है और चार विद्याएँ बताई हैं। इनमें पहली विद्या आन्वीक्षकी है, दूसरी त्रयी है, तीसरी वार्ता और चौथी दण्डनीति है। कौटिल्य ने स्पष्ट किया है कि सांख्य, योग और लोकायत आन्वीक्षकी विद्या के अन्तर्गत हैं। त्रयी में तीन वेद हैं। चौथा अथर्ववेद इतिहास है। वार्ता, कृषि और पशुपालन व व्यापार से सम्बन्धित हैं। अर्थशास्त्र में कहा गया है कि वार्ता, विद्या, धान्य, पशु, सोना, ताम्र आदि खनिज पदार्थ व सेवक आदि की देने वाली प्रथम उपकारणी है। आन्वेक्षकी के बारे में कहते हैं कि यह लोक का उपकार करती है। इसी प्रकार दण्डनीति शासन को प्रतिपादित करने वाली है। दार्शनिक स्तर पर कौटिल्य सांख्य, योग और लोकायत की चर्चा करते हैं।

भारतीय दर्शन की एक धारा वैशेषिक दर्शन कहलाती है। यह भी भौतिकवादी है। कुछ विद्वान कणाद के वैशेषिक दर्शन को न्याय दर्शन का विस्तार मानते हैं। कणाद रचित वैशेषिक सूत्र 370 हैं। वैशेषिक का अर्थ पदार्थो के भेद का ज्ञान कहा गया है। इस दर्शन में ज्ञान के सात मूल तत्व बताए गए हैं। द्रव्य, गुण, कर्म, सामान्य, विशेष, समवाय, अभाव। द्रव्य के बारे में कहते हैं कि वह नौ हैं। पृथ्वी, जल, अग्नि, वायु, आकाश, कालदिक् (दिशा) आत्मा और मन। काल और आत्मा को भी द्रव्य मानना बड़ी बात है। चरक-संहिता में भी आत्मा को द्रव्य बताया गया है। कणाद के अनुसार यह सृष्टि नौ द्रव्यों से बनी है और सभी द्रव्यों में परमाणु हैं। इस दर्शन के अनुसार पृथ्वी, जल, अग्नि और वायु के परमाणुओं से तीन तरह की वस्तुएँ बनी हैं। शरीर, इन्द्रिय और विषय ये तीन प्रकार के पदार्थ हैं। आकाश के सम्बन्ध में कहते हैं कि आकाश की पहचान या गुण शब्द हैं। आकाश सर्वत्र व्याप्त है। आकाश का आयतन नहीं है। काल को नित्य बताया गया है। आश्चर्यजनक बात है कि परमाणुहीन काल को कणाद ने द्रव्य माना है। काल-द्रव्य में परमाणु नहीं होते। दिक् (दिशा) भी एक द्रव्य है। इसके भी परमाणु नहीं होते। आत्मा को द्रव्य बताकर कहते हैं कि यह आकाश की तरह विभु और व्यापक है। आत्मा के भी कारण रूप परमाणु नहीं हैं। कणाद ने मन को अणु बताया है। मन आकाश, आत्मा या दिक्काल की तरह

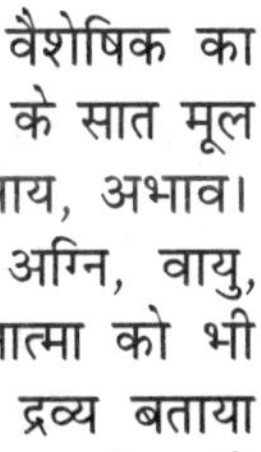

व्यापक नहीं है। इस अभाव के कारण मन अणु है। अर्थात जो सर्वव्यापी है वह अणु नहीं है। यह दर्शन भी मुक्त करने वाला बताया गया है। प्रकृति के रहस्यों की गति, समयोग और गुण-धर्म को जानने से मुक्ति मिलती है। वैशेषिक को भी अनीश्वरवादी दर्शन में गिना जाता है। चरक और कौटिल्य ने भौतिकवादी दर्शन को शरीर-विज्ञान और समाज-विज्ञान के क्षेत्रों में लागू किया था। अठारहवीं सदी में फ्रांस के भौतिकवादियों ने प्रकृति-विज्ञान और समाज-विज्ञान के क्षेत्रों में अपना दर्शन लागू किया। सामाजिक विकास के प्रथम चरण की समाज-व्यवस्था भी अंतर्विरोधों से मुक्त नहीं होती। सामाजिक व्यवस्था के नियमन से सांस्कृतिक प्रगति के द्वार खुलते हैं। इससे दर्शन का विकास होता है। दार्शनिक धाराएँ भी विकसित होती हैं। ये धाराएँ यथार्थपरक होती हैं। भाववादी दार्शनिक धाराएँ भी पैदा होती हैं। वे यथार्थवादी धाराओं के विरोध में प्रतीत होती हैं। भौतिकवादी दर्शन का जन्म पहले होता है, भाववादी दर्शन का जन्म उसके बाद होता है। भाव, प्रेरक-शक्ति है, लेकिन भाव का रूप-आकार नहीं होता। मनुष्य भाव और बुद्धि के अनुसार शास्त्र रचते हैं। देव गढ़ते हैं। देवों के मिथक गढ़ते हैं। मिथक स्मृति में पैठते हैं। भौतिक प्रत्यक्ष होता है। वैदिक समाज में दोनो हैं। सूर्य प्रत्यक्ष हैं। भाववाद में देवता हैं। जल प्रत्यक्ष भौतिक है लेकिन ऋग्वेद में जलमाताएँ हैं।

भारत को हीन बताने वाले विद्वानों ने भारतीय दर्शन और चिन्तन को भाववादी बताया है। तथ्यहीन भी बताया है। भारत में अपने ढंग का भौतिकवाद था और अपने ढंग का भाववाद। यहाँ भाववाद ने प्रत्यक्ष भौतिकवाद को कभी भी निरस्त नहीं किया है। शरीर और प्राण के घनिष्ठ सम्बन्ध की तरह भौतिकवाद और भाववाद साथ-साथ चले। दोनो में कोई टकराव नहीं था। दक्षिणपंथ विचार नहीं है। कट्टरपंथी वामपंथियों में अपने विचार के प्रति प्रतिबद्धता रही है। उन्होंने स्वयं को श्रेष्ठ सिद्ध करने के लिए कथित दक्षिणपंथ को प्रगति-विरोधी बताया। चार्वाकों के समय एक समूह ने भौतिकतावाद पर ज्यादा जोर दिया था। कुछ विद्वानों ने इसे भारतीय दर्शन से भिन्न विचार सिद्ध करने का प्रयास किया। लेकिन यहाँ भौतिकवाद और सर्वात्मवाद, अध्यात्मवाद को लेकर कोई टकराव नहीं रहा है। दोनों परस्पर पूरक हैं।

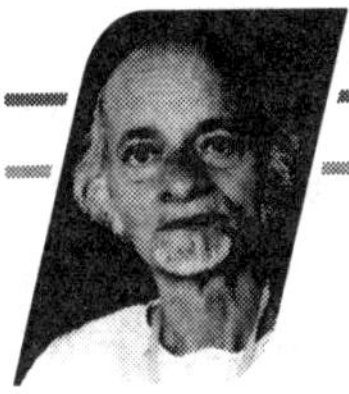

उक्ति

मुद्रा राक्षस

मैं दीक्षित जी को शुरू में आग्रही लेखक समझता था, किन्तु उनकी कुछ पुस्तकों को पढ़ने, और मार्क्स, गांधी, लोहिया व अम्बेडकर के प्रति उनके गम्भीर अध्ययन से परिचित होने के बाद खुशी हुई कि वे एक साहसिक लेखक व अध्येता हैं। अब मैं उनके अखबारी कॉलम भी पढ़ने के लिए उत्सुक रहता हूँ। वे अपनी संस्कृति और राष्ट्र के प्रति अपार निष्ठा के बीच सभी विचारधाराओं में समन्वय के अन्वेषी हैं।

प्रसिद्ध लेखक, उपन्यासकार, नाटककार, आलोचक तथा व्यंग्यकार। अनेक सम्मानों से विभूषित।

नाचता अध्यात्म

वेद और विज्ञान
का प्रणय

जीवन का आनंद वेद और विज्ञान के प्रणय में ही खिलता, उगता है। पूर्ण की सिद्धि फिलहाल विज्ञान के पास नहीं है। इसका मर्म समझने के लिए हमें याज्ञवल्क्य या शंकराचार्य के 'अद्वैत गाँव' जाना होगा। गाँव हमेशा दिक्‌काल में होते हैं। यहाँ तक विज्ञान की सहयात्रा है। इसके बाद कविता का ही सहारा है। तर्क का अपना महत्व है। विज्ञान में तर्क की सार्थकता है लेकिन आत्मबोध की प्राप्ति तर्क से नहीं होती।

वेद और विज्ञान का प्रणय

आधुनिक विश्व में वैज्ञानिक दृष्टिकोण की महत्ता है। सही भी है। दर्शन और विज्ञान अंधविश्वासों से मुक्त करते हैं। वैज्ञानिक शोध मानव-जीवन की गुणवत्ता बढ़ाते हैं। वैज्ञानिक दृष्टिकोण से सोचने वाले लोग पंथिक आस्था और अंधविश्वासों को लेकर प्रश्न उठाते हैं। अनेक प्रगतिशील विद्वान भारत के धर्म को भी अंधविश्वास की श्रेणी में रखते हैं। वे वेदों को भी अंधविश्वास की श्रेणी में रखते हैं, लेकिन वेद जीवन-अनुभूति की कविता है। यहाँ अंधविश्वास नहीं है। इस काव्य में जाँचे हुए जीवन-सूत्र हैं। वेदों में सतत जिज्ञासा है। प्रश्नों का भरापूरा संसार है। वैज्ञानिक दृष्टिकोण की सारी शर्तें वेदों के मंत्रों पर भी लागू होती हैं। कुछ विद्वान वैज्ञानिक सूत्रों को भी वेदों से जोड़ते हैं लेकिन वैदिक मंत्रों को विज्ञान कहना उचित नहीं होगा। विज्ञान, ज्ञान का प्राथमिक चरण है गति और पदार्थ का अध्ययन है। वेद गहन जीवन-अनुभूति हैं।

विज्ञान, सहज-स्वीकार्य ज्ञान है। वैज्ञानिक तथ्य प्रयोग से सिद्ध होते हैं। वैज्ञानिक आविष्कारों के आधार पर जीवन सरल हुआ है। विज्ञान की उपयोगिता स्वत: सिद्ध है। विज्ञान जानने योग्य को जान रहा है, शेष जानने योग्य को भी देर-सबेर जान लेगा। लेकिन पदार्थ के ज्ञान की उसकी सीमा है। अस्तित्व का बड़ा प्रपंच 'पदार्थ' नहीं है। इसलिए विज्ञान के लिए सम्प्रति अज्ञेय है। वह अभी तक जाना नहीं गया लेकिन जीवन का ही महत्वपूर्ण भाग है। यह वैज्ञानिक प्रयोगों की सीमा के परे है, फिलहाल अज्ञेय है। उसकी परिभाषा असंभव है। उसका निर्वचन नहीं हो

सकता। उसे कहा नहीं जा सकता। उसे गाया जा सकता है। अज्ञेय सृष्टि का बड़ा भाग है। इसके रहस्यों का बखान गेय द्वारा ही संभव है। जीवन पदार्थ नहीं है। पदार्थ क्षणभंगुर होते हैं। जीवन प्राणवान है। जीवन के रहस्य जानने का कोई सूत्र अब तक विज्ञान के पास नहीं है। जीवन-बोध के सूत्र अनुभवों की प्रयोगशाला में मिलते हैं। पदार्थ के विवेचन से जीवन के सार-तत्व नहीं मिलते।

वैदिक परंपरा में भौतिक ज्ञान का भी महत्व है। साथ में परासांसारिक ज्ञान की भी महत्ता है। संसार का ज्ञान उपयोगी है। वैदिक साहित्य में इसे 'अविद्या' कहा गया है। यही प्रत्यक्ष विज्ञान है। इस ज्ञान का जीवन में उपयोग है। परमसत्ता के बोध को विद्या कहा गया है। विद्या मुक्त करती है। ईशावास्योपनिषद में दोनों को जरूरी बताया गया है। पदार्थ और आत्मा, दोनो ही उपास्य हैं। मै स्वयं आत्मतत्व से अपरिचित हूँ।

सांसारिक उपलब्धियों को भोगते हुए जीवन बीता है। इनसे ऊब चुका हूँ। इनकी व्यर्थता प्रकट हो चुकी है, फिर भी इन्हीं में आबद्ध हूँ। निराशा-आशा के मौके बार-बार आते हैं। निराशा आहत करती है। विपरीत परिस्थितियों में आशा-संवर्द्धन की जरूरत ज्यादा है। आशा की मनोदशा में प्रत्येक व्यक्ति के चित्त में सकारात्मक भावशक्ति का विकास होता है। वैज्ञानिक प्रमाण हैं कि आशा और निराशा में मनुष्य के स्नायुतंत्र में रासायनिक परिवर्तन होते हैं। आशावादी बीमारी में धैर्य नहीं खोते।

उत्तर वैदिककाल की प्रतिष्ठित दार्शनिक रचना है 'छान्दोग्योपनिषद', इसकी एक कथा में नारद से सनत कुमार ने ज्ञान के तत्व पूछे थे। सनत कुमार ने नारद से पूछा अब तक तुम जो जानते हो वह बताओ (छान्दोग्योपनिषद अध्याय-7, खण्ड-1)। नारद ने अपनी जानकारी का वर्णन किया, मुझे ऋग्वेद, यजुर्वेद, सामवेद, अथर्ववेद का ज्ञान प्राप्त है। इतिहास, पुराण-रूप 5वाँ वेद भी मैंने पढ़ा है। व्याकरण, गणित, निधिशास्त्र, तर्कशास्त्र, ब्रह्म विद्या, नीतिशास्त्र, भूत विद्या, क्षत्र विद्या, नक्षत्र विद्या, सर्प विद्या और नृत्य-संगीत आदि का भी मैं जानकार हूँ (वही-2)। सनत कुमार ने कहा कि "तुम जो जानते हो वह केवल नाम हैं और सभी नामों को वाणी धारण करती है। वाणी की उपासना से वाणी के प्रभाव-क्षेत्र में

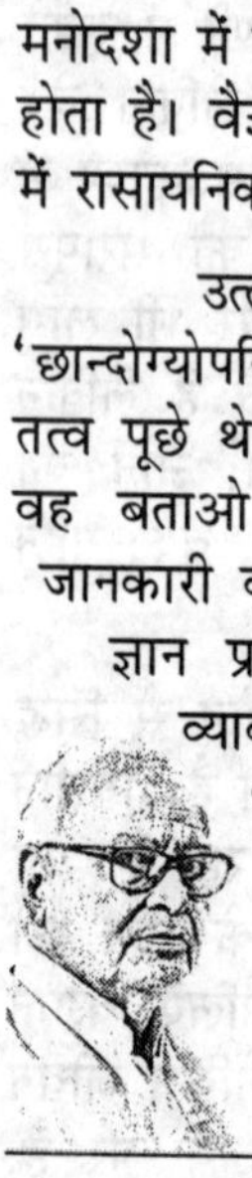

आने वाले विश्व का ज्ञान हो जाता है, लेकिन मन वाणी से श्रेष्ठ है। मन की तुलना में संकल्प बड़ा है। संकल्प वाणी को प्रेरित करता है। संकल्प उपास्य है।'' फिर बताया ''चित्त संकल्प से श्रेष्ठ है। पुरुष चेतनावान है। उस चेतना से प्रेरित होकर संकल्प करता है, मनन करता है। लेकिन चित्त से ध्यान ज्यादा श्रेष्ठ है और ध्यान से विज्ञान। फिर बताया विज्ञान से बल श्रेष्ठ है और बल से अन्न। अन्न से जल श्रेष्ठ है, जल की अपेक्षा तेज श्रेष्ठ है। तेज की तुलना में आकाश प्रधान है, आकाश की तुलना में स्मरण, लेकिन इन सबकी तुलना में आशा उत्कृष्ट है। आशा से दीप्त हुआ स्मरण कर्म करता है। पुत्र सहित तमाम धन-धान्य की कामना करता है। नारद! तुम आशा की उपासना करो।'' इसके बाद भी अनेक तत्वों की चर्चा है। अंत में कहते हैं कि इसी में सुख है। नारद ने पूछा 'सुख क्या है?' सनत कुमार ने कहा कि भूमा में ही सुख है, इससे अल्प में दुःख है। भूमा संपूर्णता का बोध है।

आशा से भरपूर चित्त विषम परिस्थितियों में भी धीरज नहीं खोता है। परिस्थितियों में धैर्य का महत्व है। आशावान व्यक्ति अस्तित्व पर विश्वास रखता है। अस्तित्व पर विश्वास का नाम श्रद्धा है। परिस्थितियाँ बदला करती हैं। सुख-दुःख बारी-बारी आते-जाते रहते हैं, लेकिन धैर्यपूर्ण मनुष्य निराश नहीं होता। विपरीत परिस्थिति में निराश होने से बड़ी क्षति होती है।

कोरोना महामारी ने 2020-2021 में हाहाकार मचाया, तो निराशा के कारण तमाम लोगों को आघात पहुँचा। अस्पतालों में भर्ती अनेक पीड़ित स्वस्थ होकर घर भी लौटे। उनमें 60-70 वर्ष या इसके ऊपर की आयु के बीमार भी शामिल रहे। स्वस्थ हुए मरीजों में आशा का महत्व ध्यान देने योग्य रहा। आशा के कारण उनका मनोबल क्षीण नहीं हुआ। वैज्ञानिक दृष्टिकोण की बातें बहुत होती हैं। चिकित्सा विज्ञानी भी अपनी जान हथेली पर रखकर काम करते रहे। यह भी आशा का ही प्रत्यक्ष चेहरा रहा।

विज्ञान की सीमा है। सकारात्मक विचार, आशा और श्रद्धा, विज्ञान की पकड़ में नहीं आते। भाव-शक्ति, बुद्धि-शक्ति से कम नहीं है। भारत को, आशा और अस्तित्व के प्रति आस्था को भी साथ रखना होगा। विज्ञान ने मनुष्य-जीवन में आशा, प्रेम

और सौंदर्य पर ध्यान नहीं दिया। वह सत्य की खोज को ही लक्ष्य मानता है। मानव जीवन में आनंद की स्वतंत्र भूमिका है। पं० जवाहरलाल नेहरू ने भी 'दि डिस्कवरी ऑफ इण्डिया' (541-47) में लिखा है, "विज्ञान का प्रत्यक्ष-ज्ञान के क्षेत्र से ताल्लुक है, लेकिन जो इससे हममें प्रवृत्ति पैदा होती है, उसका ताल्लुक विज्ञान के अलावा दूसरे और क्षेत्रों से भी है।

आदमी का आखिरी मकसद ज्ञान प्राप्त करना, सच्चाई को समझना, अच्छाई और खूबसूरती को पहचानना कहा जाता है। प्रत्यक्ष छानबीन का वैज्ञानिक तरीका इनसब पर लागू नहीं होता और ऐसा लगता है कि जो कुछ जिंदगी में जरूरी है, वह इसकी पहुँच से बाहर है, जैसे कला और कविता के प्रति संवेदनशीलता, वह भावना जो हममें सुंदरता से पैदा होती है या अच्छाई के बारे में पैदा होने वाली अनुभूति।" यहाँ विज्ञान की सीमा है। वे आगे लिखते हैं "हो सकता है कि वनस्पति-विज्ञानी, प्राणी-विज्ञानी के आकर्षण और सौंदर्य को कभी नहीं महसूस कर पायें। इसी तरह समाज-विज्ञानी में भी मानवता के बारे में प्रेम का बिल्कुल ही अभाव हो। लेकिन जब हम ऐसे क्षेत्र में पहुँच जायें, जो वैज्ञानिक दृष्टिकोण से परे हो और पर्वत के शिखरों पर पहुँच जायें, जहाँ दर्शन का राज्य है और जिन्हें देखकर हमारे मन में तरह-तरह की कल्पनाएँ होने लगें या जिनके पीछे का विशाल भू-भाग देख हम ठिठके-से रह जायें, वह दृष्टिकोण और भाव भी बहुत जरूरी है।"

भाव-शक्ति पर ध्यान देना जरूरी है। पंडित जी ने लिखा है "विज्ञान पश्चिम की दुनिया पर हावी हो गया है और वहाँ सभी इसके गुण गाते हैं, लेकिन वहाँ के लोग फिर भी वैज्ञानिक स्वभाव के असली स्वरूप को नहीं अपना सके हैं। उनको अपनी जिंदगी में इसकी भावना को अपनाना है। हिंदुस्तान में जाहिर है कि काफी लंबी मंजिल तय की जानी है, लेकिन हमारे रास्ते में बड़ी मुश्किलें कम ही आयेंगी। इसकी वजह यह है कि बाद के जमाने को छोड़कर हमारे गुजरे जमाने में हिंदुस्तान की विचारधारा का वैज्ञानिक स्वभाव और दृष्टिकोण के साथ ही अंतर्राष्ट्रीयतावाद का मेल रहा है। इसकी बुनियाद सच्चाई की निडर खोज, इंसान की मजबूती, यहाँ तक कि हर जानदार चीज की अलौकिकता पर, हर व्यक्ति और प्राणी के मुक्त और सहयोग-आश्रित विकास पर रही है।"

विज्ञान के साथ भाव-शक्ति, आशा और धैर्य

का भी महत्व है और अदृश्य अलौकिकता का भी।

मनुष्य के व्यक्तितत्व में पदार्थ का भी हिस्सा है। इसकी समझ के लिए विज्ञान पर्याप्त है। विज्ञान अभी थका नहीं है। नित्य नए प्रयोग जारी हैं। यह यथार्थ सत्य है लेकिन जीवन में सत्य के साथ शिव एवं सौन्दर्य भी है और सौन्दर्य पदार्थ नहीं है। सौन्दर्य का वैज्ञानिक विवेचन नहीं हो सकता। उसे देखकर, गाकर आनंदित हुआ जा सकता है। 'सौन्दर्य' रसपूर्ण भी होता है, लेकिन इस सौन्दर्य का रस भी पदार्थ नहीं है। इसलिए वैज्ञानिक दृष्टिकोण से हम सौन्दर्य को भी निरस्त कर सकते हैं। सौन्दर्य और उसका आनंद, वैज्ञानिक प्रयोगों से सिद्ध नहीं किया जा सकता।

विज्ञान प्रयोग-आधारित सत्य का ही विश्वासी है, लेकिन जीवन गहन अनुभूति वाले सत्य में प्रगाढ़ होता है। विज्ञान का आधार तर्क, जिज्ञासा व कार्यकारण का सिद्धान्त है। वेद का मूल तत्व जीवन का ही आधार है। जीवन-आकाश में राजमार्ग नहीं होते। जीवन बँधे व्यवस्थित मार्ग से ही नहीं चलता। तर्क से भी नहीं चलता। वेद जीवन की प्रगाढ़ अनुभूति से जन्मी कविता है। जीवन में विज्ञान का अपना प्रयोग है। उसकी उपयोगिता है लेकिन विज्ञान की संभावना भी सीमाबद्ध है।

वैदिक काव्य असीम है। मैं प्रकृति के प्रपंच देखता हूँ। सावन के मेघ आते हैं। धरती तक उतर आते हैं। पृथ्वी माता मेघों को देखकर आनंदित होती हैं। वर्षा की बूँदों में कवि को विशेष अन्तर्संगीत की अनुभूति होती है। विज्ञान के लिए सावन की वर्षा का कोई महत्व नहीं है। कवि सावन की वर्षा में भी शास्त्रीय संगीत का आनन्द ले सकते हैं, दे सकते हैं।

आनंदपूर्ण जीवन ही वैदिक काव्य का रस और उद्देश्य है। वेद इसीलिए विज्ञान से भी ज्यादा उच्चतर हैं। हवाएँ चलती हैं, यह वैज्ञानिक सत्य है। हवाएँ दिखाई नहीं पड़ती थीं, लेकिन मौसम-विज्ञानियों ने अब उन्हें देखना भी शुरू कर दिया है, तकनीक के माध्यम से। वायु और मेघ की गति में वैदिक कवि को संगीत सुनाई पड़ता है। फूलों का खिलना भी वैज्ञानिक सत्य है, लेकिन फूलों का सौन्दर्य विज्ञान की पकड़ से बाहर है। यह सौन्दर्य कवि-ऋषि ही अनुभव कर सकता है। अस्तित्व ने फूलों में अपना अन्तरतम सौन्दर्य प्रकट किया है।

इस सौन्दर्य में अस्तित्व का ही कोमल-कमनीय तत्व प्रकट हुआ है। विज्ञान यह बात नहीं पकड़ पाता। वैदिक कवि के लिए यह बात बड़ी आसान लगती है। इसीलिए देवों पर फूल चढ़ते हैं। पुष्प-सौन्दर्य की भेंट में मनुष्य अपनी सर्वोत्तम सौन्दर्य-दिव्यता देवों को अर्पित करते हैं। वैज्ञानिकों के शोध में ब्रह्माण्ड के भीतर की गति के सूत्र हैं। वैदिक कविता में प्रकृति को अदिति कहा गया है। यह माता है। पिता है, पुत्र और पुत्री भी है। प्रकृति में जो कुछ अब तक हो चुका है और जो होने वाला है, वह सब अदिति है। यह ऋग्वेद की अनुभूति है। प्रकृति में निरंतरता है। इसी निरंतरता में पिता, पुत्र, पुत्री और फिर पौत्र-पौत्री का प्रवाह चलता रहता है।

पृथ्वी प्रत्यक्ष है। यह भौतिक है। पृथ्वी अनेक पदार्थों से निर्मित है। वैज्ञानिक पृथ्वी के सभी घटक जानते हैं लेकिन वैदिक ऋषि पृथ्वी को माता जानते हैं। वैज्ञानिक के पास पृथ्वी को माता जानने की दृष्टि नहीं है। यह दृष्टि वैदिक कवि की अनुभूति है। कमल साधारण फूल है। वैज्ञानिक इसका रासायनिक विश्लेषण कर लेते हैं। अथर्ववेद के कवि अथर्वा, कमल के फूल में पृथ्वी की समस्त गन्ध अनुभव करते हैं। अथर्वा की कविता में पृथ्वीमाता ने अपने अन्तस की सम्पूर्ण गन्ध कमल के फूल में प्रगट कर दी है और यही गन्ध सूर्यपुत्री सूर्या के विवाह में देवों ने सर्वत्र फैलायी थी। यह विज्ञान के बहुत आगे की बात है। कमलगंध की अनुभूति का रहस्य आइंस्टीन के पास नहीं मिलेगा। इस गंध का रहस्य अथर्वा, कालिदास या वाल्मीकि ही जानते हैं। वेद, जीवन-अनुभूति की कविता हैं। इनमें दर्शन व विज्ञान का प्रणय है।

विज्ञान सत्य का अन्वेषक है। वेद जीवन-आनंद का गान है। जीवन में सत्य का उपयोग है लेकिन शिव-तत्व के अभाव में यही सत्य जीवन का संधान नहीं बन सकता। सत्य के साथ शिव और दोनों के साथ सुन्दर की उपासना बहुत जरूरी है। वैज्ञानिक सत्य की उपयोगिता है। जीवन में विज्ञान की परिपूर्णता से वास्तविक रिक्ति का अनुभव होता है। इस रिक्ति की पूर्ति वैदिक कविता से ही संभव है। तर्क और विचार के आधार पर विज्ञान का विकास होता है। गणित के सूत्र पैदा होते हैं। विचार और तर्क पर्याप्त नहीं है। मनुष्य केवल विचार नहीं है। इसकी पूर्णता के बाद भावजगत का काम शुरू होता है, तब

गीत का जन्म होता है और अस्तित्व का गीत ही वेदों की कविता है। वैदिक कविता में अस्तित्व के प्राणों के छंद हैं।

मैं स्वयं संशयी हूँ। जिज्ञासु हूँ। तार्किक भी हूँ। कुल मिलाकर यही सारे उपकरण वैज्ञानिक दृष्टिकोण कहे जाते हैं। हम कभी-कभी अमावस्या की रात्रि, आकाश में जगमग चलते, उड़ते, खिलते तारों को देखते हैं। मैं विज्ञान की पोथी पढ़ चुका हूँ कि तारों का निर्माण विशेष पदार्थों से हुआ है लेकिन मन इतने से शान्त नहीं होता है। लगता है कि आकाश के सभी तारे हमारे मन में उतर आये हैं। प्रत्येक तारे का अपना संगीत है। प्रत्येक तारे की अपनी वीणा है। प्रत्येक तारा अपने सौन्दर्य में मस्त है। सबकी अपनी आभा और प्रभा है। लगता है कि यही प्रकाश, गन्ध में परिवर्तित हो रहा है। सर्वत्र फैल रहा है और आकाशगन्ध हमारे चित्त के रास्ते हमारी काया के अणु-परमाणु में प्रविष्ट कर गयी है।

वैदिक कवियों ने विज्ञान का उपयोग किया था लेकिन उसके आगे की यात्रा भी की थी। वैदिक मंत्रों में विज्ञान से आगे की बातें हैं। विज्ञान के पार की बातें हैं। ऋग्वेद के एक मंत्र में कविता या ऋचा का निवास परमव्योम बताया गया है। ऋचो अक्षरे परम व्योमन। कहा गया है कि जहाँ ऋचाएँ रहती हैं, वहीं दिव्यशक्तियाँ रहती हैं। ऋचाएँ जागृत मनुष्यों के चित्त में प्रवेश की अभिलाषा रखती हैं। जो जागे हुए हैं, सामगान उनके पास आते हैं। कविता या ऋचा की प्राप्ति की शर्त है- जागरण। वैदिक कवि, कविताओं के लेखक नहीं कहे गए हैं। कविता-ऋचा परमव्योम से सीधे उनके हृदय में उतरती हैं। इसीलिए अमर है वैदिक मंत्र। ये विज्ञान की नींव पर खड़े हैं और परमव्योम में बैठी ऋचाओं-कविताओं के साथ अमर गीत के रूप में गुनगुना रहे हैं। उन्हें गाकर ही नमस्कार संभव है। लेकिन क्या करूँ? तार्किक चित्त की भूमि पर अस्तित्व के गीत नहीं उगते। मैं गा नहीं सकता। सुन लेता हूँ अस्तित्व की पगध्वनि। यही संतोष है।

मैं आत्मबोध का प्यासा हूँ। संभवतः नियति द्वारा सांसारिक प्रपंचों में ठेल दिया गया हूँ। यद्यपि मैं नियतिवादी नहीं हूँ। सांसारिक प्रपंचों की घटना में कार्य-कारण सिद्धांत दिखाई पड़ते हैं। ये प्रपंच अल्पकालिक रूपों में प्रकट होते हैं। जान पड़ता है कि आत्मतत्व और हमारे मध्य यही सांसारिक प्रपंच बाधा है।

ईशावास्योपनिषद के ऋषि ने सत्य के मुख को हिरण्यपात्र से ढका बताया था। स्तुति है कि "हे देव! यह हिरण्यपात्र हटाओ, मैं सत्य देखना चाहता हूँ।" मैंने बहुधा आर्तभाव में हिरण्य-लोभ की संलिप्तता दूर करने की अभिलाषा की है। मैं हिरण्यपात्र की चमक के प्रभाव से दूर हो रहा हूँ। जीवन का सत्य-पग घुँघरू बाँधकर नाचता देखता हूँ। लेकिन सत्य-दर्शन नहीं हुआ। जानता हूँ कि प्रकृति में पदार्थ और चेतन दोनो हैं। विज्ञान और काव्य दोनो हैं। ऋग्वेद के ऋषियों-कवियों ने दोनो की उपासना की थी, सो मैं सांसारिक बोध के लिए भौतिक विज्ञान से जुड़ा रहता हूँ। आत्मबोध के लिए स्वयं को स्वयं द्वारा देखता हूँ। दोनो के बोध के लिए ऋग्वेद की कविता से प्रीति करता हूँ।

ऋग्वेद की प्राचीनता सिद्ध है, लेकिन प्राचीनता ही उपयोगिता व महत्ता की प्रतिभूति नहीं होती। उपयोगिता और महत्ता के तमाम कारण हैं। यह दर्शन, समाजशास्त्र व खगोल की तमाम जानकारियों का कोष है। ऋग्वेद के प्रति पूरे एशिया महाद्वीप में विशेष प्रकार का आदरभाव है। अमेरिकी विद्वान भी वेदों के प्रति उत्सुक हैं। ब्लूमफील्ड ने अथर्ववेद का अनुवाद किया है। जर्मन विद्वान मैक्समूलर ने अन्य कई विषयों पर काम किया। अनेक जर्मन विद्वानों ने वैदिक साहित्य पर तमाम पुस्तकें लिखी हैं। मैक्समूलर ने ऋग्वेद का भाष्य लिखा है।

भारत के लिए वेद-वचन ईश्वर की वाणी हैं। ज्ञान के प्रति आदर प्रकट करने का यह भारतीय तरीका अनूठा है। साधारण उपकारकर्ता के प्रति धन्यवाद देते समय लोग बहुधा कहते हैं कि आप मेरे लिए भगवान हो गए हैं। वेदों के श्लोक 'मंत्र' कहे जाते हैं। परंपरा के अनुसार माना जाता है कि ऋषियों ने मंत्र देखे हैं। इसलिए उन्हें मंत्र-द्रष्टा कहा गया है। मंत्रों का समूह सूक्त कहा गया है। सूक्त का साधारण अर्थ सु-उक्त अर्थात सुंदर कथन है। ऋषि आधुनिक संदर्भ में कवि हैं। वेदों के मंत्र इन्हीं कवियों-ऋषियों की रचनाएँ हैं।

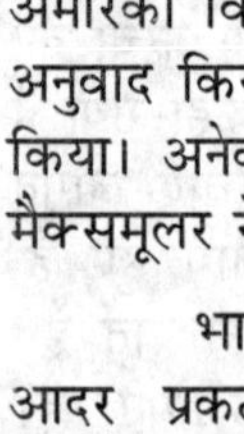

मैं ऋग्वेद को प्यार करता हूँ और सम्पूर्ण वैदिक वाङमय को भी। मेरा दृष्टिकोण वैज्ञानिक है। मैं अपनी मूल प्रकृति से जिज्ञासु हूँ। ऋग्वेद में जिज्ञासा का चरम है। वेदों की विषयवस्तु में कहीं भी 'मानने' की घोषणा नहीं है। ऋग्वेद के एक भी मंत्र में कोई ऋषि-निर्देश नहीं है कि हमारा कथन मानो। वेदों में

विचार-विविधता है। मुझे वैदिक कवियों का रचनाकौशल व मुक्त विचारतंत्र सम्मोहित करता है। ऋग्वेद के एक मंत्र की स्तुति विशेष ध्यान योग्य है कि "हे देवों! यहाँ सभी विचारों का स्वागत है। मेरे पास सभी दिशाओं से सद्‌विचार आएँ।" मेरे मित्र ऋग्वेद के प्रति हमारे प्यार का प्रेमपूर्ण वर्णन करते हैं। कुछ मित्रों का कहना है कि मैं ऋग्वेद की चर्चा जरूरत से ज्यादा करता हूँ। वरिष्ठ पत्रकार सद्‌गुरुशरण अवस्थी ने सिनेमाहाल में मुझसे फिल्म की नायिका 'विपाशा' के बारे में पूछा कि ऋग्वेद में विपाशा का उल्लेख है या नहीं? मैंने उत्तर दिया "हाँ ऋग्वेद में 'विपाशा नदी' का उल्लेख है।" सही बात है, मैं सामान्य गपशप में भी ऋग्वेद की चर्चा करने का लती हूँ। मित्र, मेरी इस लत का हास-परिहास भी करते रहते हैं। ऐसे ही मित्रों को जिज्ञासु देख मैं ऋग्वेद का अंश सुनाता हूँ। ऋग्वेद में कवि की प्रार्थना है कि "हमें ऐसे मित्रों से दूर रखो जो प्रश्न व जिज्ञासा में नहीं रमते।" ऋग्वेद में प्रश्न व जिज्ञासा भी रमण-आनंद के क्षेत्र हैं।

ऋग्वेद की कविता में विज्ञान और अनुभूति का महामिलन है। संध्या जैसा प्रशांत विश्राम है। ऊषाकाल जैसा बोधोदय है। जागरणकाल की कर्म-प्रेरणा है। आनंद का अतिरेक है, अज्ञात की अतिरिक्त जिज्ञासा है। देखे, सुने, समझे, अनूभूत यथार्थ के प्रति स्वीकृति है। यहाँ संसार माया या आभास नहीं है। काल की रेखा पर प्रकृति का प्रत्येक रूप गतिशील है। इसलिए परिवर्तनशील है। अल्पकालिक होने के कारण विद्वानों ने इसे माया या आभास कहा। निःसंदेह दीर्घकाल के सापेक्ष यह माया है, लेकिन अपने अल्पकाल में यही यथार्थ-सत्य है। वैदिक कविता में समय के सभी आयाम हैं लेकिन अस्तित्व की संपूर्णता के कथन में समय की सत्ता का अतिक्रमण हुआ है। समय भी अस्तित्व के भीतर है। प्रकृति सदा से है, रूप-परिवर्तन के साथ सदा रहती है। ऋग्वेद में अस्तित्व का एक नाम 'पुरुष' है। यह सहस्रों सिर वाला है। वैदिक कविता में यह पुरुष समय के भीतर है। समय का अतिक्रमण करता है। समय इसके भीतर भी है। कहते हैं, "जो अब तक हो चुका है, और जो भविष्य में होने वाला है, वह सब पुरुष है।"

संसार रूपों से भरापूरा है। यहाँ प्रत्येक रूप के लिए शब्द हैं। रूप का नाम शब्द से प्रकट होता है। प्रत्येक शब्द ध्वनि है। शब्द-ध्वनि हमारे

मस्तिष्क को सक्रिय करती है। मस्तिष्क में प्रत्येक शब्द का वास्तविक रूप होता है। समुद्र वास्तविक है। अथाह जलराशि और लहरों का यथार्थ। इसका समुद्र नामकरण एक शब्द मात्र है। समुद्र शब्द सुनते ही मस्तिष्क में समुद्र का चित्र उभरता है। शब्द वास्तविक समुद्र का प्रतिनिधि है। यही बात सभी शब्दों पर लागू होती है। लेकिन नाम और रूप का एक साथ मिलन ही पर्याप्त नहीं है। हमारा मस्तिष्क प्रकृति के हरेक प्रपंच से प्रभावित होता है। प्रभावित मस्तिष्क विचार गढ़ता है। बर्कले ने लिखा है, "मनुष्य को जिन पदार्थों का ज्ञान होता है वे इन्द्रियों पर अंकित विचार हैं अथवा वे चित्त के व्यापारों व भावों पर ध्यान देने से वैसे प्रतीत होते हैं। वे ऐसे विचार हैं जो स्मृति या कल्पना की सहायता से निर्मित होते हैं।" यहाँ पदार्थ को विचार कहा गया है, लेकिन प्रत्येक विचार भौतिक पदार्थ नहीं होता। भारतीय अनुभूति की ईश्वर-धारणा महत्वपूर्ण विचार है लेकिन ईश्वर पदार्थ नहीं है।

मनुष्य के मस्तिष्क में विचार-प्रवाह चला करते हैं। विचार के जन्म के लिए पदार्थों या ध्वनि की जरूरत होती है। मस्तिष्क पर ध्वनि के गहरे प्रभाव पड़ते हैं। शब्द, रूप-ध्वनि के अर्थ होते हैं। गीत-काव्य इसी श्रेणी में आते हैं। मस्तिष्क में इन शब्दों के अर्थ होते हैं। लेकिन शब्द-अर्थ से भिन्न ध्वनियाँ ज्यादा प्रभाव डालती हैं। संगीत इस बात का साक्ष्य है। संगीत का अर्थ नहीं होता। पक्षी अपनी बोली में कुछ न कुछ बोलते हैं। हम कोयल की बोली (ध्वनि) को गीत कहते हैं। कोयल के बोलने का अर्थ नहीं निकलता। हम कोयल की भाषा का अर्थ नहीं जानते। सभी पक्षी बोलते हैं। हमारा मस्तिष्क उन्हें ध्वनि-रूप में ग्रहण करता है। भारतीय कर्मकाण्ड में शंख-ध्वनि का प्रयोग प्राचीन है। शंख-ध्वनि के प्रभाव शोध के योग्य हैं। महाभारत युद्ध की शुरुआत शंख-ध्वनि से ही हुई थी। सबसे पहले भीष्म ने अपना शंख बजाया। गीता (अध्याय 1.131) के अनुसार "इसके बाद शंख, नगाड़े बिगुल, तुरही तथा सींग एक साथ बज उठे।" यहाँ ध्वनि-प्रभाव पर जोर है। आगे कहते हैं "श्रीकृष्ण ने पांचजन्य, अर्जुन ने देवदत्त, व भीम ने पौण्ड्र नामक शंख बजाए। युधिष्ठिर ने अनंत विजय नामक शंख बजाया। नकुल ने सुघोष व सहदेव ने मणि पुष्पक शंख बजाया। विभिन्न शंखों की ध्वनि कोलाहलपूर्ण बन गई।" (वही 19) गीताकार ने

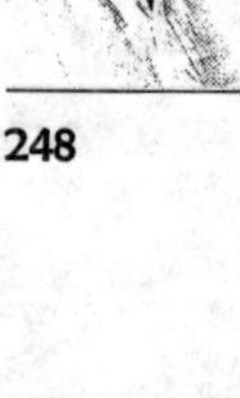

कोलाहल शब्द का उचित प्रयोग किया है। कोलाहल भी महत्वपूर्ण ध्वनि है। मस्तिष्क पर इसके भी प्रभाव पड़ते हैं।

'विचार' भाषा में प्रकट होते हैं। उनका अर्थ समझना आसान है। एक भाषा से दूसरी भाषा में अनुवाद भी संभव है लेकिन संगीत का अनुवाद नहीं होता। संगीत की अभिव्यक्ति शब्दों में नहीं होती। संगीत का निर्माण ध्वनि से हुआ है। यूनानी दार्शनिक पाइथागोरस ने काठ पर तारों की तंत्री बाँधकर संगीत का प्रयोग किया था। ऋग्वेद में अनेक वाद्ययंत्रों के उल्लेख हैं। संगीत का अर्थ नहीं होता। लेकिन श्रोता को संवेदना से भरता है। कभी आनंद से, कभी विषाद से। मैं स्वयं संगीत-प्रेमी हूँ। यह हमारे मस्तिष्क को ताजा करता है। संगीत के साथ गीत मिलता है, तब आनंद बढ़ता है। ध्वनि-तरंगें मस्तिष्क के विशेष क्षेत्र पर प्रभाव डालती हैं। भारत के मंदिरों में मुख्य द्वार पर घंटा होता है। मंदिर-प्रवेश के समय श्रद्धालु के मस्तिष्क में अनेक विचार चल रहे होते हैं। वह प्रवेश करते ही घंटा बजाता है। घंटे की ध्वनि उसके मस्तिष्क में जाती है। उसके सोच-विचार भंग हो जाते हैं। उसका मस्तिष्क नए विचार-ग्रहण के लिए तैयार हो जाता है। यहाँ भी ध्वनि का प्रभाव सुस्पष्ट है।

मनुष्य आदिम काल से ध्वनियों के प्रति संवेदनशील रहा है। शेर के बोलने को दहाड़ कहा जाता है। बिल्ली के रोने को अशुभ माना गया है। वह रोती या गाती है, वही जानती है लेकिन मनुष्य ने उसके बोलने को रोना बताया। वर्षाकाल में मेंढक बोलते हैं। ऋग्वेद के ऋषि ने मेंढकों के बोलने की तुलना वैदिक मंत्रों की ध्वनि से की। तुलसीदास ने मेंढकों की ध्वनि की तुलना वेदपाठी मंत्रों से की- "दादुर धुनि चहुँ दिशा सुहाई/ वेद पढ़हिं जनु बट समुदाई।" ध्वनि को अपने-अपने अर्थ से लिया जाता रहा है। नदी-प्रवाह में भी ध्वनि होती है। अथर्ववेद में ऋषि, नदी से कहते हैं "हे सरिताओं आप नाद करते हुए बहती हैं इसलिए आपका नाम नदी पड़ा।" वस्तुतः सभी ध्वनियाँ संघर्षण से पैदा हैं। अस्तित्व के घटकों की गति में अनेक ध्वनियाँ हैं। सब ध्वनियाँ मिलकर भी एक महानाद पैदा करती हैं। महानाद परम ध्वनि है। अस्तित्व का किसी से संघर्ष नहीं है। वह स्वयंपूर्ण है। वह एक है। अस्तित्व में द्वैत नहीं है। अस्तित्व की ध्वनि को पूर्वजों ने अनाहत

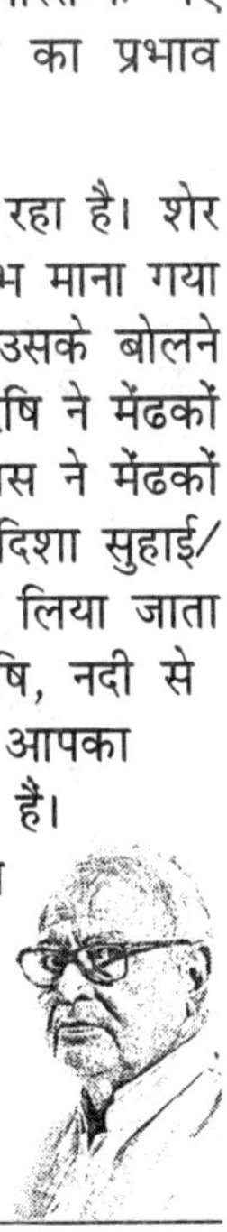

नाद कहा है। यह संपूर्णता की संपूर्ण ध्वनि है। ऋषियों ने इसे ओम् कहा है। ओम् संपूर्ण ध्वनि है। यह परम है। पतंजलि ने भी अस्तित्व की ध्वनि को "तस्यवाचक: प्रणव:" कहा है। भारतीय दर्शन-परम्परा में ओम् को लेकर कोई असहमति नहीं है। ऋग्वेद से लेकर सभी वेदों, उपनिषदों व पुराणों में ओम् ध्वनि की महत्ता है।

वैदिक मंत्र भी ध्वनि हैं। कुछ मंत्र समाज-व्यवस्था के सूचक हैं। लेकिन अनेक मंत्र स्तुतियाँ हैं। स्तुति का केन्द्र 'भाव' है। श्रोता-भाव और मंत्रों का प्रभाव मस्तिष्क पर पड़ता है। इसी प्रभाव से मस्तिष्क अपने भीतर तमाम रसायन पैदा करता है। एक शोध के अनुसार बचपन से ही वैदिक मंत्रोच्चार करने वालों का मस्तिष्क तेज होता है। उनकी स्मरण-शक्ति व समझने की क्षमता बेहतर होती है। इसका मूल कारण मंत्रोच्चार से दिमाग में होने वाले सकारात्मक बदलाव हैं। ऐसे लोग भावनाप्रधान, हाजिरजवाब व तर्कशील भी होते हैं। यह बात एस0जी0पी0जी0आई0 लखनऊ कैम्पस स्थित सेंटर ऑफ बायोमेडिकल रिसर्च के अध्ययन में सामने आई है। सीबीएमआर के ब्रेन मैपिंग विशेषज्ञ डॉ0 उत्तम कुमार, डॉ0 अंशिका सिंह व क्राइस्ट यूनिवर्सिटी बंगलुरु के साइकोलॉजी विभाग के डॉ0 प्रकाश ने यह अध्ययन किया। इसमें 21 से 28 आयु वर्ग के 50 युवाओं को शामिल किया गया। 25 युवा ऐसे थे जो 9 से 11 साल तक गुरुकुल में रहकर वेदों का अध्ययन करने के साथ वैदिक मंत्रोच्चार कर रहे हैं। इन्हें 20,000 मंत्र व श्लोक कंठस्थ हैं। ये संस्कृत बोलते, लिखते व पढ़ते हैं। दूसरे ग्रुप में 25 ऐसे युवाओं को लिया गया जो हिंदी, संस्कृत व अंग्रेजी जानते-समझते हैं। वे संस्कृत लिखते-पढ़ते हैं, लेकिन नियमित तौर पर मंत्रोच्चार नहीं करते। काउंसिलिंग के बाद फंक्शनल एमआरआई से सभी की ब्रेन मैपिंग की गई। अध्ययन में मस्तिष्क के स्कोर के हिसाब से डाटा का आकलन किया गया। मस्तिष्क की संरचना के आधार पर वैदिक मंत्रोच्चार को लेकर यह अध्ययन महत्वपूर्ण है। इससे मानसिक व न्यूरो से जुड़ी बीमारियों के इलाज में काफी मदद मिलेगी। डॉ० कुमार बताते हैं कि कोरोना-काल (2020-21) में लोगों की मानसिक समस्या बढ़ी। ऐसे में इलाज के लिए तैयार होने वाले नए प्रोटोकाल को बनाने में इस अध्ययन से मदद मिलेगी। डॉ० कुमार ने बताया कि मंत्रोच्चार वालों में

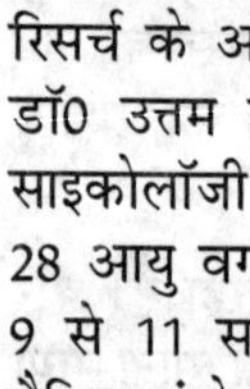

मस्तिष्क की मेमोरी (हिप्पोकेंपस) का स्कोर सामान्य की अपेक्षा ज्यादा मिला। जब मनुष्य अवसाद में होता है तो यह हिप्पोकेंपस मरने लगते हैं। इसी तरह लिखने, समझने व किसी बात को संग्रह करने वाले हिस्से (थैलमस) में मैटर ज्यादा मिला। वैदिक अध्ययन करने वालों की स्मृति तेज होती है। इनमें ब्रेन न्यूरॉन्स की मोटाई ज्यादा मिली, जिससे उन्हें संदेश जल्दी पहुँचता है। उच्चारण को नियंत्रित करने वाले लेफ्ट इंसुला के ज्यादा सक्रिय होने से उच्चारण की शुद्धता बढ़ जाती है। एंगुलर गायरिस में बदलाव की वजह से रिकॉल क्षमता ज्यादा हो जाती है। लगातार मंत्रोच्चार से मस्तिष्क के मध्य स्थित संदेशवाहक न्यूरॉन्स ज्यादा सक्रिय मिले। मस्तिष्क के सभी रहस्यों से पर्दा उठना शेष है। यहाँ विज्ञान को वैदिक मंत्रों के आलोक में अपने शोध बढ़ाने चाहिए। जान पड़ता है कि वैदिक ऋषियों ने मंत्र-गान के माध्यम से मस्तिष्क की गतिविधि पर सकारात्मक प्रभाव डालने की क्षमता प्राप्त कर ली थी।

वैदिक कविता भी अंतर्राष्ट्रीय स्तर पर ईर्ष्या का विषय रही है। कुछेक यूरोपीय विद्वानों ने इस कविता को 'चरवाहों के गीत' कहा था। उनकी मानें तो वैदिक काव्य जानवरों को चराने वाले घुमंतू अशिक्षितों की अभिव्यक्ति है। मुझे उनकी टिप्पणी में रस मिलता है। सामाजिक विकास के प्रारंभिक चरण में चरवाहे नहीं थे। मनुष्यों का पशुओं से परिचय नहीं था। पशु मनुष्य की संपदा नहीं थे। स्वतंत्र विचरण करते थे। फिर पशु उपयोगी जान पड़े। मनुष्य उनकी सुरक्षा करने लगा। वह घास वनस्पति आदि से भरपूर क्षेत्रों में उन्हें चराने ले जाने लगा। मनुष्य-कर्म का यह भाग 'चरवाहा' कहलाया। यह सामाजिक विकास के आदिम चरण से बहुत बाद का चरण है। उस समय पशुओं का उपयोग कृषि-कार्य में हो रहा है। इसका अर्थ है कि कृषि-कार्य का पर्याप्त विकास हो चुका है। पशु माल ढोने के उपयोग में आ रहे हैं। अश्व का उपयोग सवारी में हो रहा है। इस कविता में कृषि-उपकरणों में भी सुख-दुःख की अनुभूति है। एक काव्य-मंत्र में कहते हैं "हमारे हल के फाल सुखपूर्वक भूमि जोतें।" कृषि-कार्य को आधार बनाकर रचित इस कविता में देवता भी हल जोतते पाए गए हैं। निर्दोष पशुओं के साहचर्य कृषि-कार्य व निर्दोष प्राकृतिक वातावरण में इन चरवाहों के चित्त में गीत उगे हों तो आश्चर्य क्या है? गीत उगने के लिए भाव-प्रवणता पर्याप्त है।

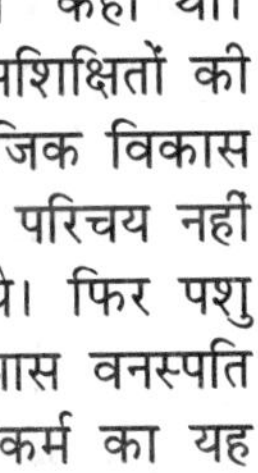

विज्ञान के लिए पदार्थ-विश्लेषण और गति का अध्ययन जरूरी है। गीत के लिए प्रीतिपूर्ण संवेदना की भावभूमि ही पर्याप्त है। वैदिक कवि संवेदनशीलता से भरेपूरे सर्जक हैं।

जीवन में सुख है, दुःख भी है। वैज्ञानिक के पास सुख या दुःख का कारणबोध नहीं है। स्टीफेन हाकिंस ब्रह्माण्ड का विवेचन करते रहे। यदि उनसे पूछते- दुःख का कारण क्या है? वे कहते कि हम सृष्टि की उत्पत्ति की खोज कर रहे थे? हम आनंद जैसी किसी परमाणु तरंग से परिचित नहीं हैं। लेकिन ऋग्वेद के कवि आनंद के अनेक आयामों से परिचित हैं। सोम एक वनस्पति है। ऋग्वेद के काव्य में इसका अनेकशः उल्लेख हुआ है। यही सोम वैदिक कवि की उल्लास-तरंग में देवता हो गए हैं। वनस्पति को देवता बनाने के लिए ऋग्वेद के कवियों जैसा भावबोध चाहिए। वे सोम से स्तुति करते हैं "जहाँ मुद, मोद, प्रमोद रहते हैं, हमें वहीं स्थान दें।" यहाँ मुद, मोद और प्रमोद, आनंद के भिन्न तल हैं। दुःख, सुख और आनंद, मनुष्य-चित्त की प्रकृति हैं। विज्ञान में इनका सीधा निर्वचन नहीं है। दुःखबोध के लिए किसी वैज्ञानिक के पास नहीं बुद्ध, नानक या कबीर के पास जाना होगा। आनंद के स्रोत की खोज में विज्ञान निरुपाय है। इसके लिए ऋग्वेद के कवि की शरण का कोई विकल्प नहीं है।

सत्य को निरपेक्ष और परिपूर्ण कहा गया है। लेकिन विज्ञान के सत्य सापेक्ष हैं। गति का माप सापेक्ष है। 'दीर्घ' लघु की तुलना में बड़ा है। लघु निरपेक्ष रूप में छोटा नहीं है। वह किसी दीर्घ के सापेक्ष छोटा है। सारे भौतिक सत्य सापेक्ष हैं, वे अपूर्ण सत्य हैं। वैज्ञानिक पूर्ण की शोध में तत्पर हैं। यह प्रशंसनीय है, लेकिन वैदिक कविता में 'पूर्ण' की अनुभूति है। यहाँ संपूर्णता को समझने का सुन्दर प्रयास किया गया है।

वृहदारण्यक उपनिषद के एक मंत्र-काव्य में इस अनुभूति का सुंदर उल्लेख है। कहते हैं, "वह पूर्ण है- पूर्णमदः। यह पूर्ण है- पूर्णमिदं। उस पूर्ण से ही यह पूर्ण प्रकट हुआ है- पूर्णात पूर्ण मुदच्यते।" यहाँ प्रत्यक्ष रूप में दो पूर्ण जान पड़ते हैं। पहला है- वह पूर्ण। दूसरा है- यह पूर्ण। इस सुंदर कविता में नाम न देकर यह, वह सर्वनामों से पूर्ण अनुभूति की अभिव्यक्ति की गई है। आश्चर्यचकित करने वाले पूर्ण अस्तित्व के लिए 'वह' शब्द प्रयोग हुआ

है। इसी प्रत्यक्ष संसार के लिए 'यह' सर्वनाम प्रयोग किया गया है। ये दो नहीं हैं। दो पूर्ण हो ही नहीं सकते। इसलिए स्पष्ट करते हैं कि "यह पूर्ण उस पूर्ण का विस्तार है। पूर्ण, पूर्ण है, इसलिए पूर्ण में पूर्ण घटाने पर भी पूर्ण ही बचता है।" पूर्ण के अस्तित्व को समझने-समझाने की यह भाषा वैदिक कविता की है।

पूर्ण की सिद्धि फिलहाल विज्ञान के पास नहीं है। इसका मर्म समझने के लिए हमें याज्ञवल्क्य या शंकराचार्य के 'अद्वैत गाँव' जाना होगा। प्रश्न है कि क्या अद्वैत का कोई गाँव हो सकता है? 'अद्वैत गाँव' हमारी अपनी प्रीति की कल्पना है। गाँव हमेशा दिक्काल में होते हैं। यहाँ तक विज्ञान की सहयात्रा है। इसके बाद कविता का ही सहारा है। तर्क का अपना महत्व है। विज्ञान में तर्क की सार्थकता है लेकिन आत्मबोध की प्राप्ति तर्क से नहीं होती। कठोपनिषद की कथा में यम ने नचिकेता से कहा है कि तुम्हें उपलब्ध ज्ञान, तर्क से नहीं मिलता- नैषा तर्केण मतिरापयेना। तर्क व्यर्थ नहीं है। इसका अपना परिवार है। तर्क का प्रतिवाद 'प्रतितर्क' है। तर्क के प्रति जागरूकता सतर्क है। सतर्कता में अगंभीरता कुतर्क है। तर्क का सबसे बड़ा उपयोग यह जान लेना है कि तर्क से मूल तत्व नहीं मिलता। जीवन तर्क से नहीं चलता।

जीवन की धारा विस्मय से भरी-पूरी है। हम विज्ञान के विद्यार्थी, प्रकृति में अंतर्विरोध देखते हैं। वैदिक कवि प्रकृति में अन्तर्संगीत सुनते हैं। प्रकृति के घटकों में भी अंतर्विरोध जान पड़ते हैं लेकिन वैदिक कवियों की अनुभूति में प्रकृति लयबद्ध है। उन्होंने इस लयबद्धता को 'ऋत' कहा है। मैं संविधान का प्रेमी हूँ। मुझे प्रकृति की आंतरिक लयबद्धता में संविधान जैसी व्यवस्था दिखाई पड़ती है। मैं वैदिक ऋत को अस्तित्व का संविधान कहता हूँ। लेकिन संविधान शब्द पर्याप्त नहीं है। ऋत की गति में अन्तर्ध्वनि भी है। इस अन्तर्ध्वनि को कवियों ने सुना था। यह गीत-रूप में ओम् है। 'ओम्' परम ध्वनि है। शब्द नहीं है। इसलिए ओम् का अर्थ नहीं है। यह अस्तित्व का संगीत है। पतंजलि ने योगसूत्र में इसे प्रणव कहा है। योग-सूत्रों के अनुसार संपूर्ण को पुकारना है तो ओम् ही उपाय है। लेकिन ऐसी पुकार वैज्ञानिक उपकरणों से संभव नहीं। गीत ही सहारा है और वेदों का अंतस् गीतपूर्ण छंदस से भरा-पूरा है।

मैं काव्य के मर्म से परिचित नहीं

हूँ। मैने बहुत प्रयास किए हैं, लेकिन कविता नहीं लिख पाया। कवि सम्मेलनों में जाता हूँ। मुझे वैदिक कविता वाला आस्वाद नहीं मिलता। इसका कारण मेरी अपनी बुद्धि है। कविता हृदय की पुकार है। सामान्य से सुंदरतम हो जाने की संभावना है। यह मनुष्य के भीतर उपस्थित मनुष्यता में रासायनिक परिवर्तन लाती है। मनुष्यता को नया घनत्व, गाढ़ापन और अपनत्व देती है। जीवन का आनंद वेद और विज्ञान के प्रणय में ही खिलता, उगता है।

अवित

सूर्यप्रसाद दीक्षित

वैदिक साहित्य में हृदयनारायण दीक्षित की गहरी पैठ है। उन्होंने एक-एक ऋचा-मंत्र का गम्भीर निर्वचन अपने अनेक ग्रन्थों में किया है। वेदों में निहित रहस्य-दर्शन के उद्घाटन में वे सतत सन्नद्ध दिखाई देते हैं। उनकी विवेचना आध्यात्मिक दर्शन की अपेक्षा समसामयिक समाज-दर्शन, बल्कि जीवन-दर्शन से अनुस्यूत प्रतीत होती है। दीक्षित जी ने निस्संग भाव से आधुनिक चार भारतीय युगनायकों (महात्मा गांधी, अम्बेडकर, लोहिया व दीनदयाल उपाध्याय) का भी आकलन किया है कि ये चारो व्यक्ति नहीं; बल्कि विशिष्ट युगबोध हैं, जिनसे भारतीय राजनीति का अभेद्य सम्बन्ध है। दीक्षित जी बहुश्रुत विद्वान हैं। उन्होंने देश-विदेश के अनेक विचारकों के ग्रन्थों का अध्ययन किया है। वे संविधान के विशेषज्ञ हैं और उनका संविधान-विषयक लेखन बहुत मौलिक है। वे लोकतंत्र का उद्गम वेदों में खोज निकाले और मानते व मनवाते हैं कि भारतीय चिन्तन की मूल भूमि लोकतंत्र है तथा लोक और जन वैदिक पूर्वजों के प्रियतम विचार रहे हैं। राजनीति के क्षेत्र में भी दीक्षित जी के आदर्श अनुकरणीय हैं।

हिन्दी के प्रखर आलोचक। छायावादी साहित्य के विशेष ज्ञाता। उत्तर प्रदेश सरकार द्वारा 'साहित्य भूषण' व 'दीनदयाल उपाध्याय' सम्मान से सम्मानित।

नाचता अध्यात्म

कला

दायित्व व तकनीकी सदुपयोग

दुनिया की प्राचीनतम संस्कृति वाले देश 'भारत' की कला-यात्रा उदात्त मार्ग छोड़कर गाली और गोली की तरफ बढ़ रही है। यह राष्ट्र के लिए चिन्ता का विषय है। प्रतिष्ठित निर्माता, निर्देशक, गीतकार और रचनाधर्मी इस पथ-विचलन का संज्ञान लेने की कृपा करें। रुचि का परिष्कार भी कलाधर्मियों का ही राष्ट्रीय कर्तव्य है। गाली, गोली और हिंसा से भरीपूरी कला, उदात्त समाज नहीं बना सकती। मनुष्यता को लती और लाचार बनाने वाली तकनीक हमारे आत्मीय सम्बन्धों के लिए घातक है। तकनीक की क्षमता का उपयोग हमारी कार्यक्षमता में वृद्धि करता है। लेकिन इसे भारतीय शील की सीमा में रखना चाहिए।

कला
दायित्व व तकनीकी सदुपयोग

प्रकृति अत्यन्त सुन्दर, जटिल और विशिष्ट कलाकृति है। समझ में नहीं आता कि किसने करोड़ों वर्ष तक प्रकाश देने वाले सूर्य को रचा। इसके भीतर अनंत काल तक ताप देने वाला ईंधन किसने रखा? किसने आकाश बनाये? किसने नक्षत्रों की तारावली या आकाशगंगा बनाई? किसने दिन-रात बनाये? किसने भिन्न-भिन्न प्रकार के जीव बनाये? किसने वनस्पतियाँ बनायी? किसने अंतरिक्ष में चन्द्रमा को स्थापित किया और मंगल, बुद्ध, बृहस्पति, शुक्र, शनि को? प्रश्न उठता है कि क्या एक ही देव या कलाकार ने प्रकृति जैसी सुन्दर कलाकृति को गढ़ा है या कई कलाकारों-देवों ने सृष्टि का सृजन किया है। यह सृजन अद्वितीय है। एकबार बन जाने या बना देने के बाद यह अपने आप गतिशील है। अपने भीतर से ही यह नई सृष्टि गढ़ती जाती है। पुराना अपने-आप विदा होता है। नया अपने-आप उगता जाता है। यह कला विस्मय पैदा करती है। तुलसीदास ने विनय पत्रिका में लिखा है "केशव कहि न जाय का कहिये देखत यह रचना विचित्र अति समुझि मनहि मन रहिये।"

प्रकृति को और सुन्दरतम कलाकृति बनाने का मानवीय प्रयास सहस्रों वर्षो से जारी है। कला मनुष्य को सुख से भरती है। अच्छा साहित्यकार या कलाकार दुःख के चित्रण में भी सुख सृजित करता है। सजग रचनाधर्मी उदात्तभाव का सृजन करते हैं। कलाएँ मनुष्य को संवेदनशील बनाती हैं। कलाओं के प्रभाव में संस्कृति के उदात्त तत्व मजबूत होते हैं। एक आलेख में विश्व प्रतिष्ठित कलाकार चार्ली चैपलिन द्वारा अपनी पुत्री को लिखे पत्र का उल्लेख पढ़ा। पत्र में चैप्लिन ने कला

और कलाकार के सम्बंध में महत्वपूर्ण विचार व्यक्त किए हैं। चैप्लिन हास्य कलाकार थे। उनकी बेटी नृत्यांगना है। चैप्लिन पेरिस में उसकी नृत्य-प्रस्तुति का जिक्र करते हैं। चैप्लिन खत में लिखते हैं, ''तुम्हारी फोटो वहाँ उस मेज पर है और यहाँ मेरे दिल में भी, पर तुम कहाँ हो? वहाँ सपने जैसे भव्य शहर पेरिस में! चैम्प्स एलिसस के शानदार मंच पर नृत्य कर रही हो। शुभकामना है तुम सितारा बनो और चमकती रहो।''

चैप्लिन आगे लिखते हैं, ''मै चार्ली हूँ! बूढ़ा विदूषक! मै फटी पैंट में नाचा करता था और मेरी राजकुमारी! तुम रेशम की खूबसूरत ड्रेस में नाचती हो। यह नृत्य और यह शाबाशी तुम्हें सातवें आसमान पर ले जाने के लिए सक्षम हैं। उड़ो और उड़ो, पर ध्यान रखना कि तुम्हारे पाँव सदा धरती पर टिके रहें। तुम्हें लोगों की जिंदगी को करीब से देखना चाहिए। गलियों-बाजारों में नाच-दिखाते नर्तकों को देखो जो कड़कड़ाती सर्दी और भूख से तड़प रहे हैं। मै भी उन जैसा था। मै जानता हूँ कि पेट की भूख किसे कहते हैं! मै जानता हूँ कि सिर पर छत न होने का क्या दंश होता है। मैंने देखा है, मदद के लिए उछाले गए सिक्कों से उसके आत्म-सम्मान को छलनी होते हुए।''

चैप्लिन बेटी को लिखते हैं, ''मैंने 40 वर्षो से भी अधिक समय तक लोगों का मनोरंजन किया पर हँसने से अधिक मैं रोया हूँ।'' चैप्लिन बहुत ही मार्मिक बात लिखते हैं, ''कला किसी कलाकार को पंख देने से पहले उसके पैरों को लहूलुहान भी करती है। यदि किसी दिन तुम्हें लगने लगे कि तुम अपने दर्शकों से बड़ी हो तो उसी दिन मंच छोड़कर भाग जाना, टैक्सी पकड़ना और पेरिस के किसी भी कोने में चली जाना।'' चैप्लिन उस बेटी से गरीबों, मजदूरों के बारे में सोचने की बात कह रहे हैं, जो पेरिस जैसे खूबसूरत शहर में रंगीन प्रकाशों के बीच रेशम के कपड़ों में नृत्य करने वाली नृत्यांगना है। वे कला और कलाकार को हमेशा इनकी फिक्र करने की बात कहते हैं।

विश्व मानवता का सतत् विकास हुआ है। मनुष्य ने सुख स्वस्ति और आनन्द के लिए लगातार प्रयत्न किये हैं। प्रकृति और मनुष्य के बीच अंगांगी सम्बन्ध है, लेकिन तमाम अन्तर्विरोध भी हैं। प्रकृति सत्य है, हम मनुष्य प्रकृति-सत्य के मध्य जीवनयापन करते हैं। लेकिन मनुष्य ने शिव और सुन्दर की भी अभिलाषा

की है। विषम परिस्थितियों को अपने अनुकूल बनाने का काम किया है। उसने संस्कृति गढ़ी। कलाएँ संस्कृति का अंग हैं। सभी कलाएँ मनुष्य की सौन्दर्य-चेतना का विकास हैं। मनुष्य को प्रकृति के रूप सुन्दर लगते हैं। कुछ रूप ज्यादा सुन्दर लगते हैं, कुछ रूप कम। लेकिन सौन्दर्य सबको आकर्षित करता है। कलाओं का जन्म सौन्दर्य की बीज-चेतना से हुआ है। मनुष्य लगातार जिज्ञासा करता रहा है।

सत्य सहज है। सरल है। प्रत्यक्ष है। अनुभूत है। विराट जगत में एक ही सत्य भिन्न-भिन्न रूपों में प्रकट होता है। सत्य हमेशा सुखदायी ही नहीं होता। सत्य कभी दुःखी करता है तो कभी सुखी। सत्य, शिव और सुन्दर भी होता है। जान पड़ता है कि पहले कभी प्रत्यक्ष सत्य को सुन्दर बनाने की आवश्यकता अनुभव की गयी होगी और इसी में से अनेक कलाओं का जन्म हुआ। वैसे मनुष्य के सामान्य जीवन में भी कला का विकास होता रहता है। आदिम मनुष्य ने कभी पत्थर की खोहों से निकलकर घास-फूस के घर बनाये। उसने इन्हें सुन्दर बनाने के लिए भिन्न-भिन्न तरीके अपनाये। छोटे-छोटे घरेलू उत्सवों में घर को फूलों से सजाना, कला-चेतना का ही विस्तार है। घर की बैठकी या ड्रॉइंगरूम में रंग-विरंगें कपड़े या अन्य वस्तुओं को सजाना भी मनुष्य की कला-अभिलाषा का परिणाम है। विवाह के समय दूल्हे की कार या कन्या को सजाना भी कला-चेतना का अंग है। कला की चेतना आदिमकाल से लेकर आधुनिक काल तक प्रवाहमान है।

हम-सबके मस्तिष्क में शब्द हैं। शब्दों के अर्थ हैं। अर्थ के अनुसार शब्दों को स्थापित करने और उनमें अन्तर्निहित लोकमंगल के भाव को व्यक्त करने की कला ही साहित्य है। कला, संस्कृति का महत्वपूर्ण भाग है। विद्वानों का एक वर्ग भारत में सौन्दर्यबोध की शास्त्रीय परम्परा नहीं देखता। ऐसे लोग ऋग्वेद के कवियों का सौन्दर्यबोध नहीं देखते। वह वाल्मीकि, कम्बन, रवीन्द्रनाथ टैगोर, तुलसीदास और निराला के साहित्य में सौन्दर्यबोध की सघन उपस्थिति नहीं देखते। यह प्रकृति-सृष्टि भी अति सुन्दर कला है। मनमोहिनी है। इस कला के रचनाकार के सम्बन्ध में अनेक विचार हैं। प्रकृति की रचना करने वाले कलाकार की जिज्ञासा स्वाभाविक है। कुछ लोगों के मतानुसार प्रकृति ने ही प्रकृति को बनाया है। प्रकृति स्वयंभू है। सदा से है। प्रकृति

सर्वांग सुन्दरी है। भारतीय चिन्तन में प्रकृति-सृष्टि के रचनाकार ब्रह्मा, विश्वकर्मा या ईश्वर माने गये हैं। उपनिषदों में यह बात भी बड़े कलात्मक ढंग से कही गयी है। कहा गया है कि परमात्मा एकाकी था। एकाकी होने के कारण उसे आनन्द नहीं आया; सो उसने लोक बनाये, परलोक बनाये, धरती गढ़ी। प्राणी बनाये, सूर्य, चन्द्रमा, ग्रह, नक्षत्र बनाये। ऋग्वेद में विश्वकर्मा भी जगत बनाने वाले देवता कहे जाते हैं।

कलाएँ समाज में उदात्त भाव विकसित करने का संधान हैं। यूनानी दार्शनिकों ने कला को प्रकृति की अनुकृति बताया है। कलाकार प्रकृति के रूपों से प्राप्त संवेदनों से प्रेरित होते हैं और नया संसार रचते हैं। भारतीय चिंतन में शिल्प को परम चैतन्य का प्रतिरूप बताया है 'यो वै रूपम् तत् शिल्पम्।' भारत का प्राचीन साहित्य सत्-चित्-आनंद की अभिव्यक्ति है। गीत-काव्य सहित सभी कलाएँ सौन्दर्यबोध का परिणाम हैं। यह सौन्दर्य प्रकृति-परम के रूप-रूप प्रतिरूप की अभिव्यक्ति है। ऋग्वेद में कहते हैं "इन्द्र ही सभी भुवनों में प्रविष्ट है। यही रूप-रूप प्रतिरूप प्रकट हो रहा है- रूपं रूपं प्रतिरूपो वभूव:।" हम-सबका संसार-बोध चित्त में संवेदनाओं को जन्म देता है। संवेदना भाव जगाते हैं। मुझे लगता है कि संवेदनशीलता देने में प्रकृति बहुत उदार है। कीट-पतिंग और वनस्पतियाँ भी संवेदनशील हैं।

मनुष्य, काव्य और कलाओं के माध्यम से अपने वातावरण को सुखमय व आनन्दपूर्ण बनाना चाहता है। कलाओं के लिए भी माध्यमों का उपयोग होता है। सामाजिक विकास के क्रम में धीरे-धीरे नये माध्यम जुड़ते गये। साहित्य के लिए पहला माध्यम भाषा है। भाषायें लगातार विकासशील रही हैं। बिना किसी माध्यम के स्वयं को माध्यम बनाकर बोलना या गीत-गाना धीरे-धीरे विकसित हुआ है। नृत्य-कला भी बिना माध्यम के संभव है। स्वयं नाचने के लिए अपनी ही इच्छाशक्ति की आवश्यकता होती है। दूसरा माध्यम जरूरी नहीं होता। घर जरूरी रहा है। वह कच्ची मिट्टी की दीवारों पर भी चित्र बनाता रहा है। मनुष्य अपनी संवेदनशीलता और जानने की इच्छा से तमाम अनुभव एकत्रित करते हैं। वे कलाओं में इस अनुभव और ज्ञान को व्यक्त करते हैं। यह ज्ञान एक पीढ़ी से दूसरी पीढ़ी तक स्थानान्तरित होता रहता है।

भारत, उत्सव-प्रिय देश है। सतत् कर्म यहाँ

जीवन-साधना है। पूरे वर्ष कर्म-प्रधान जीवन और बीच-बीच में पर्व-त्योहार और उत्सवों का आनंद। भारत के मन का उत्स सांस्कृतिक है। उत्स का अर्थ है केन्द्र। उत्सव परिधि है। उत्सव उल्लासधर्मा होते हैं। वे भारत के लोक को भीतर और बाहर तक आच्छादित करते हैं। भारत के लोग उत्सवों में समवेत होते हैं, आनन्दित होते हैं। इस आनन्द में वह संगीत-गीत और अपने-अपने ढंग से नाटक-नौटंकी में भी रस लेते हैं।

नाटक बहुत प्राचीन हैं। भरतमुनि का नाट्यशास्त्र भी बहुत पुराना है। नाटक को उससे भी पुराना होना चाहिए लेकिन नौटंकी बहुत पुरानी नहीं जान पड़ती है। नाटक दुनिया के बड़े क्षेत्रों में प्रचलित रहे हैं। प्राचीन दर्शन के क्षेत्र यूनान में भी नाटकों का प्रचलन था। अरस्तू ने कला को प्रकृति की अनुकृति बताया। रंगों द्वारा बनाये गये मुखौटे से चेहरे को ढकने का भी रिवाज था। अंग्रेजी में इसे परसोना कहते हैं। मुखौटे के लिए प्रयुक्त परसोना, परसन और पर्सनाल्टी एक जैसे शब्द हैं। भारत में नाटकों की प्राचीन उत्कृष्ट परम्परा थी ही। उसी परम्परा से नौटंकी का विकास हुआ होगा। नाटक की तरह नौटंकी भी एक सुव्यवस्थित कला थी। मुझे स्वयं नाटकों में रस रहा है। मैंने बहुत ध्यानपूर्वक नौटंकी की प्रस्तुतियाँ देखी हैं। नौटंकी में कोई एक कथा होती है। कथा के अनुसार पात्र होते हैं। कथानक प्रायः पद्य होता है। इसमें दोहा, छन्द, चौबोला आदि प्रयुक्त होते हैं। कुशल कलाकार अपनी प्रस्तुतियों में शास्त्रीय संगीत के आरोह-अवरोह और आलाप का प्रयोग करते हैं। 40-50 वर्ष पहले तक नौटंकी ग्रामीण क्षेत्रों के अलावा शहरों में भी लोकप्रिय थी। इसके नक्कारे की आवाज 5-6 किलोमीटर दूर तक रात में सुनायी पडती थी। लोग काम छोड़कर भागते थे। उत्तर भारत, पाकिस्तान और नेपाल आदि क्षेत्रों में लोकनृत्य थे। तमाम उत्सवों में लोकनृत्यों के आयोजन थे।

भारतीय उपमहाद्वीप में किसी समय प्राचीनकाल में स्वांग परम्परा का विकास हुआ। किसी व्यक्ति के रूप को स्वयं में धारण करना और उसकी नकल करना स्वांग कहलाता था। राजस्थान में स्वांग की लोकप्रियता थी। अभी भी है। इसी स्वांग-परम्परा से नौटंकी का विकास हुआ। नौटंकी में नाटक और स्वांग के तत्व हैं। स्वांग पुराना जान पड़ता है। पाकिस्तानी पंजाब के मुल्तान में नौटंकी नाम की राजकुमारी थी। उसी की कथा को लेकर 'शहजादी नौटंकी' नाम का

नृत्य-नाटक हुआ था। माना जाता है कि नौटंकी शब्द का विकास इसी नाम के आधार पर हुआ। उत्तर प्रदेश के कुछ क्षेत्रों में एक दूसरी कथा भी चलती है कि किसी समय नृत्य-नाटिका में नाचने वाली लड़की नक्कारे की आवाज के साथ बहुत ऊपर तक छलांग लगाती थी। उस समय वजन नापने की इकाई टंक थी। बताते हैं कि उस लड़की का वजन 9 टंक था, इसलिए उसे नौटंकी कहा गया। जो भी हो, नौटंकी अत्यन्त लोकप्रिय माध्यम है।

ग्रामीण क्षेत्रों में सिनेमा की तुलना में नौटंकी के प्रति ज्यादा आकर्षण है। नौटंकी में मनोरंजन के साथ नैतिक उपदेश भी थे लेकिन प्रेम के चक्कर में जीवन बर्बाद करने का मसाला भी था। धीरे-धीरे नौटंकी के मूल संवाद घटे। सांस्कृतिक विषयों वाले गीत भी घटे और सिनेमाई गानों पर अश्लील नृत्य होने लगे। नौटंकी ने सिनेमा से अश्लीलता ग्रहण की। इसके उलट सिनेमा ने नौटंकी से भाव-प्रवणता का तत्व लिया। गीतकार शैलेन्द्र के गीतों से सज्जित 'तीसरी कसम' फिल्म नौटंकी है। इसमें नौटंकी की नर्तकी वाली बाई का किस्सा है। यह भावप्रवण अमर फिल्म है। 'कारवाँ' सहित ऐसी ही अनेक फिल्मों में नौटंकी से ली गयी सामग्री साफ दिखाई पड़ती है। नौटंकी सहित सभी कलाएँ एक-दूसरे से पोषित होती हैं, लेकिन नौटंकी ने इधर के 10-15 वर्षों में अन्य कलाओं से अपना संवर्द्धन नहीं किया। गुजरात, बंगाल, महाराष्ट्र में लगातार नाट्य की तमाम विधाओं को काफी सराहा जाता है, लेकिन उत्तर प्रदेश में कानपुर, हाथरस, मथुरा, फैजाबाद, रायबरेली, उन्नाव में प्रतिष्ठित नौटंकी-पार्टियाँ जीर्ण-शीर्ण हो रही हैं। सिनेमा की तरह नौटंकी में भी महिलाएँ पहले काम नहीं करती थीं। पुरुष ही महिलाओं का अभिनय करते थे। धीरे-धीरे महिलाएँ भी आने लगीं। गुलाब बाई मशहूर नौटंकी-कलाकार थीं। त्रिमोहन लाल के नौटंकी-समूह में गुलाब बाई भी थीं। यह लोकप्रियता का आलम था। पं0 नत्थाराम, लम्बरदार, लालमन और श्रीकृष्ण पहलवान की मण्डलियाँ भी लोकप्रिय थीं। नौटंकी में प्रेम-कथाएँ थीं। उनमें लैला-मजनू और शीरी-फरहाद, हीर-रांझा काफी लोकप्रिय थे। चरित्र-निर्माण की दृष्टि से हरिश्चन्द्र की नौटंकी का कथानक बहुत सुन्दर था। कथानक में सत्य था और कल्पनाशीलता भी थी। सुल्ताना डाकू का कथानक सुन्दर था और वह गरीबों का नायक

दिखाई पड़ता था।

नौटंकी लोक को आनंद से भरती थी। नौटंकी में नर्तक या नर्तकी को पुरस्कार देने की परम्परा भी रोचक रही है। कोई व्यक्ति पुरस्कार-रूप में रुपया स्टेज पर भेजता है। उद्घोषक उसका नाम व धन बताता है। फिर वह नर्तक-नर्तकी से कहता है कि श्रीमान ने इनाम दिया है, अब तुम शुक्रिया अदा करो। शुक्रिया-अदायगी अश्लील प्रदर्शन होती है। पुरस्कार-प्रतिस्पर्धा में झगड़े भी होते हैं। कई बार गोलियाँ भी चलती देखी गयीं। नौटंकी का हास्य पहले भी उदात्त नहीं था। हरेक मण्डली में जोकर होते हैं। वे प्रायः हास्यबोध से नासमझ होते हैं। इसलिए नौटंकी का हास्य व प्रहसन वाला भाग लगातार अश्लील होता गया। लोकजीवन को आनन्दित करने वाली यह विधा अब लगभग अश्लीलता के सहारे है और प्रायः लुप्त हो रही है। तकनीक-प्रधान सिनेमा, लोककला नौटंकी को विस्थापित कर रहा है।

हम मनुष्य भावुक होते हैं। भावुकता व्यक्त करना चाहते हैं लेकिन भाषा, भाव-संवेदना का मूर्त नहीं व्यक्त कर सकती। यह भाव को विचार-रूप में ही प्रकट कर सकती है, शुद्ध भाव में नहीं। चित्रकला में भी गति नहीं होती। वह गतिशील को भी स्थिर रूप में प्रस्तुत करती है लेकिन नाटक और सिनेमा की कला गतिशील होती है। सिनेमा, गतिशील चित्रकला है। कला मनोरंजन भी करती है। समाज का मनोरंजन करना भी कला का एक उद्देश्य है, लेकिन भारत के राष्ट्रजीवन में कला, संस्कार भी देती रही है। सिनेमा भारतीय कला का सर्वाधिक लोकप्रिय माध्यम है। दुःखद है कि सिनेमा के तमाम हिस्सों में व्यापक हिंसा होती है। कभी-कभी द्विअर्थी संवाद भी होते हैं। यह अश्लीलता की सीमा लाँघते हैं। नग्नता होती है। बलात्कार के वीभत्स दृश्य भी होते हैं। अनायास और परिहार्य कामुक दृश्यों को ठूँसा जाता है। सिनेमा के निर्माता और निर्देशक कहानी की माँग बताकर अश्लीलता की पैरोकारी करते हैं। संस्कारवान समाज अश्लीलता पर क्षुब्ध होते हैं। संस्कृति में ऐसे दृश्य सामान्य स्वीकृति नहीं पाते। कला अश्लील नहीं हो सकती।

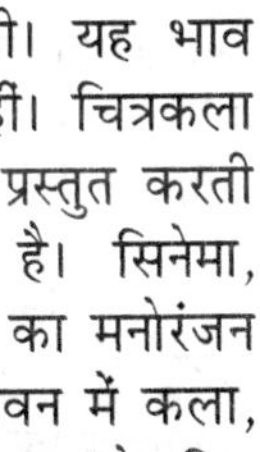

कोरोना महामारी से विश्व की सामाजिक व्यवस्था में उथल-पुथल रही। भारत भी अछूता नहीं रहा। महामारी से बचाव के लिए लम्बे

समय तक लोगों को घर में रहना पड़ा। महानगरों व नगरों में छोटे घरों की बहुसंख्या है। परिवार के सदस्य अपने घर में 2 गज की दूरी का पालन कठिनाई से कर रहे थे। इंटरनेट के प्रयोगकर्ता कम्प्यूटर जैसे उपकरणों से चिपके रहे। तकनीक ने उन्हें समाज से अलग कर दिया था। इससे अवसाद बढ़ा। आत्मीय संवाद घटा। आत्मीय संवाद का मजा ही और था, लेकिन संवाद आभासी होता गया। कम्प्यूटर या फोन के माध्यम से दिनभर आभासी वार्तालाप में व्यस्त रहने की आदत बढ़ी। इस आदत ने सामाजिक सरोकारों को प्रभावित किया। फेसबुक सहित अनेक माध्यमों से विचार प्रकट करने की आदत बढ़ी। विचार-अभिव्यक्ति की स्वतंत्रता का दुरुपयोग राष्ट्रीय समस्या है। वेबसिरीज जैसे माध्यमों से श्लील और अश्लील का फर्क समाप्त हो रहा है। भौतिक दूरी की आवश्यकता ने सामाजिक संगमन के आनंदरस को घटाया। सब एक-दूसरे को संदिग्ध कोरोना पॉजीटिव मान रहे थे और सभी एक-दूसरे को शक की निगाह से देख रहे थे। कोरोना महामारी (2020-21) के दौरान मुख्य धारा के सिनेमा के प्रदर्शन दीर्घकाल तक बाधित रहे। बाजार और तकनीक ने इस अवसर का लाभ उठाया। वेब-सिरीज का अभियान चलाया। वेब-सिरीज में गालियों की बौछार दिखायी पड़ी। यह भारतीय संस्कृति के प्रति जघन्य अपराध है।

किसी समाज की कला-रुचि साल-दो साल का परिणाम नहीं होती है। रुचि को सुरुचि बनाने में पीढ़ियाँ खप जाती हैं। कलाएँ आनन्दवर्धक होती हैं। आनन्द की सृष्टि करना कला का कर्तव्य है। गालियाँ सभ्य समाज का हिस्सा नहीं हैं। भारतीय दण्ड-विधान में वह अपराध की श्रेणी में आती हैं। मुख्य धारा का सिनेमा अपने कथानकों में गालियों से बचता रहा है। कोई कह सकता है कि वेब-सिरीज की लघु फिल्मों में परोसी गयी गालियाँ भी दर्शकों का मनोरंजन करती हैं। ऐसा कहना सही नहीं है। यह समाज की रुचि को बदलने का अपराध है। कला-कर्मियों का कर्तव्य है कि वह समाज की रुचि को सुरुचि में बदलने का काम भी करें। सामाजिक सुरुचि का संवर्द्धन भी कला का मुख्य दायित्व है।

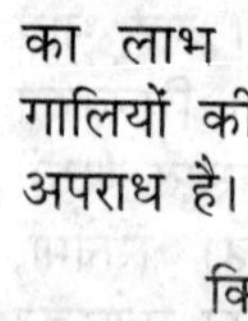

अर्थशास्त्र में माँग और पूर्ति का सिद्धान्त है। किसी वस्तु, पदार्थ या सेवा की माँग जैसे-जैसे बढ़ती जाती है, उस पदार्थ, वस्तु या सेवा के आपूर्तिकर्ता वैसी

ही आपूर्ति बढ़ाते जाते हैं, लेकिन संस्कृति और संस्कार के क्षेत्र में माँग और पूर्ति का यह साधारण सिद्धान्त लागू नहीं होगा। उदारीकृत अर्थव्यवस्था में चालाक आपूर्तिकर्ता-पूँजीपति विज्ञापन के द्वारा समाज में वस्तु, पदार्थ या सेवा की कृत्रिम माँग पैदा करता है। गाली, समाज की माँग नहीं है। इसलिए गाली की आपूर्ति का कोई प्रश्न नहीं होता, लेकिन ऐसे सिने-निर्माता जबर्दस्ती गाली वाले संवाद ठूसते हैं। वे आमजनों के मन में गाली वाले संवाद सुनने की रुचि पैदा करते हैं। वह पूर्ति पहले करते हैं। कृत्रिम माँग बढ़ाते हैं। पूर्ति के माध्यम से कृत्रिम माँग बढ़ाने का कौशल प्रदर्शित करते हैं। कला, अब कौशल हो रही है।

कला, कौशल नहीं होती। सत्य, शिव और सुन्दर ही कला का अधिष्ठान है। इस त्रयी में तीनो महत्वपूर्ण हैं। सत्य ही पर्याप्त नहीं है। उसे शिव भी होना चाहिए। समाज के अल्प अंश में गालियों का चस्का होता है। यह सत्य है। लेकिन सभ्य समाज में गालियों का व्यवहार नहीं होता। इस सत्य के साथ शिव-संवाद भी प्रेमपूर्ण होना चाहिए। समाज के प्रत्येक व्यक्ति और वर्ग में लोकल्याण के प्रति निष्ठाभाव होना चाहिए। दुःख, शोक और क्रोध के समय भी वाणी की मर्यादा बनी रहनी चाहिए। यह समाज का शिव-तत्व है। इसी तरह सत्य और शिव के साथ सौन्दर्यबोध भी जरूरी है और सौन्दर्य अश्लील नहीं होता।

मनोरंजन भी अश्लील हो रहा है। भारत में प्राचीनकाल से सामाजिक सम्बंधों की प्रेमपूर्ण परम्परा है। इस परम्परा में शील और मर्यादा के बन्धन रहे हैं। शील और मर्यादा किसी राजा या राज-व्यवस्था के आदेश नहीं हैं। इनका सतत् विकास हुआ है। लगातार दर्शन और चिन्तन के परिणामस्वरूप विकसित प्रेमपूर्ण उदात्तभाव समाज का स्वभाव रहा है; सो वाणी में भी सांस्कृतिक परम्परा का प्रवाह रहा है, लेकिन तकनीक ने परम्परा और आधुनिकता का मातृ-पुत्र सम्बंध तहस-नहस कर दिया है। परम्परा को हेय दृष्टि से देखा जा रहा है।

परम्परा, पिछड़ापन नहीं है। इसका विकास लोक के भीतर विचार-विमर्श से ही हुआ है। परम्परा के इस प्रवाह में काल-बाह्य छूटता रहा है और काल-संगत जुड़ता रहा है। परम्परा और आधुनिकता की समय-विभाजक रेखा नहीं है। सहस्रों वर्ष पहले की परम्परा तत्कालीन आधुनिकता है। हमारी आधुनिकता में परम्परा

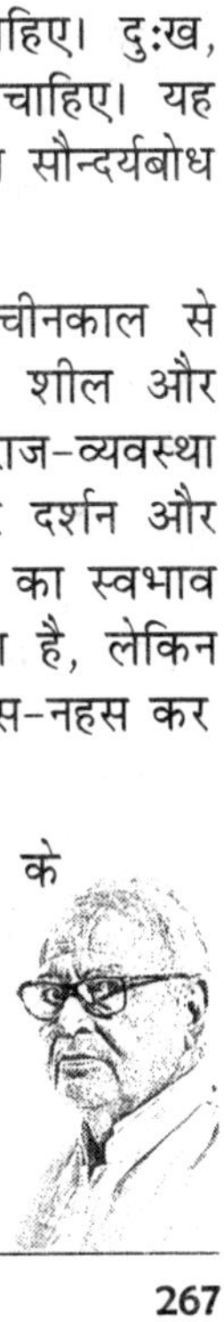

के गुण-सूत्र हैं। आधुनिकता भी आगे परम्परा का हिस्सा बनेगी। संप्रति एक नये तरह की तकनीक-आधारित सामाजिक व्यवस्था आकार ले रही है। भारत की परम्परा में शोध और बोध की सचेत उपस्थिति रही है। पूर्वजों ने सचेत रूप में विश्व-वरेण्य उदात्त संस्कृति का विकास किया है। सचेत रहने के कारण श्रेयस्कर परिवर्तन हुए है, लेकिन अब चुनौती बढ़ी है। तकनीक के आक्रमण ने हम-सबको लगभग लाचार कर दिया है। प्रश्न यह है कि क्या हम तकनीक के भार से दबे सांस्कृतिक-सामाजिक बदलाव को यथास्थिति में स्वीकार कर सकते हैं? क्या हम अचेत दशा में उदात्तभाव को छोड़ रहे हैं? क्या हम इस परिवर्तन के लाचार उपकरण बन रहे हैं? क्या हम अचेत दशा में अन्तर्विरोधों के सामने आत्मसमर्पण तो नहीं करने जा रहे हैं?

अनुभव हमेशा प्रमाणिक माने जाते हैं। कोरोना महामारी के प्रभाव का अध्ययन-अनुभव नया है, लेकिन तकनीक के प्रभाव का समाज पर पड़ने वाला अध्ययन-अनुभव हमारे पास नहीं है। इसलिए समाज में संस्कृति, साहित्य, कला आदि सभी क्षेत्रों में होने वाले परिवर्तनों को सचेत रूप में देखना जरूरी है।

संस्कृति सतत् सृजन-कर्म है। मानवीय सृजन-कर्म का सबसे बड़ा फल है भाषा। भाषा अद्‌भुत लब्धि है। मनुष्य ने भाषा गढ़ी। भाषा ने मनुष्य भी गढ़े। भाषा सामाजिक सम्पदा है। वाणी-बोली के जन्म का इतिहास बहुत प्राचीन है। वाणी कब निकली? ऐतरेय उपषिद (1.4) में कहते हैं ''सबसे पहले हिरण्यगर्भ था। तप से अण्डे की तरह फूटा। इससे मुख-छिद्र बना। मुख से वाणी निकली।'' वाणी का रस बड़ा प्यारा है। यों तो सभी रस उद्‌दीपक होते हैं। अनेक आनंददाता भी होते हैं लेकिन 'बतरस' का आनंद ही कुछ और है; सो 'संवाद' से मन नहीं भरता। हम-सब जीवन का अधिकांश भाग संवाद में लगाते हैं। भाषण और लेखन भी संवाद है। भाषण में श्रोता सामने होते हैं। इसलिए सम्बोधन में हावभाव का भी आदान-प्रदान होता है। श्रोता की संलिप्तता या उदासीनता साफ समझी जाती है। लेखन में पाठक सामने नहीं होते। इसलिए हावभाव का काम भी लिखे शब्दों से ही लेना पड़ता है। लेखक अपने वाक्यों को संशोधित भी कर सकते हैं। भाषण में संशोधन की गुंजाइश नहीं होती, इसलिए सोच-समझकर बोलना चाहिए,

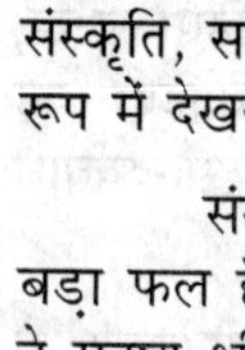

लेकिन बतरस का अपना सुख है और अपनी उपयोगिता भी। दुनिया के सभी मनुष्य भाषा से ही संवाद का मजा लेते हैं। जान पड़ता है कि पशु-पक्षी भी अपनी भाषा में बतियाते हैं। तुलसीदास ने 'खग जाने खग की ही भाखा' लिखा है। 'भाखा' यहाँ भाषा है। समाज ने वाणी के ध्वनि-प्रतीकों को सार्वजनिक बोध का उपकरण बनाया। ध्वनि-प्रतीक संसार और मनुष्य का विवरण देने वाले सार्वजनिक उपकरण बने। संप्रति अक्षर, शब्द और वाक्य में गठित अर्थमूलक ध्वनि-प्रतीक भाषा कहे जाते हैं। भाषा सामूहिक सांस्कृतिक सम्पदा है। एक अकेले को भाषा की कोई आवश्यकता नहीं।

ऋग्वेद के ज्ञान सूक्त (10.71) में भाषा-विकास के संकेत हैं, "प्रारम्भिक स्थिति में पदार्थों के नाम रखे जाते हैं। इनकी शुद्ध ज्ञान-अनुभूति गुफा में छुपी रहती है।" भाषा में रूपों के नाम प्रारम्भिक हैं, फिर क्रिया आदि जोड़े गये। ऋग्वेद का संकेत है कि भाषा मनुष्य का अपना कर्मफल है। कहते हैं "मेधावी जन बुद्धि और ज्ञानशक्ति से भाषा को सुसंस्कृत करते हैं।" भाषा लगातार सुसंस्कृत हुई है। रूप का नाम लेकर ज्ञान-यात्रा आगे बढ़ी। रूपों को नाम देना आसान नहीं है। नाम सुनकर रूप याद करना आसान है। रूप का आकार होता है। हरेक रूप दूसरे रूप से भिन्न होता है। इसलिए नाम लेते ही रूप का स्मरण होता है और रूप देखते ही नाम का भी। रूप और नाम का ज्ञान आसान है। अभिव्यक्ति प्रकृति की प्रकृति है। प्रकृति प्रतिपल प्रकट होती रहती है। प्रतिपल परिवर्तन भी लाती है। वाक्-अभिव्यक्ति मनुष्य की अनूठी उपलब्धि है। वाक् यानी वाणी। भाषा का अल्पमत घटक अक्षर है। अक्षर के बाद शब्द। शब्द और अर्थ भाषा की सम्पदा है।

भाषा ही समाज और संस्कृति-निर्माण का मुख्य उपकरण है। वाद-विवाद और संवाद ने समाज को मजबूत बनाया। भारतीय इतिहास के ऋग्वैदिक काल में सभा-समितियाँ थीं। सभा में बोलने वाले सभेय और सभ्य जाने गए। उत्पादन-प्रणाली में परिवर्तन आए। सांस्कृतिक रिश्तों के साथ आर्थिक रिश्तों का विकास हुआ। भाषा हर पल साथ थी। संस्कृति, सभ्यता, उद्योग, व्यापार और ज्ञान-विज्ञान का उपकरण भी भाषा ही थी और है। भारतीय सभ्यता और संस्कृति का समूचा इतिहास और ज्ञान भारतीय भाषाओं में उगा।

भाषा विचार-प्रवाह को भी व्यवस्था देती है। भाव या विचार अन्तस् में उगते है। हम उन्हें भाषाबद्ध करते हैं। तब बाहर लाते हैं। 99 प्रतिशत भारतीय अपनी भाषा में ही सोचते हैं। सोचते समय हम भाषाहीन नहीं होते। हम भाषा में सोचते हैं। हमारे सोच-विचार में दृश्य, रूप और बिम्ब भी होते हैं। हमारी भाषा रूप, रस, गंध, ध्वनि और अनुभव-अनुभूति को शब्द-वाक्य बनाती है। भाषा विचारों के आदान-प्रदान का उपकरण है। विचार भाषा के माध्यम से दिग्दिगंत-व्यापी होते हैं। विचारों का जन्म और विकास भी मातृभाषा में ही होता है। सोचना मनुष्य की बौद्धिक कार्रवाई है। भाषा इस उड़ान को अपने पंख देती है। वह बहुधा सोच-विचार की दिशा भी निर्धारित करती है।

मनुष्य का अन्तर्जगत रहस्यपूर्ण है। प्रेम, राग, द्वेष, ममत्व, अवसाद, विषाद और प्रसाद जैसे अनेक भाव वस्तु या पदार्थ नहीं हैं। इनके रूप हैं नहीं। इन्हें नाम देना आसान नहीं है। भारत में भावजगत के तमाम स्पंदनों के लिए भी नाम हैं। ऐसा चमत्कार संस्कृत में ही ज्यादा है। यहाँ प्रत्यक्ष भौतिक जगत के साथ-साथ अव्यक्त जगत पर भी गहन चिन्तन हुआ। भौतिक जगत पर निरन्तर शोध चले और अव्यक्त पराभौतिक पर निरन्तर बोध। नये शोध-निष्कर्षों के लिए नये शब्द गढ़ने में कोई कठिनाई नहीं होती। भौतिक-विज्ञानी रोंजन ने वैज्ञानिक शोध के दौरान विशेष प्रकार की प्रकाश किरणें देखी। ऐसी किरणें पहले नहीं देखी गयी थीं; सो नाम का संकट था। रोंजन ने इनका नाम एक्स-रे रख दिया। रूप को नाम देना कठिन नहीं।

भारतीय भाषाओं की क्षमता विरल है। इसी सम्पदा के कारण मनुष्य ने समाज, राष्ट्र जैसी संस्थाएँ गढ़ीं। भाषा महत्वपूर्ण सामाजिक उपकरण है। भाषा अभिव्यक्ति का मुख्य साधन है। 'भाषा' शब्द की उत्पत्ति संस्कृत की भाष् धातु से बताई गयी है और भाष् का अर्थ बताया गया है- व्यक्त वाणी। ऋग्वेद में वाणी का एक अव्यक्त रूप भी बताया गया है। कह सकते हैं कि बोलने के पहले बुद्धि के तल पर वाक-योजना बनती है। यही प्रकट होता है तो भाषा। भाषा वाचिक ध्वनि-संकेत है।

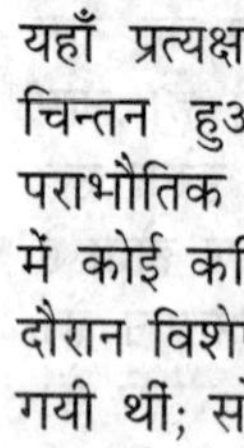

भाषा का सतत् विकास हुआ है और अभी भी जारी है। पूर्वजों ने भावों को भी नाम-शब्द देने का काम किया। प्रीति, प्रेम, राग, ईर्ष्या, द्वेष,

रुचि, अरुचि आदि भाव हैं। श्रद्धा, आस्तिकता, समर्पण, भक्ति आदि गहन अनुभूतियाँ हैं। ऐसे शब्द-सम्बन्धित भावों के ध्वनि-प्रतीक हैं। भारतीय भाषाओं में विशेषकर संस्कृत में अनुभूतिपरक ध्वनि-प्रतीकों व शब्दों का कोष बड़ा है। उत्तर वैदिक काल में स्थूल जगत, भाव जगत व अनुभूत अंतःकरण से जुड़े भिन्न तलों के लिए अलग-अलग शब्द उपलब्ध थे। सौन्दर्य-अनुभूति को बताना आसान नहीं। संवेदना की अभिव्यक्ति तो और भी दुरूह साधना है लेकिन भाषा का शक्ति-सामर्थ्य बड़ा है। यहाँ ध्वनियाँ हैं, शब्दों के अपने गुण हैं, वाक्यपद हैं। व्याकरण का अनुशासन है। भाषा का अपना संगीत और नाद है।

ब्रम्हाण्ड बड़ा है। इसका ओर-छोर बताना असंभव है। संस्कृत में इसे कहने के लिए 'विराट' शब्द आया। यूरोपीय भाषाओं में विराट का समानार्थी शब्द नहीं मिलता। इनफिनटी अनंत का पर्याय जान पड़ती है। विराट में बोध का भाव है, अनंत में असमर्थता का। पति-पत्नी को मिलाकर यहाँ दम्पत्ति है। गैर भारतीय भाषाओं में ऐसा शब्द नहीं है। नमस्कार का भाव गहरा है, गुड मार्निंग जैसे शब्द अंतःकरण की सूचना नहीं देते। दिव्य के लिए डिवाइन शब्द है। जान पड़ता है कि दिव्य ही डिव और डिवाइन बना, पर ऐसी बातें भाषा विज्ञान का विषय हैं। भाषा मनुष्य की अभिव्यक्ति है और दृश्य-जगत परमऊर्जा की अभिव्यक्ति। जगत विराट है। लेकिन विराट का वर्णन भी भाषा के माध्यम से होता है। संस्कृत में ही विराट की अभिव्यक्ति सम्भव है।

हमारी भाषा में सभी सामाजिक सरोकारों के लिए शब्द हैं। नमस्कार जैसा शब्द विदेशी भाषा में नहीं है। यह ऋग्वेद से लेकर भारत के लोकजीवन तक व्याप्त है। 'प्रणाम' भी अनूठा है। लेकिन हमारे समाज में गालियाँ भी हैं। इनमें मारक और दुर्भाग्यपूर्ण अश्लीलता है। सिनेमा लोकप्रिय कला है। कला का काम समाज को उदात्त बनाना है और संवेदनशील सुचालक भी, लेकिन यथार्थवाद के नाम पर सिनेमा और ओटीटी में गालियों का प्रवाह है। गालियाँ भारतीय संस्कृति का भाग नहीं हैं। वैदिक साहित्य के 20 हजार से ज्यादा श्लोकों-मंत्रों में गालियाँ नहीं हैं। दोनो महाकाव्यों रामायण व महाभारत का केन्द्रीय आधार युद्ध है। युद्धपूर्व दोनो पक्षों में उत्ताप होता है। आधुनिककाल में लोग लड़ते-झगड़ते हैं, पहले गाली बकते हैं फिर

लड़ाई करते हैं। गाली प्रायः सभी लड़ाई-झगड़ों का पूर्वकथन होती है, लेकिन दोनो महाकाव्यों में गालियाँ नहीं हैं। भाषा का उद्भव और विकास भू-सांस्कृतिक आवश्यकता व धरातल में होता है।

भारतीय भाषाओं विशेषतया हिन्दी व संस्कृत में गालियाँ नहीं हैं। भारतीय संस्कृति और परम्परा में गालियाँ होतीं तो हमारी भाषाओं में भी गालियाँ होतीं। धर्म भारत में आदर्श आचार-विचार-संहिता है। विदेशी भाषाओं में धर्म का समानार्थी शब्द नहीं है। भारत के अलावा अन्य देशों में धर्म जैसी धारणा नहीं है। अंग्रेजों ने धर्म का अनुवाद रिलीजन और इस्लामी विद्वानों ने इसे दीन-मजहब कहा। यहाँ इस्लाम आया। उनका सामना भारत के धर्म से हुआ। भारतवासियों के लिए यह नितांत नया था। भारत का धर्म जिज्ञासा और प्रश्नाकुलता से समृद्ध है। इस्लाम में तर्क नहीं है। इनके अनुयाइयों की अपनी भाषा भी है। लेकिन सत्ता के निकटवर्ती लोगों ने सभी धर्म एक समान कहकर अपनी विद्वता झाड़ी। इस तरह इस्लाम और ईसाई पंथ भी भारत में धर्म हो गए।

भारत में उर्दू भी चलती है। उर्दू जुबान के स्रोत भारतीय नहीं हैं। उर्दू में बेशक प्रेम-मोहब्बत का ढेर सारा साहित्य है। अनुभूति भी गहरी है, लेकिन उर्दू में अरबी, फारसी आदि के शब्द-प्रयोग का चलन है। उर्दू शायरी में अरबी-फारसी के शब्दों की बहुतायत है। जैसे हिन्दी में संस्कृत भाषा के शब्द-प्रयोग की समृद्धि है वैसे ही उर्दू में अरबी, फारसी, तुर्की के भाषाई संस्कार हैं। गालियाँ संस्कृत या हिन्दी में नहीं हैं। सबसे ज्यादा प्रयोग में आने वाली गाली माँ के विरुद्ध है। माँ के लिए अरब में मादर शब्द है। मादर के साथ गाली में प्रयुक्त होने वाला दूसरा शब्द हिंसक और स्त्री-विरोधी है। अधिकांश गालियों में स्त्री ही निशाना है। समझ में नहीं आता कि पुरुषों की लड़ाई में भी माँ और बहन ही निशाना क्यों होती हैं? पुरुषों को दी जाने वाली गालियाँ भी ध्यान देने योग्य हैं। इनमें हरामजादा या हरामी की औलाद में भी स्त्री ही निशाना है। हराम शब्द भी अरबी है।

गालियाँ हिन्दी-भाषी लोक में भी हैं लेकिन इनमें स्त्री-यौनिकता नहीं है। हिन्दी में सीधे पुरुषों के लिए ही गालियाँ हैं। टी0वी0 धारावाहिक 'भाबीजी घर पर हैं' काफी लोकप्रिय है। इसमें किसी को भी अपमानित करने के लिए 'चिरांध' शब्द का प्रयोग

बार-बार हुआ है। कोई काम न करने वाले आलसी को 'नल्ला' कहा गया है। हिन्दी प्रदेशों में गधा, चपड़गंजू, मग्घा आदि शब्द भी गाली की तरह इस्तेमाल होते हैं। चूतिया शब्द भी खूब चलता है। यह शब्द संस्कृत के 'च्युत' शब्द से विकसित प्रतीत होता है। इसका अर्थ भटका हुआ या गिरा हुआ व्यक्ति है। गीता में श्रीकृष्ण के लिए 'हे अच्युत' शब्द आया है। अच्युत का अर्थ है- जो भटका या गिरा नहीं है। च्युत-या का अर्थ जो भटक गया है। यहाँ 'या' का अर्थ है- जो। 'च्युतया' ही बोलचाल में चूतिया हो गया होगा। यौनिक गालियाँ भारतीय परम्परा और भाषा का हिस्सा नहीं हैं।

रामचरित मानस लोकप्रिय ग्रंथ है। डॉ० रामविलास शर्मा ने लिखा है कि "तुलसीदास ने मानस के अलावा भी बहुत कुछ लिखा है। इनमें से एक प्रेमपूर्ण रचना है- 'रामलाल नहछू'। नहछू में गुदगुदाने वाली गालियाँ हैं। सामान्य गालियाँ क्रोध की मनोदशा में पैदा हैं। वे क्रोध बढ़ाती है लेकिन नहछू वाली गालियाँ हास-परिहास पैदा करती हैं। विवाह के अवसर पर अब भी महिलाएँ गाली गाती हैं। भारतीय पृष्ठभूमि से उत्पन्न गालियाँ गाई जाती हैं। भारत के बाहर गालियाँ गाई नहीं जातीं, गालियाँ दी जाती हैं। संभवतः भारत दुनिया का अकेला देश है जहाँ गालियाँ गाई जाती हैं। रामलला नहछू में गाने वाली गाली के एक अंश में कहते हैं कि "काहे रामजि सांवर लछिमन गोर हो, राम अहहि दशरथ के लछिमन आन के हो।" यह गाली गुदगुदाती है। सूरदास की 'सूरसागर' में भी ऐसा ही प्रसंग है। श्रीकृष्ण के लिए गाया है, "गोरे नंद यशोदा गोरी, तू कत श्याम शरीर।" श्रीराम मर्यादा पुरुषोत्तम हैं। श्रीराम-विवाह का अवसर है। महिलाएँ गाली, हास-परिहास में मस्त हैं। श्रीराम ऐसे वातावरण में संकोची हैं। तुलसीदास नहछू में कहते हैं "रामलला सकुचाहिं देखि महतारी हो।" साहित्य और कला उद्देश्यपरक होते हैं। तुलसी ने नहछू में बताया है कि नहछू गाने वाले को ऋद्धि-सिद्धि, कल्याण मिलेगा और मुक्ति भी।

राजनीति, राष्ट्रजीवन को प्रभावित करने वाला सबसे बड़ा सक्रिय कर्मक्षेत्र है। कोरोना और तकनीक ने लोकमत-निर्माण के तरीकों पर गहरा प्रभाव डाला। राजनैतिक दल अपने अभियानों में महामारी के प्रभाव के कारण तकनीक के अधीन ही रहे हैं।

वीडियो-कांफ्रेंसिंग नया जनसम्पर्क-साधन बना है। लेकिन यह शुद्ध आभासी है। प्रत्यक्ष सम्पर्क घटा है। चिंतन-लेखन पर भी तकनीक का प्रभाव बढ़ रहा है। राष्ट्रजीवन के सभी क्षेत्रों में हमसब तकनीक के अधीन हो रहे हैं।

मनुष्य का सौन्दर्यबोध चित्त की स्पन्दन-शक्ति का परिणाम है। उसकी रुचि और विशेष रूपों पर सौन्दर्य-अनुभव करने की प्रवृत्ति सांस्कृतिक विकास का परिणाम है। सांस्कृतिक विकास के साथ-साथ कलाओं का भी विकास होता रहता है। भारतीय स्थापत्य-कला भी उच्चकोटि की थी। वैदिककाल के भवन या उनके खण्डहर पुरातत्वज्ञों को नहीं मिले, लेकिन कुरुक्षेत्र के आस-पास 2020 में अनेक घर पुरातत्वज्ञों ने उत्खनन से प्राप्त किये हैं। इसी क्षेत्र में सुंदर रथ भी मिले हैं। अभी उत्खनन जारी है। इसे वैदिक मंत्रों के आलोक में भी विश्लेषण किए जाने की आवश्यकता है। ऋग्वेद में सुंदर स्थापत्य का उल्लेख है। ऋग्वेद में एक राजा वरुण हैं। उनका घर सैकड़ों खम्भों वाला है। ऋग्वेद की एक नदी का नाम सुवास्तु है। सिन्धु घाटी के उत्खनन से प्राप्त सामग्री भी प्राचीन भारत के कलात्मक मन को दर्शाती है।

कलाओं का जन्म आनन्द की प्यास से होता है। आनन्द-आपूरित व्यक्ति सृजन किये बिना नहीं रह सकता। आनन्द से जन्मी कला समाज को भीतर व बाहर से आनन्द-आच्छादित करती है। यह मनुष्य की सृजनशीलता का परिणाम है। भारत के मन्दिर और उनके स्थापत्य दर्शनीय हैं। ये मनुष्य की सृजनशीलता के स्मारक हैं। इसी तरह गीत और संगीत की कलाएँ भी आनन्द बढ़ाती हैं। भिन्न-भिन्न कलाओं के माध्यम से समाज में संवेदनशीलता बढ़ती है। आनन्द बढ़ता है और कोई भी आनन्दित व्यक्ति विध्वंस नहीं कर सकता है। आनन्द से भरा-पूरा व्यक्ति सृजनशील ही होता है। भारतीय मनीषा ने लगातार सृजन किया है। इस सृजन-परम्परा ने जीवन के वास्तविक आनंद पर लगातार शोध व बोध का काम किया है।

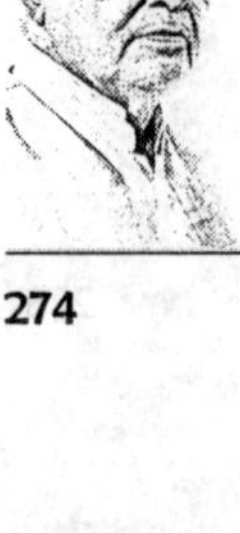

इतिहास के मध्यकाल में मजहबी असहिष्णुता थी। कला और संस्कृति पर भी आक्रमण थे। लेकिन भारत में उस समय भक्तिकाव्य-सृजन का दौर था। सब तरफ भक्तिकाव्य का प्रवाह था। भारतीय कला का विकास तमाम अवरोधों के बावजूद जारी था।

कलाकारों के काम पर कहीं-कहीं स्थानीयता का प्रभाव दिखाई पड़ता है, लेकिन कुल मिलाकर सबका सांस्कृतिक प्रवाह एक जैसा है। शाहजहाँ का बड़ा पुत्र दाराशिकोह भारतीय दर्शन से प्रभावित था। उसने उपनिषदों और गीता का अनुवाद कराया था। वह चित्रकला का भी प्रेमी था। जान पड़ता है कि हम अनजाने में पूर्वजों के अनुभव से प्राप्त रचनात्मक अनुभूति व अनुभव को खोने की स्थिति में जा रहे हैं। बौद्धिक और तार्किक उपलब्धियाँ पृष्ठभूमि में हैं। स्वाभाविक सांस्कृतिक संवेदनशीलता की ओर हमारा ध्यान नहीं जा रहा है। सहानुभूति और सहयोग की बातें पृष्ठभूमि में हैं। मूलभूत प्रश्न है कि सहस्त्रों वर्ष प्राचीन संस्कृति की उपलब्धियाँ क्या हम अचेत मन से छोड़ रहे हैं? क्या हम विकल्पहीन हैं?

हमारे सांस्कृतिक भावबोध पर भी तकनीक का हमला है। हमारे अंतरंग जीवन में भी तकनीक का प्रवेश हो रहा है। यह लगातार हमको तकनीक का लती बना रहा है। तकनीक के सांस्कृतिक प्रभाव से लड़ना मुश्किल है। बेशक तकनीक की उपयोगिता है, लेकिन तकनीक हमारा मार्गदर्शन नहीं कर सकती। तकनीक त्याज्य नहीं है। हम सबको तकनीक को अपना सहयोगी बनाना होगा। तकनीक को भी संस्कृति-संवर्द्धन के हित में प्रयोग करना अनिवार्य है। सारी दुनिया को एक परिवार जानने वाली भारतीय संस्कृति के मूलभूत तत्वों का संरक्षण-संवर्द्धन अनिवार्य है। महामारी से जूझने में हाथ न मिलाने की जगह प्राचीन 'नमस्कार' आदर्श विकल्प बना। नमस्कार भारतीय परम्परा है। इसमें आत्मभाव है। जीवन में आत्मीयता की महत्ता है। सामाजिकता की महत्ता है।

मानवता का हर हाल में संरक्षण और विकास अपरिहार्य है। हम आगे-आगे चलें और तकनीक पीछे-पीछे। हमारा मन, विचार, व्यवहार और रुचि-अरुचि सतत् ध्यान देने योग्य है। तकनीक ने हमारे विचार-व्यवहार और रुचि-अरुचि को बाजार से जोड़ने का काम भी किया है। बाजार का उद्देश्य 'लाभ' होता है और संस्कृति का उद्देश्य लोकमंगल। महामारी के दौरान भी बाजार ने अवसर का लाभ उठाया। विज्ञापनबाजी ने मनुष्य के मन में भय पैदा किया। मनुष्य डरा हुआ उपभोक्ता बन गया था। बाजार द्वारा रुचियाँ बदली जाती हैं। रुचियों के बदलाव से सामाजिक व्यवस्था भी बदल सकती है। तकनीक के प्रभाव से सामाजिक व्यवस्था में सकारात्मक

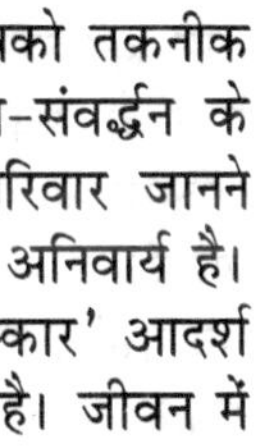

बदलाव की गुंजाइश नहीं दिखाई पड़ती।

हमारे राष्ट्र-जीवन में रुचि और अरुचि का निर्धारण नैतिकता के बन्धन में रहा है। तकनीक और बाजार ने हमारी कला, साहित्य व सांस्कृतिक रुचियों पर भी आक्रमण किया है। संस्कृति और सभ्यता के प्रति निष्ठावान व प्रमाणिक नई पीढ़ी का निर्माण थम गया है। नई पीढ़ी में तकनीक के प्रति आत्मसमर्पण भाव बढ़ा है। हम तकनीक के अधीन नहीं रह सकते हैं। रुचि-परवर्तन के प्रति तटस्थ नहीं रह सकते। हम उसके नियन्ता बनकर ही जीवन के मूलभूत सांस्कृतिक तत्वों के संवर्द्धन में सफल हो सकते हैं।

सौन्दर्य, रूप-आधारित होता है। उसका सम्बन्ध आँख से है। प्रकृति रूपों से भरीपूरी है। प्रकृति के रूप आँखों के रास्ते चित्त की गहराइयों में जाते हैं। इससे भाव-जगत में संवेदन पैदा होते हैं। रुचि के अनुसार ऐसे संवेदन सुन्दर या असुंदर प्रतीत होते हैं। कला, प्रकृति के रूपों के सौन्दर्य का चित्रण करती है और आनन्द में वृद्धि करती है। हमारे सुनने की इन्द्रिय कान हैं। गालियाँ भी वाक्य होती हैं। वे कान के रास्ते चित्त में प्रवेश करती हैं। पूर्वजों ने इन्हें अपशब्द कहा है। समाज में गालियों के सम्बन्ध में सुविचारित व सुनिश्चित धारणा है। यह धारणा सामाजिक संस्कार के साथ सीधे भाषा में चली आयी है। इसी धारणा के अनुसार गाली का शिकार व्यक्ति आहत होता है, अपमानित होता है, उत्पत्त होता है, दुःखी होता है। यह हमारे समाज और संस्कृति का स्वीकृत भाग नहीं है। कला किसी रूप, गति के सापेक्ष समय-बोधक भी है। ऋग्वेद में प्रयुक्त कला शब्द के आधार पर वैदिक इंडेक्स में कला को रूप का 16वाँ भाग कहा गया है। शास्त्रानुसार श्रीकृष्ण में 16 कलाएँ कही गई हैं।

कला में यथार्थ का चित्रण बेशक अनिवार्य है, लेकिन इसके चित्रण-रूपान्तरण व सृजन के माध्यम में लोक-कल्याण का उद्देश्य भी होना चाहिए। कलाएँ आदर्शोन्मुख समाज का निर्माण भी करती हैं। वैदिक साहित्य में विस्मयकारी सौन्दर्यबोध है। ऋग्वेद में उषा को अप्रतिम सौन्दर्य वाली 'पुराणी युवती' कहा गया है। यहाँ युवती के पहले पुराणी शब्द का प्रयोग ध्यान देने योग्य है। उषा सृष्टि के प्रारम्भ से ही प्रतिदिन प्रातःकाल उगती है। इसलिए पुराणी

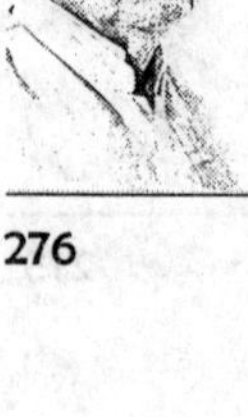

है, प्राचीन है। वह उगने के समय नई है, इसलिए युवती है। इसी मंत्र में ऋषि, मर्यादा के बन्धन भी लगाते हैं। कहते हैं कि "उषा के वास्तविक रूप को केवल पति ही देख पाते हैं और शेष लोग केवल वस्त्र ही देखते हैं।" मर्यादा कला का मुख्य नीति-निर्देशक तत्व है। भारतीय कला मर्यादा, संस्कार और शील की परिधि के भीतर ही अपनी प्रतिष्ठा को सँवारती रही है। लेकिन सिनेमाई आधुनिकता ने मर्यादा, के बंधन तोड़े हैं। इसका सबसे पहला हमला नारी समुदाय पर हुआ है। गालियाँ नारी समाज की प्रतिष्ठा पर ही आक्रमण करती हैं। किसी पुरुष को दी गयी गाली भी उस पुरुष के लिए न होकर उसकी बहन या माता के लिए होती है। झगड़ा दो पुरुषों में होता है, गाली माँ या बहन को दी जाती है।

गालियाँ, किसी भी स्थिति में आदर्श समाज का हिस्सा नहीं हो सकतीं। यह सामाजिक अपराध है। गालियाँ भारतीय प्राचीन परम्परा का हिस्सा नहीं हैं। हमारे दो महाकाव्य महाभारत और रामायण हैं। दोनों युद्ध-विवरण से भरे-पूरे हैं। रामायण के श्रीराम, कैकेयी के षडयंत्र से वन-गमन के लिए विवश किये गये। श्रीराम, कैकेयी पर कोप नहीं करते। वे मर्यादा पुरुषोत्तम हैं। लेकिन लक्ष्मण कोप करते हैं। वाल्मीकि के सृजन में कुपित लक्ष्मण भी कैकेयी के विरुद्ध अपशब्दों का प्रयोग नहीं करते। महाभारत भी युद्ध-कथा है यहाँ भी पात्र अपने क्रोध के कारण गालियाँ नहीं देते। लेकिन हमारे सिनेमा के एक वर्ग व वेब-सिरीज में गाली और गोली को ही क्रोध-अभिव्यक्ति का माध्यम बनाया जा रहा है। सिनेमा सबसे लोकप्रिय कला का माध्यम है। उसी का विस्तार वेब-सिरीज है। मुख्य धारा के सिनेमा में अभी गालियों का प्रवेश नहीं हुआ है। गोलियाँ सिनेमा के शुरुआती समय से ही सिनेमा का प्रिय विषय हैं। आखिरकार यह कैसा मनोरंजन है? जो गाली और गोली को ही मुख्य धारा मानकर कला का सृजन करता है। दुनिया की प्राचीनतम संस्कृति वाले देश 'भारत' की कला-यात्रा उदात्त मार्ग छोड़कर गाली और गोली की तरफ बढ़ रही है। तकनीक और बाजार हमारी सुरुचि बदल रहे हैं। यह राष्ट्र के लिए चिन्ता का विषय है। प्रतिष्ठित निर्माता, निर्देशक, गीतकार और रचनाधर्मी इस पथ-विचलन का संज्ञान लेने की कृपा करें। रुचि का परिष्कार भी कलाधर्मियों का ही राष्ट्रीय कर्तव्य है। गाली, गोली और हिंसा से भरीपूरी कला उदात्त समाज नहीं

बना सकती। मनुष्यता को लती और लाचार बनाने वाली तकनीक हमारे आत्मीय सम्बन्धों के लिए घातक है। तकनीक, हमारे दैनिक जीवन का हिस्सा है। हम इसे सवच्छंद नहीं छोड़ सकते। इसे सहायक की भूमिका में रखना चाहिए। यह उपयोगी सहायक है भी। इसकी क्षमता का उपयोग हमारी कार्यक्षमता में वृद्धि करता है, लेकिन इसे भारतीय शील की सीमा में रखना चाहिए।

भारतीय नृत्य-कला और संगीत-कला दुनिया में प्रभावशाली है। शास्त्रीय संगीत लौट रहा है। भारत के बाहर अन्य देशों में भी भारत के शास्त्रीय संगीत के प्रति रुचि बढ़ी है। तकनीक के कारण इसका वैश्विक प्रचार भी हुआ है। इस दृष्टि से तकनीक महत्वपूर्ण है, लेकिन तकनीक में यथार्थवाद के नाम पर शील-अश्लील का फर्क मिट रहा है। इससे बचने की आवश्यकता है।

अभिमत

गिरिराज किशोर

हिन्दी के सशक्त उपन्यासकार, कथाकार, नाटककार व समीक्षक। 'पहला गिरमिटिया' और 'ढाई घर' प्रसिद्ध उपन्यास हैं। 'साहित्य अकादमी', 'व्यास सम्मान' व 'पद्मश्री' सहित अनेक सम्मान प्राप्त।

सृष्टि-निर्माण का वर्णन प्राचीन भारतीय साहित्य में बिल्कुल वैज्ञानिक है; इसकी जानकारी हृदयनारायण दीक्षित की पुस्तक से मुझे मिली। दीक्षित जी ने ऐसे अनेक पौराणिक प्रतीकों को वर्तमान में सिद्ध किया। सुखद अनुभूति हुई कि इस सन्दर्भ में मेरा दीक्षित जी से साम्य है। मैंने 'आंजनेय जयते' उपन्यास में प्राचीन वनवासियों के वंश पर ठीक इसी प्रकार का विचार किया। 'रामायण' में हनुमान सहित सभी वानरवंशियों, रीछवंशियों व पक्षियों के नाम पर सृजित वंशों को वाल्मीकि ने इस प्रकार रखा, जैसे वे मनुष्य नहीं थे। जबकि वनवासी होने के कारण ही सम्भवतः उन वंशों का नाम जंगली जानवरों के नाम पर हुआ होगा। सन्दर्भ, तर्क और शोध के माध्यम से दीक्षित जी भी इसी प्रकार प्राचीन इतिहास को समझाते व सिद्ध करते हैं। वे पहले ऐसे पत्रकार हैं जो भारत के प्राचीन वाङ्मय को केन्द्र में रखकर अपनी समसामयिक बात रखते हैं।

नाचता अध्यात्म

श्रीकृष्ण

एक सम्पूर्ण मनुष्य

सृष्टि की ध्वनि-प्रकृति मधुछंदा है। रस-प्रवृत्ति में मधुरस है। वायु-प्रवाहों में मधुवातायन है। यह प्रकृति अखण्ड परमसत्ता का विस्तार है। वह अव्यक्त है, प्रकृति व्यक्त है। व्यक्त की इकाई व्यक्ति है, सीमित है। भारतीय चिन्तन में श्रीकृष्ण अव्यक्त और व्यक्त की परिपूर्ण आभा वाले व्यक्ति हैं। वे इतिहास हैं, पुराण हैं, अध्यात्म हैं और विश्वरूपा हैं। भारत का मन श्रीकृष्ण में रमता है।

श्रीकृष्ण
एक सम्पूर्ण मनुष्य

श्रीकृष्ण भारतीय मन के मधु हैं। वे सामान्य संसारी पुरुष की तरह शिशु से बालक हुए। फिर अरुण-तरुण युवा। उन्होंने चेतना की चरम ऊँचाई प्राप्त की। वे परम हो गए। शिशु रहे तो शिशु के रूप में पूर्ण। खेले तो खेलना भी दिव्य हो गया। कालिया नाग नाथा। तमाम खेल खेले। तरुण हुए तो नाचे। उनका नृत्यरास महारास हो गया। बाँसुरी बजाई तो उसकी धुन पर सब मस्त। प्रौढ़ हुए तो दर्शन-दिग्दर्शन की पूर्णता। कृतज्ञ राष्ट्र ने उन्हें संपूर्ण अवतार कहा और उनके सभी कार्यों को लीला। महाभारत युद्ध में मित्र अर्जुन का साथ निभाया। सारथी बने। रथ हाँका। युद्धभूमि पर उन्हें विषाद हुआ। उन्होंने विश्वदर्शन का कलश शब्दों में उड़ेल दिया। इस प्रवचन का नाम हुआ गीता। वे अपने जीवन में ही पुराण-पुरुष हो गए। उन्हें ईश्वर, भगवान और परमसत्ता जाना गया।

श्रीकृष्ण संपूर्ण मनुष्य हैं और हम अपूर्ण। पुराण-इतिहास उन्हें सभी 16 कलाओं से पूर्ण बताते हैं। 16 कलाओं की दार्शनिक चर्चा उपनिषदों में है। हम श्रीकृष्ण में कलाओं का ठीक अर्थ भी नहीं निकाल पाते। वे हमारी बुद्धि की पकड़ में नहीं आते। हमारा भौतिकवाद काम नहीं करता। वे प्रत्यक्ष भौतिकता और सांसारिकता में होकर भी हमारी समझ के बाहर हैं। उन्हें समझने में दार्शनिक यथार्थवाद से भी काम नहीं चलता। आस्था और विश्वास विद्यार्थी-बुद्धि के उपकरण नहीं। सोचता हूँ कि हमसे ज्यादा ज्ञानवान तो गोपियाँ ही थीं। उन्होंने कृष्ण को अपने सहज प्रेम की आँखों से पूरा का पूरा जान लिया था। वैज्ञानिक भौतिकवादी उन्हें काव्य-कल्पना बताते हैं, लेकिन वे इतिहास के महानायक हैं। वे इतिहास

में हस्तक्षेप करते है, इतिहास रचते हैं, लेकिन अनेक अविश्वसनीय घटनाओं के कारण वे इतिहास के अन्तःस्थल में नहीं समाते। इतिहास अतीत होता है। बीता हुआ इतिवृत्त।

श्रीकृष्ण को अतीत में देखना अच्छा नहीं लगता। इतिहास अतीत है। निस्संदेह वे इतिहास-पुरुष हैं लेकिन वे वर्तमान में भी हैं। प्रजेन्ट कान्टीनुअस। सतत् प्रवाह अन्तहीन। दिग्दिगन्त् और अनंत। इतिहास के विवरण कोष में ऐसी जगह कहाँ? श्रीकृष्ण हृदय में रह सकते हैं। लेकिन इतिहास के पास हृदय नहीं होता। श्रीकृष्ण हृदय में ही खिलते-हहराते हैं। वर्तमान के पास रूखे तर्क हैं कि श्रीकृष्ण काव्य-कल्पना हैं, कि वे इतिहास के पात्र हैं नहीं। तर्क का क्या? न प्रेम, न भाव-विह्वलता, न काव्य, न संगीत। श्रीकृष्ण को आत्मसात करने के लिए प्रेम का आकाश चाहिए। इतिहास के पृष्ठ नहीं। वे इतिहास में नहीं समाते। इतिहास गढ़ते हैं और उसका अतिक्रमण भी करते हैं। श्रीकृष्ण को अंक में भरने के लिए भावविह्वलता का रस चाहिए, प्रतिपल मधुमास और मधुवातायन चाहिए। इठलाती ऊषा के नर्तन में, अरुण-तरुण सूर्य की रश्मियों में, नदी के छन्दस् नाद में, गौओं के चलने से उड़ी धूलि की महक में श्रीकृष्ण ही श्रीकृष्ण हैं। सावन के मेघ या भादो की रात में चमकती विद्युत-दीप्ति में वही दिव्यता है।

श्रीकृष्ण इतिहास से बड़े हैं। वे पुराणों में होकर भी पुराणों का अतिक्रमण करते हैं। वे इतिहास-पुराण में होकर भी भूत नहीं। हम उन्हें भूतकाल में ही नहीं देख सकते। वे प्रतिपल सतत् प्रवाहमान प्रेम-छन्द हैं। सुदूर अतीत से लेकर अद्यतन संगीतमय। भावना में वे भविष्य में भी हैं। जो हो चुका है, वे वहाँ हैं। जो आज प्रतिपल प्रत्यक्ष है यहाँ, जो आगे होगा वहाँ भी। वे समयचक्र पर सुदर्शन चक्र लेकर सतत् गतिमान हैं। वे हम-सबकी संभावना हैं। संभवामि युगे-युगे। वैयक्तिक घोषणा नहीं हैं वे। संभवन प्रकृति का गुणधर्म है। प्रकृति का हर एक अणु नृत्य-मगन है। परमाणुओं का यह नृत्य उसी परम-चरम की रासलीला है। यह नृत्य प्राकृतिक है। श्रीकृष्ण नाचती हुई दिव्यता हैं।

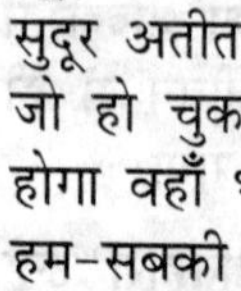

श्रीकृष्ण जैसा नाचता हुआ देवता अन्यत्र दुर्लभ है। वह भी बाँसुरी बजाता, स्वयं नाचता, सबको नचाता देवता। नाचने वाला यह देवता प्रेमरस से भरता है पूरी प्रकृति को। प्रकृति में व्याप्त होता

है, प्रकृति को आवृत्त भी करता है। डंके की चोट पर युद्धभूमि में खड़े होकर अर्जुन से कहता है ''यह प्रकृति मेरी ही अध्यक्षता में काम करती है अर्जुन!'' प्रकृति का अध्यक्ष भी नृत्य-मगन है। सो जगत् भी नृत्य-मगन गतिशील है। गतिशीलता मधुरसा है। इसीलिए जगत का प्रपंच भी नृत्य है। मधु, भारतीय मनीषा की चिरंतन अभीप्सा है। ऋग्वेद मधु-प्यास, व मधुविद्या से भरापूरा है। अथर्ववेद का मधु रसपूर्ण है। श्रीकृष्ण के मधुवन में मधु-सम्पूर्णता है।

श्रीकृष्ण परिपूर्णता हैं। प्रकृति की चरम संभावना। सहज संसारी। असाधारण मित्र। अर्जुन से यारी हो गई तो उसका रथ हाँका। चालक बने अर्जुन के। उसे विषाद हुआ। संपूर्ण तत्व-ज्ञान उड़ेल दिया। संशय नहीं मिटा तो दिखा दिया विश्वरूप। विश्वरूप देखना कोई दैवीय घटना नहीं है। हमसब विश्व में हैं। विश्व का भाग हैं। विश्व में रमते हैं। लेकिन हम विश्वदर्शन में रस लेते ही नहीं। सूर्योदय के उगने का भी दर्शन नहीं करते। हवाएँ सहलाती आती हैं, हम उन्हें धन्यवाद भी नहीं देते। अनेक रूपों से भरा-पूरा यह विश्व हमारे भीतर विस्मय नहीं पैदा करता। चन्द्र-आभा, दीपित तारागण विश्वरूप ही तो हैं। गीताकार के अनुसार श्रीकृष्ण ने अपने भीतर विश्वरूप दिखाया। सच है यह बात। हमारे-आपके सबके भीतर भी है विश्वरूप। श्रीकृष्ण जैसा मित्र मिले तो बात बने, या अर्जुन जैसे विषादी जिज्ञासु हों हमसब तो बन सकती है बात। श्रीकृष्ण ऐसी ही संभावना हैं। नाचते हुए दर्शन के रसपूर्ण प्रतीक। नटखट, मनमोहन और बिन्दास रसिया।

कृष्ण आकांक्षारहित परम वैभव के विधाता हैं। संग और असंग का असंभव संग। कृष्णदर्शन का मुख्य सूत्र ही है- अनासक्ति। राग का भरपूर आस्वाद लेकिन राग से विराग। रसपूर्ण जीना लेकिन रस-आसक्ति से दूर रहना। कर्म-अभ्यास में डूबना लेकिन वैराग्य में रहना- अभ्यासेन वैराग्येण च। जीवन के सभी अवसरों पर संग-संग प्रति प्रसंग असंग गति। युद्ध में पूरे मन से सम्मिलित रहना लेकिन युद्ध नहीं करना। कृष्ण ने राज्य और राजनीति में जमकर हस्तक्षेप किया लेकिन राजसत्ता से दूर रहे। साधारण किसान की तरह गोपाल बने। असाधारण कलाकार की तरह मुरलीधर। हथियार भी असाधारण ही रखा। सुदर्शन चक्र।

विश्व में अनेक रूप हैं। सारे रूप अलग-अलग हैं। विभाजित दिखाई पड़ते हैं। कृष्ण-दर्शन में विश्व के रूपों को अलग-अलग देखना उचित नहीं कहा गया। उन्होंने अर्जुन को बताया कि "जो रूपों में विभाजित इस विश्व को अविभाजित और अखण्ड देखते हैं। वही वास्तव में सत्य देखते हैं।" अस्तित्व एक है। यहाँ रूप, रंग, रस, ध्वनि और स्पर्श के करोड़ों आयाम हैं। लेकिन कोई पृथक नहीं। सब एक ही सत्ता के रूप, रूप-प्रतिरूप हैं। ऐसा देखना, जानना, अनुभव में लेना ही सुदर्शन है। सुदर्शन कोरा दर्शन नहीं, सुन्दर दर्शन ही है। सुदर्शन गतिशील है। यह गति चक्रीय है।

श्रीकृष्ण भारत की दिव्यगंध हैं। संपूर्ण रसों के महारस, मधुरस। नृत्यरत भगवत्ता। साधना-रहित सिद्धि। निष्काम कामना। इच्छारहित अभिलाषा। आधुनिक दार्शनिक कांट का 'परपजलेस परपज'। जीवन के हरेक रंग और आयाम में उनकी उपस्थिति है। वे रूप, रंग, हाव, भाव और गतिशीलता में सुदर्शन हैं। सभी लोकों के मनमोहन। दर्शन आत्मबोध होता है। तर्क-प्रतितर्क आधारित निष्कर्ष होते हैं दर्शन में। वे गतिशील नहीं होते। श्रीकृष्ण का सुदर्शन गतिशील चक्र भी है। इस चक्र के केन्द्र में प्रेम सत्य है और परिधि पर संसार। काल नियंता है इस चक्र का। काल में जन्म है और काल में ही तरुणाई। काल में ज्ञान है और काल के अतिक्रमण में मुक्ति। सुदर्शन चक्र में दर्शन के साथ कालबोध भी है। यह चक्र घूम रहा है। बारम्बार। सृष्टि-चक्र चल रहा है। बताते हैं "ऐसा कोई समय नहीं था अर्जुन! जब हम या तुम नहीं थे। हमारा तुम्हारा यहाँ बार-बार आना-जाना हुआ है। मैं यह बात जानता हूँ लेकिन तुम नहीं जानते।" ठीक बात है। प्रकृति सदा से है। रूप परिवर्तनशील है, अनित्य है। मूल चेतना नित्य है, सदा से है। श्रीकृष्ण परम के प्रतिनिधि हैं।

श्रीकृष्ण से जुड़े स्थान, नदीनाम, पर्वत और नगर क्षेत्र प्रत्यक्ष हैं लेकिन कुछ वामपंथी विद्वान उन्हें इतिहास-पुरुष नहीं मानते। वे श्रीकृष्ण को महाभारत के रचनाकार-कवि की कल्पना मानते हैं। महाभारत वस्तुतः इतिहास है, काव्य तो है ही। श्रीकृष्ण की जन्मतिथि 18 जुलाई सन् 3228 ईसा-पूर्व बताई जाती है। श्रीकृष्ण 3228-3102 ई० पूर्व हैं। महाभारत युद्ध संभवतः 3138 ई० पूर्व हुआ था। उन्होंने इसी युद्ध के प्रारम्भ में अर्जुन को गीता का प्रबोधन दिया

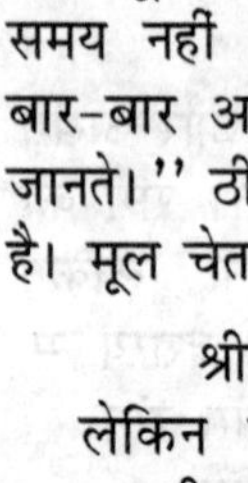

था। भारत का उपनिषद-प्रवचन महाभारत काल के बहुत पहले का है। गीता में उपनिषदों और उनसे जुड़े संदर्भ हैं। ऋग्वेद सबसे पुराना है। ऋग्वेद के समाज में मनुष्यों के बड़े समूह का नाम 'जन' है।

ऋग्वेद में अनेक 'जनों' के उल्लेख हैं लेकिन पाँच जनों की चर्चा ज्यादा है। इन पाँच में एक चर्चित गण 'यदु' है। श्रीकृष्ण इसी समूह से सम्बंधित थे पर इनके कुल का नाम था- वृष्णि। महाभारत के आदि पर्व में उन्हें 'वृष्णि प्रवीर' और पान्डवों को 'कुरु प्रवीर' बताया गया है। यदु शाखा में वृष्णि के अलावा अंधक और भोज भी प्रतिष्ठित कुल थे। महाभारत (उद्योग पर्व) के अनुसार सैकड़ों वृष्णि, अंधक और भोज लेकर कृष्ण-बलराम द्वारिका की ओर गये थे। कृष्ण-बलराम इस समूह में अपनी नेतृत्व-क्षमता के कारण प्रमुख हैं, लेकिन वे राजा नहीं हैं। यहाँ श्रीकृष्ण की भूमिका प्रमुख नेता की है।

गीता के प्रवक्ता कृष्ण दार्शनिक हैं। वे कपिल दर्शन के सांख्यशास्त्री हैं। वे बाद में पतंजलि द्वारा संहिताबद्ध किए गए प्राचीन योगदर्शन के व्याख्याता हैं। यहाँ वे बहुदेववादी भी हैं, एकेश्वरवादी भी हैं, भक्ति-मार्गी हैं, भक्ति-वेदान्ती भी हैं। वे प्रकृति हैं, पुरुष हैं, चेतन हैं, परब्रह्म भी हैं।

श्रीकृष्ण से जुड़े तमाम प्रसंग मथुरा-वृन्दावन में अभी भी जीवंत हैं। उ0प्र0 का मथुरा-वृन्दावन द्वापर के इस महानायक का क्रीड़ा-स्थल है। हिंसक आधुनिकता ने यहाँ की सुरम्यता के साथ तमाम दुर्व्यवहार किये हैं। मथुरा और वृन्दावन अब वैसे नहीं रहे। यमुना पहले की तरह गीत गाते, इठलाते नहीं बहती, वह उदास हताश है। जहाँ कभी कृष्ण की बाँसुरी थी, गोधूलि की महक थी, पक्षियों के गीत थे, जलरस-भरा सावन-भादो था, फूलों की घाटियाँ थीं वहाँ अब एक हताश कस्बा है। वृन्दावन-यात्रा में श्रीकृष्ण बार-बार सामने आते हैं। सारी दुनिया के लोग यहाँ आते हैं। विश्व के अनेक देशों में श्रीकृष्ण का आकर्षण है। गीता की चर्चा दुनिया में है।

मथुरा वाले श्रीकृष्ण इतिहास के ही पात्र हैं। महाभारत के श्रीकृष्ण मनुष्य पहले हैं। वे परमसत्ता के प्रवक्ता गीता में हैं। गीता में श्रीकृष्ण जैसा हो जाना प्रत्येक व्यक्ति की संभावना है। महाभारत के

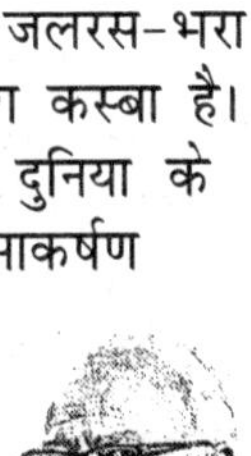

आदि पर्व में वे पहली बार मिले युधिष्ठिर से। उन्होंने अपना परिचय दिया– मैं श्रीकृष्ण हूँ! फिर युधिष्ठिर के पैर छुए– कृष्णोऽहमस्मीति निपीड्थ पादौ युधिष्ठिरस्य। (आदि पर्व 192.20) वे गीता में दर्शनवेत्ता और परमसत्ता हैं, वे बाकी जीवन में बहुधा व्यावहारिक नीति की ही बातें करते हैं। जरासंध से उनका बैर है। जरासंध मथुरा पर हमलावर था। जरासंध के सम्बंध में युधिष्ठिर से युद्ध की महत्ता बताते हुए कहते हैं "हम नहीं जानते मृत्यु कब आएगी? रात में या दिन में। यह कभी नहीं सुना कि युद्ध से बचकर कोई अमर हो गया है। वीर पुरुषों का कर्त्तव्य है कि नीतिशास्त्र के अनुसार शत्रुओं पर आक्रमण करें।" यहाँ कृष्ण गीता वाले श्रीकृष्ण से भिन्न हैं। गीता वाले श्रीकृष्ण सभी राजाओं की मृत्यु देख रहे हैं, वे अर्जुन को निमित्त मात्र बताते हैं। वे मृत्यु के जानकार हैं लेकिन सभापर्व वाले कृष्ण मृत्यु के बारे में गैरजानकार हैं। कहते हैं– मैं नहीं जानता मृत्यु कब आएगी?

कंस की पत्नी जरासंध की पुत्री थी। कंस-वध के बाद उसने ही पिता जरासंध को उकसाया था। श्रीकृष्ण जरासंध के हमले से परेशान थे। श्रीकृष्ण ने युधिष्ठिर से कहा, "दोबारा आक्रमण की आशंका से हम मथुरा से भागे। निश्चय किया कि यहाँ की विशाल सम्पत्ति को पुत्रों, भाईयों में बाँटकर भाग निकलें। यही सोचकर हमने पश्चिम दिशा की शरण ली।" (सभा पर्व 14.48-49) जरासंध मारा गया। कृष्ण ने गीता जैसी दार्शनिक टिप्पणी नहीं की, उन्होंने कर्म की जगह सारा श्रेय नियति को दिया "भाग्य से ही अर्जुन और भीम बिना नुकसान उठाए सकुशल बचे।" श्रीकृष्ण सामान्य मनुष्य जैसी चिन्ता, भाव-उद्वेग लेकर ही आजीवन कर्मरत रहे।

गीता (10.37) में कृष्ण ने अपने अनेक रूपों का परिचय देते हुए स्वयं को 'वृष्णीनां वासुदेवो अस्मि'– वृष्णियों में मैं वासुदेव' बताया है। डॉ0 राधाकृष्णन ने गीता के अनुवाद की भूमिका (पृष्ठ 30) में बताया है कि "कृष्ण प्राचीन यदुवंश की वृष्णि या सात्वत शाखा में उत्पन्न हुए थे और उन सिद्धांतों का प्रचार करते थे जो उन्होंने घोर आंगिरस से सीखे थे।" घोर आंगिरस का उल्लेख छान्दोग्य उपनिषद में आया है। उपनिषद (3.17.6) में आंगिरस ने कृष्ण को शिक्षा दी है "तू अविनश्वर है, तू अविचल है, तू प्राण है।" महाभारत में कृष्ण

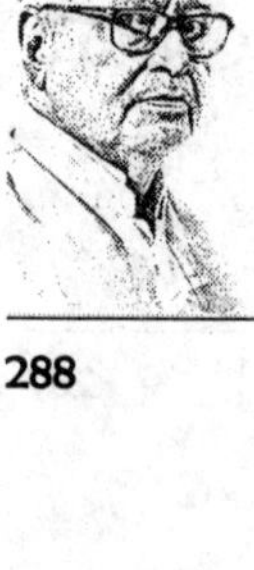

की कई भूमिकाएँ हैं। वे संगठनकर्त्ता हैं। वे नीति-उपदेशक हैं। वे युद्ध-संचालक हैं। वे रणनीतिकार भी हैं। वे दार्शनिक भी हैं।

प्राचीन इतिहास में अयोध्या का इक्ष्वाकु वंश है। इक्ष्वाकु मनु के वंशज हैं और ऋग्वेद में हैं, श्रीराम उनके वंशज हैं। यही परम्परा सूर्यवंश कहलाई। इसी प्रकार एक चन्द्रवंश भी है। इसके संस्थापक पुरुरवा ऐल थे। पौराणिक अनुश्रुतियों के अनुसार यह वंश मनु की पुत्री इला से आगे बढ़ा और ऐल वंश कहलाया। प्राचीन आर्यों की कई धाराएँ थीं। लेकिन दो को ज्यादा ख्याति मिली। इक्ष्वाकु वाली धारा का केन्द्र अयोध्या था और पुरुरवा वाली धारा का केन्द्र प्रतिष्ठानपुर। यह प्रयाग के निकट झूँसी के पास था। पुरुरवा के पौत्र नहुष थे। नहुष के पुत्र ययाति थे। ययाति के 5 पुत्र थे- यदु, तुर्वसु, द्रह्यु, अनु और पुरु।

ययाति के पुत्रों के नाम ऋग्वैदिक समाज 'पाँच जनों' (समूहों) की याद दिलाते हैं। ऋग्वेद में इन्हीं 5 नामों वाले बड़े समूह- 'जन' हैं। पुरु प्रतिष्ठान के राजा बने। सो ऐल वंश पौरव कहलाया। प्रतिष्ठान के दक्षिण-पूरब में तुर्वसु ने राज्य बनाया। डॉ0 सत्यकेतु के अनुसार यदु का राज्य पश्चिम के केन, बेतवा और चम्बल नदियों के प्रदेश में स्थापित हुआ। यही परम्परा आगे यादव कहलाई। इसी परम्परा में राजा शशिबिन्दु भी हुए। यदु परम्परा की एक शाखा ने विदर्भ में राज्य बनाया। इस शाखा में राजा मधु, फिर चौथी पीढ़ी में सत्वत, फिर सत्वत के पुत्र राजा भीम हुए। मथुरा के शासक सात्वत वंश के राजा से श्रीराम के भाई शत्रुघ्न ने इस राज्य को जीत लिया। शत्रुघ्न के दो पुत्र थे सुबाहु और सूरसेन। सूरसेन के नाम से मथुरा क्षेत्र शौरसेन कहा गया। शत्रुघ्न की मृत्यु के बाद इस क्षेत्र को भीम सात्वत यदुवंशी ने जीत लिया। भीम सात्वत के दो विख्यात पुत्र अन्धक और वृष्णि हुए। इनके अलग अलग राज्य व वंश चले। कृष्ण वृष्णि-वंशी थे और कंस अन्धक वंशी।

श्रीकृष्ण की कर्म-कुशलता और क्षमता अद्भुत थी। उन्होंने अपनी क्षमता का विकास किया। वे बहुत बड़े समूह-समाज के नेता-नायक बने। बड़े समूह को साथ लेकर चलने में तमाम कठिनाइयाँ आती हैं, परिवार भी साथ नहीं देता। श्रीकृष्ण इस दुःखद परिस्थिति से भी गुजरे। श्रीकृष्ण ने नारद को अपनी व्यथा सुनाई ''मैं अपनी प्रभुता के माध्यम से समाज व परिवारीजनों को अपना

दास नहीं बनाना चाहता। मैं अपनी प्राप्ति का आधा भाग परिवार को देता हूँ, बाकी का उपभोग करता हूँ, उनकी आक्रामक बातों को सहता हूँ। परिवार के लोगों के कड़वे वचन मेरे हृदय को मथते रहते हैं।'' परिवार-संचालन और लोकमंगल के कर्म साथ-साथ चलाना कठिन होता है। श्रीकृष्ण भी अपने परिवार और लोकमंगल-कर्म के साथ समन्वय न बना पाने से दु:खी हैं। कौरव-पांडव विवाद में श्रीकृष्ण पांडवों की तरफ थे लेकिन बलराम असहमत थे।

कौरव और पांडव एक ही परिवार के थे। सत्ता-सम्पदा को लेकर युद्ध-तनाव में थे। श्रीकृष्ण के आकलन में पांडव शक्तिशाली थे लेकिन बलराम के आकलन में कौरव। बलराम ने साफ-साफ कहा- ''कौरव अधिक शक्तिशाली हैं, शक्ति के कारण ही उन्होंने पांडवों के राज्य पर अधिकार किया। युधिष्ठिर की जुआ-आसक्ति के कारण राज्य गया। युद्ध की इच्छा किसी में भी नहीं होनी चाहिए। युद्ध में अनीति होती है।'' (वही 2.14) श्रीकृष्ण-बलराम में मत-भिन्नता है। परिवार की मत-भिन्नता के बावजूद श्रीकृष्ण सुनिश्चित मार्ग पर ही चलते हैं। कृष्ण द्वारका में थे। दुर्योधन और अर्जुन दोनों ही युद्ध में मदद माँगने पहुँचे। सेना दुर्योधन को मिली, युद्ध में रहकर भी न लड़ते हुए श्रीकृष्ण का साथ अर्जुन को मिला।

श्रीकृष्ण ने राजा विराट के घर ढेर सारे राजा बुलाए। उन्होंने तमाम राजाओं के बीच कहा ''शकुनि ने छल करके युधिष्ठिर को जुए में हराया। इन्हें 12 वर्ष का वनवास और 1 वर्ष के अज्ञातवास का दण्ड मिला। पांडवों को कौरवों ने युद्ध में नहीं हराया। छल ही हुआ। दुर्योधन राज्य नहीं देता, युद्ध करेगा, तो इन्हें भी बाध्य होकर युद्ध करना होगा तब सारे कौरव मारे जायेंगे।'' (उद्योग पर्व 1.22) यहाँ श्रीकृष्ण के अनुसार ''पांडव युद्ध नहीं करना चाहते लेकिन युद्ध हुआ तो कौरव मारे जाएँगे।'' श्रीकृष्ण की घोषणा ध्यान देने योग्य है। श्रीकृष्ण ने युद्ध-परिणाम की घोषणा पहले कर दी है।

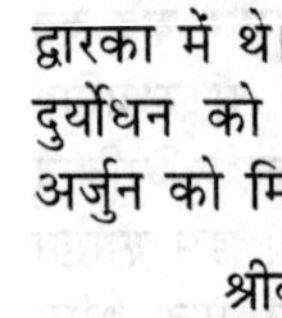

महाभारत भारत का बड़ा युद्ध था। डॉ0 सत्यकेतु (प्राचीन भारतीय इतिहास का वैदिक युग, पृष्ठ 169) ने बताया है कि आर्यावर्त के प्राय: सभी राजा इस युद्ध में शामिल हुए। मगध के राजा सहदेव पांडवों की तरफ थे। काशी, पूर्व कौशल, पंचाल, मत्स्य,

चेदि, कारुष भी पांडव-पक्ष में थे। विदेह, अंग, बंग, कलिंग, कर्ण के नेतृत्व में कौरव-पक्ष में थे। असम के राजा भगदत्त भी इसी तरफ थे। उत्तर-पश्चिमी भारत के केकय, शिवि, सिन्धु, सौवीर, गान्धार, त्रिगर्त, मद्र, क्षुद्रक, मालव, अम्बष्ट और कम्बोज भी कौरव-पक्ष में थे। लेकिन वृष्टि राज्य के अधिपति (राजा नहीं) श्रीकृष्ण पान्डवों की तरफ थे।

मार्क्सवादी चिन्तक डॉ0 रामविलास शर्मा ने महाभारत के तमाम अंशों का यथार्थवादी विश्लेषण किया है। उन्होंने लिखा कि ''महाभारत में सामाजिक नीति है, जिसके मुख्य प्रवक्ता श्रीकृष्ण हैं। वह सचेत रूप से गण-समाजों के विघटन के लिए प्रयत्नशील हैं। राजनीति में उनके उत्तराधिकारी कौटिल्य हैं।'' (भारतीय संस्कृति और हिन्दी प्रदेश, खण्ड 1, पृष्ठ 200) कृष्ण निरंतर कर्म करते हैं। इस आचरण का कारण उनका तत्वबोध है।

संपूर्णता का बोध आसान नहीं। इसकी अनुभूति विरलों को ही हो पाती है। फिर अनुभूत को शब्द देना कठिन है। जाने हुए को समझाना और भी कठिन। सभी जानकारों ने अपनी अनुभूति शब्दों के माध्यम से ही बताई है। भक्त भी शब्द-प्रयोग करते हैं, भजन गाते हैं, नृत्य करते हैं लेकिन पूरा अनुभव तब भी नहीं बता सकते। भारत ने श्रीकृष्ण को ईश्वर का अवतार कहा। सर्वज्ञ कहा। प्रेम को आधार बनाकर प्रेम-अवतार कहा। महाभारत के कर्म को आधार बनाकर कौटिल्य का पूर्ववर्ती राजनीतिज्ञ भी बताया, लेकिन शब्दों की सीमा है। असीम को सीमाबद्ध करने के लिए भक्त का हृदय चाहिए। अस्तित्व अनन्त है, असीम है, लेकिन भक्त असीम को श्रीकृष्ण के व्यक्तितत्व के भीतर देखने में सफल हुए। भावशक्ति अपरम्पार होती है। श्रीकृष्ण भारतीय भावशक्ति के भी महानायक हैं।

आनंद प्रत्येक जीव की सहज प्यास है। ईश्वर को सत्-चित्-आनंद कहा गया। लेकिन देखा गया रूपों में। ऋग्वेद के ऋषि गाते हैं ''एक ही परम ऊर्जा 'रूपं-रूपं-प्रतिरूपो' में प्रकट होती है।'' रात्रि एक रूप है, जगत-आच्छादित करती है। सूर्य तेजोमय हैं। चन्द्र-सौन्दर्य की कलाएँ मनोहारी हैं। दीपित नक्षत्र आनंद-मगन करते हैं। सृष्टि की ध्वनि-प्रकृति मधुछंदा है। रस-प्रवृत्ति में मधुरस है। वायु-प्रवाहों में मधुवातायन है। रूप, रस, स्पर्श,

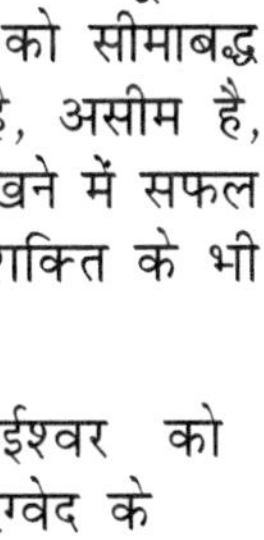

गंध और श्रवण के आनंद में परमसत्ता अखण्ड है। यह प्रकृति अखण्ड परमसत्ता का विस्तार है। वह अव्यक्त है, प्रकृति व्यक्त है। व्यक्त की इकाई व्यक्ति है, सीमित है। भारतीय चिन्तन में श्रीकृष्ण अव्यक्त और व्यक्त की परिपूर्ण आभा वाले व्यक्ति हैं। वे इतिहास हैं, पुराण हैं, अध्यात्म हैं और विश्वरूपा हैं। भारत का मन श्रीकृष्ण में रमता है।

अवती

गणेशनारायण शुक्ल

हृदयनारायण दीक्षित का साहित्य विचलित नहीं करता, प्रेरित करता है। वह उत्तेजक नहीं, शामक है। नकारात्मकता के विरुद्ध एक आह्वान है। वह उस मनुष्य की पैरवी करता है जो संवेदनशील है। दीक्षित जी का साहित्य हर उस व्यक्ति का साहित्य है जो देश की सोचता है, संस्कृति की सोचता है, अपनी सांस्कृतिक परम्परा और इतिहास की सोचता है। भारतीय संस्कृति और इतिहास को विकृत करने के पीछे जो कुचक्र है, हृदयनारायण दीक्षित का साहित्य उस व्यूह का भेदन करता है। वह हमें वैदिक संस्कृति की उदात्त परम्परा से जोड़ता है।

यशस्वी साहित्यकार व शिक्षक। लगभग दो दर्जन पुस्तकें प्रकाशित। उ.प्र. सरकार द्वारा 'साहित्य भूषण' सम्मान से सम्मानित।

नाचता अध्यात्म

नाचता-गाता अध्यात्म

लोक, विराट नर्तक है। प्रकृति का हरेक अंश नृत्यमगन है। यहाँ कुछ भी स्थिर नहीं। परमाणु का अन्तर्जगत भी नाच में मस्त है। शिव, सभी लोकों की नृत्यमगन आनंद-आपूरित चेतना हैं। नटराज शिव की बात ही दूसरी है। अनुशासन पर्व में शिव के गीत-नृत्य का वर्णन है, वे अपने गणों (समूह) के साथ हँसते, गाते व नाचते हैं। शिव देवाधिदेव महादेव हैं। वे नाचते देवता हैं। शिव के साथ लोक भी नृत्य करता है।

नाचता-गाता अध्यात्म

भारत को आध्यात्मिक देश कहा जाता है। अध्यात्म प्रत्यक्ष भौतिक जगत का अदृश्य हिस्सा है। लेकिन भौतिक जगत पर प्रभाव डालता है। भारत का मन उत्सव-प्रिय है। उत्सव आध्यात्मिक उत्स की अभिव्यक्ति है। उत्स का अर्थ है मूल, मौलिक। हमारा अंत:करण भी मौलिक है। सबका अंत:करण एक जैसा नहीं होता लेकिन सृष्टि के मूल से जुड़ा हुआ है। यही मूल अध्यात्म है। अंत:करण का आनंद-अतिरेक प्रकट होता है तब उत्सव कहा जाता है। और जहाँ-जहाँ उत्सव वहाँ-वहाँ नृत्य। यहाँ अध्यात्म भी नाचता-गाता है। उत्सव अध्यात्म की अभिव्यक्ति है। सभी उत्सव जन-गण-मन के आध्यात्मिक आनंद के खेल हैं। हम होली खेलते हैं। होली जन-गण-मन का निरुद्देश्य खेल है। इसका कोई सुव्यवस्थित कर्मकाण्ड नहीं है। हम-सब प्रकृति के अंग हैं। प्रकृति अपने उद्भव के समय से उत्सवधर्मा है। सूर्य आनंददाता हैं। वे उगते समय उषा-सुंदरी होते हैं। चन्द्र का उगना-घटना और घटते-घटते अमावस्या हो जाना प्राकृतिक खेल है। चन्द्र का 15 दिन तक बड़ा होते जाना, पूर्णिमा होना है। वर्षा, हेमंत, शरद, शिशिर और ग्रीष्म भी ऐसे ही हैं। प्रकृति का सुव्यवस्थित संविधान है। ऋतुराज बसंत आते हैं। प्रकृति के सभी रूप, रंगों से भर जाते हैं। प्रकृति भी गंध-आपूरित होती है और अपनी रंग-तरंग में नृत्य करती दिखाई पड़ती है।

मनुष्य अध्यात्म-पुलक में लहालोट होते हैं। संतों का गायन, भजन व ईश्वर-स्मरण आध्यात्मिक होता है। आध्यात्मिक व्यक्ति का मन बिना गाए नहीं मानता। जो नहीं गा सकते उनके मन भी गीत-गायन से

भर जाते हैं। मनुष्य स्वभाव से आनंद का प्यासा है, और 'स्वभाव' अध्यात्म है। प्रकृति रंग-रसिया है। इसकी सुंदर काया में 7 रंग हैं। वर्षा के समय बादलों को पार करते हुए प्रकाश-किरणें अपने मूलभूत 7 रंगों में विभाजित हो जाती हैं। लोक इसे इन्द्रधनुष कहता है। प्रकृति में 7 रंग हैं तो ध्वनि में षड्ज, ऋषभ, गांधार, मध्यम, धैवत, पंचम, निषाद आदि 7 स्वर या सुर। आकाश-मंडल की तारावली में सात ऋषि भी माने जाते हैं। 7 दिन हैं। 7 ग्रह हैं। राहु और केतु छायाग्रह हैं। अध्यात्म में सब है। आध्यात्मिक उत्सवों में भी स्वर, रंग आदि सभी सात आयाम एकसाथ खिलते हैं। रूप, रस, गंध एकसाथ नाचते हैं। ऐसे गीत-नृत्य, अध्यात्म से उगते हैं और लोक को आनंद-आश्वस्ति से भरते हैं।

अध्यात्म सुख की प्रवृत्ति है। इसका परम-चरम है आनंद, और आनंद की सबसे बड़ी अभिव्यक्ति नृत्य है। भारत में अध्यात्म भी नृत्य करता है। यहाँ मनुष्य और अस्तित्व की प्रीति है। अध्यात्म अंग्रेजी शब्द स्प्रीचुअलिटी का पर्याय नहीं है। स्प्रिट का अर्थ लक्ष्य के प्रति विशेष गतिशीलता है। अध्यात्म परमसत्ता के प्रति प्रीतिभाव है। भारत की सारी कलाएँ इसी प्रीति का प्रवाह हैं। नृत्य परिपूर्ण आध्यात्मिक आनंद है। नृत्य ऐसी ही कला है। इसमें बाह्य भौतिक उपकरण जरूरी नहीं होते। नृत्य के लिए एक-अकेला आनंदित मनुष्य पर्याप्त है। नृत्य में उल्लास की अभिव्यक्ति है सो यह अद्वितीय कृत्य है। यह आनंदरस से पूर्ण है। वैसे नृत्य व्यक्तिगत कृत्य है, लेकिन आध्यात्मिक कृत्य भी है। इसका रस-आच्छादन लोक को आपूरित करता है। मेघ आते हैं, कड़कते-गजरते। भारतीय सौन्दर्यबोध में नाचते हुए। जलरस आकाश से झरता है। मोर अपनी पुलक में उछलते हैं। संवेदनशील पूर्वजों ने इसे नृत्य कहा है। ऋग्वेद का "सोम रस भी नाचते हुए कलश में गिरता है।" सोम पदार्थ है। सोम देवता भी हैं। यह वैदिक पूर्वजों की सृजन-शक्ति का प्रेरक है। आंतरिक उल्लास की प्रीति और अनुभूति अध्यात्म है। इसी से गीत और नृत्य उगते हैं। नृत्य समूचे व्यक्तित्व को समेटता है। अपनी समूची भाव-उल्लास की राशि को देह के माध्यम से लोकार्पित करता है। जान पड़ता है कि नृत्य, गीत से ज्यादा प्राचीन है। प्रकृति नृत्य से भरीपूरी है। नृत्य सदा से है। गीत का जन्म भाषा-बोली के विकास के बाद हुआ। आदिम समाज में एक समय बोली-भाषा नहीं थी।

देह ही भाषा का काम करती थी। आज हाव-भाव प्रकट करने के लिए कंधे उचकाना आदि को 'बॉडी-लैंग्वेज' कहा जाता है। आदिमकाल में आँख या हाथ के संकेत ही भाषा का विकल्प थे। प्रीति, मुद, मोद और प्रमोद अध्यात्म के ही भाव हैं। इनकी अभिव्यक्ति के संकेत भी दैहिक थे। तब किसी रसपूर्ण मुहूर्त में उल्लास और परिपूर्ण आनंद के पर्यायवाची अध्यात्म के प्रभाव में नृत्य का जन्म हुआ।

अध्यात्म उत्तर वैदिककाल से ही प्रतिष्ठित है। छान्दोग्य उपनिषद (7.1) में कहते हैं, "अब अध्यात्म उपासना, वाणी ऋक् है। प्राण साम है। ऋक् में साम अधिष्ठित है। ऋक् में अधिष्ठित साम का गान किया जाता है।" रस-दृष्टि से इसी उपनिषद में कहते हैं, "सभी प्राणियों का रस पृथ्वी है। पृथ्वी का रस जल है। शंकराचार्य के अनुसार पृथ्वी जल में ओत-प्रोत है। इसलिए पृथ्वी का रस जल है। जल का रस औषधियाँ हैं। औषधियाँ जल का परिणाम हैं। औषधियों का रस पुरुष है। पुरुष का रस वाक् या वाणी है। वाणी का रस ऋक् है और ऋक् का रस साम है और साम का रस उद्गीथ 'ॐ' है। 'उद्गीथ' या 'ॐ' संपूर्ण रसों में रसतम, उत्कृष्ट, परम है।" भारत में सामगान की प्राचीन परम्परा रही है। श्रीकृष्ण ने गीता में स्वयं को सामवेद कहा है। सामगान, अध्यात्म का प्रमुख भाग है। इसी उपनिषद (अध्याय 4, प्रथम खण्ड) में राजा जनश्रुति व रैक्व गाड़ीवान की कथा है। राजा के पौत्रायण ने जनहित के तमाम काम किए थे। उसने साधारण जनों के लिए अन्न व आवास की व्यवस्था की थी। एक रात राजा के आवास के ऊपर हंस उड़ रहे थे। एक हंस ने दूसरे हंस से कहा "देखो! जनश्रुति पौत्रायण का तेज द्युलोक के समान फैला हुआ है।" दूसरे हंस ने कहा "तुम किस कारण राजा की प्रशंसा कर रहे हो। क्या तुम इसे गाड़ीवान रैक्व के समान बता रहे हो।" हंसों के इस वार्तालाप को राजा जनश्रुति पौत्रायण ने सुन लिया। उसने सेवकों से रैक्व के बारे में पूछा। राजा के मन में रैक्व गाड़ीवान से मिलने की इच्छा हुई। सेवक रैक्व की खोज में निकले। वह गाड़ी के नीचे दाद खुजलाता मिला। उसका यश व्यापक था। राजा 6 सौ गायें व तमाम धन लेकर रैक्व के पास पहुँचा। उसने रैक्व को धन समर्पित करते हुए कहा, "आप इसे स्वीकार कीजिए और आप उस देवता का उपदेश दीजिए जिसकी उपासना आप करते हैं।" राजा ने उसे तमाम गाँव

देने की घोषणा भी की। रैक्व ने धन-सम्पदा लाने के लिए राजा को डाँटा। फिर उपदेश दिया। रैकव ने कहा, "वायु ही संवर्ग है। अग्नि बुझता है। वायु में लीन होता है। जल सूखता है, वायु में लीन होता है।" शंकराचार्य की टिप्पणी है "वायु ही इन अग्नि आदि महाबलवान तत्वों को अपने में लीन करता है।" (वही खण्ड 3) इस दर्शन के अनुसार संसार के सभी घटक अंततः वायु में ही विलीन होते हैं। यूनानी दार्शनिक अनक्सिमेनस ने भी यही निष्कर्ष बताया है। गाड़ीवान रैक्व अनक्सिमेनस से हजारों वर्ष पहले यही बात कह चुके थे। ऋग्वेद (10.167) में यही अनिल है। अनिल सम्पूर्ण वायु है। इसी सबका बोध अध्यात्म है। रैक्व ने अध्यात्म की भी चर्चा की।

छान्दोग्य उपनिषद के इसी अध्याय के एक मंत्र की शुरुआत में कहते है "अथ अध्यात्मं- अब अध्यात्म दर्शन कहते है- प्राण ही संवर्ग है। पुरुष निद्रा में सोता है। तब प्राण को ही वाक्-इन्द्रिय प्राप्त हो जाती है। प्राण को ही आँख-कान की शक्ति भी प्राप्त होती है। मन भी प्राण को प्राप्त हो जाता है। प्राण ही इन सबको स्वयं में लीन कर लेता है।" यही अध्यात्म है। यह दर्शन भारत की अमूल्य निधि है। मन की चंचलता सिद्ध है। समय और दूरी का मान भी मन के लिए व्यर्थ है। वह पल में यहाँ, पल में वहाँ पहुँचता है। अध्यात्म ऐसे ही प्रपंचों की उपासना है। मै अध्यात्म से आकर्षित हूँ लेकिन अभी तक आध्यात्मिक नहीं हूँ। मै भौतिक और आध्यात्मिक प्रपंचों में भेद नही करता। मुझे भौतिक और आध्यात्मिक एक ही प्रतीत होते हैं। भौतिकता, आध्यात्मिक यात्रा का प्रस्थान बिन्दु है और अध्यात्म इसी यात्रा का फल।

मनुष्य असाधारण संरचना है। शरीर प्रत्यक्ष है। अंतःकरण अप्रत्यक्ष है। हमारे कर्म, तप भौतिक हैं। इनके प्रेरक तत्व हमारे भीतर हैं। प्रेरणा दिखाई नहीं पड़ती। इसकी बाह्य गतिविधि दिखाई पड़ती है। जब हर्ष, उल्लास, दुःख-सुख के भाव बाहर प्रकट होते हैं, तब दिखाई पड़ते हैं। अंतःकरण स्वभाव का केन्द्र है। स्वभाव अदृश्य होता है। यह भाव दिखाई नहीं पड़ता। भाव का प्रभाव दिखाई पड़ता है। स्व-भाव भीतर होता है और प्रभाव बाहरी। भाव का परिणाम प्रभाव में प्रकट होता है। स्वभाव आंतरिक होता है। स्वभाव की उपासना का नाम अध्यात्म है। श्रीकृष्ण ने गीता में कहा है-

''स्वभावो अध्यात्म उच्यते।'' स्वभाव को अध्यात्म कहते हैं। स्वभाव आनंद का केन्द्र हो सकता है और दु:ख-संताप का केन्द्र भी। भारत के मनीषियों व चिन्तकों ने अंत:करण के उल्लास-संवर्द्धन के लिए सतत् शोध किए हैं। ईश्वर को आनंददाता कहा गया है। भक्ति, भजन, वेद, ज्ञान और संन्यास भी आनंदमार्गी हैं। भारत में यही सब अध्यात्म कहा जाता है। भारतीय दर्शन का अध्यात्म विश्व में विरल है, लेकिन भारत में सरल-तरल रस है। आयातित सभ्यता के प्रभाव ने आध्यात्मिक उत्सवों का रंग फीका कर दिया है। आनलाइन खरीददारी, आनलाइन भुगतान। आनलाइन रंगबाजी। आनलाइन हास्यास्पद हास्य। आनलाइन अध्यात्म। आनलाइन चैट। बिना परिचय की प्रीति आनलाइन। आनलाइन हनीट्रैप। आनलाइन गीत। आनलाइन मीत। मन आनलाइन है। दिल देना या लेना भी आनलाइन है। शुभकामनाएँ भी आनलाइन हैं। प्रवचनकर्त्ता बाबा भी आनलाइन। आनलाइन होना सौभाग्य है। सोचता हूँ कि मैं भी आनलाइन हो जाऊँ। चैटिंग सीखूँ। अध्यात्म के बारे में हमसे ज्यादा जानकारी गूगल के पास है, लेकिन जानकारी ही पर्याप्त नहीं होती। अनुभूति जरूरी है। मन करता है कि गूगल के मुँह पर होली का रंग पोत दूँ, लेकिन उससे मिलन असंभव है। सभी उत्सव, भारत के मन का विलास और उल्लास हैं। इनमें प्रकृति का सामगान है। भारतीय उत्सवों में 'लोक' अपने छंद गढ़ता है। उत्सव, आनंद-अतिरेक का नाचता अध्यात्म है। अध्यात्म लोक-जीवन का मधु रस है। वह आध्यात्मिक अनुभूति का मधु-प्रसाद है। प्रकृति का यह मधु-प्रसाद अखण्ड है। सूर्य उगते हैं, अस्त होते हैं। मास आते हैं, विदा होते हैं। सम्वत्सर, युग और मन्वन्तर आते हैं, पर आध्यात्मिक उत्सवों का मधुकोष रीता नहीं होता।

भारत के अणु-परमाणु में अध्यात्म है; सो यहाँ प्रतिपल उत्सव हैं। अध्यात्म में राष्ट्रीय एकत्व है और सांस्कृतिक समरसता है। यह विश्वव्यापी है। ज्ञान और आनंद के प्रवाह में देशों की सीमा नहीं होती। अध्यात्म की यात्रा में पासपोर्ट और बीजा की जरूरत नहीं होती। अध्यात्म, लोक-आनंद की अनुभूति भी है। प्रकृति में चेतना है। प्रकृति का चेतन-तत्व सभी प्राणियों में भी है। भारतीय अनुभूति का यह चेतन, अजर-अमर है। उपनिषद के ऋषियों ने इसे 'रस' कहा है। यही सच्चिदानंद है। सच्चिदानंद को सत्, चित् और

आनंद का रस जाना गया है। सत् प्रकट है और यथार्थ है। चेतन अनुभूतिपरक है। आनंद, सत्चित् का स्वभाव है। कुल मिलाकर यही अध्यात्म है। अस्तित्व नृत्यमगन है। अध्यात्म अस्तित्व की प्रीति है। इसने भारत के मन को लगातार विशिष्ट बनाया है। अस्तित्व अपनी मूल प्रकृति में सत्चित्-आनंद है; सो नृत्य-मगन है। श्रीकृष्ण जीवंत नृत्य थे। अप्रतिम नर्तक। उन्होंने गीता-प्रबोधन में अर्जुन को बताया कि ''ईश्वर सबके हृदय में बैठा है और सबको नचाता है।'' मेरे संशयी चित्त में कई बार प्रश्न उठा कि आखिर क्यों नचाता है हमको ईश्वर? जान पड़ता है कि नृत्य सर्वोत्तम उल्लास और कृत्य है अस्तित्व का। तुलसीदास ने भी गीता की ही परम्परा में लिखा है- सबहिं नचावत राम गोसाईं। श्रीराम मनुष्य हैं। मर्यादा पुरुषोत्तम हैं और भगवान के पर्याय हैं। मुझे लगता है कि अस्तित्व नृत्य-प्रेमी है। अस्तित्व का प्रेम निमंत्रण है- नाचो! अपनी परिपूर्णता में नाचो! अपनी धुरी में नाचो! देह परिधि से भीतर जाकर देखो, नाचता हुआ अन्तःक्षेत्र। वही प्रेरक है। निमंत्रणदाता वही है। उल्लास है उत्साह का। नृत्य-उत्सव में डूबो और अस्तित्व के साथ एक होने का आनंद लो। यह नृत्य आध्यात्मिक है। पेशेवर नर्तक व्यावसायिक कारणों से नाचते हैं। वे दर्शक का मनोरंजन करते हैं, लेकिन उल्लास और आनंद से पैदा नृत्य 'मनोरंजन' नहीं होता।

गायन, वादन और नर्तन संगीत के तीन अंग माने जाते हैं। गायन के अधीन वादन और वादन के अधीन नर्तन होता है। नृत्यकला के परम्परागत जनक शिव कहे जाते हैं। शिव के अनेक रूप हैं, लेकिन शिव के नटराज-रूप को भारतीय आध्यात्मिक कला में सर्वोपरि महत्व मिला है। शिव के साथ उनके गण भी नृत्य करते थे। अभिनव गुप्त के अनुसार ''भारतीय शास्त्रीय नृत्य-परम्परा का 'ताण्डव' नामकरण शिव के प्रमुख गण 'ताण्डु' के नाम पर किया गया है। पुराणों में अध्यात्म का विस्तार है। वायु पुराण में एक ऋषि-पत्नी द्वारा एक लाख पुत्रों को जन्म देने की कथा है। एक लाख की संख्या काव्यात्मक कल्पना भी हो सकती है इसलिए इस संख्या को बड़ी संख्या या अनेक कह सकते हैं। कथा के अनुसार वे शिव-भक्त बने और शिवगण हो गए। शिवगणों की विशेषता भी है। शिवगणों का रूप असाधारण बताया गया है। तुलसीदास-रचित 'रामचरित मानस' में इनके रूप

का वर्णन है, "कोऊ मुखहीन विपुल मुख काहू।" शिवगणों की नृत्य-मूर्तियाँ सतना, तंजावुर, चिदम्बरम, कुम्भ कोंकण आदि अनेक स्थानों में हैं। यहाँ नाचते-गाते अध्यात्म की भावाभिव्यक्ति है।

आध्यात्मिक उल्लास की बात ही दूसरी है। आध्यात्मिक उल्लास का अतिरेक नृत्य का प्रेरक है। तब स्वयं की पुलक रोम-रोम को प्रेरित करती है। ऐसी प्रीति में नाचना उत्सवधर्म है। मेरे मन में पछतावा है कि मैं स्वयं कभी भी नाच नहीं पाया। आँगन को टेढ़ा कहने की आदत नहीं। मन करता है कि कभी अकेले ही नाचूँ और स्वयं देखूँ अपना नृत्य। नृत्य के समय हम दूसरा कोई काम नहीं कर सकते। दूसरा कोई विषय सोच भी नहीं सकते। नृत्य में सोच-विचार का अतिक्रमण होता है। सोच-विचार का अतिक्रमण अध्यात्म है। नृत्य, सम्पूर्ण आनंद को देह पर लाने की कार्रवाई है। तब बुद्धि, युक्ति, विचार, तर्क और संशय गिर जाते हैं। विचार-तंत्र को भावजगत के अधीन लाने और शरीर से प्रकट करने की प्राचीन भारतीय कला है नृत्य। तब अंदर का आनंद देह पर प्रकट होकर नृत्य बनता है। नृत्य में गति है, इस गति पर भाव का उत्प्रेरण है। नृत्य में उन्मुक्ति होती है, लेकिन समाज, परम्परा और छंद-लय आदि के बंधन होते हैं। नर्तक भी एक प्राणी है। दिक्-काल के भीतर है लेकिन नृत्य की सम्पूर्णता में वह दिक्काल का अतिक्रमण भी करता है। तब नर्तक नहीं बचता, नर्तक स्वयं नृत्य बन जाता है। ऊर्जा का ऐसा रूपान्तरण रसपूर्ण है। नृत्य, अध्यात्म का ही भौतिक प्रस्तुतिकरण है। ब्रह्म को माया में लाने की कार्रवाई। तब जगत मिथ्या नहीं रह जाता। ब्रह्म और माया का द्वैत मिट जाता है। आध्यात्मिक ऊर्जा, आनन्द बनती है। पूरा व्यक्तित्व आनंद-अतिरेक से आनंदमगन हो जाता है। शरीर, मन और बुद्धि का हरेक अणु-परमाणु कम्पित होता है। आह्लाद और प्रसाद प्रकट होता है। समूचा व्यक्तित्व थिरकता है, 'कृत्य' नृत्य हो जाता है। नृत्य सामान्य दृश्य नहीं होता। वैसे भी दृश्य और कृत्य में अन्तर होते हैं। दृश्य एक विषय है। हम उसे देखते हैं। भोक्ता होते हैं। नृत्य कृत्य है। दूसरे का नृत्य भी दृश्य होता है। ऐसा दृश्य भी सुख देता है। लेकिन स्वयं नृत्य करने में हम पहले कर्ता होते हैं, फिर क्रिया बनते हैं। आनंद-अतिरेक के चरम पर हम कर्ता नहीं होते। तब नृत्य हमारा कृत्य नहीं होता। प्रतिपल, हर नये पल। आनंद प्रकट करने का इसके

अलावा दूसरा कोई जीवन-आयाम नहीं। जान पड़ता है कि माता पृथ्वी भी पिता आकाश की प्रीति में आह्लाद और प्रसाद-रस के अतिरेक में सूर्यदेव के चक्कर लगाती है, नाचते हुए ही।

नृत्य प्राचीन भारतीय अभिव्यक्ति और कला है। पुरातात्विक साक्ष्यों के अनुसार भारतीय नृत्य-परम्परा 9000 वर्ष पुरानी है। मिस्त्र की पेंटिंग में 3300 ईसापूर्व नृत्य के साक्ष्य हैं। यूनानी नृत्य के साक्ष्य प्लेटो, अरस्तू, प्लूटॉर्क के दार्शनिक काल में भी है। बाईबिल में भी नृत्य के संकेत हैं। भारत का नृत्य अन्ततः 'मुक्त' करता है। भारत की हरेक कला मुक्ति का संधान है। यूरोप आदि क्षेत्रों में कला का उद्देश्य रमण-सुख है, मनोरंजन ही है। मनोरंजन में मर्यादा की रेखा नहीं होती। यह अधिकतम देह-दर्शन तक जाता है। तब भव्य भी भदेस हो जाता है, लेकिन भारत में गीत-संगीत और नृत्य का उद्देश्य लोक को आनंदरस से परिपूरित करना रहा है। इसीलिए यहाँ गीत और नृत्य को शास्त्रीय अनुशासन भी दिया गया। अध्यात्म-रस से आपूरित लोक, इस आनंद-रस को फिर-फिर लौटाता है इसी लोक में। इसलिए यहाँ आनंद-सर्जक कलाकार का सम्मान रहा है। ऋतुएँ भी यहाँ नाचते हुए आती हैं। वर्षा-ऋतु स्वयं नृत्य-विशारद है। बादल नाचते हुए आते हैं। कभी मद्धिम, कभी तीव्र। विद्युत, नायिका जैसी देहयष्टि दिखाती है। लपालप लेकिन क्षणभंगुर। वर्षा, भारत के मन को लहकाती और नचाती रही है। इसलिए वर्षा के महीनों में यहाँ अनेक उत्सव हैं। उत्तर भारत में जलविहार उत्सव होते हैं। गाँव के किसी तालाब या नदी-तट पर नाच-गाना और गलमिलौवल। श्रीकृष्ण-जन्म का नृत्य-उत्सव इसी ऋतु में है और नागपंचमी व रक्षाबंधन भी, लेकिन कजरी-तीज गायन-नर्तन का ही पर्व है। गणेश चतुर्थी, दुर्गापूजा और इसके बाद विजयपर्व सहित सभी उत्सव एकाकी मनुष्य को लोकमधु में डुबोते हैं और लोकमधु की अभिलाषा अध्यात्म की प्यास है।

रामायण महाकाव्य है। यह अध्यात्म-रस का कोष है। इसके रचयिता वाल्मीकि तपस्वी थे, लेकिन भावानुभूति में गहरे। परिपूर्ण आध्यात्मिक थे। वाल्मीकि के श्रीराम वेद सहित सभी विधाओं के ज्ञाता थे। गंधर्व-विद्या में भी विश्वप्रसिद्ध थे "गांधर्वे च भूवि श्रेष्ठो।" यहाँ गंधर्व-विद्या गायन, वादन और नर्तन की कला

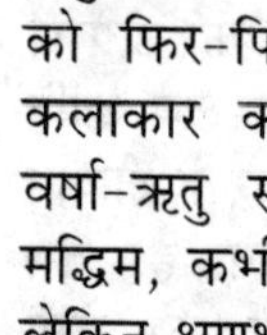

है। रामायण के अयोध्या काण्ड में नटों और नर्तकों का विशेष वर्णन है। भारतीय अध्यात्म से भरेपूरे वाल्मीकि का ध्यान बार-बार नृत्य की ओर गया है। रामायण के अनुसार दशरथ के देहावसान के बाद भरत को शोकमुक्त करने के लिए वादन और नर्तन का प्रयोग किया गया। भरत अयोध्या गये, फिर अयोध्या से चित्रकूट। रास्ते में भारद्वाज ने उनका स्वागत किया। उन्होंने अपने बल से एक नगर पैदा किया। यहाँ भी नृत्य था। वृक्ष भी नाच रहे थे। नाच लंका में भी था। इस नृत्य को हनुमान ने देखा था। किष्किंधा में लक्ष्मण ने गायन और नर्तन का आनंद पाया। राम के राज्याभिषेक के अवसर पर भी नृत्यकार जुटे। श्रीकृष्ण भी नाचे थे हजारों गोपियों के साथ। धरती-आकाश भी मस्त हो गये थे। यह नृत्य अध्यात्म था।

श्रीकृष्ण मनुष्य हैं। देवता भी हैं। उनकी अनेक कथाएँ हैं लेकिन वे पूर्ण दिखाई पड़ते हैं नृत्य में। श्रीकृष्ण एक हैं लेकिन एक ही समय अनेक के साथ नृत्य करते हैं। ऋग्वेद के सत्य की तरह। सत्य एक है, विद्वान उसे अनेक नामों से गाते हैं। नाचते कृष्ण भी एक हैं लेकिन नाचते हुए अनेक दिखाई पड़ते हैं। श्रीकृष्ण की परिपूर्णता नृत्य में प्रकट हुई और इसी परिपूर्णता की उपलब्धि गीता है। नृत्यशास्त्र के पंडित इस कला का इतिहास खोजते हैं। यूरोपीय विद्वान सबकुछ जानने का ढोंग करते हैं। भारतीय नृत्य 1920-30 ई0 के आसपास यूरोप पहुँचा। उन्हें अद्भुत और अद्वितीय लगा। आध्यात्मिक आनंद से भरा मनुष्य पूरा होता है। वह पूर्ण होता है, लेकिन दुःखी मनुष्य अधूरा ही रहता है। अध्यात्म के साथ उसकी संगति नहीं होती है। उसकी जीवन-वीणा में संगीत नहीं। सुखी भी अधूरा है। गीत नहीं, पुलक नहीं, प्रीति नहीं। सुख भी क्षणभंगुर है। आनंदित मनुष्य साधारण नहीं रह जाते। वे असाधारण होते हैं। उनके चित्त में सृजन उगते हैं। गीत उगते हैं, नृत्य खिलते हैं। नृत्य के चरम में नर्तक संज्ञा नहीं 'क्रिया' हो जाता है। निर्गुण अध्यात्म, सगुण हो जाता है। नृत्य सर्वोत्तम कृत्य है। अपने प्रारम्भिक चरण में कर्ता से जुड़ा हुआ। उसके प्रयास का भाग। लेकिन नृत्य के चरम में कर्ता डूब जाता है। नर्तक नृत्य हो जाता है। डब्ल्यू बी0 यीट्स की समस्या है "नृत्य में हम नर्तक को कैसे पहचानें?" समस्या बड़ी है भी। तब नर्तक होता ही नहीं। यीट्स ने भी यही भारतीय प्रतीति दोहराई है। भारतीय चिन्तन का

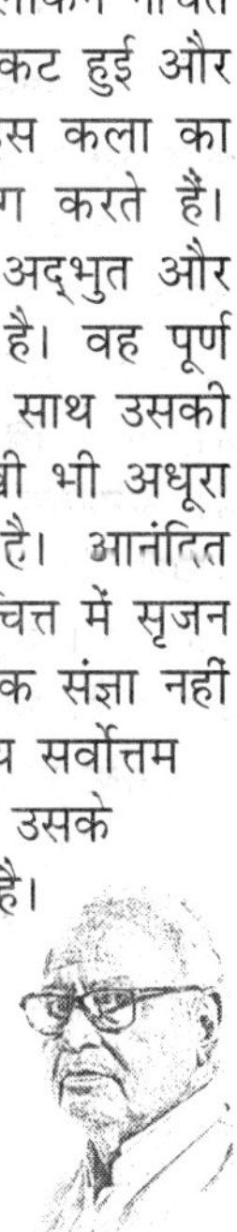

'लोक' बड़ा प्यारा है। लोक, अस्तित्व का रूप और चेहरा है। यह अस्तित्व का प्रतिनिधि है। लोक भी नाचता हुआ हमको नृत्य के लिए प्रेरित करता है। नृत्य हमको लोकरीति-लोकप्रीति से जोड़ता है।

गीत-संगीत-नृत्य की भारतीय परम्परा प्राचीन है। पुराण-कथाएँ आध्यात्मिक हैं। ये नृत्यकला के रस से भरीपूरी हैं। विष्णु-पुराण में श्रीकृष्ण गोपियों से घिरे रासमण्डल में हैं। गीता के दोनो नायक श्रीकृष्ण व अर्जुन भी नर्तक हैं। श्रीकृष्ण के साथ गोपियाँ नाचती हैं। भागवत में बताते हैं "नृत्य में गोपियाँ ठुमक-ठुमक कर अपने पाँव कभी आगे बढाती तो कभी पीछे। उनकी कमर ऐसे झुकती जैसे टूट गयी हो। नृत्य-श्रम से उनके चेहरे पर पसीने के कण उभरते थे।" अर्जुन ने इन्द्र से शस्त्र-विद्या सीखी। इन्द्र ने अर्जुन से कहा कि तुम चित्रसेन से नृत्य-विद्या भी सीखो। चित्रसेन नृत्य-विद्या के विद्वान थे। तब नृत्य-विद्या सीखना प्रतिष्ठित था। विराटनगर में अर्जुन ने इसी गीत-नृत्य-कौशल का लाभ उठाया। वाल्मीकि रामायण और पुराण गीत-नृत्य से भरे पूरे हैं। महाभारत में भी कम नहीं। अर्जुन ने श्रीकृष्ण की बहन को एक उत्सव में नृत्य करते हुए ही देखा था।

लोक, विराट नर्तक है। प्रकृति का हरेक अंश नृत्यमगन है। यहाँ कुछ भी स्थिर नहीं। परमाणु का अन्तर्जगत भी नाच में मस्त है। शिव, सभी लोकों की नृत्यमगन आनंद-आपूरित चेतना हैं। शिव मनुष्य नहीं। वैदिक दर्शन में वे विराट अस्तित्व की महाऊर्जा हैं। देवता भी हैं। पुराणों के रचनाकारों का मन अदृश्य शिव से नहीं भरा। पुराणों में वे मनुष्य भी हैं। उनके विवाह का भी सुंदर वर्णन है। नटराज शिव की बात ही दूसरी है। अनुशासन पर्व में शिव के गीत-नृत्य का वर्णन है "हसते गायते च वो नृत्यते- वे अपने गणों (समूह) के साथ हँसते, गाते व नाचते हैं।" शिव देवाधिदेव महादेव हैं। वे नाचते देवता हैं। शिव के साथ लोक भी नृत्य करता है। लोक आनंदरस पीता है। लोक प्रथमा है। नृत्य-परम्परा सामान्य लोक से ही विशिष्ट जनों तक पहुँची है। इसका जन्म ग्राम-सभ्यता में हुआ होगा और विकास नगर-सभ्यता में। सिंधु घाटी सभ्यता के अवशेषों में नृत्य-मूर्तियाँ मिली हैं। ज्ञात इतिहास के दृष्टिकोण में हड़प्पा सभ्यता के समय से लेकर मौर्यकाल तक नृत्यकला की सतत् प्रवाही परम्परा है। भरतमुनि का नाट्यशास्त्र अचानक नहीं उगा। हड़प्पा सभ्यता वैदिक सभ्यता का विकास है। भारत में नृत्य का

उल्लास ऋग्वेद से भी प्राचीन है। ऋग्वेद में इसी की अध्यात्मिक झाँकी है। सृष्टि-सृजन बारे में कहते हैं ''हे देवों आप नाचे और आकाश धूलि के बादलों से आच्छादित हो गया।'' ग्रिफ्थ ने इसके अनुवाद में 'डान्सिंग' शब्द प्रयोग किया है। सृष्टि-सृजन का मंगल मुहूर्त है। देव हैं तो बिना नाचे कैसे रह सकते हैं?

विवाह आदि मांगलिक उत्सव अध्यात्मिक आयोजन हैं। विवाह में अग्नि को साक्षी मानकर 7 संकल्प दोहराये जाते हैं। दो अपरिचित साथ-साथ जीवनयापन की शपथ लेते हैं। ऋग्वेद में कहते हैं कि अग्नि दोनो का मन मिलाते हैं। अग्नि साक्षी होते हैं। यह सब आध्यात्मिक कर्मकाण्ड है, लेकिन इस आध्यात्मिक आयोजन में नृत्य भी होते हैं। वर-पक्ष के साथ कन्या-पक्ष के लोग भी नाचते हैं। इस नृत्य में बड़े-बूढ़े भी सम्मिलित होते हैं। सभी मांगलिक-आध्यात्मिक अवसरों पर नृत्य की परम्परा है। नृत्य भारतीय अध्यात्म व संस्कृति का मुख्य घटक है।

अध्यात्म दृष्टि को भी आनंद देता है। छांदोग्य उपनिषद का 'छांदोग्य' शब्द ही रसपूर्ण छंद है। इसके 18वें खण्ड में भी अध्यात्म है। पहले सुंदर मंत्र में ही कहते हैं ''मनो ब्रह्मत्युपासी तेत्य अध्यात्मम्।'' शंकराचार्य के भाष्य के हिन्दी अनुवाद में कहते हैं ''मन से प्राणी मनन करता है। उसके अंत:करण को मन कहते हैं। वह परब्रह्म है, ऐसी उपासना करें। यह आत्म-विषयक दर्शन अध्यात्म है।'' मन की गतिविधि और प्रभाव पर तमाम वैज्ञानिक शोध हुए हैं। इसी से मनोविज्ञान का विकास हुआ है। विज्ञान में मन का अध्ययन है। अध्यात्म में मन को सर्वव्यापी सतत् विस्तीर्णता के गुण से युक्त ब्रह्म कहा गया है। आशा है कि वैज्ञानिक भी ऐसे निष्कर्ष तक पहुँच सकते हैं। आध्यात्मिक प्रभाव के कारण भी भारत के गाँव-गाँव नृत्य-पम्परा रही है। आदिवासी, वनवासी सहित अनेक वर्गों, समूहों के नृत्य आकर्षक रहे हैं। मांगलिक उत्सव में नृत्यों के आयोजन होते रहे हैं। ऐसे अवसरों पर बच्चों से लेकर बूढ़े-बुजुर्ग भी आध्यात्मिक नृत्यों का आनंद लेते रहे हैं। बूढ़ी, नानी, काकी, चाची भी विवाह आदि अवसरों पर अभी-भी नाचती हैं। देश के सभी राज्यों के भी अपने-अपने नृत्य रहे हैं और अभी-भी होते हैं। कत्थक उत्तर प्रदेश का शास्त्रीय नृत्य है। उत्तर प्रदेश के अवध क्षेत्र में लिल्ली घोड़ी और हुड़क-नृत्य की परम्परा रही

है। लिल्ली घोड़ी में लकड़ी या दफ्ती से घोड़ी बनाते हैं। लकड़ी या अन्य किसी पदार्थ से बनी घोड़ी के भीतर सजा-धजा नर्तक नाचता है। वाराणसी परिक्षेत्र में इसे 'कठघोड़वा-नाच' कहते हैं। बारातों में असली घोड़ी के नाचने की भी परम्परा रही है। मैंने भिन्न-भिन्न अवसरों पर अनेक लोकनृत्य देखे हैं। नाटकों की भी परम्परा यहाँ रही है। उत्तर प्रदेश, बिहार विशेषतया भोजपुरी क्षेत्रों में नौटंकी का अपना मजा है। मुझे एक घटना स्मरण आती है। एकबार नौटंकी में न्यायालय का दृश्य था। जज बना कलाकार कुर्सी पर बैठा था। जज की भूमिका करने वाले कलाकार ने चपरासी को आदेश दिया कुछ नाच-वाच कराओ। पर्दे के पीछे से नर्तक आए। नृत्य होने लगा। जज बने कलाकार ने भी नाचना शुरू किया। चपरासी ने कहा साहब आप जज हैं आप न नाचिए। जीवन मर्यादा का उल्लंघन है। जज बोला मैं नहीं नाच रहा हूँ। अदालत नाच रही है। नौटंकी में अनेक कथाएँ लोकप्रिय थीं। राजा हरिश्चन्द्र की कथा भारतीय मूल्यबोध से जुड़ी है। अनेक कथाएँ प्रेम के कथानक से भरीपूरी थीं। अब यूरोपीय नृत्य की नकल में आरकेस्ट्रा का चलन बढ़ा है। इसमें नृत्य के आध्यात्मिक तत्व नहीं हैं। न प्रीति का भाव है और न सौंदर्यबोध का पालन। नग्न देह की परेड है। लोकनृत्य लोककलाओं में सुरक्षित है और शास्त्रीय नृत्य सबका मार्गदर्शन करते हैं। भोजपुरी गीत और नृत्य भी है। नृत्य में आध्यात्मिक मूल्यबोध सुरक्षित है।

भारत विभिन्न परम्पराओं के साथ उत्सवधर्मी देश है। लोकनृत्य परम्पराओं को दर्शाते हैं। ये लोकनृत्य विभिन्न सामाजिक, आध्यात्मिक व मांगलिक उत्सवों के कारणों से प्रसन्नता व्यक्त करने के माध्यम हैं जैसे कि ऋतुओं, मांगलिक उत्सवों, बच्चों का जन्म, त्योहार आदि। हर त्योहार में उत्सव जुड़े हैं। भारत के लोकनृत्य हमारे अभिन्न अंग बन जाते हैं। इन नृत्यों के दौरान पारम्परिक वेशभूषा या रंगमंच की सामग्री का उपयोग भी किया जाता है। भारत में 2 प्रमुख नृत्य-रूप हैं- शास्त्रीय और लोकनृत्य। शास्त्रीय और लोकनृत्य के बीच मुख्य अंतर मूल का है। शास्त्रीय नृत्य का नाट्यशास्त्र के साथ गहरा रिश्ता है। प्रत्येक शास्त्रीय नृत्य के विशिष्ट रूप हैं। लोकनृत्य सम्बंधित राज्य, जातीय या भौगोलिक क्षेत्रों की स्थानीय परम्परा से उभरा है। माना जाता है कि भारत में शास्त्रीय नृत्य की उत्पत्ति नाट्यशास्त्र से हुई है। विद्वानों के अनुसार

भारत में कुल 9 शास्त्रीय नृत्य हैं।

भारतीय लोकनृत्यों के अनेक स्वरूप और ताल हैं। इनमें अध्यात्म-धर्म, व्यवसाय और समूह के आधार पर अन्तर हैं। मध्य और पूर्वी भारत की जनजातियाँ (मुरिया, भील, गोंड, जुआंग और संथाल) सभी उत्सवों पर नृत्य करती हैं। ऋतुओं के वार्षिक चक्र के लिए भी अलग-अलग नृत्य हैं। नृत्य धार्मिक, आध्यात्मिक अनुष्ठानों का अंग है। नृत्यों की उपस्थिति भारतीय गणतंत्र-दिवस के आयोजनों में भी होती है। नेशनल स्टेडियम के विशाल क्षेत्र और परेड के 8 किलोमीटर लम्बे मार्ग पर नृत्य करने के लिए देश के सभी भागों से नर्तक दिल्ली आते हैं। भारतीय लोकनृत्यों को तीन वर्गो में समझा जा सकता है। पहला वृत्तिमूलक जैसे जुताई, बुआई आदि है। दूसरा आध्यात्मिक है। तीसरा आनुष्ठानिक है। यह देवी या देवों को प्रसन्न करने से जुड़ा है।

प्रसिद्ध लोकनृत्यों में कोलयाचा (कोलियों का नृत्य) है। पश्चिमी भारत के कोंकण तट के मछुआरों के मूल नृत्य 'कोलयाचा' में नौकायन की भावभंगिमा दिखाई जाती है। महिलाएँ, पुरुषों की ओर रुमाल लहराती हैं। विवाह के अवसर पर युवा कोली (मछुआरे) नवदम्पति के स्वागत में नृत्य करते हैं। नृत्य के चरम पर नवदम्पति भी नाचने लगते हैं। घूमर राजस्थान का सामाजिक लोकनृत्य है। महिलाएँ लम्बे घाघरे और रंगीन चुनरी पहनकर नृत्य करती हैं। इस क्षेत्र के कच्ची घोड़ी नर्तक दर्शनीय हैं। ढाल और लम्बी तलवारों से लैस नर्तकों का ऊपरी भाग दूल्हे की पारम्परिक वेशभूषा में रहता है और निचले भाग को बाँस के ढाँचे पर कागज़ की लुगदी से बने घोड़े से ढका जाता है। भांगड़ा पंजाब क्षेत्र का चर्चित लोकनृत्य है। यह भारत-पाकिस्तान सीमा के दोनो ओर लोकप्रिय है। ढोल गूँजता है। सभी नर्तक मिलकर गाते हैं। आंध्र प्रदेश की लंबाड़ी जनजाति की महिलाएँ धीरे-धीरे झूमते हुए नृत्य करती हैं। पुरुष ढोल बजाने और गाने का काम करते हैं। कुचीपुड़ी भी महत्वपूर्ण है। मध्य प्रदेश में मुरिया जनजाति का गवल-सींग (पहाड़ी भैंसा) नृत्य प्रसिद्ध है। पुरुष सींग से जुड़े शिरोवस्त्र, गुच्छेदार पंख के साथ पहनते हैं। उनके चेहरों पर कौड़ी की झालर लटकती है। गले में ढोल लटकता है। उड़ीसा में जुआंग जनजाति बड़े सजीव अभिनय के साथ नृत्य करती है।

महाराष्ट्र के डिंडी और काला नृत्य आध्यात्मिक, धार्मिक उल्लास की अभिव्यक्ति है। नर्तक गोल चक्कर घूमते है और छोटी लाठियाँ जमीन पर मारते हुए समूहगान करते हैं। मुख्य गायक बीचो-बीच खड़े ढोलवादक का साथ देते हैं। लय में तेजी आते ही नर्तक दो पक्तियाँ बना लेते हैं और दायें पाँव को झुकाकर बाएँ पाँव के साथ आगे बढ़ते हैं। एक पुरुष इनके ऊपर चढ़कर लटकी दही की मटकी फोड़ता है।

गरबा, गुजरात का सुप्रसिद्ध धार्मिक नृत्य है। यह नवरात्रि के नौ दिन के वार्षिक उत्सव के दौरान 50 से 100 महिलाओं के समूह द्वारा देवी अंबा के सम्मान में किया जाता है। धार्मिक अनुष्ठान से जुड़े तमिलनाडु के लोकनृत्य हैं। इनकी शैलियाँ पुरातन उपासना से जुड़ी हैं। ये अध्यात्मिक हैं। तमिलनाडु का कराकम नृत्य मुख्यतः मरियम्मई (महामारी की देवी) की प्रतिमा के समक्ष होता है। देवी से महामारी का प्रकोप न फैलाने की प्रार्थना की जाती है। कहते हैं कि नर्तक के शरीर में देवी प्रवेश करती हैं। केरल में हिन्दुओं के देवों को प्रसन्न करने के लिए थेरयाट्टम उत्सव नृत्य आयोजित किया जाता है।

अरुणाचल प्रदेश (भूतपूर्व पूर्वोत्तर फ्रंटियर एजेंसी 'नेफा') में सबसे ज़्यादा मुखौटा-नृत्य किए जाते हैं। यहाँ तिब्बत की नृत्य शैलियों का प्रभाव दिखाई देता है। याक-नृत्य कश्मीर के लद्दाख क्षेत्र और असम के निकट हिमालय के दक्षिणी सीमावर्ती क्षेत्रों में किया जाता है। याक का रूप धारण किए नर्तक अपनी पीठ पर चढ़े आदमी को साथ लिए नृत्य करता है। मुखौटा-नृत्य की अनूठी शैली 'छऊ' झारखंड में प्रचलित है। नर्तक पशु, पक्षी, इन्द्रधनुष या फूल का रूप धारण करता है। वह अभिनय करता है। छऊ-नर्तक का चेहरा भावहीन होता है, इसलिए उसका शरीर ही पात्र के सम्पूर्ण भावनात्मक और आध्यात्मिक रंग को व्यक्त करता है।

अध्यात्म भारत के मन की सुंदर गतिविधि है। इस शब्द को लेकर विवाद भी चलते हैं। अध्यात्म के कारण तमाम यूरोपीय विद्वान समूचे भारतीय दर्शन को भाववादी बताते हैं। वे अध्यात्म की प्राचीन व्याख्या व परिभाषा पर ध्यान नहीं देते हैं। तैत्तिरीय उपनिषद के शीक्षा (शिक्षा) खण्ड के दूसरे अनुवाक् में कहते हैं "हम शिक्षा की व्याख्या करते हैं- शिक्षां व्याख्यास्यामः। वर्ण स्वर हैं।

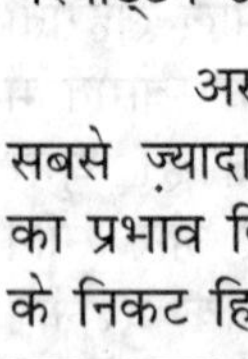

मात्रा बल है। साम संतान (संधि) है यह शिक्षाध्याय पूरा हुआ।" इसके बाद अध्यात्म का विवेचन है। कहते हैं, "अथ अध्यात्मम्- अब अध्यात्म का वर्णन। शरीर में नीचे का जबड़ा पूर्ववर्ण है। ऊपर का जबड़ा परवर्ण है। वाणी दोनों के मिलन की संधि है जिह्वा संधान है। इति अध्यात्मम्। अध्यात्म पूरा हो गया।" यहाँ अध्यात्म में शरीर के अंगों के उल्लेख हैं। मुख प्रधान अंग है। इसी के अंग जबड़े हैं। वे वर्ण हैं। वर्ण से ही वर्णन संभव है। वाणी की शक्ति विलक्षण है। सारे अंग-उपांग प्रत्यक्ष हैं, भौतिक हैं। इन्हीं अंगों का संयुक्त प्रसाद वाणी है और इन सबकी उपासना अध्यात्म है।

उक्ति

महीप सिंह

जिस प्रतिष्ठित अखबार में मेरा कॉलम प्रकाशित होता है, उसमें उनका भी नियमित स्तम्भ छपता है। एकबारगी सोचा कि हृदयनारायण दीक्षित से बात करूँ, 'दैनिक जागरण' के कार्यालय से सम्पर्क किया, तो पता चला कि वे राजनीतिक कार्यकर्ता हैं। मन की दिशा बदल गयी, फिर भी कुतूहल बना रहा कि वे उसी जनपद के मूल निवासी हैं, जहाँ मेरा जन्म हुआ। कई बड़े साहित्यकार 'उन्नाव' ने दिये, किन्तु कोई राजनीतिक इतने गम्भीर अध्ययन के लिए समय-संयोजन कैसे करता होगा! भारतीय धर्मशास्त्र, संसदीय परम्परा और लोक-मन का गहन बोध है दीक्षित जी को। वे राष्ट्रीय एकात्मता में सांस्कृतिक मनोमिलन की इच्छा से भरे प्रतीत होते हैं। सांस्कृतिक राष्ट्रवाद उनका स्वप्न है, और वे अपने सपनों को सार्थक करने के लिए दुनियाभर के विचारकों को पढ़ डाले हैं। प्रेम, आस्था और आत्मीयता से भरे समाज को राष्ट्र का सम्पुट मानते हैं।

प्रणतानां प्रसीद त्वं देवि विश्वार्तिहारिणी।
त्रैलोक्यवासिनामीड्ये लोकानां वरदा भव।।

हिन्दी के प्रसिद्ध लेखक, स्तम्भकार, पत्रकार व पटकथा लेखक। लगभग सवा सौ कहानियों, अनेक उपन्यासों व जीवनियों के लेखक। अनेक प्रदेशों व केन्द्र सरकार द्वारा सम्मानित। 'भारत भारती सम्मान' प्राप्त।

नाचता अध्यात्म

हे प्राण

अपना रहस्य बताओ

प्राण प्रतिपल सक्रिय है। हमारा ध्यान प्राणों के स्पंदन पर नहीं जाता। प्राण जीवन का मूलाधार है। जीवन एक ही छंद में नहीं चलता। यहाँ उल्लास है तो अवसाद भी। जय-पराजय की जोड़ी भी है। आश्वस्ति क्षणभंगुर है। असुरक्षा-भाव भी अपनी गहन त्वरा में है। प्राण जीवन की सुरक्षा चाहते हैं। असुरक्षा या भय की स्थिति में प्राण कम्पित होते हैं। प्रकृति की प्राण-ऊर्जा हम सबके लिए सहज उपलब्ध है, लेकिन प्राण का निर्वचन जटिल है। मैं इसी जीवन में प्राण का रहस्य जानने के लिए जिज्ञासु हूँ।

हे प्राण
अपना रहस्य बताओ

प्राण, शरीर का एक भाग है। लेकिन शरीर और प्राण का साथ सदा-सर्वदा नहीं रहता। शरीर के अंग जीर्ण होते रहते हैं। शरीर की सीमा है। काल-प्रभाव में वह फल की तरह पकता है। जीर्ण-शीर्ण शरीर का साथ प्राण नहीं देते। जान पड़ता है कि प्राण को रुग्ण या क्षतिग्रस्त शरीर अच्छा नहीं लगता। शरीर प्राण का अस्थायी घर है, लेकिन शरीर सभी साधनाओं का कर्त्ता है। वही उपलब्धियों का भी भोक्ता है। सब चाहते हैं कि हमारे प्राण साथ न छोड़ें। अमरत्व आदिम अभिलाषा है। प्राण और शरीर का प्रगाढ़ छन्द अमरत्व है। यह सदा जीवित रहने की इच्छा है, लेकिन कोई भी जीव अनंतकाल तक नहीं जीता। यही संसार का अनुभव है। यहाँ कोई भी जीव अमर नहीं है। प्राण सदा साथ नहीं रहते। संभवतः इसीलिए पूर्वजों ने 100 वर्ष के स्वस्थ जीवन की स्तुतियाँ की हैं। वे दीर्घ जीवन की अभिलाषा से भरेपूरे थे।

जब तक प्राण, तब तक जीवन। प्राण नहीं तो जीवन नहीं। शरीर में प्राण के संचरण से ही सभी कर्म सम्पन्न होते हैं। तैत्तिरीयोपनिषद में प्राण को ही सभी जीवों की आयु बताया गया है। उपनिषद के तीसरे अनुवाक में प्रारम्भ का कथन ध्यान देने योग्य है। कहते हैं:- ''प्राणं देवा अनु प्राणन्ति। मनुष्यः पशवश्च ये।'' यहाँ देवताओं, मनुष्यों और पशुओं को प्राण का अनुसरणकर्त्ता बताया गया है। बड़ी बात है कि देवता भी प्राण पर निर्भर हैं। प्राण ही आयु है। प्राण के अभाव में शरीर का कोई अस्तित्व नहीं है। उपनिषद में अन्न को जीवों का आधार कहा गया है। अन्न की निंदा न करने को महत्वपूर्ण व्रत कहा गया है। अन्न ही प्राण है।

शरीर, प्राण के आधार पर ही प्रतिष्ठित हो रहा है। प्राण या अन्न की श्रेष्ठता पर संभवत: विवाद था। एक विचार था कि अन्न न खाया जाए तो प्राण साथ छोड़ देते हैं। इस तरह अन्न प्राण से बड़ा हो जाता है। दूसरा विचार था कि अन्न भी प्राण के कारण जीवित होते हैं। प्राण साथ न दे तो अन्न सड़ जाता है, इसलिए पूर्वजों ने प्राण की ही तरह अन्न की प्रशंसा की है। अन्न की निंदा करने को गलत बताया गया है। इसी उपनिषद के आठवें अनुवाक में अन्न की अवहेलना न करने का उपदेश दिया गया है। यहाँ जल और प्रकाश को भी अन्न-रूप बताया गया है। आगे नौवें अनुवाक में कहते हैं कि, "अन्न-सम्पदा को बढ़ाया जाए- अन्नं बहु कुर्वीत।" कहा गया है कि, "यह पृथ्वी अन्न का आधार है। पृथ्वी में अन्न प्रतिष्ठित है और अन्न में पृथ्वी। जो यह बात जानते हैं वह अन्न-सम्पन्न होते हैं।" अन्न से जीवन है और जीवन का आधार प्राण है।

प्राण से जीवन है। प्राण से प्राणी है। प्राण दिखाई नहीं पड़ते। प्राण के कारण ही जीव का अस्तित्व है। प्रश्नोपनिषद में कहा गया है कि "सहस्रों किरणों वाला, सैकड़ों रूपों वाला समस्त जीवों का प्राण सूर्य उदित हो रहा है।" यहाँ सूर्य, संसार का प्राण है। प्राण किसी अभौतिक तत्व का नाम नहीं है। बेशक वह दिखाई नहीं पड़ता, लेकिन सूर्य प्रत्यक्ष प्राण है। इस दृष्टि से प्राण का भौतिक अस्तित्व संभव है। प्राण अध्यात्म का विषय भी है और भौतिकवाद का भी। वैज्ञानिक, प्राण का अस्तित्व नहीं मानते। वैज्ञानिक प्राण को तमाम शारीरिक अवयवों के मिलन व गति का परिणाम मानते हैं। ऋग्वेद (7.87.2) के अनुसार, "यह प्राण मूलत: वायु है।" आत्मा के लिए कहते हैं कि, "तेरी आत्मा वायु है।" यहाँ प्राण का जन्म आत्मा से हुआ बताया गया है। जन्म लेने के कारण ऋग्वेद में प्राण का अस्तित्व है। प्राण का तत्व जानने में पूर्वजों की रुचि गहरी थी। अन्न का उपयोग और महिमा सर्वविदित थी। प्रश्नोपनिषद में अश्वलायन ने ऋषि पिप्पलाद से कुल छ: प्रश्न पूछे। पहला प्रश्न है कि "प्राण किससे उत्पन्न होता है?" दूसरा प्रश्न है "वह मनुष्य के शरीर में कैसे प्रवेश करता है?" तीसरा प्रश्न है "वह स्वयं को शरीर के भीतर किस प्रकार विभाजित करता है और शरीर में रहता है?" चौथा प्रश्न है "प्राण एक शरीर को छोड़कर दूसरे शरीर में किस प्रकार

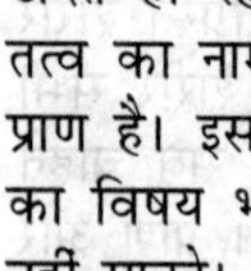

जाता है?'' पाँचवाँ प्रश्न है कि, ''वह किस प्रकार जगत को धारण करता है।'' छठा प्रश्न है ''यह मन और इन्द्रिय आदि आन्तरिक जगत को कैसे धारण करता है?''

सभी प्रश्न प्राण से सम्बंधित हैं और बहुत महत्वपूर्ण हैं। उपनिषद में सबके ब्यौरेवार उत्तर दिये गये हैं। पहले प्रश्न के उत्तर में कहते हैं कि, ''यह प्राण आत्मा से उत्पन्न होता है।'' गीता प्रेस के अनुवाद में आत्मा का अनुवाद परमात्मा किया गया है। यहाँ सर्वात्मवाद है। वैसे प्राण प्रकृति का भाग है। इसे वायु भी कहा गया है। प्राण प्रकृति की संजीवनी शक्ति है। दूसरे प्रश्न के उत्तर में कहते हैं कि, ''मन द्वारा किये गए संकल्प से वह शरीर में प्रवेश करता है।'' यहाँ प्राण और शरीर को अलग-अलग देखा गया है और प्राण का एक मन भी बताया गया है। प्राण अपने मन के संकल्प के अनुसार शरीर में जाता है। यहाँ प्राण का मन न कहकर प्राणी का मन कहना ज्यादा ठीक होगा। आगे तीसरे प्रश्न का उत्तर देते हुए कहते हैं कि, ''प्राण भी शरीर के भीतर के पृथक-पृथक अणु में विद्यमान प्राण को अलग-अलग काम देता है।'' आगे सूर्य को सबका बाह्य प्राण बताया गया है, ''प्राण सूर्य-रूप में उदित होता है। सभी अंगों को पुष्ट करता है। देखने की शक्ति देता है।''

प्राण की गतिविधि रहस्यपूर्ण है। इसकी जानकारी की प्रशंसा की गयी है। प्रश्नोपनिषद में कहते हैं कि, ''प्राण-रहस्य का जानकार इस रहस्य और महत्व को समझकर प्राण की अवहेलना नहीं करता। वह अद्भुत शक्ति-सम्पन्न हो जाता है।'' प्रकृति, प्राणों के कारण ही सतत् सृजनशील है। प्राण का किसी शरीर में प्रवेश और उससे निकलकर दूसरे में प्रवेश की बातें पुनर्जन्म के सिद्धान्त से जुटी हैं। प्राचीन भारतीय चिन्तन में पुनर्जन्म को स्वीकार किया गया है। यह विषय प्रत्यक्ष सिद्ध करने के लिए वैज्ञानिक प्रयासों की प्रतीक्षा करनी चाहिए।

विश्व दर्शन में प्राचीन काल से ही सृष्टि के आदि-तत्व की जिज्ञासा रही है। सृष्टि-विकास के आदि-तत्व के प्रश्न पर दुनिया के दार्शनिक माथा-पच्ची करते रहे हैं। आखिरकार ऐसा कौन तत्व है जिससे सृष्टि का विकास हुआ? ऋग्वेद में भी इस समस्या पर अनेक विचार हैं और यूनानी दर्शन में भी। कुछ विद्वान जल को सृष्टि का आदि-तत्व मानते थे। कुछ विद्वान अग्नि और वायु को भी। प्राचीन

यूनानी दार्शनिक अनकसिमेनस, वायु को आदि-तत्व मानते थे। ईशावास्योपनिषद में जीवों के भीतर स्थित वायु को प्राण कहा गया है और सम्पूर्ण ब्रह्माण्ड में प्रवाहित वायु को अनिल। प्रार्थना है कि हमारा प्राण विश्व के प्राण, अर्थात अनिल में समाहित हो। व्यक्ति के लिए जो प्राण है सम्पूर्ण ब्रह्माण्ड में वही अनिल है। ऋग्वेद में अदिति, सम्पूर्णता की पर्याय देवी या देवता है। उनके बारे में कहा गया है कि वह सदा से हैं। कठोपनिषद में उन्हें प्राण से उत्पन्न बताया गया है। कठोपनिषद में कहते हैं कि उन्हें ज्ञानी ही देखते हैं। यहाँ अदिति प्रकृति है। बड़ी बात है कि संपूर्णता या अदिति का जन्म प्राण से हुआ है। यहाँ वायु आदि-तत्व है। आदि-तत्व से ही प्रकृति अदिति का विकास स्वाभाविक है। प्राण-शक्ति के कारण ही सभी प्राणियों का अस्तित्व है। इसी उपनिषद में कहते हैं "यहाँ इस संसार में जो कुछ है वह सब प्राण की गति से उत्पन्न हुआ है।" प्राण की गति महत्वपूर्ण है।

सूर्य, प्रकृति का भाग है। प्रकाश का पर्याय है। अग्नि के रूप में प्रकट होता है। प्रश्नोपनिषद में कहते हैं कि "प्राण-शक्ति आदित्य या अग्नि के रूप में प्रकट होती है।" कहते हैं, "आदित्यो ह वे प्राणः- आदित्य ही प्राण है।" सूर्य सम्पूर्ण प्रकृति को प्रकाशित करते हैं। उपनिषद में कहते हैं कि "वह अपनी किरणों को प्राणों में रखता है। वह अग्नि के रूप में उदित होता है। सूर्य की किरणें सहस्रों हैं। इनमें प्राण है।" सूर्योदय को देखते हुए कहते हैं कि, "सभी जीवों का प्राण यह सूर्य उदित हो रहा है। यह सूर्य सभी प्राण-शक्तियों का कोष भी है।"

मान्यता रही होगी कि इस संसार को देवता धारण करते हैं। भौतिकवादी इस विचार को भाववादी कह सकते हैं, लेकिन प्रश्नोपनिषद में संसार धारण करने वाले देवों की सूची ध्यान देने योग्य है, "आकाश, वायु, अग्नि, जल, पृथ्वी, वाणी, मन, आँख और कान, ये देवता संसार को धारण करते हैं।" उपनिषद के अनुसार इनमें प्राण वरिष्ठ है, तान्वरिष्ठ प्राणः। प्राण जीवन-शक्ति का संचालक है। इन्द्रियाँ हमको संसार से जोड़ती हैं। वे प्राण-शक्ति से प्रेरित हैं लेकिन प्राण को देख नहीं पातीं। प्राण अनुभव में आता है। प्राण प्रकृति के गोचर प्रपंचों का संचालक है, लेकिन हमारा इन्द्रियबोध उसे पकड़ नहीं पाता। वह भिन्न-भिन्न रूपों में प्रकट होता है। उपनिषद में कहते हैं "प्राण ही

अग्नि-रूप में तपता है। वही सूर्य है। वही वर्षा का देव है। वही इन्द्र है। वही वायु है। वही पृथ्वी और सत्-असत् है।''

प्राण ने सम्पूर्ण जगत को भीतर और बाहर से आच्छादित कर रखा है। उपनिषद में सुन्दर उदाहरण देते हुए कहते हैं ''जैसे किसी रथ की नाभि में अरा लगे होते हैं वैसे ही सब प्राण में प्रतिष्ठित हैं।'' यह प्राण ही प्रजापति है। वही गर्भ में आता है। वही आयु की पूर्णता में विदा होता है। वह अग्नि है, इन्द्र, रुद्र और सूर्य है। प्राण वर्षा भी है। सम्पूर्ण व्यक्त-अव्यक्त जगत प्राण के अधीन है। इसी उपनिषद में दिन-रात के जोड़े को प्रजापति कहा गया है। यहाँ दिन प्राण है। अन्न भी प्रजापति है। प्राण आत्मा से उत्पन्न होता है। भौतिकवादी कह सकते हैं कि ''प्रत्यक्ष प्रभावित करने वाला प्राण अप्रत्यक्ष आत्मा से कैसे पैदा हो सकता है?'' प्राण को वायु का पिता कहा गया है। इस तरह से वायु को आदि तत्व मानने वाले के लिए प्राण आदि-तत्व हो जाता है। प्राण सबको आनन्दित करता है। एक विचार है कि आत्मा, परमात्मा में लीन होने के बाद आनन्द मिलता है, लेकिन यहाँ प्राण के द्वारा ही आनन्द-प्राप्ति का उल्लेख है। प्राण का ज्ञान पर्याप्त है।

प्राण कई रूप धारण करता है। वह अपने अंशों को अलग-अलग काम देता है। प्राणों के अलग-अलग नाम भी बताये गए हैं। आँख, कान, मुख और नाक में मुख्य प्राण है। शरीर के भीतर अन्नपाचन का काम 'समान' करता है, यह प्राण का अंश है। समान की गतिविधि से आँख, कान, नाक, मुख अपना काम करते हैं। शरीर में सैकड़ों नाड़ियाँ फैली हुई हैं। इनमें संचालित प्राण ब्यान कहा गया है। ऊपर जाने वाली अथवा ऊर्ध्वमुखी नाड़ियों में संचालित प्राण का नाम उदान है। तेज का सम्बंध उदान से है। तेज के शान्त हो जाने पर प्राण तेज से युक्त होकर संकल्पित लोक हो जाता है। भारत के राष्ट्र-जीवन में प्राणों के सम्बन्ध में विस्तृत विचार हुआ था। शरीर के भीतर का वायु-संचार प्राण-संचरण है।

निद्रा की दशा में इन्द्रियाँ अपना काम नहीं करतीं। तब देखना, सुनना, सूँघना, भोजन करना नहीं होता, लेकिन शरीर के भीतर प्राण-अग्नि जागती रहती है। ऋषियों ने इसे यज्ञ कहा है। प्राण की गतिविधि को गहराई से जाँचने वाले हमारे पूर्वजों ने इसे योग की

कार्यवाही से भी जोड़ा। योग प्रत्यक्ष भौतिक साधना है। मनुष्य-शरीर की ऊर्जा का मुख्य आधार प्राण है। शारीरिक गतिविधि के कम होते जाने के कारण शरीर के सहस्रों कोषों तक प्राण का संचरण नहीं होता। प्राण का संचरण शरीर की गतिविधि के लिए अनिवार्य है। प्रकृति में प्राण की गतिविधि है। प्रकृति का अपना श्वसन-तंत्र है। प्रकृति की प्राण-शक्ति से गहन प्राण लेना प्राणायाम है। प्राणायाम की कार्यवाही को प्रथमदृष्ट्या शुद्ध शारीरिक कार्यवाही कहा जा सकता है। साँस को धीरे-धीरे भीतर लेना, फिर रोकना, धीरे-धीरे बाहर निकालना और फिर रोकना, निश्चित ही भौतिक कार्यवाही है, लेकिन इसमें श्रद्धा और भावना की भी शक्ति जोड़ना शीघ्र परिणामदायी है। प्राणायाम के समय गहरी साँस के माध्यम से हम प्राण भरते हैं। शरीर के प्रत्येक कोष में प्राण का संचार होता है। शरीर प्राण पाकर आनन्दित होता है। इस आनन्द को अनुभव करना भी आनन्द है। यह यूरोपीय ढंग का भाववाद नहीं है। इसी प्रकार प्राण-वायु को बाहर निकालना और रोकना भी अनुभव करने लायक है। तब शरीर का एक-एक कोष प्राणों का प्यासा हो जाता है। यूरोप के चिन्तन में परमात्मा या ईश्वर, पलक-झपकते ही संसार या विश्व रच डालता है। यहाँ वैसा भाववाद नहीं है।

तैत्तिरीय उपनिषद के प्रारम्भ में वैदिक देवों को नमस्कार किया गया है; फिर ऋषि वायु को नमस्कार करते हैं- नमस्ते वायु! फिर वायु से कहते हैं कि आप प्रत्यक्ष ब्रह्म हैं- त्वमेव प्रत्यक्षं ब्रह्म असि। फिर कहते हैं, "हे वायु मैं तुमको ही प्रत्यक्ष ब्रह्म कहूँगा।" यहाँ ब्रह्म एकसाथ अध्यात्मिक और भौतिक हो गया है। वायु के रूप में वह प्रत्यक्ष भौतिक है और ब्रह्म के रूप में सत्-चित्-आनन्द है। तैत्तिरीय उपनिषद में प्राण का महत्व उल्लेखनीय है, "प्राण से देव प्रेरित होते हैं। प्राण सभी जीवों की आयु है।" शरीर की कई परतें बताई गई हैं। अन्नमय के बाद प्राणमय कोष है। आनन्दमय है। चीन में चौथी सदी-पूर्व एक विचारक लाउत्सु थे। उनका ग्रन्थ 'ताओतेह चिंग' विश्व-विख्यात है। चीनी ताओ का अर्थ है- विश्व संचालन के नियम। भारत में इसे ऋत कहा गया है। एक ताओवादी लेखक के अनुसार संसार भी साँस लेता है और संसार के श्वास का नाम वायु है।

उत्तर वैदिक काल में ब्रह्म संपूर्णता या सर्वात्मा प्रतिष्ठित परम-तत्व था। तब

ब्रह्म-जिज्ञासा का वातावरण था। तैत्तिरीय उपनिषद में कथा है। भृगु ऋषि ने पिता वरुण से प्रार्थना की, "मैं ब्रह्म को जानना चाहता हूँ।" पिता वरुण ने पुत्र भृगु से कहा- "अन्न, प्राण, नेत्र, कान, मन और वाणी ये सभी ब्रह्म की उपलब्धि के द्वार हैं। इनमें ब्रह्म की सत्ता प्रकट हो रही है। ये प्रत्यक्ष दिखाई पड़ने वाले सब प्राणी जिनसे उत्पन्न होते हैं और उत्पन्न होकर जिनका बल पाकर जीते हैं उनको जानना चाहिए। वही ब्रह्म है।" यहाँ ब्रह्म की उपलब्धि के प्रत्यक्ष द्वार अन्न, प्राण, आँख, कान, मन और वाणी बताए गए हैं। यह सब प्रत्यक्ष भौतिक हैं। अर्थ यह हुआ कि ब्रह्म की प्राप्ति के लिए भी प्रत्यक्ष भौतिकवादी तत्वों की सहायता जरूरी है। भृगु ने पिता के उपदेश के अनुसार अन्न को ब्रह्म जाना। समस्त प्राणी अन्न से जीवित हैं। अन्न से जीवन सुरक्षित है। वह मृत्यु के बाद अन्न-स्वरूप व्याप्त पृथ्वी में ही चले जाते हैं। भृगु, अन्न को ब्रह्म जानने का निश्चय करते हुए पिता के पास पहुँचे। पिता ने सोचा कि पुत्र को ब्रह्म के स्थूल की ही समझ मिली है। अभी और प्रयास की आवश्यकता है। भृगु ने पिता से पूछा कि यदि मेरे निष्कर्ष गलत हैं तो आप ही मूल तत्व का उपदेश देने का कष्ट करें। पिता ने कहा कि मूलतत्व को ही समझना चाहिए और तप करना चाहिए। यहाँ तप कठिन परिश्रम का पर्यायवाची है और कठिन परिश्रम का कोई विकल्प नहीं।

जिज्ञासु भृगु ने तप किया। निश्चय किया कि प्राण ही ब्रह्म है। समस्त प्राणी प्राण-आश्रित हैं। किसी प्राणी से ही उसी जैसा दूसरा प्राणी पैदा होता है। प्राण द्वारा अन्न-ग्रहण न किया जाए तो कोई प्राणी जीवित नहीं रह सकता। मरने के बाद सभी प्राणी प्राण में ही लौट जाते हैं। पिता फिर भी संतुष्ट नहीं थे। पुत्र ने फिर प्रयास किया और मन को ब्रह्म बताया। पिता संतुष्ट नहीं थे। फिर पुत्र ने विज्ञान को ब्रह्म जाना। पिता फिर भी संतुष्ट नहीं थे। उन्होंने फिर तप किया और आनन्द को ब्रह्म जाना। आनन्द परम है, शेष ब्रह्म के आंशिक लक्षण हैं। यहाँ आनन्द गहन आत्मीय अनुभूति है। शेष प्रारम्भिक तत्व अन्न, प्राण, मन, विज्ञान प्रत्यक्ष भौतिक यथार्थ हैं, लेकिन इन-सबमें प्राण की सत्ता बड़ी है। आनन्द के अभाव में जीवन की गतिविधि संभव है। मन की गड़बड़ी में भी जीवन-यात्रा चलती है, लेकिन प्राण के साथ छोड़ते ही सबकुछ समाप्त हो जाता है। प्रत्यक्ष प्रकृति प्राण की शक्ति के कारण

ही सतत् गतिशील है, परिवर्तनशील है, रूपों-रूपों में प्रकट होती है और जीवमान है। प्राण ध्यान, धारणा और उपासना के योग्य है।

प्राण प्रतिपल सक्रिय है। हमारा ध्यान प्राणों के स्पंदन पर नहीं जाता। प्राण जीवन का मूलाधार है। जीवन एक ही छंद में नहीं चलता। यहाँ उल्लास है तो अवसाद भी। जय-पराजय की जोड़ी भी है। आश्वस्ति क्षणभंगुर है। असुरक्षा-भाव भी अपनी गहन त्वरा में है। प्राण जीवन की सुरक्षा चाहते हैं। असुरक्षा या भय की स्थिति में प्राण कम्पित होते हैं। हमारा ध्यानाकर्षण करते हैं। उपनिषद में सही प्रार्थना है कि वह प्राण हमारा जीवन सुखमय बनाए। हमें न छोड़े। प्राणों का ध्यान रखना अनिवार्य है। प्रकृति की प्राण-ऊर्जा हम-सबके लिए सहज उपलब्ध है, लेकिन प्राण का निर्वचन जटिल है। मैं इसी जीवन में प्राण का रहस्य जानने के लिए जिज्ञासु हूँ। मेरी प्राण से प्रार्थना है कि हे प्राण! तुम हमको समय के पूर्व न छोड़ना। मुझे अपना रहस्य बताना। जीवन-कर्त्तव्य पूरे करने के बाद, उचित अवसर पर ही हमसे विलग होना। मैं सतत् कर्म करते हुए ही पूर्ण जीवन का अभिलाषी हूँ। एक जीवन पर्याप्त है, प्राण की अनुभूति के लिए।

अक्ति

बच्चन सिंह

हृदयनारायण दीक्षित जी राष्ट्रवादी चिन्तक हैं। उनके पाँव अतीत में भी हैं, वर्तमान में भी और भविष्य की ओर बढ़ने के लिए तैयार हैं। वे सक्रिय राजनीति में भी हैं। राष्ट्रीय स्तर के एक राजनीतिक संगठन से जुड़े हैं। उनकी सोच में ज्यादातर भारतीय संस्कृति, भारतीय अस्मिता और भारतीय स्वाभिमान है। वे राष्ट्रीय समस्याओं का समाधान भारतीय जीवन-दर्शन और अतीत में ढूँढ़ते हैं। पश्चिम से आयातित राजनीतिक शैली, जीवन-पद्धति, तथाकथित आधुनिकता उन्हें अधिक आकर्षित नहीं करती। भारतीय समाज से उठते हुए सवालों का हल वे भारतीय संस्कृति में खोजते हैं—"*उस संस्कृति में जिसे देश के महापुरुषों ने लम्बी साधना के बाद एक सर्वांगीण स्वरूप प्रदान किया है, स्वस्थ जीवन-मूल्यों से बुना है।*"

यशस्वी साहित्यकार व पत्रकार। दो दर्जन से अधिक चर्चित ग्रन्थों के लेखक। 'दैनिक जागरण' (बरेली संस्करण) और 'स्वतंत्र भारत' (वाराणसी) के सम्पादक रहे।

नाचता अध्यात्म

एक जीवन

पर्याप्त

हम आधुनिक भय-संदर्भ में सोच सकते हैं कि मैं स्वस्थ हूँ। मैं और स्वस्थ हो रहा हूँ। मैं आनंदित हूँ। मैं सोचता हूँ मैं अच्छा विद्यार्थी हूँ। मेरे पास सैकड़ों आत्मीय मित्र हैं। मित्र मुझे प्यार करते हैं। मेरी प्रशंसा होती है। मैं भाग्यशाली हूँ। मैं आनंद से भरापूरा एक विचार हूँ। सोचें कि आनंदरस से भरा-पूरा है यह अस्तित्व। मैं इसी अस्तित्व का हिस्सा हूँ। ऐसे मनन-चिंतन, विश्लेषण व विवेचन व तदअनुसार कर्म के लिए एक जीवन पर्याप्त है।

एक जीवन
पर्याप्त

जीवन सरल है, तरल है और विरल भी। संसार का प्रत्येक व्यक्ति अनेक अभिलाषाओं से भरा-पूरा है। अभिलाषाएँ कभी पूरी नहीं होतीं। अनंत हैं अभिलाषाएँ। एक पूरी हुई तो दूसरी सामने है। मेरे मन में जीवन को समझने की प्रगाढ़ अभिलाषा रही है, लेकिन यह कठिन कार्य है। जीवन सरल रेखा में नहीं चलता। मनुष्य का अंतरंग तेज रफ्तार से गतिशील है और बहिरंग के कर्म, धर्म व आचार के सापेक्ष है। सभी मनुष्य भिन्न हैं। सबका अध्ययन संभव नहीं, लेकिन स्वयं को पूरा समझने में जीवन की समझ अपने-आप आ जाती है। प्रकृति और इसके गोचर प्रपंचों का ज्ञान भी श्रमसाध्य है। यह भौतिक विज्ञान का विषय है। स्वयं का अध्ययन आसान है, लेकिन स्वयं को समझने की अभिलाषा कम दिखाई पड़ती है। वस्तुतः जीवन को समझने के लिए यही पर्याप्त है। मेरे जीवन में अन्य अभिलाषाएँ भी कम नहीं रहीं। राजनीति के क्षेत्र में 45 वर्ष से ज्यादा समय लगा। मंच-माला और माइक की इच्छा मेरे अंतःकरण में थी। विधानसभा के चुनाव में जीतने की इच्छा भी थी। पाँच बार जीता, तीन बार हारा। मैंने जीत-हार के अनुभवों का विवेचन किया। जीत-हार को व्यर्थ पाया। जीवन-जगत को समझने के लिए विश्व-दर्शन पढ़ा। यूनानी दर्शन के साथ भारतीय दर्शन भी पढ़ा। बार-बार लगता है कि मैं जीवन-रहस्यों के निष्कर्ष के निकट हूँ लेकिन अस्तित्व की गतिविधियों का कोई ओर-छोर नहीं। मैं ब्रह्माण्ड-रहस्यों को लेकर सुनिश्चित निष्कर्ष पर नहीं पहुँच सका।

भारतीय चिंतन में अभिलाषाओं को पूरा करने पर जोर नहीं है।

उन्हें समझने पर बड़ा जोर है। सभी अभिलाषाएँ पूरी नहीं होतीं। वे सतत कर्म के लिए प्रेरित करती हैं। सतत कर्म भी इच्छानुसार परिणाम नहीं देते। गीता में कर्म-प्रेरणा है लेकिन कर्मफल की इच्छा त्यागने के निर्देश हैं। कर्म-सक्रियता अच्छी बात है लेकिन कर्मफल की इच्छा दुःखी करती है। मैं लगातार कर्म करता हूँ। मुझे इच्छानुसार कर्मफल नहीं मिलता। कभी-कभी मिलता भी है। मेरी अभिलाषाएँ अनंत हैं। तद्नुसार कर्म व्यावहारिक नहीं है। जान पड़ता है कि कर्मफल की कोई नियमावली नहीं है। हमारे पूर्वजों ने पुनर्जन्म का सिद्धांत माना है, इसलिए कर्मफल प्राप्त करने के लिए यहाँ अनेक जन्मों के अवसर हैं। बताते हैं कि मृत्यु के बाद जीवन का पूर्ण अवसान नहीं होता। शरीर समाप्त हो जाता है लेकिन जीवन-चेतना का एक भाग शेष रहता है। वह अपनी प्रकृति के अनुसार पुनर्जन्म पाता है। पिछले जन्म के कर्मफल भी पाता है।

मैं पुनर्जन्म के सम्बन्ध में असमंजस में हूँ। कभी-कभी पुनर्जन्म सही लगता है और कभी-कभी व्यर्थ की बात। यहाँ पुनर्जन्म के साथ मोक्ष-सिद्धांत भी है। मोक्ष संभवतः जीवन-चक्र से मुक्त मनः स्थिति है। बुद्ध भी पुनर्जन्म मानते थे। उन्होंने मुक्ति को निर्वाण कहा है। बुद्ध ने संसार को दुःख से परिपूर्ण बताया है। जन्म दुःखदायी है, जीवन दुःखपूर्ण है, वृद्धावस्था दुःखमय है और मृत्यु भी। बुद्ध-दर्शन में दुःख के कारण हैं। कारण के निवारण भी हैं। प्रश्न है कि क्या मृत्यु के बाद बार-बार जन्म और मृत्यु के इस चक्र से मुक्ति संभव है। बुद्ध ने बताया कि मुक्ति संभव है। हिन्दू परंपरा भी मुक्ति या मोक्ष का सिद्धांत मानती है। पुनर्जन्म-सिद्धांत हिन्दू-चिंतन की विशेष मान्यता है।

भारतीय धारणा में स्वर्ग है। इस्लामी विचार में इसी धारणा का नाम जन्नत है। माना जाता है कि संसार में श्रेष्ठ कर्म करने वाले मृत्यु के बाद स्वर्ग जाते हैं। स्वर्ग में श्रेष्ठ कर्मों का परिणाम भोगने के बाद जीव फिर इसी संसार में आते हैं। स्वर्ग में सारे आनंद हैं। सत्कर्मों के फल भोगने के बाद फिर से संसार में आना पड़ता है। मैंने इस सम्बंध में केवल पढ़ा ही है। स्वर्ग भौतिक स्थल नहीं है। कहा गया है कि स्वर्ग में जीवन की सारी सुविधाएँ हैं। यह एक खूबसूरत फैन्टेसी 'रम्य कल्पना' है। स्वर्ग श्रेष्ठ कर्मों का कर्मफल है। लेकिन स्वर्ग स्थायी निवास नहीं है। स्वर्ग में कर्म-विधान भी नहीं है। कर्म-विधान होता तो

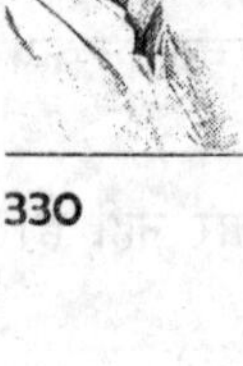

स्वर्ग में किए गए कर्मों का फल यहाँ संसार में भी भोगना पड़ता। वस्तुतः स्वर्ग या जन्नत मनुष्य की अतृप्त अभिलाषाओं के ही रूपक हैं। इस्लामी मामलों के एक विद्वान मित्र हमारी बात से संतुष्ट नहीं थे। मैंने उन्हें याद दिलाया। जन्नत में खूबसूरत नहरें हैं। जल के सुंदर प्रबंधन की व्यवस्था है। जल-प्रबंधन की सुंदर व्यवस्था नीदरलैण्ड में है। नीदरलैण्ड जन्नत नहीं है। जन्नत में पानी की सुंदर व्यवस्था की कल्पना अरब में जलाभाव के कष्ट से निकली है। मुझे स्वर्ग-प्राप्ति की इच्छा कभी नहीं रही। बेशक भारत को स्वर्ग जैसा बनाने की इच्छा है। जन्मभूमि स्वर्ग से भी श्रेष्ठ है जननी जन्मभूमिश्च स्वर्गादपि गरीयसी।

अभिलाषा-शून्यता को मोक्षदायी कहा जाता है। माना गया है कि तृप्त मनुष्य का पुनर्जन्म नहीं होता। इच्छा से भरे-पूरे अतृप्त लोगों का जन्म बार-बार होता है और मृत्यु भी। मैं अपनी सफलताओं और असफलताओं से तृप्त हूँ। अभिलाषाएँ अभी भी हैं लेकिन वे मुझे व्यथित नहीं करतीं। तनाव भी नहीं देतीं। मैं उनका तटस्थ द्रष्टा हूँ। एक वरिष्ठ राजनेता की प्रतिष्ठित पुस्तक का नाम है 'वन लाइफ इज नॉट एनफ' उनके अनुसार संसार भोगने या इच्छानुसार कर्म करते हुए कर्मफल पाने के लिए एक जीवन पर्याप्त नहीं है। मैं उनसे सहमत नहीं हूँ। हमारी यह असहमति वैचारिक नहीं है। यह अनुभव-जन्य है। मैंने जीवन को तमाम आयामों में जीया है। मैंने नदी में डूबते हुए जीवन की लालसा और मृत्यु की निकटता का अनुभव पाया है। अपने गाँव से बहने वाली नदी का नाद सुना है। आँधी-तूफान में अपने घर के छप्पर उड़ते देखा है। विद्यार्थी के रूप में परीक्षा-पास करने की चुनौती के सामने भयग्रस्त हुआ हूँ। लिफ्ट में अभी भी डर लगता है। मैंने ज्ञानवर्द्धन के लिए सैकड़ों पुस्तकें पढ़ी है। पढ़ाई और अनुभव से जीवन को परिपक्व होते भी देखा है। मैंने बसंत-शरद को भी अब तक 70-72 वर्ष तक आत्मसात किया है। सूर्य और सोम, चन्द्र के प्रकाश में आनंदित रहा हूँ।

मैंने भारतीय समाज की श्रेष्ठ संस्था विवाह को भी ध्यान से देखा है और परिवार को भी। मैं देश के अनेक राज्यों में गया हूँ। लंदन सहित कई अन्य देशों की यात्रा भी मैंने की है। कॉमनवेल्थ पार्लियामेण्ट्री एसोसिएशन के आयोजनों में मुझे बोलने का अवसर भी मिला है। मुझे व्यापक मान, सम्मान मिला है। मैं ऐसे

सम्मान के योग्य नहीं था। इसी तरह अपमान के गहन दंश का उत्ताप भी मैंने अनुभव किया है। हजारों बार मंच, माला, माइक का मजा लिया है। नहीं जानता कि इनकी इच्छा अभी भी क्यों अधूरी है। तो भी मैं इससे असंतुष्ट नहीं हूँ। अस्तित्व से जो कुछ मिला, वह पर्याप्त है। प्रसाद और विषाद की तमाम अनुभूतियों का द्रष्टा हूँ मैं। राजनीति से तमाम उपलब्धियाँ मिलीं। तमाम पद मिले। दायित्व निभाने में मैंने पूरी निष्ठा से काम किया। सारी इच्छाएँ पूरी नहीं हुईं लेकिन अपनी उपलब्धियों से संतुष्ट हूँ।

भारतीय चिंतन में पुनर्जन्म का आधार अभिलाषा है। जीवन में बहुत कुछ मनचाहा मिलता है और बहुत कुछ मनचाहा नहीं मिलता। अनेक शुभ कर्मों के परिणाम मिलते हैं, अनेक शुभ कर्मों के सुफल नहीं मिलते। इनकी प्राप्ति की अतृप्त अभिलाषा दीर्घकाल चाहती है। मनुष्य और ज्यादा पाने के लिए लम्बा जीवन चाहते हैं। वैदिक पूर्वज 100 शरद वर्ष जीने की स्तुति करते थे। वैसे शरीर 100 साल तक कर्म करने योग्य नहीं रहता, लेकिन सभी मनुष्य जीना चाहते हैं। सोचता हूँ कि क्या पुनर्जन्म अधूरी अभिलाषाएँ पूर्ति करने के अवसर देता है? पुनर्जन्म के विद्वान-समर्थक व उपनिषदों के ऋषि जीवन को दुःखमय बताते हैं और मोक्ष या मुक्ति का पक्ष लेते हैं। मोक्ष का अर्थ है सांसारिक लगाव से मुक्त चित्त-दशा। मैं मोक्ष के सम्बन्ध में इतना ही जानता हूँ।

संसार कर्मक्षेत्र है। कर्म-परिणाम की अभिलाषा कर्म-प्रेरित करती है। भारतीय चिंतन में कर्मफल की इच्छा न रखने पर जोर है लेकिन अभिलाषा से शून्य चित्त बड़ी बात है। अपने कर्म का परिणाम मैं भी चाहता हूँ, लेकिन अपेक्षित परिणाम न मिलने के कारण असंतुष्ट नहीं हूँ। अस्तित्व गलती नहीं करता। मेरे लेखे संसार दुःखमय नहीं है। यह आनंद से भरा-पूरा है। निःसंदेह यहाँ सुख के साथ दुःख भी है। अस्तित्व की अनुकूलता प्रसाद है और प्रतिकूलता विषाद। अस्तित्व की प्रतिकूलता की स्थिति को भी क्या अपने अनुकूल नहीं बनाया जा सकता? मैं सोचता हूँ कि ऐसा संभव है। हम स्वयं प्रतिकूल अस्तित्व के अनुसार होकर ऐसा कर सकते हैं। वैदिक सिद्धांत में ऋत का अनुसरण 'ऋतस्य यथा प्रेतः' प्रशंसनीय कहा गया है। ऋत प्रकृति का संविधान है।

दार्शनिक दृष्टि में कर्तापन-भोक्तापन ही

संसार है। हम-सब कर्म करते हैं। मन में कर्तापन का भाव रहता है कि यह काम मैंने किया है। अहंकार बढ़ता है और आत्मविश्वास भी। कर्मों के परिणाम आते हैं। हम कर्म-परिणामों का सुख या दु:ख भोगते हैं। यही चित्त में भोक्तापन का भाव पैदा करता है। हमने हजारों काम किए हैं। कभी कर्मफल मिला और कभी नहीं मिला। हम-सब प्राय: स्वयं को दोहराते रहते हैं। दोहराव सुख नहीं देता। प्रतिदिन वैसे ही राग-विराग। वैसे ही तमाम दु:ख। वैसे ही सुख। एकबार का अनुभव ही पर्याप्त है, लेकिन हमारा मन स्थितप्रज्ञ नहीं होता। कभी-कभी अनुभवों के आधार पर हम स्वयं को संशोधित भी करते हैं। इस कार्रवाई से भी अपेक्षित परिणाम नहीं आते और कभी-कभी आते भी हैं। जीवन में अनिश्चितता का सिद्धांत चलता है। मैंने हजारों लेख लिखे हैं। अभी भी लिखता हूँ। दो दर्जन से ज्यादा पुस्तकें प्रकाशित हो चुकी हैं, अभी भी लिख रहा हूँ। किसी-किसी लेख या पुस्तक को लेकर मेरा मन उद्वेलित होता है। ऐसा अक्सर होता है कि हमारा अमुक लेख अवश्य चर्चित होगा। लेकिन वैसा नहीं हुआ। ऋग्वेद के समाज पर मेरी शोधपरक पुस्तक चर्चा में नहीं आई। मेरा अनुमान सही नहीं निकला, लेकिन उपनिषद-दर्शन पर लिखी गयी मेरी पुस्तक 'ज्ञान का ज्ञान' लोकप्रिय हुई। मेरा यह अनुमान भी गलत रहा। मैं 'ज्ञान का ज्ञान' से बहुत आशान्वित नहीं था, लेकिन मैं इन परिणामों से असंतुष्ट नहीं हूँ।

जीवन असाधारण अवसर है। जीवन-यात्रा भौगोलिक नहीं है। इसलिए यह सरल रेखा में नहीं चलता। जीवन-यात्रा में दो और दो चार ही नहीं होते। कभी अनायास बड़ी उपलब्धि मिलती है, कभी-कभी अनायास तमाम दु:खों के पहाड़ गिरते हैं। इन्हें सौभाग्य या दुर्भाग्य कहते हैं। भाग्य का अर्थ भूले-बिसरे कर्म-कारण से मिला अच्छा या बुरा फल है। यद्यपि संसार में कार्य-कारण का चक्र चलता है। लेकिन हमको सभी कारण नहीं दिखाई पड़ते। मैं जीवन की सफलता और असफलता से संतुष्ट हूँ। असफलता मुझे असंतुष्ट नहीं करती। कई जीवन की अपेक्षा भारत में ही संभव है। यहाँ पुनर्जन्म-मान्यता है। कुछ लोगों को लगता है कि एक जीवन में अपेक्षित सुख नहीं मिला। शुभ-कर्म करना श्रेष्ठ है। इससे दूसरा जन्म मिलता है। गीता (अध्याय 6.37-43) में अर्जुन ने पुनर्जन्म-सम्बन्धी प्रश्न पूछा कि, ''योग-साधना में

रत असफल योगी की गति क्या है? क्या ज्ञान-मार्ग में असफल व्यक्ति छिन्न-भिन्न बादल की तरह नष्ट तो नहीं हो जाता?'' श्रीकृष्ण का उत्तर ध्यान देने योग्य है- ''असफल योगी पवित्रात्माओं के लोक में वर्षो सुख भोगने के बाद श्रेष्ठ परिवार में जन्म लेता है। वह ऐसा जन्म पाकर पूर्व जन्म की दिव्य चेतना को फिर से प्राप्त करता है। वह फिर पूर्ण सफलता के प्रयास करता है।'' यहाँ मुक्ति मिलने तक जन्म और पुनर्जन्म चलते रहने की घोषणा है।

गीता, उपनिषद-दर्शन का पराग है। गीता, पुनर्जन्म के सिद्धांत पर अटल है। दूसरे अध्याय (श्लोक 27) में कहते हैं, ''जिसने जन्म लिया है उसकी मृत्यु निश्चित है। मृत्यु के पश्चात पुनर्जन्म भी निश्चित है।'' पुनर्जन्म की अनिवार्यता विचारणीय है। गीता और उपनिषदों की पुनर्जन्म-अनिवार्यता का आधार ब्रह्म की धारणा है। ब्रह्म-प्राप्ति के बाद पुनर्जन्म नहीं होता। ब्रह्म वैयक्तिक इकाई नहीं है। साधक की ब्रह्म-प्राप्ति वस्तुतः एक परम अनुभूति है। उपनिषदों के अनुसार तब कुछ जानने या प्राप्त करने के लिए शेष नहीं रह जाता।

संसार, कर्म-क्षेत्र और भोग-क्षेत्र है। योग-क्षेत्र भी है। मोक्ष-प्राप्ति के लिए साधना का क्षेत्र भी यही संसार है। संसार महत्वपूर्ण है। संसार को व्यर्थ मानने का विचार सही नहीं है। मनुष्य के मन में अनंत अभिलाषाएँ हैं। वे सभी पूरी नहीं होतीं। जीवन पहले ही नष्ट हो जाता है। भौतिक प्राप्तियाँ भी अनंत हैं; सो एक जीवन पर्याप्त नहीं जान पड़ता। मेरी उपलब्धियों और दुःखों ने मुझे तृप्त किया है। संसार ने मुझे सबकुछ दिया है। दुर्निवार दुःख दिए हैं और स्मरणीय सुख भी। इस एक जीवन में ही ज्ञान, कर्म और आस्तिक-भाव के सभी अनुभव दिए हैं; सो यह एक जीवन पर्याप्त है। जीवन की गति दिक्काल में है। आत्मबोध के लिए दीर्घकाल की जरूरत नहीं। अल्पकाल ही पर्याप्त है। भौतिक दृष्टि से दीर्घकाल जरूरी है। अध्यात्मिक दृष्टि से नहीं। जीवन, काल के अधीन है। भारतीय परंपरा में मृत्यु और काल पर्यायवाची हैं। काल आता है, जीवन का अवसान हो जाता है। पुनर्जन्म-सिद्धांत के अनुसार नया जीवन मिलता है। दूसरे जीवन में इसी का दोहराव होगा और दोहराव बासी होता है।

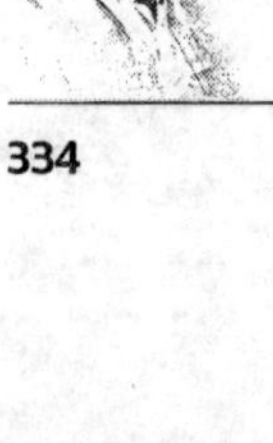

मैं पुनर्जन्म के सम्बन्ध में सुनिश्चित नहीं हूँ लेकिन भारतीय दर्शन-चिंतन में ऋग्वेद से लेकर

उपनिषदों में भी पुनर्जन्म की चर्चा है। महाभारत का गीता वाला अंश पुनर्जन्म से भरा-पूरा है। पुराण-कथाओं में भी पुनर्जन्म-धारणा है; सो इस धारणा को सहज ही निरस्त भी नहीं किया जा सकता। मैं स्वयं के बारे में कल्पना करता हूँ। सोचता हूँ कि मेरा भी पुनर्जन्म हो गया तो क्या कुछ घटित होगा। क्या मुझे मनुष्य रूप में ही जन्म मिल सकता है? यदि ऐसा ही हो गया तो मुझे नए पिता व माता मिलेंगे। पुनर्जन्म हो तो मैं चाहता हूँ कि मुझे भारत-भूमि पर ही दूसरा जन्म मिले। यही माता-पिता मिलें। दोनो अब जीवित नहीं हैं लेकिन दोनो अभी भी मेरे व्यक्तित्व का हिस्सा हैं। हमारी इच्छानुसार सबकुछ नहीं होगा। यही जन्म हमारी सुविधा व इच्छा के अनुसार नहीं मिला तो पुनर्जन्म भी हमारी इच्छा के अनुसार कैसे संभव है?

पुनर्जन्म जीवन का दोहराव भी हो सकता है? दोहराव ही हो तो मैं अगले जन्म में भी यही शत्रु-मित्र पसंद करूँगा। ऐसा हो या न हो लेकिन मुझे फिर से पढ़ना होगा। संगीत का ज्ञान मुझे नहीं मिला। मैं दर्शनशास्त्र का प्रेमी हूँ। पुनर्जन्म हो गया तो संगीत व दर्शन का गहन अध्ययन करूँगा। मैं राजनैतिक कार्यकर्ता नहीं बनना चाहूँगा। मान-अपमान और सम्मान के दंश फिर से झेलने होंगे। फिर से दुःखों और सुखों का चक्र चलेगा। मैं ऐसा सोचते हुए सजग हूँ। मैं इसी जीवन से संतुष्ट हूँ। पूर्वज बता गए हैं कि पूर्ण संतुष्ट और इच्छा-शून्य व्यक्ति का पुनर्जन्म नहीं होता। मैं सुनिश्चित हूँ कि यही एक जीवन पर्याप्त है। पुनर्जन्म होता भी हो तो मेरा नहीं होगा। पुनर्जन्म की इच्छा और अनिच्छा भी महत्वपूर्ण है। दोनो में इच्छा है। इच्छा में राग होता है। मैं दोनो इच्छाओं के प्रति तटस्थ हूँ। तटस्थता का भाव हमारे प्रगाढ़ अनुभवों का प्रसाद है। मैंने सजग जीवन जीया है। सचेत कर्म किए हैं, अचेत कर्मो का परिणाम भी भोगा है। जीवन-जगत की गतिविधि को ध्यान से देखा है। जीवन में दोहराव ज्यादा है। नया-मौलिक बहुत कम है। वही ईर्ष्या, वही राग, वही संघर्ष और वही आसक्ति। वही सूर्य, वही उषा। वनस्पतियों का एक समान जीवन-चक्र। पक्षियों का वही कलरव। वही गीत व तारा-मण्डल। वही जल-प्रवाह। वैसा ही नदी-नाद। वैसा ही जन्म, जीवन-चक्र और मृत्यु। वही स्वार्थ और वैसा ही परमार्थ। प्रेम-सम्बन्धों का वैसा ही राग-विराग। वही भौतिकवाद। वैसा ही अध्यात्म। हिंसा का

वही औचित्य। संसार की सभी गतिविधियों को एक या दो बार ध्यान और गहराई से देखना-समझना पर्याप्त है। जन्म, जीवन और मृत्यु ही सुनिश्चित है। शेष सब क्षणभंगुर; सो जन्म और मृत्यु का रहस्य जानने योग्य है और इसके लिए एक जीवन पर्याप्त है। महाभारतकार ने एक अल्पसमय मुहूर्त को ही पर्याप्त बताया है, "मुहूर्तम् ज्वलितम् श्रेयः न तु धूमायते चिरम्-मुहुर्त।" मुहूर्त भर अल्पकाल में जलते हुए प्रकाश देना श्रेय है। धुआँ देते दीर्घ-काल तक जलना व्यर्थ है। आत्म-दर्शन और संसार-दर्शन में काल का महत्व नहीं। एक क्षण का दीप्ति-बोध पर्याप्त है। एक भरे-पूरे जीवन की भी जरूरत नहीं है। मैं भाग्यशाली हूँ कि एक जीवन में ही परिपूर्ण तुष्ट हूँ। समय की कमी का रोना नहीं रोता।

विश्व, मानवता-विचार व बुद्धि से संचालित है। हम इसके अविभाज्य अंग हैं, इसलिए हम-सब भी विचार व भाव-प्रेरित हैं। क्वांटम भौतिकी के विशेषज्ञ डॉ० जॉन हेजलिन ने लिखा है, "हमारा शरीर वस्तुतः हमारे विचारों का परिणाम है। हम चिकित्सा-विज्ञान में यह समझना शुरू कर रहे हैं कि विचारों और भावनाओं की प्रकृति हमारी शारीरिक स्थिति, तंत्र व क्रियाओं को निर्धारित करती है।" विचार बुद्धिगत होते हैं और भावनाएँ हृदयगत। दोनो हमारे अंतःकरण को लगातार प्रभावित करते हैं। ऐसे प्रभाव शरीर की तमाम गतिविधियों में हलचल पैदा करते हैं। ऐसे प्रभाव प्रायः नकारात्मक होते हैं। मैं अपने लेखन व व्याख्यान में सकारात्मक सांस्कृतिक विचार देता हूँ।

भय, मानवजाति की बड़ी समस्या है। मनुष्य आदिमकाल से भयग्रस्त है। भय, भविष्य की चिंता है। यह भविष्य में घटने वाली कल्पित घटना का मन पर पड़ने वाला प्रभाव है। भय की कँप-कँपी वर्तमान में घटित होती है। कल्पित घटना किसी भी रूप की हो सकती है। जैसे हम सोचें कि ऋतु-परिवर्तन हो रहा है, मैं बीमार हो सकता हूँ। इसी तरह मैं लिफ्ट में हूँ और यह फँस सकती है। परीक्षार्थी सोच रहा है कि वह असफल हो सकता है। अनेक लोगों को ऊँचाई पर डर लगता है। मुझे स्वयं ऊँचाई पर डर लगता है। उत्तराखण्ड के एक संसदीय कार्यक्रम में देहरादून में व्याख्यान का निमंत्रण था। वहाँ के विधानसभा अध्यक्ष ने मेरे रहने की व्यवस्था मसूरी में की। मैंने प्राकृतिक सुंदरता के लिए मसूरी नगर का नाम सुन रखा था। मन

प्रसन्न था। मैं मसूरी के लिए कार-यात्रा में था लेकिन पहाड़ काटकर बनाई गई सड़क से चित्त भयग्रस्त हुआ। कभी दाएँ पहाड़ और बाएँ सैकड़ों फीट नीचे घाटी और कभी बाएँ पहाड़ और दाएँ ऐसी ही घाटी। भय की गहराई, घाटी की गहराई से ज्यादा थी। शीर्ष पर सुंदर होटल। चारो ओर फैला प्राकृतिक सौन्दर्य। लेकिन होटल में भी भय की स्मृति थी। मैंने होटल के प्रबन्धक से पूछा, क्या देहरादून वापस जाने के लिए कोई दूसरी सड़क है? मैंने उसे भय की बीमारी बताई। वह हँसा। दूसरी सड़क नहीं थी। संभवतः ऊँचाई के भयवश मैंने राजनीतिक जीवन में ऊँचे जाने का विचार छोड़ दिया। कोलकाता के बौद्धिक वर्ग द्वारा संचालित कुमारसभा पुस्तकालय प्रतिष्ठित संस्था है। इसके संचालनकर्ता प्रेमशंकर त्रिपाठी ने मुझे व्याख्यान के लिए बुलाया। मैंने जहाज से यात्रा की। रास्ते में मौसम की खराबी से जहाज कई बार लड़खड़ाया। मेरी भय-ग्रंथि कँपकँपी करा रही थी। मैंने अपने व्याख्यान में इस डर का उल्लेख किया। वैदिक अनुभूति में आकाश पिता है और धरती माता है। मुझे पिता डाँटते रहते थे। पिता-आकाश के पास डर स्वाभाविक है। धरती माता के सान्निध्य में डर का कोई प्रश्न नहीं। वैसे सामान्य ऊँचाई और राजनैतिक ऊँचाई में अन्तर है। राजनीति की शिखर-ऊँचाई पर जगह कम है और दावेदार ज्यादा हैं। लेकिन मैं संतुष्ट हूँ। इसी तरह की अनेक कल्पित घटनाएँ हो सकती हैं।

कोरोना महामारी (2020-21) को लेकर समूचा विश्व भयग्रस्त रहा। स्वस्थ लोग सोच रहे थे कि वे कोरोना की चपेट में आ सकते हैं। कोरोना-संक्रमित सोचते रहे कि वे अब नहीं बचेंगे। आक्सीजन के अभाव की खबरें भी डराने का कारण बनी रहीं। समाचार-माध्यम आशा बढ़ाने वाली शैली नहीं अपनाते। मृतकों की संख्या पर जोर रहता है। समाचार-माध्यमों में ठीक हुए लोगों के विवरण प्रायः नहीं होते या बहुत कम होते हैं। भय का विचार शरीर के भीतर तमाम रासायनिक परिवर्तन लाता है। भय का अस्तित्व नहीं होता। यह केवल विचार है। जो नहीं हुआ है, उसके होने का कल्पित विचार। कोरोना महामारी से उत्पन्न डरावने विचार ने लाखों लोगों की शारीरिक रचना को कुप्रभावित किया है। शरीर की क्षमता घट रही है।

विचार, मनुष्य के स्वास्थ्य पर प्रभाव

डालते हैं। यह प्रभाव अच्छा हो सकता है और बुरा भी। रांडा बर्न की सुंदर पुस्तक है 'दि सीक्रेट'। इसमें एक अध्याय है सेहत का रहस्य। उन्होंने डॉ0 जॉन एफ डेमार्टिनी को उद्धृत किया है। डेमार्टिनी चिंतक, चिकित्सक व प्रख्यात वक्ता हैं। वे बताते हैं "उपचार के क्षेत्र में हम प्लासीबो इफेक्ट के बारे में जानते हैं। प्लासीबो एक ऐसी नकली दवा है, जिसका शरीर पर कोई प्रत्यक्ष प्रभाव नहीं होता है। यह दवा नहीं, शक्कर की गोली होती है। आप मरीज को प्लासीबो देते समय कहते हैं कि यह प्रभावी दवा है और प्लासीबो का प्रभाव असली उपचारक दवा जैसा ही होता है। शोधकर्ताओं ने पता लगाया है कि मनुष्य का मस्तिष्क उपचार में सबसे बड़ा तत्व है। कई बार तो यह दवा से भी ज्यादा महत्वपूर्ण होता है।"

विचार का प्रभाव गहरा होता है। हम जैसा सोचते हैं, मन व शरीरी क्षेत्र में वैसा ही प्रभाव पड़ता है। उपनिषद के ऋषि यह बात जानते थे। मुण्डकोपनिषद (3.10) में कहते हैं "यं यं लोकं मनसा संविभाति- मनुष्य जिस-जिस लोक का चिंतन करता है, भोगों की कामना करता है- कामान कामयते। वही सब प्राप्त करता है।" कामना विचार है। यहाँ गहन अभिलाषा का महत्व है। बाह्य जगत में अभिलाषा-पूर्ति के लिए तमाम व्यवस्थाएँ करनी होती हैं। उपनिषद उन अभिलाषाओं की पूर्ति की भी प्रतिपूर्ति देती है लेकिन शरीर पर अभिलाषा का प्रभाव पड़ता है। हमारे सभी विचार शरीर के भीतर ही पैदा होते हैं। शरीर पर ही प्रभाव डालते हैं। शरीर, विचार के सर्वाधिक निकट है। सद्विचार के प्रभाव में हमारे शरीर का अंदरूनी तंत्र सकारात्मक होता है। शुभ विचार शरीर को स्वस्थ रखते हैं और भय, ईर्ष्या-द्वेष शरीर को अस्वस्थ करते हैं। इनमें भी भय का विचार सर्वाधिक नुकसानदेह है।

हमारी अभिलाषाएँ अनंत हैं। वे पूरी नहीं होतीं। शरीर की सीमा है। शरीर में रोग पैदा होते हैं। वृद्धावस्था आती है। वृद्धावस्था में शरीर जीर्ण होता है। यह प्राकृतिक है और अंततः मृत्यु भी। इसी आधार पर संसार को दुःखमय कहा जाता है। वस्तुतः सुख और दुःख मनुष्य की विशेष चित्त-दशाएँ हैं। संसार दुःखमय नहीं है। यहाँ आनंद के उपकरण भी हैं। तैतिरीय उपनिषद में व्यक्ति में कई कोष बताए गए हैं, "पहला कोष अन्नमय है। मनुष्य अन्न से

बनता है। हम अन्न पर आश्रित हैं। स्थूल अन्नमय के भीतर प्राणमय कोष है। प्राण से प्राणी हैं। प्राण से जीवन है। फिर प्राणमय कोष के भीतर मनोमय कोष है। मन ही दुःख और सुख का अनुभूति-क्षेत्र है। इसके भीतर विज्ञानमय कोष है। विज्ञान ही कर्मों का विस्तार करता है। विद्वान विज्ञान की उपासना करते हैं। इसके भी भीतर है- आनंदमय कोष।'' आनंदमय कोष की कल्पना पक्षी के रूप में की गई है ''प्रिय भाव उसका सिर है। मोद इस पक्षी का दाहिना और प्रमोद बायाँ पंख है। आनंद मध्य भाग है।'' इस विवेचन में संसार-पुरुष के भीतर मुद, मोद, प्रमोद और आनंद-भरा हुआ है। ऐसे में संसार को दुःखमय कैसे कह सकते हैं? दुःख अकेला और निरपेक्ष नहीं है। वह सुख के सापेक्ष है। इसी तरह सुख भी निरपेक्ष नहीं है। वह दुःख के सापेक्ष है।

भारतीय दर्शन आनंद-गोत्री है। सुख-दुःख सापेक्ष रूप में क्षणिक हैं। आनंद दीर्घकालिक है। मैंने जीवन को कई आयामों में जीया है। मुझे समय की कमी का अनुभव कभी नहीं हुआ। जीवन की लम्बाई की तुलना में गहराई ज्यादा महत्वपूर्ण है। मेरे जीवन की लम्बाई समय की माप में 75 वर्ष है। 75 वर्ष कम नहीं होते। गहराई में अनुभूतियों का महत्व है। हमारी जीवनशैली और दर्शन भारतीय है लेकिन मैंने अपने अध्ययन में विदेशी काव्य-नाटक और संस्कृति-दर्शन से कभी परहेज नहीं किया। मैं बहुधा अपने अंतःकरण को ध्यान से देखता हूँ। पहले हमारे भीतर राग-विराग और महत्वाकांक्षाओं का भंडार था। अध्ययन-अनुभूति ने अंतःकरण पकाया। गीत-संगीत के प्रति मेरा आकर्षण जस का तस है। शास्त्रीय संगीत ज्यादा आकर्षित करता है, लेकिन हमारा मन लोक में रमता है। लोकगीत और लोकनृत्य अजर-अमर जान पड़ते हैं। मैं इनकी बारीकियों को समझने का प्रयास करता हूँ। मैंने हजारों किलोमीटर की मोटरसाइकिल और कार-यात्राएँ की हैं। सैकड़ों हवाई-यात्राएँ भी। ऐसे सभी अनुभवों ने मेरे चित्त को समृद्ध बनाया है। मैं दोहराव पसंद नहीं करता हूँ। शेष जीवन में कुछ विशेष करने का मेरा कोई एजेण्डा नहीं है। यह अलग बात है कि अस्तित्व मुझे कोई नया काम सौंप दे तब अपनी जीवनशैली के अनुसार मैं उस कार्य को भी कर्त्तव्य-पालन के लिए कर सकता हूँ।

मैं साधारण किसान का पुत्र हूँ। अपने वंश-वृक्ष में पहला साक्षर। मैंने अभाव भोगे,

अभाव के प्रभाव देखे। अभाव के अनुभव निजी हैं। सभी अभावग्रस्त लोगों के अनुभव लगभग एक समान होते हैं। मेरे चित्त में अभावग्रस्त वर्ग के दु:ख-संवेदना की अमिट छाप अभी भी है। गरीबी देखी, माँ-बाप की लाचारी देखी। गरीबों पर अत्याचार देखे। मैंने अनेक लड़ाइयाँ लड़ी। इसी कारण कुछ वरिष्ठ पत्रकार मुझे हिन्दू वामपंथी कहते हैं। मैंने पुलिस की बर्बरता देखी। मैं पुलिस से सदा असंतुष्ट प्राणी हूँ। मैं नहीं जान पाया कि पुलिस गरीब, वंचित को बर्बतापूर्वक क्यों पीटती है? मैंने अपनी छोटी-सी कृषि-जोत पर स्वयं काम किया है। किसानों, श्रमिकों के पसीने से निकलती गंध मेरे रोम-रोम में रची-बसी है। मैंने ग्रीष्म ऋतु के खौलते तापमान को स्वाभाविक रूप में सहने का अनुभव पाया है। ऐसे तापमान को सरल, सरस करने वाली हवाओं ने मुझे माँ की तरह सहलाया है। मैंने पृथ्वी-परिवार की प्रीति में मेघों को नीचे तक आते देखा है। मैंने झमाझम वर्षा के मधुरस का स्पर्श व आस्वाद स्वयं पाया है। घटाटोप अंधकार वाली रात्रि में भारी वर्षा के बावजूद खेतों का पानी बहने से बचाने के लिए मैंने मेड़ बाँधी है। फसल की कटाई और मड़ाई की है। यह सब बताने का उद्देश्य अभावग्रस्त वर्ग की व्यथा साझा करना ही है। स्वयं को प्रतिष्ठित बताना नहीं। मैंने प्रकृति का शीत-ताप भोगा है। अपने जन्मस्थान वाली सई नदी में डूबते हुए बचाया गया हूँ। मुझे नदी में डूबने व बचने का गाढ़ा अनुभव है। मैंने अपने गाँवों को बाढ़ में तहस-नहस होते देखा है। मैंने सुचालक संवेदना को काठ होते हुए अनुभव किया है।

मेरे अन्तर्मन में लोकव्यथा की अनुभूति है। मैंने भी नकली सम्मान पाने के अनुबंध किए हैं। वी०वी० गिरि के राष्ट्रपति चुने जाने वाले चुनाव में 'अन्तरात्मा की आवाज' पर वोट देने की अपीलें मैंने स्वयं सुनी हैं। मैं बेमेल और विचारहीन गठबंधनों का भी समर्थक या विरोधी रहा हूँ। मैं दलतंत्र और जनतंत्र की वास्तविकता का अनुभवी हूँ। असाधारण व्यक्ति के अनुभव पढ़कर बेशक प्रेरणा मिलती है लेकिन साधारण जन-मन के दु:ख, संताप, व्यथा और अनुभव ज्यादा महत्वपूर्ण होते हैं। राजनीति में अभाव और गरीबी की बातें होती हैं। समाज को सुखमय बनाने वाले कार्यकर्ता को सामाजिक, आर्थिक, राजनैतिक व प्रशासनिक अंतर्विरोधों से सुपरिचित होना चाहिए। मैंने ऐसे अंतर्विरोध स्वयं अनुभव किये हैं। मेरा सौभाग्य है कि मैं सामाजिक कार्यकर्ता हूँ,

लिख लेता हूँ और खूब पढ़ता हूँ। मैंने हजारों लोगों की व्यथा का अनुभव पाया है। मैंने पुस्तकों को माँ, पिता, भाई, मित्र की तरह देखा है। मित्रों, परिजनों और माँ-पिता को भी पुस्तकों की तरह पढ़ा है। मैंने कर्मठ जीवन पाया है।

भारतीय चिंतन में शुभ सोचने का आग्रह है। शुभ सोचने का शरीर पर अच्छा प्रभाव पड़ता है। भयग्रस्त चित्त में शुभ विचार नहीं उगते। भय स्वयं एक गहन विचार है, इसलिए अथर्ववेद में भय दूर करने की स्तुतियाँ हैं। दुर्गा सप्तशती में देवी से प्रार्थना है कि वे हमको भय से मुक्ति दिलाएँ- भयेभ्यस्त्राहि नो देवि दुर्गे देवि नमोस्तुते। भयग्रस्त चित्त, शरीर को तो रुग्ण करता ही है, उसकी सोच-विचार की शक्ति भी दुर्बल होती रहती है। सभी विचार अपने-अपने ढंग से जीवन को प्रभावित करते हैं। मुझे शुभ व अशुभ विचार-प्रभाव का निजी अनुभव है। निराशा वाले विचारों के चलते मैं बीमार हुआ हूँ। बीमारी के दौरान तमाम मित्रों ने कहा कि आप बीमार नहीं हैं। आप स्वस्थ हैं। मैंने लक्ष्य किया और स्वस्थ हो गया। बेशक विचार दवा या भोजन जैसे पदार्थ नहीं हैं लेकिन उनका प्रभाव भौतिक पदार्थ से ज्यादा शक्तिशाली होता है।

एक लोककथा में इसका मजेदार वर्णन है, एक व्यक्ति ने बकरा खरीदा। वह बकरे को प्रसन्न-मन अपने कंधे पर लादे घर जा रहा था कि आज इसके मांस से सुंदर भोजन बनाऊँगा। चार लड़कों ने बकरा हथियाने की योजना बनाई। एक लड़के ने उसे टोका "आप यह खूबसूरत कुत्ता कितने रुपए का लाए हैं!" बकरे वाले व्यक्ति ने डाँटा "अबे! यह कुत्ता नहीं, बकरा है।" लड़के ने कहा "यह कुत्ता है। आप इसे बकरा मानो, मुझे क्या लेना-देना है?" वह बकरा लादे आगे चला। दूसरे लड़के ने फिर टोका, "अंकल यह कुत्ता लादे कहाँ जा रहे हैं?" वह भड़का। "यह कुत्ता नहीं, बकरा है। आज रात डिनर में इसका इस्तेमाल होगा।" लड़के ने कहा कि "आपके साथ धोखा हुआ है। यह कुत्ता ही है।" विचार उसको प्रभावित कर रहे थे। वह व्यक्ति तेज रफ्तार घर की ओर चला। उसके मन में बकरे को लेकर संशय बढ़ रहा था। तीसरा लड़का सामने था। बोला "बहुत सुन्दर कुत्ता है सर जी! कितने में लाए हैं?" वह आदमी झुझलाया। उसने बकरे को कंधे से उतारा। जमीन पर रखा। उसके मुँह पर हाथ रखकर बोला, "इसका मुँह

कुत्ते जैसा है लेकिन है यह बकरा ही।" लड़का अपने विचार देकर चला गया। थोड़ी दूर चलने के बाद चौथा लड़का खड़ा था। उसने कहा "आपका कुत्ता अच्छी नस्ल का है। मेरे पास भी ऐसा ही कुत्ता है। आप यह कुत्ता कंधे पर क्यों रखे हैं।" उस व्यक्ति ने बकरे को कंधे से उतारा और कहा, "बकरी-विक्रेता ने मेरे साथ धोखा किया है। तुमसे पहले भी कई लोग इसे कुत्ता बता चुके हैं। यह मेरे किसी काम का नहीं। तुम कुत्ते के शौकीन हो। इसे ले जाओ।" कथा दिलचस्प है। यहाँ विचार के प्रभाव का सीधा उल्लेख है।

जीवन में विचार-प्रभाव से बचना आसान नहीं है। इसलिए सद्विचारों को अपनाना ही एकमात्र रास्ता है। उपनिषद कहते हैं कि सोचिए 'मै ब्रह्म हूँ', सोचिए कि मैं अमृत-पुत्र हूँ। शंकराचार्य कहते है "मनन कीजिए कि मैं परमब्रह्म हूँ।" हम आधुनिक भय-संदर्भ में सोच सकते है कि मैं स्वस्थ हूँ। मैं और स्वस्थ हो रहा हूँ। मैं आनंदित हूँ। मैं सोचता हूँ कि मैं अच्छा विद्यार्थी हूँ। मेरे पास सैकड़ों आत्मीय मित्र हैं। मित्र मुझे प्यार करते हैं। मेरी प्रशंसा होती है। मैं भाग्यशाली हूँ। मैं आनंद से भरापूरा एक विचार हूँ। सोच सकते है कि आनंदरस से भरा-पूरा है यह अस्तित्व। मैं इसी अस्तित्व का हिस्सा हूँ। ऐसे मनन-चिंतन, विश्लेषण व विवेचन व तद्अनुसार कर्म के लिए एक जीवन पर्याप्त है।